L'AUTRE

RIVE   TEXTES
ET
EXERCICES

L'AUTRE RIVE

TEXTES ET EXERCICES

MARCELLE CENDRES SANDHU

Dalhousie University

Holt, Rinehart and Winston
Toronto • Montréal • Fort Worth • Chicago • San Francisco • Philadelphia
London • Tokyo • Sydney

Canadian Cataloguing in Publication Data

Sandhu, Marcelle Cendres
    L'Autre Rive

Bibliography: p.
Includes index.
ISBN 0-03-922751-0

1. French language - Textbooks for second language learners - English speakers.*   2. French language - Composition and exercises.   3. French language - Readers (Secondary).*   I. Title.

PC2129.E5S35 1990   448.2'421   C89-093862-8

Éditeur : David Dimmell
Rédactrice responsable de l'acquisition : Heather McWhinney
Rédacteurs responsable de l'élaboration : Brett Lavery / Donna Adams
Responsable des services de publication : Karen Eakin
Coordinatrice de la publication : Jill Parkinson
Adjointe à la coordinatrice : Tess Fragoulis
Édition électronique : True to Type Inc.
Maquette de la couverture : Michael Landgraff
Impression et brochage : John Deyell Company

Imprimé et broché au Canada
1 2 3 4 5   94 93 92 91 90

À mon mari

Préface

L'Autre Rive présente l'étude du français suivant une méthode originale d'intégration systématique. Une langue constitue un tout et le cloisonnage que l'on trouve généralement entre les divers éléments qui la constituent est à notre avis dangereusement artificiel. Dans *L'Autre Rive*, tous ces éléments sont étroitement liés, de sorte que la lecture active, l'étude du vocabulaire, des constructions, de la syntaxe et du style, l'acquisition des techniques de traduction et de composition, apparaissent comme diverses composantes d'une unité globale et vivante.

    L'Autre Rive a pour but, d'abord de donner à l'étudiant des habitudes de lecture active, et donc d'en tirer le maximum de profit ; ensuite, en partant de l'imitation, d'améliorer sa connaissance de la langue par l'étude du vocabulaire, la pratique des structures, l'application des règles de grammaire et d'usage ; enfin, d'assimiler ces nouvelles acquisitions en les employant dans des compositions de types variés. Chacun de ces éléments peut être dosé selon le désir du professeur et les besoins des étudiants. Tous ont leur source dans le texte, qui est constamment exploité tout au long du chapitre, aussi bien que dans les chapitres suivants. En effet, les exercices reprennent fréquemment le vocabulaire et les structures déjà apprises, afin d'en renforcer l'acquisition.

    Les textes choisis ont un thème commun, le fantastique, le paranormal. Le succès de nombreuses œuvres basées sur ce thème, non seulement en librairie, mais au cinéma, à la télévision, et au théâtre prouve assez l'intérêt qui existe à notre époque pour le mystérieux, l'inexplicable. Les textes présentés ici vont de la fantaisie pure au compte-rendu basé sur des faits scientifiquement contrôlés, en passant par toute une gamme d'histoires vraies, de contes fantastiques, d'histoires de fantômes, etc. L'élément de suspense éveille et retient l'intérêt de l'étudiant, souvent rebuté par des textes dits "littéraires".

    Les textes sont organisés selon leur longueur et le degré de difficulté qu'ils présentent de sorte que l'étudiant s'habituera insensiblement à aborder des textes de difficulté croissante. Le vocabulaire difficile est expliqué dans la marge, parfois sous forme d'indication permettant au lecteur d'en deviner le sens. Un certain nombre de questions, également dans la marge, aident le lecteur non seulement à comprendre, mais à réfléchir sur ce qu'il lit.

Les questions qui suivent chaque texte visent à guider l'étudiant en encourageant discrètement l'analyse littéraire tout en lui donnant l'occasion d'exprimer ses opinions et ses idées. Elles permettent un échange oral qui peut être exploité de diverses façons : compte-rendu, discussion, enquête, etc.

L'acquisition du vocabulaire se fait à plusieurs niveaux. Dans chaque chapitre, un ou deux exercices obligent l'étudiant à se reporter au texte, à en relire certaines parties, et ainsi l'aide à en assimiler le vocabulaire et les locutions. D'autres visent à enrichir les connaissances déjà acquises et à en élargir l'application. D'autres enfin enseignent à l'étudiant à reconnaître un grand nombre de mots par l'étude des divers composants : préfixes, suffixes, racines, familles, etc. Un certain nombre de mots, locutions ou constructions qui prêtent à confusion sont étudiés séparément. Le vocabulaire est en outre exploité dans les exercices de structures et de syntaxe, afin d'en renforcer l'acquisition.

L'Autre Rive s'adresse à des étudiants ayant déjà une bonne connaissance de la grammaire de base. Il ne propose pas une révision de grammaire, mais se concentre sur son application. Il encourage la réflexion sur la langue, plutôt que la mémorisation. Selon ses besoins, l'étudiant devra donc se reporter à une grammaire de référence pour se remettre en mémoire les formes verbales, ou les règles de base dont il n'est pas sûr. L'accent est mis sur les points de syntaxe qui présentent le plus de difficulté à ce niveau. Là encore l'analyse et la pratique sont encouragées plutôt que l'application mécanique des règles.

Nous pensons qu'il est essentiel, pour bien apprendre une langue, d'en comprendre le mécanisme structurel ; c'est pourquoi la partie *Langue et style* comprend l'étude de la proposition, de la phrase, des aspects, des rapports temporels, etc., tandis que la partie *Constructions* traite de points plus précis. De nombreux exercices d'application et de transformation aideront l'étudiant, non seulement à assimiler les structures et la syntaxe, mais aussi à manier la langue avec une plus grande facilité, à en saisir l'esprit.

Les traductions qui se trouvent à la fin des chapitres reprennent le vocabulaire, les structures, la syntaxe et les variations de style étudiés dans le chapitre pour en assurer l'assimilation. Les compositions dirigées donnent l'occasion de pratiquer des styles variés — dialogue, portrait, narration, description, correspondance, analyse, sujet à traiter, etc. — dans lesquels l'étudiant pourra s'exprimer librement mais aussi s'exercer à des techniques qui lui seront utiles dans divers contextes.

Note de l'éditeur aux enseignants et aux étudiants

Ce manuel est un élément essentiel de votre cours. Si vous êtes enseignant(e), vous aurez sans doute examiné attentivement un certain nombre de manuels avant d'arrêter votre choix sur celui qui vous aura paru le meilleur. L'auteur et l'éditeur du présent ouvrage n'ont ménagé ni temps ni argent pour en garantir la qualité : ils vous sont reconnaissants de l'avoir retenu.

Si vous êtes étudiant(e), nous sommes convaincus que ce manuel vous permettra d'atteindre les objectifs fixés pour le cours. Une fois celui-ci terminé, vous trouverez que l'ouvrage n'a rien perdu de son utilité, et qu'il a donc sa place dans votre bibliothèque : gardez-le précieusement.

Enfin, il faut vous souvenir que si vous photocopiez un ouvrage protégé par le droit d'auteur, vous privez son auteur des revenus qui lui sont dus. Et cela risque de le faire renoncer à une nouvelle édition de son ouvrage, voire à la publication d'autres ouvrages. Dans ce cas, nous sommes tous perdants — étudiants, enseignants, auteurs, et éditeurs.

Nous apprécierions d'avoir votre avis sur ce manuel. Ayez donc l'amabilité de nous renvoyer la carte-réponse d'affaires qui se trouve à la fin du volume. Cela nous aidera à poursuivre la publication d'ouvrages pédagogiques de qualité.

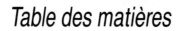

Table des matières

Chapitre 2
Les jeux sont faits

Chapitre 3
Les jeux sont faits (fin)

Chapitre 4
La réincarnation existe-t-elle ?

Chapitre 5
Les escaliers d'Erika

Chapitre 8
L'homme, cet infini

Chapitre 9
Le passe-muraille

Chapitre 12
La Vénus d'Ille

Abréviations

adj.	adjectif
adv.	adverbe
c.c.	complément circonstanciel
compl.	complément
fam.	familier
litt.	littéraire
p.p.	participe passé
pop.	populaire
qqch.	quelque chose
qqn.	quelqu'un
tjrs.	toujours

Chapitre 1

La parenthèse de Marjorie

Pierre Bellemare • Jacques Antoine

Il y a des êtres humains qui° paraissent nés sur une autre planète. Physiquement, ils nous ressemblent. Ils ont une tête, des bras, des jambes, ils parlent, ils sont mariés, ils ont des enfants, ils travaillent. Mais tout cela n'est qu'une apparence. En réalité,
5 ces êtres-là, depuis leur naissance, vivent à côté de nous, en

marge°, dans un univers parallèle. Et nul ne sait à quoi ressemble cet univers. Ce n'est pas celui des fous. Celui-là, nous le connaissons un peu, car ils arrive à des gens normaux d'y faire une incursion de temps en temps. Non, c'est un univers inconnu

10 d'où sort parfois un criminel, par exemple. Mais pas forcément°. Un être qui a fait quelque chose d'incompréhensible, de bizarre, de totalement illogique. À cet être-là, nous, c'est-à-dire la société ou la justice, nous demandons :
« Mais pourquoi as-tu fait ça ? Pourquoi ? »
15 Et l'autre répond :
« Je ne sais pas. Je l'ai fait, c'est tout. »
Et c'est là qu'il ne faut pas confondre avec l'univers des fous. La justice sait bien, elle, faire la différence, lorsqu'elle ne reconnaît à ces êtres-là aucune circonstance atténuante. Les
20 experts le savent bien eux aussi, lorsqu'ils les déclarent parfaitement sains d'esprit.
Marjorie D., cinquante ans, une Anglaise, mariée et mère de famille, a accompli un crime étonnant, en toute connaissance

de cause°. Et elle à répondu de ce crime devant la justice anglaise,
25 avec cette seule explication :
« Je l'ai fait. C'est tout. »

C'est un petit pavillon° de la banlieue de Londres. Avec des volets verts, un jardin minuscule, un morceau de gazon°, et un lapin de céramique au milieu.
30 Dans la cuisine, il y a Marjorie, et ses cinq enfants. Le petit déjeuner est servi. L'aîné a quinze ans, le plus petit cinq ans. Ils mangent avec appétit, et vont disparaître dans quelques instants au collège°, ou à l'école.

Dans la salle de bains, il y a Peter. Le mari et le père de ses enfants. Il fait sa toilette en chantant un air de la Traviata°.

35 Peter a cinquante-quatre ans, il est ouvrier spécialisé dans une usine d'aéronautique. Bon salaire, et aucun souci matériel.
Dans le jardin, il y a le chien, un cocker noir de deux ans. Il dort, le nez dans ses pattes. Non loin de lui, un chat angora,

40 aussi blanc que le cocker est noir°.

C'est un tableau paisible, que les voisins connaissent bien. Marjorie et Peter sont mariés depuis dix-huit ans. Ils habitent ce pavillon depuis quinze ans. Ils n'ont pas de dettes, pas d'ennemis, les enfants sont en bonne santé, ils se disputent normalement°, le mari n'est pas buveur°, sa femme ne le trompe pas. Bref, rien, absolument rien, ne menace ce petit univers où rien ne cloche° apparemment.

Nous ne pouvons révéler ni le nom de cette famille, ni les détails qui pourraient la faire reconnaître, car ils ont le droit d'oublier aujourd'hui ce qui s'est passé ce matin-là.

Ce matin-là, un 17 avril°, les enfants sont maintenant à l'école, Peter à son travail, le chien dans la cuisine, et le chat dans son panier.

Marjorie ferme la porte du pavillon. Elle est vêtue d'un imperméable bleu, d'une robe grise, et a mis un foulard sur sa tête. Elle ne porte pas de sac, elle s'en va, les mains dans les poches de son imperméable. Marjorie est une femme de taille moyenne, 1,65 m, de corpulence raisonnable, puisqu'un peu mince, 52 kilos. Cheveux châtains courts, nez droit, yeux bleus, menton petit.

Elle s'éloigne dans la rue, bordée de petits pavillons, semblables au sien. Et elle disparaît. Non seulement au bout de la rue, mais complètement. On ne la reverra plus.

Le soir, à dix-huit heures, Peter trouve la maison fermée à clef et les enfants assis dans le jardin en rang d'oignons° et affamés.

« Où est votre mère ?

—On° sait pas. On a demandé à la voisine, elle ne l'a pas vue de la journée. »

Légèrement inquiet, Peter lâche sa tribu° dans la cuisine et la laisse dévaliser° le réfrigérateur. Il entreprend la quête habituelle en pareille circonstance.

Le frère de Marjorie répond au téléphone qu'il n'a pas vu sa sœur, les amies font la même réponse, et immédiatement Peter songe à l'accident. Il fait alors le tour des hôpitaux°, et atterrit finalement au poste de police, vers onze heures du soir. Cette fois°, il est effrayé :

« Ma femme a disparu. Vraiment disparu. Elle ne fait jamais ça, vous comprenez ? Elle dit toujours où elle va et ce qu'elle fait. Si° elle est en retard, elle téléphone, si elle va voir sa famille, elle laisse un mot. Nous avons cinq enfants, et elle s'en occupe, elle est toujours là. Il lui est arrivé quelque chose de grave. J'en suis sûr. »

Le pauvre homme va passer la nuit assis sur une banquette de bois, à sursauter au moindre coup de téléphone°.

Au matin, les policiers lui conseillent de rentrer chez lui et d'attendre. Un avis de recherche est diffusé. Attendre. Attendre,

---

normalement : ni plus ni moins que la normale
buveur : qui boit beaucoup d'alcool
rien ne cloche : tout va bien

Pas de majuscule aux noms de mois.

en rang d'oignons : sur une seule ligne (fam.)

Notez l'emploi de **on** *pour* **nous** *(style parlé familier)*

sa tribu : ses enfants. (ajoute une nuance de nombre : ils sont cinq, c'est une famille nombreuse)
dévaliser : tout prendre
il fait le tour des hôpitaux : il va à tous les hôpitaux
cette fois : maintenant

Quel est le sens de **si** *dans cette phrase ?*

Qu'est-ce que cela nous dit sur l'état d'esprit de Peter ? Quels autres détails vont renforcer cette impression ?

il n'y a que cela à faire. Les jours passent. Les enfants pleurent, Peter demande un congé exceptionnel, pour s'occuper d'eux, et surtout pour participer à l'enquête d'aussi près que possible.

La disparition soudaine de son épouse est tellement extra-ordinaire qu'il vit en permanence sur les nerfs°, il dévisage° toutes les femmes dans la rue, se précipite à la morgue tous les jours, sans qu'on le convoque, et se demande sans répit : mais où est-elle allée ?

Personne ne l'a vue. Aucun témoin n'a pu donner la moindre indication. Les gares, les aéroports, les magasins, il a tout fait°. Marjorie s'est volatilisée°.

Il faut remarquer (cela évite des suppositions inutiles) que le mari n'est soupçonné à aucun moment. De son côté la situation est nette. Il ne s'est pas disputé avec sa femme, rien, absolument rien ne permet à la police d'envisager° un meurtre dont il serait° responsable. Heureusement pour lui d'ailleurs puisque ce n'est pas le cas.

Cela dit, les jours passent, et les semaines. Cinq semaines en tout. Et puis, le 27 mai, à neuf heures du soir, un policier se présente à la porte du petit pavillon, le chien aboie, les enfants et leur père sont réunis au salon. Peter est occupé pour la centième fois à éplucher° les affaires° de sa femme, dans l'espoir d'y découvrir un indice quelconque. Le policier considère un moment cette famille rassemblée tristement autour des vêtements et des papiers de Marjorie.

« C'est une mauvaise nouvelle, Monsieur, je le crains. Un pêcheur a découvert le corps d'une femme dans la Tamise. Nous venons d'être alertés. Malheureusement, le signalement° cor-respond à celui de votre épouse. Il faut venir l'identifier. »

Peter se lève, blême°. Il attendait cette minute en priant pour qu'elle n'arrive pas. Il espérait jusqu'au bout que Marjorie avait fait une fugue°, inexplicable, certes, mais qu'elle était vivante, et qu'il la reverrait. Il trouve encore la force de calmer les enfants.

« Ne bougez pas. Et ne pleurez pas, surtout. Ce n'est peut-être pas maman. Je vais voir, attendez-moi sagement. »

Peter marche le long des couloirs blancs de la morgue de Londres. Tandis que le policier lui explique l'essentiel.

« Le corps est à peu près° conservé, le visage aussi. L'iden-tification est relativement facile. À part les indications que vous avez déjà données, y a-t-il un signe particulier ?

— Non... rien. Une cicatrice° d'appendicite, sur le côté droit.

— Rien d'autre ? Pas de grain de beauté, de trace de vaccin ?

— Non...

— Vous savez dans ces cas-là, la moindre petite plaie, un ongle de travers°, le plus petit détail, peut nous aider.

— Je la reconnaîtrai, si c'est elle. Je connais Marjorie, je connais bien ma femme, vous savez. Je la reconnaîtrai si c'est elle. »

vivre sur les nerfs : 5
soutenu par la tension
nerveuse
dévisager : regarder de
façon insistante

il a tout fait : il est allé 10
partout
se volatiliser :
disparaître sans laisser
de traces

envisager : considérer la 15
possibilité
*Quelle est la valeur de ce
conditionnel ?*

20

éplucher : examiner très
minutieusement (fam.)
affaires : possessions
personnelles

25

signalement :
description

blême : très pâle 30

faire une fugue : partir
de chez soi
temporairement, sans
rien dire à personne

35

à peu près : assez bien

40

cicatrice : marque qui
reste après une blessure,
une opération

de travers : qui n'est pas 45
droit

Le chariot et le drap blanc sont là, devant Peter. Ils retient sa respiration, il croise les doigts° enfantinement derrière son dos, comme s'il pouvait conjurer le sort°.

Mais c'est elle. Elle a ce visage étrange et terrifiant des êtres que la mort habite depuis longtemps déjà. Mais c'est elle. Ce sont ses cheveux, son nez, sa bouche, ses mains. Des mains nues, sans bijou, et sans alliance°. Marjorie n'en portait pas. Elle disait que les lessives abîmaient autant ses mains que les bijoux. Elle n'a plus de vêtements. Elle est morte nue et noyée, sans trace de violence, la petite cicatrice d'appendicite est là.

Peter serre les dents, car le spectacle est dur. L'infirmier laisse retomber le drap, Peter signe un papier d'identification. On accroche une étiquette au chariot avec le nom de Marjorie, c'est fini. L'angoisse est arrivée au bout. La torture est terminée.

Peter est veuf, ses enfants n'ont plus de mère. Marjorie s'est suicidée, selon toute vraisemblance°, en se jetant dans le fleuve. Elle ne savait pas nager, elle s'est noyée.

Il y a l'enterrement, la tombe de granit. Et Peter reprend le dessus°. Il faut bien.

Quatre mois passent et quelques jours. L'automne est là. La soirée est douce. Dans le pavillon aux volets verts, il y a Peter dans la cuisine, qui prépare du thé avec sa fille Margareth, douze ans. John, quinze ans, fabrique une maquette° de bateau dans sa chambre. Oliver, neuf ans, joue avec le chien, Stefanie, sept ans, lit un livre d'images avec son petit frère Eliot, cinq ans.

On frappe à la porte. Oliver et le chien courent à la porte. Le chien grondant, Oliver en lui hurlant de se taire.

Le soir tombe à peine, et la lumière du couloir éclaire une silhouette sur le pas de la porte°. Une silhouette immobile, vêtue d'un imperméable bleu.

Le silence est tout à coup si bizarre que Peter crie de la cuisine « Qu'est-ce que c'est ? Qui est là ? »

Personne ne lui répond. Et le chien se met à grogner méchamment°. Alors, de sa chambre, John dégringole° en courant. Stefanie et Eliot se glissent dans le couloir, Margareth et son père les suivent°. Le chien grogne toujours. La silhouette est toujours immobile sur le pas de la porte, et la voix redit.

« C'est moi. »

C'est terrifiant. Marjorie est là. C'est elle, vivante, normale, avec son air habituel, ses cheveux, son foulard.

Peter a la tête qui tourne, les aînés se resserrent, s'imbriquent° les uns dans les autres, pétrifiés de peur. Seul le petit dernier dit d'une voix claire, étonnée, un peu sanglotante° :

« C'est maman... Papa, c'est maman ! Papa, elle est sortie de la tombe. C'est maman, hein ? Dis, papa... Papa ? C'est maman ? »

La suite est indescriptible. C'est un mélange de peur, de joie, de questions embrouillées°. On tire Marjorie de tous côtés, mais Peter n'ose même pas l'embrasser.

Pourquoi ce geste ? Fait-on le même en France ?
conjurer le sort : détourner le destin empêcher le malheur

alliance : anneau de mariage

selon toute vraisemblance : sans doute

reprendre le dessus : se remettre d'un coup physique ou moral

maquette : modèle réduit

sur le pas de la porte : devant la porte d'entrée

Pourquoi ce détail ?
dégringoler : descendre précipitamment (fam.) *Qu'indiquent ces différences d'attitude ?*

s'imbriquer : se dit d'objets qui rentrent les uns dans les autres, comme les pièces d'un puzzle. Ici, se serrer de très près
sangloter : pleurer

questions embrouillées : en désordre, peu claires

d'où sors-tu : exprime
l'étonnement à l'arrivée
de quelqu'un que l'on
n'attendait pas
*Comment se manifestent
l'étonnement et la confusion
dans les paroles de Peter ?*   5

Notez l'accord de l'adjectif.

avoir du mal à faire   10
quelque chose : avoir de
la difficulté

*Notez le **t'** pour **tu** (style
parlé très familier).*   15

faire le point : résumer
la situation

    20

    25

être sage : être
obéissant, ne pas faire de
bruit (pour un enfant),
rester tranquille

    30

    35

se faire du souci :
s'inquiéter

    40

rien que : seulement
(fam.)

    45

du jour au lendemain :
subitement

« C'est incroyable ! D'où sors-tu° ? Où étais-tu ? On m'a
montré une femme noyée, c'était toi. Je t'ai reconnue. Nous avons
fait l'enterrement, Marjorie. Tu étais morte ! Mon Dieu, il faut
prévenir la police, nous nous sommes trompés. Mais comment
ai-je pu me tromper ? Je t'ai reconnue, vraiment. J'étais sûr que
c'était toi ! »

Marjorie a l'air un peu fatiguée°.

« Je t'expliquerai tout ça après, quand les enfants seront
couchés. »

Mais les enfants ont du mal° à se coucher. Margareth, la petite
fille, est d'ailleurs malade. Le saisissement l'a fait s'évanouir,
elle a des nausées. Les autres sont tellement excités qu'ils
refusent d'abandonner leur mère. Ils veulent savoir. C'est normal.

« Où t'étais, maman° ?

— Pourquoi t'as rien dit ?

— Qu'est-ce que t'as fait ?

— T'as été malade ? »

John fait le point°.

« On a enterré quelqu'un à ta place, tu te rends compte ?
Quelle histoire ! Quand les copains vont savoir ça. Alors qu'est-
ce qui s'est passé. Raconte, on a le droit de savoir. »

Marjorie enlève son imperméable, se lave les mains, va dans
la cuisine, se sert une tasse de thé, et consent à répondre.

« J'ai fait un voyage. Je suis partie parce que j'avais envie de
voyager, mais c'est très compliqué, je vous dirai tout ça demain.
Pour l'instant, je dois parler à votre père. Alors allez vous coucher.
Soyez sages°, je suis fatiguée, j'ai marché beaucoup et
longtemps. »

À une heure du matin, les enfants sont enfin couchés. Ils
ne dorment pas, mais ils ont compris que leurs parents avaient
des choses graves à se dire.

Graves. Oui. Peter le sent.

« Je dois prévenir la police, Marjorie, à cause de cette femme
que l'on a enterrée, il faut qu'ils sachent très vite que ce n'est
pas toi. Tu comprends, il y a d'autres gens quelque part qui
se font du souci°, qui sont malheureux. La famille de cette
inconnue. Je sais trop ce que c'est, moi !

— Tu as le temps, Peter. Cette femme n'a pas de famille

— Comment le sais-tu ?

— Je vais t'expliquer, calme-toi. Elle n'a pas de famille, rien
qu'une° fille, dans un orphelinat, qu'elle a abandonnée il y a
longtemps.

— Mais… tu la connais ? Tu sais qui c'est ? Tu savais qu'elle
était morte ? Tu savais aussi qu'on l'a prise pour toi, alors ?

— Je le sais, Peter.

— Pourquoi n'as-tu rien dit ? Mais enfin explique-moi, tu
disparais du jour au lendemain°, sans rien dire, tu ne donnes

pas de nouvelles, tu sais tout ce qui se passe, et tu reviens comme
ça ? Qu'est-ce qu'il y a, Marjorie ? Tu as été malade ? On t'a
fait du mal ? Il s'est passé quelque chose ?

—Je ne suis pas malade. Personne ne m'a fait de mal, écoute-
moi bien, Peter. Tu vas voir, c'est simple. J'ai tué cette femme…

—Tué ? Toi, tu l'as tuée ? Pourquoi ?

—Je ne sais pas. Je l'ai fait, c'est tout.

—Elle t'avait fait quelque chose !

—Non.

—C'est parce qu'elle te ressemblait ? C'est quelqu'un de ta
famille, que je ne connais pas ?

—Non. C'est une inconnue. Voilà, je suis partie de la maison
un jour, parce que j'avais envie de partir.

—Et les enfants, et moi ?

—Je n'y ai pas pensé, ça m'était égal°, je partais, c'est tout.
J'ai marché jusqu'à Londres. Et j'y suis restée.

—Comment as-tu vécu ?

—Normalement. Je suis allée dans un foyer d'accueil°, je n'avais
pas beaucoup d'argent, j'avais oublié d'en emporter. Ce n'était
pas cher, j'avais un lit, et un repas par jour.

—Mais qu'est-ce que tu faisais toute la journée ?

—Rien. Je me promenais, je lisais les journaux. Je parlais avec
les gens. Un jour j'ai croisé° cette femme, elle s'appelle Lydie,
je crois, oui, c'est ça, Lydie.

—Celle qu'on a prise pour toi ?

—Oui…

—Elle te ressemblait beaucoup ! J'ai vraiment cru, j'étais sûr !

—Oh pas tellement. Le visage, le corps c'était à peu près
ça°. Mais tu sais, les femmes comme moi, il y en a beaucoup.
Tu l'as reconnue parce qu'elle était morte et un peu défigurée
sûrement, ça arrive souvent.

—Bon. Mais tu ne l'as pas tuée, hein ? Tu plaisantes ? C'est
pas vrai ? Elle s'est noyée toute seule° ?

—C'est moi qui l'ai poussée dans l'eau. La nuit. On se
promenait, on discutait°, et puis je l'ai poussée. Elle ne savait
pas nager, et puis l'eau était froide. J'ai regardé un moment,
elle a coulé° assez vite, finalement.

—Mais tu es un monstre ! Mais pourquoi, bon sang°, pourquoi ?

—Je ne sais pas, je te dis ! Je l'ai tuée comme ça°.

—Tu voulais qu'on la prenne pour toi ? C'est ça ?

—Non. J'ai vu dans les journaux que tu avais cru me reconnaître. C'était une coïncidence curieuse.

—Écoute, Marjorie, tu me racontes des histoires° ! Cette
femme était nue, elle s'est suicidée, c'est pas possible autrement.

—Mais non. Elle s'est déshabillée exprès°. C'était pour un
client, elle était prostituée.

ça m'était égal : ça
n'avait aucune
importance pour moi

foyer d'accueil : refuge
pour ceux qui n'ont pas
de domicile

croiser : rencontrer
quelqu'un qui vient dans
l'autre sens

c'était à peu près ça :
c'était assez juste, assez
ressemblant

tout seul : sans aide

discuter : parler,
échanger des idées
(fam.)
couler : aller au fond de
l'eau
bon sang : marque
l'indignation
comme ça : sans raison,
pour rien

raconter des histoires :
ne pas dire la vérité

exprès : avec intention

truc : ruse

ça marche : ça réussit   5

—Mais tu m'as dit que tu marchais avec elle, que vous discutiez !

—Oui, on discutait de ses clients. Elle me disait. « J'ai un truc° : quand je ne vois pas d'homme à l'horizon, je me déshabille sur le quai. Il y a toujours un automobiliste qui s'arrête. Ça marche une fois sur deux. »

—Et elle l'a fait ?

—Oui…

—Et tu l'as poussée dans l'eau tout de suite ?

—Je crois, oui…

qu'est-ce qui t'a pris : pourquoi as-tu agi ainsi (fam.) ? marque la surprise
faire : avoir (une maladie…)   15

—Qu'est-ce qui t'a pris° ?

—Je ne sais pas. Je l'ai fait, c'est tout.

—Marjorie, tu est devenue folle ou tu fais° une dépression nerveuse. C'est pas possible, ce n'est pas toi, ou alors il y a une raison, et je veux savoir, tu comprends. Je veux savoir !

—Il n'y a rien à savoir…

—Mais enfin, tu ne te sens pas différente ? Tu n'as pas eu peur ? Pas de remords ?

—Non.

avec un adjectif, un   20
adverbe ou un verbe,
bien a une valeur
intensive

—À quoi pensais-tu, bon sang, tu pensais bien° à quelque chose ?

—Rien de spécial.

—Et ça ne te paraît pas monstrueux ?

—Non.

—Pourquoi es-tu revenue ? Ça non plus, je ne comprends pas.

ennui : difficulté

—Je suis revenue parce que j'avais envie de revenir. Mais il y a un ennui°, c'est que je ne vais pas rester. La police va me mettre en prison. C'est normal. Tu sais j'ai réfléchi à tout ça en revenant de Londres. Tout ce que je peux dire, c'est que je ne suis pas folle, je ne crois pas. Je n'ai pas l'impression d'avoir changé en quoi que ce soit°. Je sais que j'ai commis un crime,

en quoi que ce soit : en aucune manière

mais ça ne me paraît pas extraordinaire. Je sais aussi que je ne peux pas rester avec vous, toi et les enfants. Je dois aller en prison. Tu vas le dire à la police bien sûr, c'est normal, et si tu ne le disais pas je ne pourrais pas rester ici de toute façon. Mais au fond ça m'est égal. Je vivrai aussi bien en prison. La difficulté ce sera d'expliquer tout ça à nouveau. Je vois bien que tu ne me comprends pas. Les autres ne comprendront pas non plus.

—Et toi tu comprends ?

—Moi ? Je ne sais pas. Je crois qu'il n'y a rien à comprendre.

—Mais Marjorie, tu es folle ! Je te jure que tu es folle ! Tu as tué quelqu'un et ça ne te fait rien° ? Tu trouves ça normal ? Un jour ou l'autre tu vas recommencer !

ça ne te fait rien : ça t'est égal   45

—Je ne sais pas. Je ne crois pas. Tout ce que je peux dire, c'est que je suis normale, je vais bien. Je reconnais même que mon départ était bizarre pour vous, que ce crime est affreux pour vous. Mais pas pour moi.

— Et si quelqu'un voulait t'assassiner, toi, ou moi, ou les enfants, tu trouverais ça normal ?

— Non. »

Pauvre Peter. C'était lui qui se sentait devenir fou peu à peu.

Marjorie est partie avec les policiers. Peter a dit aux enfants que leur mère était très malade et qu'on allait l'enfermer. Il le croyait fermement, Peter, il se disait : ma pauvre femme est devenue « dingue° » tout d'un coup°. Mais non. Après une longue enquête et des vérifications, la police a acquis la certitude que le crime avait bien été commis par Marjorie. Elle avait même ramassé les vêtements de sa victime, qu'elle avait rapportés au foyer.

Alors il y eut procès. Les experts ont dit de Marjorie qu'elle était en pleine possession de ses facultés intellectuelles. Atteinte d'aucune maladie mentale. Même pas d'un dédoublement de personnalité.

Ils ont avancé° une hypothèse hardie°. Marjorie aurait vécu° sa fugue et le crime comme une parenthèse dans sa vie. Mais toute parenthèse s'ouvre et se ferme. Or la parenthèse de Marjorie était ouverte, elle n'était pas refermée, et ne le serait peut-être jamais. Comme, peut-être, elle n'avait jamais été ouverte. En somme, la vie de Marjorie pouvait être une parenthèse depuis sa naissance. Débrouillons-nous° avec cela. Notre pauvre logique aurait tendance à conclure : puisque cette femme vit entre parenthèses, c'est qu'elle est folle, mais on nous répond non.

Juridiquement responsable, Marjorie est en prison, pour la vie. Aucun soin particulier ne lui est donné, d'ailleurs elle a refusé d'être soignée, et elle en avait le droit. Elle vit normalement, sans agressivité particulière. Elle s'ennuie en prison, c'est tout.

C'est tout. Mais ça fait peur.

dingue : fou (pop.)
tout d'un coup : d'un seul coup (ne pas confondre avec **tout à coup :** soudain)

avancer : affirmer
hypothèse hardie : originale, audacieuse
Quelle est la valeur du conditionnel ?

débrouillons-nous avec cela : trouvons l'explication avec cela

Étude et exploitation du texte

1. Distinguez l'introduction. À quelle ligne finit-elle ?
2. D'après l'introduction pouvez-vous deviner de quoi il va s'agir dans ce texte ?
3. Montrez comment l'introduction part du général pour arriver au particulier.
4. À quel milieu appartient la famille de Marjorie ? Quels sont les détails qui l'indiquent ?
5. Quels sont les détails qui montrent que cette famille est une famille normale, ordinaire ?
6. Quelles sont les étapes successives de l'enquête de Peter ? Quels sont les mots qui indiquent : le début, la succession et l'aboutissement de ses recherches ?
7. Expliquez la réaction de Peter devant la disparition de sa femme. Quel est le sentiment dominant ? Que ressent-il lorsque tout est fini et qu'il se croit veuf ?

8. Quel effet l'apparition de Marjorie a-t-elle sur son mari et ses enfants ? Expliquez leurs réactions.
9. Peter ne peut pas croire ce que lui raconte sa femme. Comment cherche-t-il à expliquer son crime ? Pourquoi ?
10. Par quels procédés les auteurs montrent-ils qu'il s'agit ici d'une histoire vraie ?
11. Ce phénomène de « parenthèse » est-il reconnu en justice ? Dans quelles circonstances ?
12. Pensez-vous avec les auteurs que cette histoire fait peur ? Expliquez votre réponse.

Vocabulaire

A. *Remplacez les mots indiqués par une expression équivalente tirée du texte :*

1. Il y a des êtres qui vivent **à l'écart de** la société.
2. Elle a commis un crime **en sachant très bien ce qu'elle faisait.**
3. Il a donné **la description** de sa femme à la police.
4. Les enfants sont assis **l'un à la suite de l'autre.**
5. Marjorie **a disparu sans laisser de traces.**
6. **Il semble probable** que Marjorie s'est suicidée.
7. À cause des enfants, Peter doit **surmonter sa douleur.**
8. Quand les enfants sont en retard, les parents **s'inquiètent.**
9. Reste ou pars, **cela m'importe peu.**
10. Marjorie lui **dit des mensonges.**
11. Rien ne menace ce petit univers où **tout va bien.**
12. L'aîné **résume la situation.**
13. Il se demande **continuellement** : mais où est-elle allée ?
14. Tu disparais **subitement,** sans rien dire.
15. **Un jour, bientôt,** tu recommenceras.

B. *Remplacez les mots indiqués par un verbe plus descriptif trouvé dans le texte. Faites les changements nécessaires :*

1. Les enfants vont **partir** au collège ou à l'école.
2. Oliver **crie** au chien de se taire.
3. Les enfants étaient **paralysés** par la peur.
4. L'apparition de leur mère **leur a fait peur.**
5. John **descend** l'escalier en courant.
6. Les pièces d'un puzzle **rentrent** les unes dans les autres.
7. La nuit, on se promenait, on **parlait**…
8. Affamés, les enfants **vident** le réfrigérateur.
9. Pour la centième fois, il **examine minutieusement** les affaires de sa femme.
10. Les experts **ont émis** une hypothèse hardie.
11. Peter **arrive** finalement au poste de police.
12. Effrayés, les plus jeunes **entrent furtivement** dans le couloir.

Expressions idiomatiques avec *avoir*

C. *Trouvez dans la colonne de droite les expressions idiomatiques correspondantes :*

to be right	avoir faim
to be wrong	avoir envie (de)
to be sleepy	avoir soif

to feel like	avoir hâte (de)
to be afraid	avoir chaud
to need	avoir à
to have to	avoir raison
to be ashamed	avoir la tête qui tourne
to be used to	avoir froid
to be eager to	avoir l'air (de)
to hurt	avoir sommeil
to be hungry	avoir mal au cœur
to be thirsty	avoir honte
to seem	avoir lieu
to feel sick	avoir l'habitude (de)
to feel dizzy	avoir mal à
to be cold	avoir tort
to be hot	avoir besoin (de)
to trust	avoir confiance
to take place	avoir peur

Le préfixe *in- (im-)* et le suffixe *-able (-ible)*

Quelque chose d'**incompréhensible** est quelque chose qu'on ne peut pas **comprendre**.

D. *Définissez de la même manière :*

une fugue **inexplicable**	un mari **insoupçonnable**
une scène **indescriptible**	un événement **imprévisible**
un remède **introuvable**	une chose **infaisable**
une écriture **illisible**	une théorie **indiscutable**
un pavillon **inhabitable**	une troupe **invincible**
une personne **invisible**	une maladie **incurable**

Les mots suivants présentent une nuance de sens :

une soirée **inoubliable**	une conduite **inqualifiable**
une aventure **impayable**	une femme **invivable**
un petit déjeuner **immangeable**	une histoire **inimaginable**
un prix **inabordable**	un vin **imbuvable**
une action **impensable**	des vêtements **informes**
une douleur **indicible**	une histoire **incroyable**

Qu'indique le préfixe **in- (im-)** ?
Qu'indique le suffixe **-able (-ible)** ?

Le préfixe *a-*

Atterrir, c'est **se poser sur la terre**.

E. *Formez de la même façon des verbes signifiant :*

se poser sur l'eau (la mer)	atteindre le bord
se poser sur la lune	s'approcher à côté
arriver au bout	venir en courant

Qu'indique le préfixe **a-** (du latin **ad-**) ?

Les adverbes de manière

Enfantine**ment**, signifie d'une manière **enfantine**.

adjectif au féminin + **-ment** = **adverbe de manière**

> REMARQUE : a) Les adjectifs terminés par une **voyelle** perdent souvent l'e du féminin :
> poliment, goulûment, etc.
> b) Les adjectifs qui se terminent en **-ent** et **-ant** font des adverbes en
> **-emment** et **-amment** (excepté lent et présent) :
> const**ant** : const**amment**   prud**ent** : prud**emment**

F.   *Transformez les phrases suivantes de façon à employer un adverbe en* **-ment** :

Ex : — C'est un petit univers où il est apparent que rien ne cloche.
       — C'est un petit univers **où rien ne cloche apparemment.**

1. Les enfants se disputent d'une façon normale.
2. Peter ressent une légère inquiétude.
3. Peter finit par atterrir au poste de police.
4. Elle répond avec calme à toutes les questions.
5. Cela s'explique avec difficulté.
6. Il serait logique de conclure qu'elle est folle.
7. Le chien aboie avec agressivité.
8. Ce n'est pas possible d'une autre façon.
9. Est-il vrai qu'elle a disparu ?
10. D'habitude, elle laisse un mot.
11. C'est d'un illogisme total.
12. Le signalement correspond à celui de votre épouse. C'est malheureux.
13. Il a été accusé, mais c'était injuste.
14. Elle a des maux de tête fréquents.
15. Marjorie est responsable selon la justice.
16. Le chien se met à grogner d'un air méchant.
17. Avec lenteur, Peter se lève.
18. Il se pose sans cesse la même question : Où est-elle donc allée ?
19. La famille est rassemblée avec tristesse autour des affaires de Marjorie.
20. Attendez-moi ! Soyez sages !

Distinctions

Tromper/se tromper

> — Ce n'est pas vrai, tu me **trompes** !
> — Sa femme ne le **trompe** pas.
> — Mon Dieu, je **me suis trompé** !

tromper quelqu'un	= ne pas lui dire la vérité
tromper son mari, sa femme	= lui être infidèle
se tromper	= faire une erreur

> ATTENTION : *I took the **wrong** book* : Je **me suis trompé(e) de** livre.
> *I went the **wrong** way* : Je **me suis trompé(e) de** chemin.
> *I read the **wrong** page* : Je **me suis trompé(e) de** page.

A. *Complétez les phrases suivantes en employant* **tromper** *ou* **se tromper***. Ajoutez un pronom complément d'objet s'il y a lieu :*

1. J'étais sûr que c'était toi ! Mon Dieu, comment ai-je pu_____ ?
2. Ne l'écoute pas ! Il cherche à_____.
3. Il est venu lundi au lieu de mardi : il_____de jour.
4. Je l'ai bien reconnue ! Je suis sûr de ne pas_____.
5. Il n'a pas de maîtresse ; il ne_____pas sa femme.
6. Si tu crois qu'il t'aime, tu_____.
7. Elle_____de rue et elle s'est perdue.
8. Ils croyaient qu'elle était morte, mais ils_____.

Ennuyer/s'ennuyer/être ennuyé(e)

— Ce qui m'**ennuie,** c'est que je ne vais pas pouvoir rester.
— Il m'**ennuie** avec ses questions !
— Cette histoire m'**ennuie.**
— Elle **s'ennuie** en prison.
— Je **suis ennuyé,** j'ai perdu mes clefs.

ennuyer qqn	=	inquiéter, contrarier importuner ne pas intéresser
s'ennuyer	=	éprouver de l'ennui, ne pas s'amuser
être ennuyé	=	être contrarié, préoccupé

B. *Complétez les phrases suivantes par* **ennuyer, s'ennuyer** *ou* **être ennuyé(e)** *:*

1. Quand ils ne vont pas à l'école, les enfants_____.
2. Si sa femme partait, ça l'_____beaucoup.
3. Est-ce que ça vous_____de venir à la morgue ?
4. Il_____de s'être trompé.
5. Peut-être est-elle partie parce qu'elle_____dans son pavillon de banlieue.
6. Quand on aime lire, on ne_____jamais.
7. Vous avez l'air_____. Qu'est-ce qui cloche ?
8. Les enfants_____, ils ne peuvent pas entrer.

Savoir/pouvoir

— Elle ne **savait** pas nager, elle s'est noyée.
— Je ne **peux** pas nager, je me suis cassé le bras.

can { *to know how* = **savoir**
{ *to be able to* = **pouvoir**

REMARQUE : Avec les verbes de **perception** (voir, entendre, sentir, etc.) *can* ne se traduit généralement pas.
— *I can't hear anything* : Je **n'entends** rien.

C. *Terminez les phrases suivantes de façon à éclairer le sens du verbe :*
Ex : Elle ne savait pas nager, **elle s'est noyée.**

1. Le petit Eliot ne sait pas lire,
2. Marjorie ne peut pas marcher,

3. Les spécialistes ne peuvent pas expliquer ce phénomène,
4. Ils ne peuvent pas dormir,
5. Je ne sais pas chanter,

Réfléchir à/penser à, de/songer à/trouver/croire

— J'ai **réfléchi** à tout ça en revenant de Londres.
— Je n'y **ai** pas **pensé**, cela m'était égal.
— Alors, Peter **songe** à l'accident.
— Elle **songe** à partir.
— Que **penses**-tu de cette histoire ?
— Je **trouve** qu'elle fait peur.
— J'**ai** bien **cru** que c'était toi !

to think
$\begin{cases} \textit{reflect, ponder, consider} & = \textbf{réfléchir} \text{ (à qqch.)} \\ \textit{think about} & = \textbf{penser, songer} \text{ (à qqn, à qqch.)} \\ \textit{contemplate doing something} & = \textbf{songer} \text{ (à + inf.)} \\ \textit{have an opinion} & = \textbf{penser} \text{ (de qqn ou de qqch.)} \\ \textit{judge, deem} & = \textbf{trouver} \\ \textit{believe} & = \textbf{croire} \end{cases}$

REMARQUE : **croire** implique :
a) une absence de certitude de la part du sujet, ou
b) que le sujet se trompe :
— **Je crois** qu'il va pleuvoir (mais je n'en suis pas sûr).
— **Il croit** que sa femme est folle (mais ce n'est pas vrai).

trouver :
a) implique qu'il s'agit d'une opinion personnelle pas forcément partagée,
b) s'emploie toujours lorsqu'il s'agit d'une sensation que l'on éprouve :
— **Je trouve** qu'elle te ressemble (mais ce n'est peut-être pas ton avis ni celui des autres).
— **Je trouve** qu'il fait froid (sensation).

D. *Complétez les phrases suivantes en choisissant parmi les verbes ci-dessus celui qui convient le mieux :*
1. Elle s'est noyée. On_____qu'elle s'est suicidée.
2. Elle est partie comme ça, sans_____, sans_____à sa famille.
3. Et si quelqu'un voulait t'assassiner, tu_____ça normal ?
4. D'abord, Peter_____que sa femme a eu un accident.
5. La police ne_____pas que Peter a assassiné sa femme.
6. Marjorie_____que c'est très simple, qu'il n'y a rien à comprendre.
7. Que_____-vous de l'hypothèse avancée par les experts ?
8. J'ai vu dans les journaux que tu_____me reconnaître.
9. _____bien avant de répondre !
10. Il_____fermement que sa femme était dingue et qu'on allait l'enfermer.
11. Il fait chaud ici, tu ne_____pas ?
12. Je_____qu'il va faire chaud cet été.

E. *Traduisez les phrases suivantes :*

1. What were you thinking about? — Nothing.
2. I am thinking of going to England next year.
3. He thought it was his wife, but it was not (her).
4. I pushed her, like that, without thinking.
5. Don't you think it is strange?
6. I think she took the wrong raincoat.

Noms/adjectifs de nationalité

— Marjorie D., une **Anglaise,**...
— Elle a répondu de ce crime devant la justice **anglaise**...
— Cette histoire est traduite de l'**anglais**...

Nom de nationalité : **majuscule**
Adjectif de nationalité : **minuscule**
Langue : **minuscule**

F. *Mettez le nom ou l'adjectif qui correspond au mot donné :*

1. Mon ami Hans était_____(Allemagne).
2. Il était tombé amoureux d'une jolie_____(Afrique).
3. L'_____(Amérique) se prononce différemment de l'_____
    (Angleterre), n'est-ce pas ?
4. En voyage, il avait rencontré plusieurs_____(Belgique).
5. Je connais mieux l'histoire_____(Rome) que la_____(Grèce).
6. Les_____(Brésil) parlent_____(Portugal), mais les_____
    (Pérou) parlent_____(Espagne).
7. Je le connais, c'est un_____(Mexique).
8. Il s'est installé en France et est vite devenu plus_____(Paris) que les
    _____(Paris).
9. Il y avait une jeune_____(France) et un colonel_____(Japon).
10. Beaucoup de_____(Louisiane) parlent_____(France) parce qu'ils des-
    cendent des anciens déportés_____(Acadie).

Habiter (demeurer)/vivre

— Ils **habitent** ce pavillon depuis quinze ans.
— À Londres, elle **vivait** dans un foyer d'accueil.

to live $\Big\{$ **habiter** (ou **demeurer**) pour désigner simplement la résidence (sens réduit)

vivre pour désigner le lieu où l'on passe habituellement sa vie ou une partie de sa vie (sens plus large)

On peut parfois employer indifféremment **habiter** ou **vivre** :
    Je n'aimerais pas **habiter** (**vivre** dans) une grande ville.

mais on dira obligatoirement :
    — Il **habite** rue de la Paix.

REMARQUE : **Habiter** se construit avec ou sans préposition :
> — Il habite New York *ou* **à** New York.
> — Il habite un bel appartement *ou* **dans** un bel appartement.

mais on dit :
> — Il habite rue Saint-Paul (sans préposition avec les noms de rues, d'avenues, de boulevards…)

Demeurer se construit avec une préposition, sauf avec les noms de rues, avenues, etc. :
> — Il demeure **à** la campagne, **à** Londres.
> — Il demeure avenue Victor-Hugo.

Vivre se construit avec **à** devant les noms de villes :
> — J'ai longtemps vécu **à** Paris.

Pour les noms de pays, on emploie :

— **au** devant les noms masculins (les noms terminés par une consonne)*
— **aux** devant les noms pluriels
— **en** devant les noms féminins (les noms terminés par une voyelle)**

*exceptions : la Réunion, la Saskatchewan
**exceptions : le Caucase, le Cambodge, le Maine, le Mexique, le Mozambique, le Tennessee, le Zaïre

G. *Complétez les phrases suivantes en employant **demeurer**, **habiter** ou **vivre**, et ajoutez une préposition s'il y a lieu :*

1. Vous_____bien_____12, avenue Victor-Hugo ?
2. À cette époque-là, j'(je)_____au-dessus d'un petit restaurant.
3. Mon frère est parti à vingt ans pour aller_____ _____Australie.
4. Elle_____ _____un magnifique appartement, mais pour être avec lui, elle aurait accepté de_____ _____un petit pavillon de banlieue.
5. Je n'ai jamais_____ _____un appartement. Et toi ?
6. Marjorie et Peter_____ _____la banlieue de Londres.
7. J'ai toujours rêvé d'(de)_____ _____la campagne.
8. Ma sœur veut que j'aille_____avec elle.

Constructions

Faire (du) mal, avoir (du) mal, se faire mal

> — On t'**a fait du mal** ?
> — Arrête, tu me **fais mal**.
> — Elle **a mal** aux pieds.
> — Elle **s'est fait mal** au menton.
> — Ils **ont du mal** à se coucher.

faire du mal (suj. qqn, qqch.) =	faire souffrir, causer une peine morale, nuire à qqn, à la santé
faire mal (suj. qqn, qqch.) =	causer de la douleur nuire à la santé

avoir mal à qqch.	=	souffrir
se faire mal à qqch.	=	se blesser
avoir du mal à + infinitif	=	avoir de la difficulté à

A. *Traduisez les phrases suivantes :*
1. Peter has trouble getting over it.
2. Go to bed. Be good, I have a headache.
3. They don't want to hurt anybody.
4. What bothers me is that the others will have difficulty understanding what happened to me.
5. I hurt my hand when I pushed her into the water.
6. Don't eat so fast. It is bad for your health (it will hurt you).
7. You are mistaken. Nobody hurt me.
8. There are people who have trouble living in a normal world.

L'article devant les parties du corps ou les vêtements

— Marjorie **se** lave **les** mains.

pronom réfléchi + verbe + **article** + partie du corps = action faite par le sujet
sur une partie de son corps

B. *Composez des phrases au moyen des éléments donnés, en suivant le modèle ci-dessus :*
1. Peter/raser/barbe
2. chat/gratter/oreille
3. femme/couper/cheveux
4. policier/croiser/bras
5. elle/fouler/cheville/tomber/escalier
6. Marjorie/faire mal/main
7. les enfants/brosser/dents
8. il/casser/poignet

— Elle s'en va, **les mains dans les poches** de son imperméable.

L'article s'emploie devant les noms de parties du corps et les vêtements pour décrire un aspect, une attitude : **les** mains dans **les** poches

C. *Complétez les phrases suivantes en employant les mots donnés:*
1. Elle s'en va,_____(sac/main).
2. Elle s'en va,_____(foulard/cou).
3. L'enfant regarde la vitrine_____(doigt/bouche).
4. Ils s'en vont,_____(livres/main).
5. Elle s'en va,_____(chapeau/tête).

Quelqu'un (personne), quelque chose (rien) + de + adjectif

— Un être qui a fait quelque chose **de** bizarre...
— C'est quelqu'un **de** très gai.
— Je n'ai jamais rien lu **de** plus extraordinaire.

quelque chose (rien) $\Big\}$ + **de** + adjectif
quelqu'un (personne)

D. *En vous basant sur le texte, répondez aux questions suivantes (Employez la construction ci-dessus) :*
1. Que font parfois les êtres marginaux ?
2. Qu'est-ce qui menace l'univers paisible des D. ?
3. Que leur est-il arrivé ?
4. À part la cicatrice d'appendicite, y a-t-il un signe particulier auquel on puisse reconnaître Marjorie ?
5. Qu'est-ce que Peter et Marjorie ont à se dire ?
6. Que faisait-elle à Londres toute la journée ?
7. Qui a-t-elle rencontré sur le quai ?
8. À quoi pensait-elle au moment du crime ?

Passer du temps à + **infinitif**

— Le pauvre homme va **passer** la nuit **à** sursauter au moindre coup de téléphone.

passer + indication de temps + **à** + infinitif = *to spend* time *doing*...

E. *Complétez les phrases suivantes :*
1. La femme de Peter_____la journée_____se promener_____.
2. _____ont passé_____à_____devant la porte.
3. _____passe ses soirées_____éplucher_____.
4. Peter et Marjorie vont passer_____à discuter.
5. _____ _____deux ou trois heures_____ _____les journaux.
6. Combien de temps_____à lire ce texte ?

F. *Traduisez les phrases suivantes :*
1. He spent the evening phoning her friends.
2. She spent several weeks travelling in England.
3. I would spend the time taking walks, reading the papers, talking to people...
4. After several hours spent trying to find her, he finally calls the police.

À ou *de* après un nom ou un pronom et devant un infinitif

nom (ou pronom) + **à** + **infinitif** : si le nom est l'objet de l'infinitif
nom (ou pronom) + **de** + **infinitif** : si le nom n'est pas l'objet de l'infintif

— Il n'y a que cela **à** faire (**cela** : objet de **faire**)
— Il n'a pas peur **de** l'identifier (**peur** n'est pas l'objet de **identifier**)

ATTENTION : On emploie **à** lorsqu'il s'agit de l'usage :
— Une machine **à** calculer (qui sert à calculer)

G. *Complétez les phrases suivantes :*
1. Les enfants ont envie_____pleurer.
2. Elle n'a pas de temps_____perdre.
3. J'ai eu le temps_____réfléchir en revenant de Londres.
4. Il a d'abord l'idée_____téléphoner à son frère et à ses amies.
5. C'est une idée_____étudier de plus près.

6. Partir sans rien dire, sans même laisser un mot, ce n'est pas une chose_____faire !
7. Ils ont une télévision, un réfrigérateur et une machine_____laver.
8. Je suis occupé. J'ai des papiers_____ranger, des coups de téléphone_____donner, des gens_____voir, et des lettres_____écrire.
9. Il trouve encore la force_____calmer les enfants.
10. Peter n'a pas l'air_____comprendre ce qui arrive.
11. Ils ont compris que leurs parents avaient des choses graves_____se dire.
12. Nous avons tous des besoins_____satisfaire.
13. Tu as le temps_____prévenir la police. Cette femme n'a pas de famille.
14. A-t-elle quelque chose_____dire pour se défendre ?
15. Je n'ai pas l'impression_____avoir changé en quoi que ce soit.
16. Elle avait le droit_____refuser d'être soignée.
17. Il a de nombreuses questions_____lui poser.
18. Elle avait besoin_____partir et_____être seule.
19. Je crois qu'il n'y a rien_____comprendre.
20. Il a passé la nuit_____sursauter au moindre coup de téléphone.

Langue et style

La phrase, la proposition

La phrase est une unité d'énonciation qui exprime une pensée complète.

La phrase simple (langue parlée et courante) peut se composer des éléments suivants :
— groupe nominal : Disparition d'une mère de famille.
— groupe verbal : Viens vite.
— groupe nominal + groupe verbal : La femme de Peter/a disparu.
— groupe nominal + groupe verbal + complément(s) : Elle/fait/un voyage
— groupe nominal + groupe verbal + attribut : C'/est/moi.

La phrase complexe (langue écrite et littéraire) se compose de plusieurs propositions.

La proposition est le système de mots organisés en fonction du verbe.
Elle se compose :

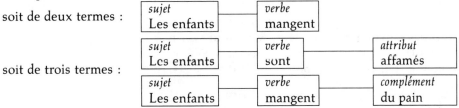

soit de deux termes :

sujet	*verbe*
Les enfants	mangent

soit de trois termes :

sujet	*verbe*	*attribut*
Les enfants	sont	affamés

sujet	*verbe*	*complément*
Les enfants	mangent	du pain

En général, il y a autant de propositions que de verbes conjugués à un mode personnel.

Il existe également des **propositions participes** [voir p. 309] et des **propositions infinitives** [voir p. 245]

Le sujet (nom, pronom, infinitif ou proposition) est le mot ou le groupe de mots désignant l'être ou la chose dont on dit :

— ce qu'il fait : **Marjorie** ferme la porte.
— ce qu'il subit : **Elle** a été condamnée.
— ce qu'il est, qui il est : **Tuer** est un crime.
— dans quel état il est : **Ces gens** sont fous.

Le verbe exprime l'action que fait le sujet, dans quel état il est, les changements qu'il subit, les sensations et les sentiments qu'il éprouve, etc., que l'on désigne sous le nom de **procès** (voir p. 104)

Le complément (nom, pronom, infinitif, proposition) a pour fonction de compléter l'énoncé : L'énoncé minimum **les enfants mangent** peut être complété par **du pain, avec appétit, dans la cuisine**, etc.

L'attribut (nom, pronom, adjectif, infinitif, proposition) exprime la qualité, la nature, l'état, que l'on **attribue** au sujet ou au complément par l'intermédiaire du verbe **être**, ou d'un autre verbe impliquant l'idée d'**être** (devenir, demeurer, paraître, sembler, avoir l'air, passer pour, être considéré comme, s'appeler, se nommer, se trouver.) Chacun des termes de la proposition peut être un mot ou un groupe de mots ; le sujet, le verbe, l'attribut, le complément peuvent être accompagnés de mots qui les complètent :

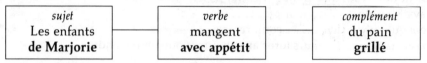

sujet	*verbe*	*complément*
Les enfants	mangent	du pain
de Marjorie	**avec appétit**	**grillé**

A. *Cherchez combien il y a de propositions dans les phrases suivantes :*
1. On a demandé à la voisine, elle ne l'a pas vue de la journée.
2. Je suis revenue parce que j'avais envie de revenir.
3. Légèrement inquiet, Peter lâche sa tribu dans la cuisine.
4. Notre pauvre logique aurait à conclure : puisque cette femme vit entre parenthèses, c'est qu'elle est folle, mais on nous répond non.
5. Tout ce que je peux dire, c'est que je suis normale, je vais bien.
6. Écoute, Marjorie, tu me racontes des histoires !
7. Je sais que j'ai commis un crime, mais ça ne me paraît pas anormal.
8. Il espérait jusqu'au bout que Marjorie avait fait une fugue, mais qu'elle était vivante et qu'il la reverrait.
9. Les enfants, qui sont enfin couchés, sont trop excités pour dormir.

B. *Séparez les propositions par un trait vertical :*

Il y a des êtres humains qui paraissent nés sur une autre planète. Physiquement, ils nous ressemblent. Ils ont une tête, des bras, des jambes, ils parlent, ils sont mariés, ils ont des enfants, ils travaillent. Mais tout cela n'est qu'une apparence. En réalité, ces êtres-là, depuis leur naissance, vivent à côté de nous, en marge, dans un univers parallèle. Et nul ne sait à quoi ressemble cet univers.

C. *Dans les phrases suivantes, soulignez d'un trait le(s) sujet(s) et de deux traits le(s) complément(s) des verbes indiqués (mots ou groupes de mots) :*
1. Olivier et le chien **courent** à la porte.
2. Personne ne l'**a vue**.
3. C'est moi qui l'**ai poussée** dans l'eau.
4. Marjorie **enlève** son imperméable, **se lave** les mains, **va** dans la cuisine, **se sert** une tasse de thé et **consent** à répondre.
5. Le soir **tombe** à peine, et la lumière du couloir **éclaire** une silhouette sur le pas de la porte.
6. Voyager **est** agréable.

7. Que tu aies fait cela m'**étonne** beaucoup.
8. Nous ne **comprenons** pas, et ça nous **fait** peur.

D. *Complétez les phrases suivantes au moyen d'un attribut :*
   1. Peter croit que sa femme est devenue...
   2. Les enfants sont...
   3. La Traviata est...
   4. La vérité est...
   5. Son crime ne lui paraissait pas...

E. *Donnez un sujet et un complément à chacun des verbes suivants (groupes de mots) :*

   pousser   écouter
   prévenir   regarder
   oublier   habiter

F. *À partir des titres suivants, faites des phrases complètes, (a) en ajoutant un verbe et (b) en ajoutant deux ou trois éléments :*
   Ex. : Disparition d'une mère de famille.
   Une mère de famille **de la banlieue de Londres** (1er élément)
                    disparaît (verbe)
                    de son domicile (2e élément)
                    sans laisser de traces (3e élément)
   1. Meurtre d'une prostituée.
   2. Arrestation de l'assassin.
   3. Suicide d'une mère de famille.
   4. Accident sur la Nationale 102.
   5. Identification formelle de la victime.

G. *Ajoutez un élément aux phrases suivantes selon les indications données :*
   1. Selon toute vraisemblance, Marjorie s'est suicidée (comment ?)
   2. Le soir, Peter trouve la maison fermée à clef (à quel moment ?)
   3. Le chat est couché, (où ?) le chien dort (dans quelle position ?)
   4. Elle est partie (pourquoi ?)
   5. J'ai réfléchi à tout ça (en faisant quoi ?)
   6. Les enfants sont enfin couchés (à quelle heure ?)

Nature de la proposition

On distingue trois sortes de propositions :

 i) la proposition **indépendante**
 ii) la proposition **principale**
 iii) la proposition **subordonnée**

La proposition indépendante exprime une idée complète, qui se suffit à elle-même. Elle ne dépend grammaticalement d'aucune autre et aucune autre ne dépend d'elle :

> Le petit déjeuner est servi.

Plusieurs propositions indépendantes peuvent être juxtaposées ou coordonnées par une conjonction de coordination :

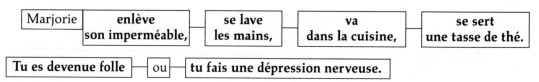

La proposition principale ne dépend d'aucune autre proposition mais en commande une ou plusieurs :

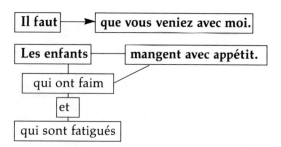

La proposition subordonnée dépend d'une autre proposition (principale) qu'elle complète. Elle est reliée à la proposition principale par :

i) une **conjonction de subordination** (proposition conjonctive) :
— Il se demande **si** elle est folle.

ii) un **pronom relatif** (proposition relative) :
— Il cherche sa femme **qui** a disparu.

iii) un **mot interrogatif** (proposition interrogative) :
— Elle lui demande **quelle** heure il est.

REMARQUE : Une proposition **subordonnée** peut être en même temps **principale** si elle a une autre proposition subordonnée sous sa dépendance :
Les spécialistes affirment que ──────▶**certains êtres peuvent commettre des actes**──────▶ qu'ils ne peuvent pas expliquer eux mêmes.

H. *Dans les phrases suivantes, séparez les propositions et indiquez leur nature (indépendantes, principales, subordonnées) :*

1. Peter a dit aux enfants que leur mère était très malade et qu'on allait l'enfermer.
2. Ils ont conclu que le crime avait bien été commis par elle.
3. Aucun soin particulier ne lui est donné, d'ailleurs elle a refusé d'être soignée, et elle en avait le droit.
4. Ils sont mariés depuis dix-huit ans et habitent ce pavillon depuis quinze ans.
5. Le frère de Marjorie répond au téléphone qu'il n'a pas vu sa sœur, les amies font la même réponse, et immédiatement Peter songe à l'accident.
6. Nous ne pouvons révéler ni le nom de cette famille, ni les détails qui pourraient la faire reconnaître, car ils ont le droit d'oublier aujourd'hui ce qui s'est passé ce matin-là.

I. *Complétez les phrases suivantes en ajoutant une proposition subordonnée. Variez à chaque fois les mots subordonnants :*

conjonctive :
> Je sais bien
> Téléphone-moi
> Elle est partie

relative :
> Je connais quelqu'un
> Il regarde la statue
> Je vous apporte le livre

interrogative :
> Demande-lui
> Il veut savoir
> Il ne sait pas

J. *Reliez les propositions données au moyen d'un pronom relatif. Faites les modifications nécessaires :*

1. C'est un petit univers paisible / rien n'en menace la quiétude.
2. Elle lui raconte des choses / il ne peut pas les croire.
3. Pendant des heures, il lui pose des questions / elle a du mal à y répondre.
4. Peter fait le tour des hôpitaux / il est de plus en plus inquiet.
5. Nous ne pouvons pas révéler de détails / ils pourraient la faire reconnaître.
6. Où est le panier ? / le chat dort dans ce panier.
7. Un pêcheur a découvert une femme / son signalement correspond à celui de votre épouse.
8. Le policier soulève le drap / la femme est étendue sous ce drap.

Trois emplois du conditionnel

Le **conditionnel** n'exprime pas toujours un fait soumis à une condition.

Il s'emploie également :

i) pour indiquer l'éventualité d'un fait, c'est-à-dire pour indiquer qu'un fait pourrait ou aurait pu se produire,

ii) pour annoncer un fait dont on ne garantit pas l'exactitude,

iii) pour atténuer une affirmation, pour demander quelque chose d'une façon plus polie.

> — Si elle était morte, elle ne **serait** pas là. (fait soumis à une condition)
> — Peter se **serait**-il trompé ? (éventualité)
> — D'après les journaux, elle **se serait noyée**. (exactitude non garantie)
> — **Pourriez**-vous m'accompagner ? (politesse)

K. *Indiquez la valeur du conditionnel dans les phrases suivantes (condition, éventualité, exactitude non garantie, politesse) :*

1. Pourriez-vous venir l'identifier ?
2. Rien ne permet d'envisager un crime dont il serait responsable.
3. S'ils s'étaient disputés, on aurait pu envisager un crime.
4. Un pêcheur a découvert le corps d'une femme dans la Tamise. Elle se serait suicidée.

5. D'après les experts, Marjorie aurait vécu sa fugue comme une parenthèse dans sa vie.
6. Peter penserait plutôt que sa femme est devenue folle.
7. Il se précipite à la morgue tous les jours pour voir si on n'y aurait pas apporté une femme répondant au signalement de Marjorie.
8. Sans la cicatrice d'appendicite, il ne l'aurait pas reconnue.
9. Je voudrais vous demander un service.
10. Selon les auteurs, cette histoire serait vraie.

Traduction

Marjorie and Peter have been married for eighteen years. They have five children, a dog and a cat. John, the eldest, is fifteen, Margareth twelve, Oliver nine, Stefanie seven, and Eliot, the youngest, is five. They live in a modest house, on the outskirts of London.

They are a happy, normal family. They have no debts, no enemies, no health or money problems. Nothing, nobody can explain Marjorie's sudden disappearance.

She went away, a scarf on her head, her hands in her pockets, simply because she felt like it. Where did she go? Why did she leave without a thought for her husband and her children? Normal people don't do illogical things. We cannot understand, and it frightens us.

Composition

Le signalement

Le **signalement** est l'énumération des caractères extérieurs qui permettent de reconnaître une personne (ou un animal) : taille, couleur des cheveux, des yeux, forme du nez, signes particuliers, etc.

On trouve le signalement d'une personne sur son passeport, sa carte d'identité, un avis de recherche, etc.

Rédaction

A. *Remplissez la fiche suivante, en employant les renseignements que vous avez sur Marjorie et en inventant ceux que vous n'avez pas :*

Renseignements généraux :

Nom :

Prénoms :

Adresse :

Profession :

Situation de famille* :

*célibataire, mariée, divorcée, séparée, veuve, nombre d'enfants

Signalement :
    Âge :
    Taille :
    Poids :
    Visage :
    Teint :
    Cheveux :
    Yeux :
    Nez :
    Menton :
    Signes particuliers :

Vocabulaire utile :
    le visage peut être rond, ovale, carré, allongé…
    le teint peut être coloré, mat, pâle, clair, foncé…
    les cheveux peuvent être blonds, cendrés, bruns, châtains, noirs, roux, gris, blancs, longs, courts, frisés…
    les yeux peuvent être noirs, marron, noisette, gris, verts, bleus, gris-bleu, bleu clair…
    le nez peut être court, long, moyen, droit, retroussé…
    le menton peut être rond, pointu, petit, moyen…
    les signes particuliers peuvent inclure une cicatrice, une déformation, quelque chose d'inhabituel. S'il n'y en a pas, on met *néant*.

    REMARQUE : **marron** et **noisette** sont des noms employés comme adjectifs de couleur, ils **ne s'accordent pas.**
               gris-bleu : deux adjectifs de couleur juxtaposés **ne s'accordent pas.**
               bleu clair : un adjectif de couleur modifié par un autre mot **ne s'accorde pas.**

B. *Rédigez un avis de recherche en donnant le signalement d'une personne qui a disparu (suivez les indications données) :*

On recherche…   — nom, âge, domicile, jour et lieu de la disparition
                      — description : taille, poids, forme du visage, teint, couleur des cheveux, des yeux, signes particuliers, etc.
Au moment de sa disparition, il (elle) était vêtu(e) de…
                      — description des vêtements

C. *En vous basant sur la description de la famille de Peter et Marjorie, décrivez votre propre famille (150 mots environ).*

Depuis combien de temps vos parents sont-ils mariés, quelle est leur occupation… Nombre et âge des enfants… Avez-vous des animaux… Où habitez-vous…, etc.

Chapitre 2

Les jeux sont faits

1947- après la deuxième guerre mondiale.

Jean-Paul Sartre

La chambre d'Ève

Une chambre dans laquelle les persiennes mi-closes ne laissent pénétrer qu'un rai° de lumière.

rai : poétique pour rayon

une famille riche

rayon

Un rayon découvre une main de femme dont les doigts crispés°
5 grattent une couverture de fourrure°. La lumière fait briller l'or
d'une alliance, puis glissant au long du bras, découvre le visage
d'Ève Charlier… Les yeux clos°, les narines pincées, elle semble
souffrir, s'agite et gémit. *fermer*

crispé : serré nerveusement
Qu'indique ce détail ?

clos : participe passé de clore, litt. pour fermer

Une porte s'ouvre et, dans l'entrebâillement°, un homme
10 s'immobilise. Élégamment habillé, très brun, avec de beaux yeux
sombres, une moustache à l'américaine, il paraît âgé de trente-
cinq ans environ. C'est André Charlier.

entrebâillement : ouverture étroite

Il regarde intensément sa femme, mais il n'y a dans son regard
qu'une attention froide, dépourvue de tendresse.

15 Il entre, referme la porte sans bruit, traverse la pièce à pas
de loup° et s'approche d'Ève qui ne l'a pas entendu entrer. *sans bruit*
Étendue sur son lit, elle est vêtue, par-dessus sa chemise de *habiller*
nuit, d'une robe de chambre très élégante. Une couverture de
fourrure recouvre ses jambes. *observer*

à pas de loup : sans faire de bruit, pour surprendre quelqu'un

20 Un instant, André Charlier contemple sa femme dont le visage
exprime la souffrance ; puis il se penche et appelle doucement :
—Ève… Ève… *(to lean)*

Ève n'ouvre pas les yeux. Le visage crispé, Ève s'est endormie.

André se redresse, tourne la tête vers la table de chevet° sur
25 laquelle se trouve un verre d'eau. Il tire de sa poche un petit
flacon stilligoutte°, l'approche du verre et, lentement, y verse
quelques gouttes. *rapidement* *bouteille*

chevet : ce mot a pour racine le mot latin caput : tête.
stilligoutte : syn. de compte-gouttes

Mais comme° Ève bouge la tête, il remet prestement le flacon
dans sa poche et contemple, d'un regard aigu et dur sa femme
30 endormie. *sharp*

comme : exprime ici un rapport de cause (il peut aussi exprimer un rapport de temps ou de comparaison)

Le salon des Charlier

Dans le salon voisin, une jeune fille, appuyée contre la fenêtre
grande ouverte, regarde dans la rue. De la chaussée° monte et *rue*
se rapproche le bruit cadencé° d'une troupe en marche. *rhythme*

chaussée : rue (où roulent les voitures)
Notez l'inversion du sujet. Quel est l'effet de cette inversion ?

35 André Charlier pénètre dans la pièce et referme la porte. Il
s'est maintenant composé° un visage soucieux.

cadencé : bien rythmé
Qu'est-ce que ce mot nous apprend sur la personnalité d'André ?

Au bruit de la porte refermée, la jeune fille s'est retournée.
Elle est jolie et jeune, dix-sept ans peut-être, et quoique grave
et tendu, son petit visage demeure encore puéril°.

puéril : enfantin

Dehors, sur le rythme des bottes martelant le pavé, éclate
un chant de marche, rauque, cadencé°.

5   *Quelle remarque faites-vous
sur la construction ?*

D'un geste brusque, la jeune fille referme la fenêtre ; il est
visible qu'elle ne domine que difficilement ses nerfs, et, se
retournant, c'est d'un air agacé° qu'elle dit :

agacé : irrité

—Ils n'ont pas cessé de défiler depuis ce matin !

Sans paraître la voir, André fait quelques pas et s'arrête l'air
très affecté°, près d'un canapé°. La jeune fille vient le rejoindre,
l'interroge anxieusement du regard. Il redresse la tête, lui jette
un coup d'œil, puis, avec une moue° fataliste :

10

affecté : touché, frappé
de douleur
canapé : sofa
moue : grimace faite en
avançant les lèvres

—Elle dort…

—Vous croyez qu'elle peut guérir ?

André ne répond pas.

15

La jeune fille, irritée, pose un genou sur le canapé et secoue
la manche d'André. Elle est près des larmes. Soudain, elle éclate :

—Mais ne me traitez pas comme une gamine° ! Répondez-
moi !

gamin(e) : enfant (fam.)

20

André regarde sa jeune belle-sœur, lui caresse doucement les
cheveux, puis, avec tout ce qu'il peut mettre dans sa voix de
tendresse fraternelle et de douleur° contenue, murmure :

c'est-à-dire **avec toute la
tendresse… qu'il peut
mettre dans sa voix.**

—Vous allez avoir besoin de tout votre courage, Lucette.

Lucette éclate en sanglots et pose sa tête sur le rebord du
canapé. Son désespoir est sincère, profond, mais très puéril et
très égoïste ; elle n'est encore qu'une enfant gâtée… André
murmure doucement :

25

—Lucette…

Elle secoue la tête :

30

—Laissez-moi… laissez-moi… Je ne veux pas avoir de courage, c'est trop injuste, à la fin° ! Qu'est-ce que je deviendrai
sans elle ?

à la fin : marque
l'impatience

Sans cesser de caresser la chevelure, puis l'épaule de la jeune
fille, André insiste :

35

—Lucette ! calmez-vous… je vous en prie…

Elle se dégage, se laisse aller sur le canapé, la tête dans les
mains, les coudes sur les genoux, en gémissant :

—Je n'en peux plus ! Je n'en peux plus° !

André contourne le canapé. Comme il n'est plus observé, il
a repris son air dur et épie° la jeune fille qui poursuit :

40

je n'en peux plus : je
suis à bout de forces,
épuisé(e)
épier : observer
attentivement (sans être
vu)

—Un jour, on espère, le lendemain, on n'a plus d'espoir ! C'est
à devenir folle°… Savez-vous seulement ce qu'elle est pour moi ?

Elle se retourne brusquement vers André, dont le visage,
aussitôt, reprend un air apitoyé°.

c'est à devenir fou : c'est
assez pour rendre fou

45

apitoyé : plein de pitié

—C'est beaucoup plus que ma sœur, André, poursuit-elle à
travers ses larmes. C'est aussi ma mère et ma meilleure

amie… Vous ne pouvez comprendre, personne ne peut comprendre !

André s'assied près d'elle.

—Lucette ! murmure-t-il avec un tendre reproche, c'est ma
femme°…

Elle le regarde avec confusion°, lui tend la main.

—C'est vrai, André, pardonnez-moi. Mais, vous le savez, sans
elle, je me sentirai si seule au monde…

—Et moi, Lucette ?

André attire la jeune fille contre lui. Elle se laisse aller avec
beaucoup de confiance, beaucoup de pureté, et pose sa tête sur
l'épaule d'André, qui reprend hypocritement :

—Je ne veux pas que vous pensiez : « Je suis seule » tant que°
je serai près de vous. Nous ne nous quitterons jamais. Je suis
sûr que c'est la volonté d'Ève. Nous vivrons ensemble, Lucette.

Lucette, apaisée, a fermé les yeux et renifle° puérilement ses
larmes.

La rue des conspirateurs

Un détachement de la milice du régent° s'engage dans une rue
populeuse. Le visage sous la casquette plate à courte visière,
le torse rigide sous la chemise foncée que barre le baudrier°
luisant, l'arme automatique à la bretelle, les hommes avancent
dans un lourd martèlement de bottes.

Le chant martial de la troupe en marche éclate brusquement.
Des gens se détournent, d'autres s'écartent de leur chemin,
rentrent dans les maisons.

Une femme, qui pousse une voiture d'enfant, fait lentement
demi-tour°, sans affectation, et s'éloigne au milieu des passants
qui s'égaillent°.

La troupe avance toujours, précédée à quelques mètres par
deux miliciens casqués, la mitraillette sous le bras. Et à mesure
que° la troupe progresse, la rue se vide, sans précipitation, mais
dans une vaste manifestation hostile. Un groupe de femmes et
d'hommes, stationnant devant l'entrée d'une épicerie, se dis-
perse°, sans hâte, comme obéissant à un ordre silencieux.
Quelques-uns entrent dans les boutiques, d'autres sous les portes
cochères°.

Plus loin, des ménagères abandonnent les voitures de quatre
saisons° autour desquelles elles étaient groupées, et se dispersent, cependant qu'un gamin, les mains dans les poches, traverse
la rue avec une lenteur appliquée, affectée, presque dans les
jambes des miliciens.

Adossés° près de la porte d'une maison de pauvre apparence,
deux hommes, jeunes et costauds°, regardent passer la troupe
d'un air ironique.

Ils ont la main droite dans la poche de leur veston°.

Que veut dire André ?

avec confusion :
embarrassé

tant que : aussi
longtemps que

renifler : aspirer par les
narines

le régent : chef du
gouvernement du pays
imaginaire où se passe
cette histoire et contre
qui conspire Pierre
baudrier : bande de cuir
en travers de la poitrine
qui soutient une arme

faire demi-tour :
rebrousser chemin,
repartir vers l'endroit
d'où on vient
s'égailler : se disperser
*Quelles sont les deux actions
qui progressent
proportionnellement ?
Quel est le sujet de se
disperse ? Pourquoi ?*
porte cochère : grande
porte à deux battants
par où peuvent entrer
les voitures
**voiture de quatre
saisons :** étalage
ambulant de fruits et
légumes
adossé : composé sur le
mot **dos** : le dos appuyé.
*Quels adjectifs peut-on
former sur **épaule, coude** ?
Ont-ils le même sens ?*
costaud : fort (fam.)
*Pourquoi ont-ils la main
droite dans la poche de leur
veston ?*

Les conspirateurs (Langlois, Dixonne, Poulain, Renaudel et Pierre Dumaine leur chef) se réunissent dans une chambre enfumée et misérablement meublée. Inquiets, pensant que la police du régent se doute de quelque chose, Dixonne et Poulain suggèrent de remettre l'insurrection. Pierre refuse : tout est prêt pour le lendemain, à 10 heures. 5

La chambre d'Ève

Ève est toujours étendue, paupières closes. Elle tourne brusquement la tête et ouvre de grands yeux hagards, comme° si elle sortait d'un cauchemar. Tout à coup elle tourne la tête et jette un cri : 10

—Lucette !

Ève reprend conscience mais elle souffre d'un feu qui la brûle.

Avec effort, elle se redresse péniblement, rejette la couverture et s'assied sur le rebord du lit. Elle a la tête qui tourne. Puis elle étend la main et saisit le verre d'eau qui se trouve sur la 15
table de chevet. Elle boit d'un trait° et grimace°. Elle appelle encore une fois, mais d'une voix affaiblie :

—Lucette ! Lucette !

La rue des conspirateurs

Un jeune homme d'environ dix-huit ans, pâle, nerveux°, l'air 20
sournois°, appelle :

—Pierre !

Ce dernier vient de sortir de la maison de pauvre apparence où vient de se tenir la réunion des conspirateurs. À l'appel de son nom, Pierre regarde du côté de celui qui l'interpelle, détourne 25
la tête à sa vue, puis s'adresse aux deux gardiens qui sont en faction devant la porte :

—Les autres vont descendre, dit-il. Vous pouvez filer°. Réunion ici à six heures ce soir. Rien de neuf ?

—Rien du tout, répond l'un des gaillards°. Il y a juste ce petit 30
mouchard° qui voulait entrer.

D'un mouvement de tête il désigne le jeune homme qui, de l'autre côté de la rue, les observe, debout près de sa bicyclette.

Pierre jette un nouveau coup d'œil dans sa direction, puis haussant les épaules : 35

—Lucien ? Bah° !

Rapidement les trois hommes se séparent. Tandis que les deux gardes de corps s'éloignent, Pierre s'approche de sa bicyclette attachée, se penche pour défaire le câble. Pendant ce temps, Lucien traverse la rue, le rejoint et l'appelle : 40

—Pierre…

Celui-ci ne se redresse même pas. Il ôte le câble, le fixe sous la selle.

—Pierre ! supplie l'autre, écoute-moi !

En même temps, il contourne la bicyclette et se rapproche 45
de Pierre. Ce dernier se redresse et regarde Lucien avec mépris sans rien dire.

Quel rapport exprime **comme** *?*

d'un trait : d'un seul coup
Pourquoi grimace-t-elle ?
Pierre a met des choses ladedans.

nerveux : est une caractéristique constante
sournois : dissimulé, qui manque de franchise

partir
filer : partir, s'en aller (fam.)

homme fort
gaillard : homme fort, robuste
dénonciateur
mouchard : dénonciateur (fam.)

Quel est le sens de cette interjection et du haussement d'épaules qui l'accompagne ?
comme si
ça n'il derange pas

gémir : se plaindre
faiblement

vélo : bicyclette (fam.)
balbutier : parler d'une
façon confuse, mal
articulée
*D'où descend-il ? Où se
trouvait-il avant de
descendre ?*
enfourcher : monter
(une jambe de chaque
côté)
*Idée chère à Sartre : ce que
l'on est n'existe que dans le
reflet qu'on en voit dans
l'opinion des autres.*
fébrile : agité
commode : facile
*Quelle est la valeur de ce
futur ? Trouvez un autre
exemple plus bas.*

Pourquoi au féminin ?

à toute volée : avec un
geste large, et avec force

immeuble : grande
maison où il y a des
appartements

frissonner : trembler (de
froid, d'émotion…)

chancelant : mal assuré

sourd : étouffé, qui n'est
pas sonore

gêné : embarrassé

interdit : très étonné,
déconcentré, au point
de ne pas pouvoir parler

—Ce n'est pas ma faute… gémit° Lucien.

D'un simple geste de la main, Pierre l'écarte et pousse son vélo°. Lucien le suit en balbutiant° :

—Ils m'ont fait si mal, Pierre… Ils m'ont battu pendant des heures, et je n'ai presque rien dit…

Tranquillement, Pierre descend sur la chaussée°, enfourche° sa bicyclette. Lucien se place devant lui, une main sur le guidon. Son visage exprime un mélange de rage et de peur. Il s'exalte :

—Vous êtes trop durs ! Je n'ai que dix-huit ans, moi. Si vous me lâchez, je penserai toute ma vie que je suis un traître°. Pierre ! ils m'ont proposé de travailler pour eux…

Cette fois, Pierre le regarde dans les yeux, Lucien devient fébrile° ; il s'accroche au guidon. Il crie presque :

—Mais dis quelque chose ! C'est trop commode° aussi : tu n'y es pas passé ! Tu n'as pas le droit… Tu ne partiras pas sans m'avoir répondu. Tu ne partiras pas° !

Alors, Pierre, avec un profond mépris, jette entre ses dents :

—Sale petite donneuse° !

Et, tout en le regardant dans les yeux, il le gifle à toute volée°.

Lucien recule, suffoqué, cependant que, sans hâte, Pierre appuie sur les pédales et s'éloigne. Des rires éclatent, satisfaits : Renaudel, Poulain, Dixonne et Langlois, qui viennent de sortir de l'immeuble° ont assisté à la scène.

Lucien leur jette un bref regard, reste un instant immobile, puis s'en va lentement. Dans ses yeux brillent des larmes de haine et de honte.

La chambre d'Ève et le salon

La main d'Ève repose près du verre vide, sur la table de chevet.

Ève se redresse avec un effort terrible, frissonne°, envahie par une brusque douleur.

Puis, d'un pas chancelant°, elle parvient à atteindre la porte du salon, l'ouvre, et demeure immobile.

Elle aperçoit sur le canapé du salon Lucette, qui a posé la tête sur l'épaule d'André. Quelques secondes s'écoulent avant que la jeune fille aperçoive sa sœur.

Ève appelle d'une voix sourde° :

—André…

Lucette se dégage de son beau-frère et court vers Ève. André à peine gêné° se lève et s'approche, d'un pas tranquille.

—Ève ! reproche la jeune fille, tu ne dois pas te lever…

—Reste ici, Lucette, répond simplement Ève. Je veux parler à André, seul.

Puis elle se détourne et rentre dans sa chambre. André s'approche de Lucette interdite°, l'invite d'un geste plein de douceur à s'éloigner et pénètre à son tour dans la chambre.

Il rejoint sa femme, qui est appuyée à la table de chevet.

—André, souffle-t-elle, tu ne toucheras pas à Lucette... *feindre d'être étonné*

André fait deux pas, jouant un léger étonnement°.

Ève concentre toutes ses forces pour parler.

—Inutile. Je sais... Il y a des mois que je te vois faire... Tout 5
a commencé depuis ma maladie... Tu ne toucheras pas à Lucette.

Elle s'exprime avec une difficulté grandissante, faiblit, sous
le regard impassible° d'André. *froid* *argent*

—Tu m'as épousée pour ma dot° et tu m'as fait vivre un
enfer... Je ne me suis jamais plainte, mais je ne te laisserai pas 10
toucher à ma sœur...

André l'observe toujours, impassible. Ève se soutient avec
effort, et continue avec une certaine violence :

—Tu as profité de° ma maladie, mais je guérirai... Je guérirai,
André. Je la défendrai contre toi... 15

À bout de forces°, elle se laisse glisser sur le lit, démasquant°
ainsi la table de chevet.

Très pâle, André fixe, maintenant, sur cette table, le verre
vide. Son visage alors exprime une espèce de détente°, tandis
que s'élève encore la voix d'Ève, de plus en plus faible : 20

—Je guérirai, et je l'emmènerai loin d'ici... loin d'ici...

Une route de banlieue *en construction* *attendre attaque*

À demi dissimulé par un pan de mur°, Lucien se tient à l'affût°.
Le visage blême, luisant de sueur, la bouche mauvaise°, re-
mâchant sa haine, il guette. Sa main est dans la poche de son 25
veston.

Là-bas, à cent cinquante mètres environ, penché sur sa
bicyclette, Pierre paraît. Il avance, seul, sur cette route monotone
et triste de banlieue au milieu des chantiers°. *construction* Au loin, des hommes
travaillent, poussent des wagonnets, vident des camions. Pierre 30
continue à avancer parmi les usines et de hautes cheminées qui
fument. Lucien a le visage de plus en plus tendu, il amorce° *pas fini le geste*
un geste tout° en jetant de brefs coups d'œil inquiets autour
de lui.

Lentement, il sort un revolver de sa poche. 35

La chambre d'Ève *a valeur de passif*

La voix d'Ève se fait encore entendre°, avec un dernier reste
de violence.

—Je guérirai... André, je guérirai... pour la sauver... Je veux
guérir... 40

Sa main glisse le long de la table, veut se raccrocher, tombe
enfin, entraînant° le verre et la carafe.

Ève, qui se sentant faible a voulu s'appuyer à la table, roule
sur le sol dans un bruit de verre cassé.

Pâle mais impassible, André regarde le corps d'Ève étendu 45
sur le sol.

---

jouer l'étonnement : feindre d'être étonné

impassible : froid, calme

dot : argent ou biens qu'une femme apporte en se mariant

profiter de : tirer avantage de

à bout de forces : épuisé
démasquer : laisser voir

Pourquoi le visage d'André se détend-il quand il voit le verre vide ? **parce qu'il sait qu'elle va mourir. Elle ne peut pas faire rien.**

pan de mur : partie d'un mur en construction ou à demi démoli
se tenir à l'affût : attendre en se cachant pour attaquer ou guetter
la bouche mauvaise : une expression méchante sur le visage
chantier : terrain où sont en cours des travaux de construction
amorcer un geste : commencer un geste sans le terminer
tout : devant un gérondif ajoute une nuance d'opposition

se fait entendre a valeur de passif

Quelle est la valeur de ce participe présent ?

La route de banlieue

Deux coups de revolver claquent.

Sur la route, Pierre roule encore pendant quelques mètres en vacillant et tombe sur la chaussée.

La chambre d'Ève

Lucette se précipite dans la chambre en coup de vent°, rejoint André. Elle aperçoit le corps d'Ève sur le sol et jette un cri.

en coup de vent : en courant, très rapidement

La route de banlieue

Le corps de Pierre est étendu au milieu de la route, à côté de sa bicyclette dont la roue avant° continue de tourner dans le vide.

avant : employé comme adjectif invariable. Quel est l'opposé ?

Derrière le pan de mur qui le cache, Lucien enfourche son propre vélo et s'enfuit à toutes pédales°.

à toutes pédales : en pédalant très vite

Là-bas, les ouvriers ont suspendu leur travail. Ils ont perçu les coups de feu° mais, sans comprendre encore, dressent la tête. Hésitant, l'un d'eux se décide à s'avancer sur la route.

percevoir : entendre
coup de feu : décharge d'un revolver ou d'un fusil

Un lourd camion vient de stopper près du cadavre de Pierre. Le conducteur et deux ouvriers sautent à terre. Au loin, d'autres ouvriers accourent. Bientôt, un cercle d'hommes se resserre autour du corps étendu. On reconnaît Pierre, et des exclamations s'entre-croisent :

—C'est Dumaine !

—Qu'est-ce que c'est ?

—C'est Dumaine !

—Ils ont butté° Dumaine !

butter : tuer, assassiner (argot)

Dans la confusion générale, personne n'a prêté attention au bruit de bottes d'une troupe en marche, d'abord lointain, mais qui se précise maintenant. Brusquement, tout près, le chant de la milice éclate. Un ouvrier, le visage dur, jette :

—Qui veux-tu que ce soit° ?

À ce moment, un détachement de miliciens débouche° d'une rue voisine. L'un après l'autre, les ouvriers se redressent et font face à la troupe qui vient vers eux. Une grande colère monte dans leurs regards. Une voix crache :

—Les salauds° !

qui veux-tu que ce soit : quelle question ! (c'est évident !)
déboucher : apparaître, sortant d'une autre rue plus étroite
salaud : insulte pour quelqu'un de moralement méprisable (pop.)

Le détachement s'avance toujours, les miliciens chantent et, à leur tête, le chef fixe d'un œil inquiet le groupe des ouvriers. Les ouvriers sont maintenant tous debout et barrent la route d'un air menaçant. Quelques-uns se détachent et sans ostentation, vont ramasser des pavés et des morceaux de ferraille° sur le côté de la chaussée.

ferraille : débris d'objets de métal

Au bout de quelques pas, le chef milicien donne un ordre préparatoire, puis il crie :

—Halte !

À ce moment, tandis que son corps demeure étendu sur le sol, un autre Pierre se redresse lentement... Il a l'air de sortir d'un rêve et brosse machinalement° sa manche. Il tourne le dos à la scène muette qui se joue. Néanmoins, trois ouvriers lui font face ; ceux-ci pourraient le voir, et cependant, ils ne le voient pas.

Pierre s'adresse à l'ouvrier le plus proche :

—Eh bien, Paulo, qu'est-ce qu'il y a ?

L'interpellé ne bronche pas°. Simplement, s'adressant à son voisin, il demande en tendant la main :

—Passe-m'en une.

Le second ouvrier passe une brique à Paulo.

Brutale, la voix du chef du détachement ordonne :

—Dégagez la chaussée° !

Dans le groupe des ouvriers, personne ne bouge. Pierre se retourne vivement, observe les deux camps antagonistes et murmure :

—Il y a de la bagarre° dans l'air !

Puis, il passe entre deux ouvriers, invisible à leurs yeux, et s'éloigne sans hâte. Sur son chemin, il croise quelques ouvriers armés de pelles ou de barres de fer ; ces hommes passent sans le voir. À chaque rencontre, Pierre les regarde un peu étonné et enfin, haussant les épaules et renonçant à comprendre, il s'éloigne définitivement, tandis que derrière lui la voix du chef milicien, impérieuse, jette :

—En arrière ! Je vous dis de dégager !

La chambre d'Ève et le salon

André et Lucette ont déposé le corps d'Ève sur le lit.

Tandis qu'André remonte la couverture de fourrure sur le corps de sa femme, Lucette, à bout de forces, s'effondre et pleure à gros sanglots sur la main inerte de sa sœur.

À ce moment une main de femme effleure° les cheveux de Lucette, sans que la jeune fille y fasse la moindre attention. Ève debout, regarde sa sœur...

Son visage exprime une compassion souriante, un peu étonnée, comme on peut en éprouver pour une peine légère et attendrissante. Elle hausse doucement les épaules et, sans insister, s'éloigne en direction du salon.

Cependant que Lucette pleure sur la dépouille° de sa sœur, Ève, vêtue de sa robe d'intérieur, passe dans le salon et se dirige vers le vestibule°. Mais elle croise Rose, sa femme de chambre, qui, sans doute alertée par le bruit, vient discrètement regarder ce qui se passe dans la pièce. Ève s'est arrêtée, suit son manège° et l'interpelle :

—Rose !

Mais Rose ressort un peu bouleversée par ce qu'elle vient de voir, et repart en courant vers l'office°.

—Eh bien ! Rose, insiste-t-elle. Où courez-vous comme ça ?

machinalement : d'une façon automatique

ne bronche pas : ne semble pas entendre

dégagez la chaussée : débarrassez la rue, laissez la place libre

bagarre : querelle violente, désordre causé par des gens qui se battent

effleurer : toucher très légèrement

dépouille : corps sans vie, cadavre

vestibule : hall, pièce d'entrée

manège : conduite qui montre de la ruse et que l'on réprouve

office : pièce près de la cuisine où se tiennent les domestiques

Ève demeure quelque peu surprise de voir Rose sortir du salon sans lui répondre, sans même paraître l'avoir vue, ni entendue.

Tout à coup, s'élève une voix qui, doucement d'abord, puis de plus en plus sifflante, répète :

—Laguénésie... Laguénésie... Laguénésie°...

Ève se remet en marche, traverse le salon, s'engage dans un long vestibule. Brusquement, elle s'arrête ; en face d'elle se trouve une large glace murale dans laquelle, normalement, devrait se refléter son image. Or, la glace ne lui montre que l'autre mur du couloir. Ève s'aperçoit° qu'elle n'a pas de reflet. Stupéfaite, elle fait encore un pas en avant. Rien...

À ce moment, Rose reparaît et s'avance rapidement dans la direction de la glace. Elle s'est débarrassée° de son tablier blanc et porte à la main un sac et un chapeau.

Sans voir Ève elle s'interpose entre sa maîtresse et le miroir et se met en devoir° d'ajuster son chapeau.

Ainsi, toutes deux font face à la glace, mais seule, Rose s'y reflète. Ève, étonnée, se déplace sur le côté, regardant alternativement Rose et le reflet de Rose...

La femme de chambre ajuste son chapeau, reprend son sac qu'elle avait posé devant elle et sort rapidement. Ève reste seule, sans reflet...

On entend de nouveau la voix qui lentement continue :

—Laguénésie... Laguénésie... Laguénésie...

Ève hausse les épaules avec indifférence, et sort.

Une rue

Pierre marche, le long d'un trottoir, dans une rue assez animée.

Il est accompagné par la voix qui augmente petit à petit et d'autres voix, de plus en plus fortes, de plus en plus martelées°, qui scandent° :

—Laguénésie... Laguénésie... Laguénésie...

Et Pierre marche, marche toujours... Mais, entre la lenteur de ses mouvements et la rapidité affairée° des passants, le contraste est saisissant. Pierre a l'air de se mouvoir sans bruit, un peu comme dans un rêve.

Personne ne le remarque. Personne ne le voit.

C'est ainsi que deux passants se rencontrent ; le premier tend la main à l'autre. Pierre, croyant° que ce geste s'adresse à lui, avance la main, mais les deux passants se rejoignent et s'arrêtent devant lui pour bavarder°. Pierre est obligé de les contourner pour poursuivre son chemin.

Son visage exprime avec une teinte d'indifférence amusée qu'il trouve ces gens un peu grossiers°.

Il fait encore quelques pas et reçoit dans les jambes le seau d'eau qu'une concierge jette devant le seuil° de sa maison. Pierre s'arrête et regarde son pantalon ; il est absolument sec. De plus en plus étonné, Pierre se remet en marche.

Laguénésie : nom propre dont Ève ne comprend pas la signification

s'apercevoir : se rendre compte, remarquer

se débarrasser de quelque chose : ôter (jeter ou donner) quelque chose qui gêne ou dont on n'a plus besoin.
se mettre en devoir de : se préparer à

martelé : dont le rythme rappelle le bruit cadencé d'un marteau
scander : prononcer en séparant les syllabes
affairé : agité, comme quand on a beaucoup d'affaires à régler

Qu'exprime ce participe présent ?

bavarder : parler, converser

grossier : impoli

le seuil : entrée de la maison

On continue à entendre :

—Laguénésie... Laguénésie... Laguénésie...

Pierre fait encore quelques pas et s'arrête auprès d'un vieux monsieur qui lit son journal en attendant l'autobus.

En même temps, la voix brusquement se tait.   5

Pierre s'adresse au vieux monsieur :

—Pardon, monsieur...

L'autre ne relève pas la tête, continue de lire et sourit.

—Pardon, monsieur, insiste Pierre, la rue Laguénésie, s'il vous plaît ?   10

Un coin de jardin public

Ève vient de s'arrêter auprès d'une jeune femme qui est assise sur un banc public et qui tricote, berçant une voiture d'enfant avec son pied. Aimablement, Ève demande :

—Pardon, Madame, la rue Laguénésie, s'il vous plaît ?   15

La jeune femme, qui n'a rien entendu, se penche vers la voiture et commence ces petites agaceries bêtifiantes° qui sont le langage courant des grandes personnes à l'égard des bébés...

ces petites agaceries bêtifiantes : ces choses stupides que l'on dit aux bébés

La rue

Le vieux monsieur lit toujours son journal, en souriant. Pierre   20 explique, élevant un peu la voix° :

—J'ai un rendez-vous urgent rue Laguénésie, et je ne sais pas où c'est.

Pourquoi Pierre élève-t-il la voix ?

Le vieux monsieur rit un peu plus fort sans quitter son journal. Cette fois, Pierre le regarde sous le nez et lui lance :   25

—Ça vous fait rire ?

Et il ajoute, doucement, mais sans méchanceté :

—Espèce de vieux jeton° !

Le vieux monsieur rit de plus belle° et Pierre répète plus fort :   30

—Vieux jeton !

À ce moment, un autobus vient stopper devant l'arrêt. Son ombre passe sur le vieux monsieur, mais sans se projeter sur Pierre qui demeure parfaitement en lumière. Le vieux monsieur, tout souriant, quitte le trottoir, monte dans l'autobus qui   35 démarre°.

vieux jeton : vieil homme borné et stupide (pop.)
espèce de : introduit souvent un terme d'injure
de plus belle : davantage, plus fort

démarrer : commencer à rouler

Pierre suit cette ombre des yeux, hausse une nouvelle fois les épaules, et reprend sa marche...

Un peu plus loin, alors qu'il descend du trottoir, se révèle° brusquement sur sa droite l'entrée d'une étrange petite rue, une 40 sorte d'impasse° déserte, d'un style curieux. Au fond de cette voie sans issue, aux façades sans fenêtres, un petit groupe de gens fait la queue devant l'unique boutique qui s'ouvre au rez-de-chaussée. Le reste de l'impasse est absolument vide.

se révèle : apparaît

impasse : petite rue sans issue

Pierre, parvenu au milieu de la chaussée, tourne la tête vers   45 sa droite, aperçoit la petite rue, ralentit, s'immobilise enfin. D'un

ruelle : petite rue

air étonné, il contemple la petite ruelle° silencieuse. Derrière lui, voitures, autobus, passants se croisent. Il lève les yeux et son regard se fixe sur la plaque indicatrice où il lit :
      Impasse Laguénésie.
5   … Alors, lentement, il s'engage entre les façades grises et se dirige vers le petit groupe qui fait la queue.

Le jardin public

Ève se trouve près de la jeune maman qui continue de sourire à son bébé. En souriant aussi, Ève regarde l'enfant, puis elle
10   interroge de nouveau :
      — Alors, vous ne pouvez pas me dire où est la rue Laguénésie ? Je sais que j'ai rendez-vous, mais je ne sais ni avec qui, ni ce que j'ai à lui dire.
      La jeune mère recommence ses petites agaceries :

kili, kili : mots qui
n'ont aucun sens ;
exemple d'agaceries
qu'on fait aux bébés

15   — Kili kili°, petit Michel ! Qui c'est le petit Michel à sa mère ? Ève hausse les épaules et poursuit son chemin…
      Elle sort du jardin, descend du trottoir. Et soudain se révèle à son regard une étroite impasse au fond de laquelle stationne un petit groupe… Un instant, surprise, elle observe cette ruelle
20   où tout est silence, alors que derrière elle s'étend le jardin public avec son animation. Elle lit à son tour la plaque indicatrice :
      Impasse Laguénésie.

Étude et exploitation du texte

1. Comment peut-on deviner dès le début les sentiments d'André à l'égard de sa femme ?
2. Relevez quelques détails sur l'état de fortune et la condition sociale des Charlier.
3. Analysez le caractère d'André et celui de Lucette.
4. Montrez comment André tire parti de l'affection que Lucette porte à sa sœur.
5. Quels sont les incidents qui montrent l'hostilité des gens envers la milice ?
6. Comment Lucien explique-t-il sa trahison ?
7. Comment Pierre montre-t-il son mépris pour Lucien ?
8. Montrez l'effet progressif du poison sur Ève.
9. Combien de temps y a-t-il qu'André empoisonne peu à peu sa femme ? Quelle phrase d'Ève nous le fait comprendre ?
10. Qui a tué Pierre ? Les ouvriers s'en doutent-ils ?
11. À quels détails sait-on que Pierre n'est qu'une ombre ?
12. Comment Ève se rend-elle compte qu'elle est invisible ?

Vocabulaire

A. *Devinez le sens des mots indiqués, d'après le contexte :*
   1. Lucette est la **belle-sœur** d'André parce que c'est la sœur de sa femme.
   2. Dans une **épicerie** on vend des produits d'alimentation : fruits, légumes, conserves, etc.

3. Elle s'est réveillée angoissée, baignée de sueur : c'était un **cauchemar**.
4. Ève, très affaiblie par la maladie, traverse la pièce d'un pas **chancelant**.
5. Il y a des gens qui ne sont jamais contents ; ils **se plaignent** de tout.
6. Les ouvriers ne veulent pas laisser passer les miliciens, ils leur **barrent** la route.
7. Les animaux qui vivent dans les pays froids ont une **fourrure** plus épaisse que ceux qui vivent dans les pays tempérés.
8. La femme **berce** son bébé pour le faire dormir.
9. Dans certains distributeurs automatiques, on doit introduire un **jeton** plutôt qu'une pièce de monnaie.
10. Les piétons circulent sur les trottoirs et les voitures roulent sur la **chaussée**.
11. Eve ne sait pas où est la rue Laguénésie. Elle pense que la dame pourra la **renseigner**.
12. Un **face-à-main** ressemble à une paire de lunettes sans branches que l'on tient à la main.

B. *Complétez les phrases suivantes en choisissant le mot ou la locution qui correspond à l'anglais donné entre parenthèses :*

puis	encore	tant que	tout en
mais	alors	en face de	de nouveau
comme	par-dessus	à mesure que	à côté de

1. Vous connaissez la ville ? _____vous allez pouvoir me renseigner. (*then*)
2. Je resterai près de toi_____tu ne seras pas guérie. (*as long as*)
3. Il regarde sa femme endormie,_____il tire un flacon de sa poche. (*then*)
4. Elle porte une robe de chambre_____sa chemise de nuit. (*on top of*)
5. Dissimulé derrière un pan de mur, Lucien se tient à l'affût,_____Pierre ne le voit pas. (*but*)
6. Il fait_____quelques pas et s'arrête près d'un vieux monsieur. (*more*)
7. _____il n'a plus rien à dire, il fait demi-tour et s'éloigne. (*as*)
8. _____elle, se trouve une grande glace. (*in front of*)
9. _____le regardant dans les yeux, il le gifle à toute volée. (*while*)
10. Il entend_____la voix qui dit : Laguénésie, Laguénésie. (*again*)
11. _____la troupe avance, la rue se vide. (*as*)
12. Le corps de Pierre est étendu sur la chaussée, _____la bicyclette. (*next to*)

Expressions idiomatiques contenant un nom d'animal

C. *Trouvez dans la liste A les expressions qui correspondent à celles de la liste B :*

A	B
avoir une faim de loup	to have a frog in the throat
ne réveillez pas le chat qui dort	he is a regular bookworm
avoir la chair de poule	to put the cart before the horse
avoir un chat dans la gorge	as the crow flies
mettre la charrue devant les bœufs	to shed crocodile tears
quand les poules auront des dents	to have goose pimples
à vol d'oiseau	he is a chicken
verser des larmes de crocodile	let sleeping dogs lie
c'est une poule mouillée	to be as hungry as a horse
c'est un vrai rat de bibliothèque	when pigs fly

Le suffixe *-eur*

Un **conspirateur** est quelqu'un qui **conspire.**

D. *Dites ce que c'est qu' :*

un observateur	un conducteur
un tueur	un rieur
un fumeur	un interrogateur
un buveur	un dormeur
un guetteur	un lecteur
un inspecteur	un organisateur

Qu'indique le suffixe **-eur** ?

Les mots qui suivent ont un sens particulier :

un gêneur ⟶ *causes complic.*	un fourreur ⟶ *work w/ fur*
un porteur ⟶ *pallbearers*	un assureur ⟶ *insurance*
un ouvreur ⟶ *game opener*	un donneur ⟶ *dealer, informant*
un serveur ⟶ *dans un restaurant*	un amateur ⟶ *liker, amateur*
un guérisseur ⟶	un lâcheur ⟶ *leaver of projects.*

Les mots qui suivent ne désignent pas des personnes :

un ordinateur ⟶ *computer*	un écouteur ⟶ *headphones*
un interrupteur ⟶ *light switch.*	un croiseur ⟶ *un bateau*
un démarreur ⟶ *starter*	un ascenseur ⟶ *elevator*
un ventilateur ⟶ *heater*	un aspirateur ⟶ *vacuum*

Les suffixes diminutifs

— une **ruelle** est une petite **rue.**
— une **menotte** est une petite **main.**
— un **chaton** est un petit **chat.**
— une **statuette** est une petite **statue.**

-ot (-otte)
-eau (-elle) } sont des suffixes diminutifs
-on (-onne)
-et (-ette)

ATTENTION : Une **casquette** n'est pas un petit **casque.** Dans certains cas, la valeur du suffixe a disparu. C'est un **suffixe mort.**

E. *Dans les mots suivants, dites s'il s'agit d'un suffixe diminutif ou d'un suffixe mort :*

un veston	un flacon
un chariot ⟶ *a cart*	une clochette ⟶
un volet	une maquette
un billet	les pommettes ⟶
une mitraillette	une maisonnette ⟶
une fourchette ⟶ *fork*	une fillette ⟶
des lunettes	une gouttelette ⟶
un chiot	une échelle
un tableau	un rayon

Le suffixe *-eux*

Quelqu'un de **nerveux** (de **nerf**) a un tempérament agité, irritable.

F. *Trouvez l'adjectif qui qualifie quelqu'un :*

qui a facilement **peur** qui craint le **froid**
qui a du **courage** qui fait les choses avec **soin**
qui a de l'**ambition** qui travaille avec **conscience**

Expliquez ce qu'est quelqu'un de :

vaniteux amoureux
paresseux chanceux
orgueilleux coléreux

Que marque le suffixe **-eux** ?

Distinctions

Avec / de + **complément circonstanciel (voir p.76)**

Devant un complément circonstanciel :
de exprime le **moyen**, la **cause**,
avec exprime la **manière**.

— Lucette tremble **de** froid.
(c'est le froid qui la fait trembler : **cause**)
— Ève appelle **d'**une voix affaiblie.
(Ève appelle au moyen de sa voix : **moyen**)
— Il s'approche **avec** un visage intéressé.
(comment s'approche-t-il ? **manière**)

A. *Refaites les phrases suivantes en employant **de** ou **avec** :*

Ex. : Lucette tremble. Elle a froid : Lucette tremble de froid.

1. Les miliciens chantent. Ils ont beaucoup d'enthousiasme.
2. Il contemple sa femme. Son regard est aigu et dur.
3. Il fait un geste de la main pour écarter Lucien.
4. André parle à sa belle-sœur. Il met dans sa voix toute la tendresse qu'il peut.
5. Lucette le regarde. Elle a l'air triste.
6. La porte s'ouvre. On entend un bruit de sonnette aigrelette.
7. C'est la honte qui fait pleurer Lucien.
8. L'homme s'approche. Son pas est hésitant.
9. L'homme s'approche. Il hésite.
10. Elle fait un effort terrible pour se redresser.
11. André regarde Ève et Pierre en souriant ironiquement.
12. Il s'approche du groupe. Son visage est intéressé et plein d'espoir.
13. Lucette referme la fenêtre. Son geste est brusque.
14. Ève se lève péniblement, veut s'appuyer à la table, et roule sur le sol dans un bruit de verre cassé.
15. Un gamin, les mains dans les poches, traverse lentement la rue.

S'asseoir / être assis

— Avec effort, elle **s'assied** sur le rebord du lit.
— La vieille dame **est assise** devant un énorme registre.

forme pronominale ⟶ **mouvement**
forme adjective ⟶ **position**

La même distinction se fait pour tous les mouvements et positions, par exemple :

s'asseoir/être assis	s'étendre/être étendu
se coucher/être couché	s'allonger/être allongé
se lever/être debout	se redresser/être redressé
se pencher/être penché	s'incliner/être incliné
se baisser/être baissé	s'appuyer/être appuyé
s'agenouiller/être à genoux	s'adosser/être adossé

B. *Complétez les phrases suivantes par la forme pronominale ou la forme adjective d'un verbe exprimant un mouvement ou une position choisi dans la liste ci-dessus :*

1. Une jeune fille,_____contre la fenêtre, regarde dans la rue.
2. Ève s'arrête près d'une jeune femme qui_____sur un banc et qui tricote, berçant une voiture d'enfant avec son pied.
3. La jeune femme_____vers la voiture pour sourire à son bébé.
4. Le corps de Pierre_____au milieu de la route.
5. André_____près d'elle sur le canapé, l'attire contre lui.
6. Ève est morte. Lucette_____contre le lit et pleure sur la main inerte de sa sœur.
7. Dans la cuisine, le chat dort,_____en rond dans son panier.
8. André_____et s'approche d'un pas tranquille.
9. L'un après l'autre, les ouvriers_____, ils sont maintenant tous debout.
10. Deux hommes_____près de la porte regardent passer la troupe.
11. La vieille dame_____en arrière et les examine attentivement.
12. Ève, qui se sentant faible a voulu_____à la table, roule sur le sol dans un bruit de verre cassé.
13. Là-bas,_____sur sa bicyclette, Pierre reparaît.
14. Pierre s'approche de sa bicyclette attachée,_____pour défaire le câble. Quand Lucien l'appelle, il_____et le regarde avec mépris sans rien dire.

Douter / se douter

— Ève **doute** de l'amour de Pierre.
— Ils défilent depuis ce matin : ils **se doutent** de quelque chose.

douter	{ **de** quelqu'un ou quelque chose **que** + subj.	= *to doubt, to question*
se douter	{ **de** quelque chose (indéfini) **que** + ind. ou cond.	= *to suspect, to surmise*

ATTENTION : Quelqu'un les a donnés ! Pierre **soupçonne** Lucien.
to suspect someone : **soupçonner**

en bonne form 242

C. *Refaites les phrases suivantes en employant **douter** ou **se douter** :*
1. Lucette est sûre de l'affection d'André.
2. Elle ne sait pas qu'il a épousé Ève pour sa dot.
3. Quand il se relève, Pierre ne s'imagine pas qu'il est mort.
4. Ils ne réussiront pas parce que Ève n'a pas confiance en l'amour de Pierre.
5. Les conspirateurs ne savent pas que le régent est au courant.

Faire / rendre / donner

— Ça la **fait rire**   Ça **fait rire** Ève
— Ça la **rend malade**   Ça **rend** Ève **malade**
— Ça lui **fait peur**   Ça **fait peur** à Ève
— Ça lui **donne faim**   Ça **donne faim** à Ève

faire + **verbe** (le sujet de l'infinitif est objet direct)
1er exemple : **la** ou **Ève** : objet de **fait**, sujet de **rire**

rendre + **adjectif** (avec objet direct)
2e exemple : **la** ou **Ève** : objet direct de **rend**

faire + **nom** (avec objet indirect) : mal, peur, plaisir, honte, de la peine, du bien...
3e exemple : **lui** ou **à Ève** : objet indirect de **fait peur**

donner + **nom** (avec objet indirect) : soif, faim, froid, chaud, envie, sommeil, la fièvre, le vertige, la chair de poule...
4e exemple : **lui** ou **à Ève** : objet indirect de **donne faim**

REMARQUES : a) Si le verbe est accompagné d'un objet direct, la personne devient objet indirect :
— Ça **la** fait trembler - Ça **lui** fait trembler les mains.
b) Après **faire** (causatif) on supprime le pronom réfléchi si le verbe n'est pas essentiellement pronominal :
— Elle **se** lève - Il la fait lever.
— Elle **s'**évanouit - Il la fait **s'**évanouir.
c) Notez l'inversion :
— Ça fait **rire Ève**.

D. *Complétez les phrases suivantes en employant le verbe qui convient :*
1. La lumière_____briller l'or de l'alliance.
2. Tout ceci me_____sceptique.
3. En s'ouvrant, la porte_____tinter la sonnette.
4. Le saisissement la_____s'évanouir.
5. La mort de sa sœur la_____triste.
6. La fièvre lui_____soif.
7. Bois, ça va te_____dormir.
8. La mort_____tout le monde libre.
9. Ça leur_____plaisir de revenir à la vie ?
10. Pierre, ils m'ont_____si mal !
11. L'histoire de Marjorie me_____la chair de poule.
12. Peter se_____beaucoup de mal pour_____oublier la tragédie à ses enfants.

E. *Composez des phrases à l'aide des éléments donnés et en employant* **faire, rendre,** *ou* **donner** :

1. La chaleur/(verbe)/sommeil/enfants.
2. Le jour/(verbe)/fermer/yeux/Ève.
3. L'inquiétude/(verbe)/Lucette/folle.
4. Son geste/(verbe)/honte/Lucien.
5. Le martèlement des bottes/(verbe)/la chair de poule/conspirateurs.
6. Trop manger/(verbe)/grossir.
7. Le retour de sa femme/(verbe)/Peter/heureux.
8. L'excitation/leur/(verbe)/mal/tête.

Constructions

Les sensations

(a) Elle **a la tête qui** tourne = (b) **La tête lui** tourne

A. *Sur le modèle (a), composez des phrases avec les éléments donnés. Répétez les mêmes phrases en suivant le modèle (b) :*

1. Je/yeux/pleurer
2. Il/gorge/brûler
3. Elle/oreilles/siffler
4. Tu/main/cuire
5. Elle/langue/piquer
6. Je/peau/tirer

À mesure que

À mesure que s'emploie pour indiquer que deux actions simultanées progressent de façon proportionnelle :

— **À mesure que** la troupe progresse, la rue se vide.

À mesure que indique deux actions **simultanées** (progresse, se vide) qui **progressent** de façon **proportionnelle** (plus la troupe progresse, plus la rue se vide).

B. *Refaites les phrases suivantes en employant* **à mesure que** *toutes les fois que c'est possible. (Attention, si les verbes ne présentent pas un caractère progressif, on ne peut pas employer* **à mesure que***) :*

1. Quand ils entrent, elle écrit leur nom sur son registre.
2. Plus ils avancent, plus le martèlement s'amplifie.
3. Pendant qu'André parle, le visage de Lucette s'éclaire.
4. Plus il fait froid, plus nous chauffons.
5. Plus Lucien a honte, plus il crie.
6. Chaque fois que quelqu'un entre, les gens avancent d'une place.
7. Comme la troupe s'éloigne, les gens ressortent dans la rue.
8. Comme il n'est plus observé, il reprend son air dur.
9. Comme ils s'avancent, les gens se taisent.
10. Plus elle parle, plus Peter devient sûr qu'elle est folle.

À la + **nom de personne ou adjectif de nationalité**

— une moustache **à l'américaine**
— une moustache **à la Clark Gable**

à la + adjectif (f.) ou nom de personne = à la façon de, à la mode de

C. *Complétez les phrases suivantes selon les indications données entre parenthèses :*

1. La langouste_____lui avait fait mal à l'estomac. (Amérique)
2. Il avait un grand nez bourbonien_____. (Charles de Gaulle)
3. Les jardins_____sont très ordonnés. (France)
4. Les pommes de terre_____sont tout simplement cuites à la vapeur. (Angleterre)
5. Dans les années 60, la mode était aux cheveux longs_____. (Beatles)
6. Ils se croit poète. Il fait des vers_____. (Victor Hugo)
7. Dans le riz_____on met du curry. (Inde)
8. Il était vêtu_____, bottes et large sombrero. (Mexique)

De plus en plus, de moins en moins

— ... tandis que s'élève encore la voix d'Ève, **de plus en plus** faible.

de plus en plus indique une progression : en augmentant par degrés
de moins en moins indique une dégression : en diminuant par degrés

avec un **adjectif** : Sa voix est de plus en plus **faible.**
avec un **adverbe** : Il court de plus en plus **vite.**
avec un **verbe** : Elle **dort** de plus en plus.
avec un **nom** : Il a de moins en moins de **temps.**

REMARQUES : a) dans la construction ci-dessus, on emploie le comparatif irrégulier de **bien (mieux)** et parfois de **mal (pis)**, mais non les autres comparatifs irréguliers :
— Les choses vont **de mieux en mieux.**
— Les choses vont **de plus en plus mal**, ou **de pis en pis.**
mais : de plus en plus **bon**, de plus en plus **mauvais.**

b) avec un nom, on intercale **de**, sauf s'il s'agit d'une expression figée, sans article :
mais : — Ils ont de plus en plus **d'argent.**
— Elle a de plus en plus peur.

D. *Complétez les phrases suivantes :*

1. Le bruit de la troupe en marche devient_____. *(louder and louder)*
2. Ève paraît souffrir_____. *(less and less)*
3. Lucette a_____. *(less and less hope)*
4. Lucien a_____de sa trahison. *(more and more ashamed)*
5. Ève ouvre les yeux. Elle semble aller_____. *(better and better)*
6. Lucette a le visage_____. *(less and less tense)*

E. *Refaites les phrases suivantes en employant **de plus en plus** + adverbe, adjectif ou nom :*

1. Ève s'exprime avec une difficulté grandissante.
2. Elle regarde la femme de chambre avec un étonnement grandissant.
3. Avec une inquiétude grandissante, Peter fait le tour des hôpitaux.
4. Les enfants mangent avec un appétit grandissant.
5. Il regarde sa femme avec une attention grandissante.
6. Les gens se dispersent avec une lenteur grandissante.

Les pronoms personnels avec l'impératif

— Répondez-**moi** ! Ne **me** traitez pas comme une gamine !
— Dis **le-lui**. Ne **le lui** dis pas.

Impératif positif :				
verbe avant	le la les	moi (m') toi (t') nous vous leur	y	en*

Impératif négatif** :					
me te nous vous	le, la les	lui leur	y	en*	avant verbe

*Pour **en** avec les expressions quantitatives, voir p. 269
**Cet ordre est le même que dans les phrases affirmatives et négatives :
— Pierre (ne) **le lui** demande (pas).

REMARQUE : a) Les pronoms de la première et de la deuxième personne sont les mêmes,
qu'ils soient objets directs ou indirects : **me, nous, te, vous**
b) Les pronoms de la troisième personne changent de forme :
objet direct : **le, la, les**   objet indirect : **lui, leur**

F. *Mettez les impératifs suivants à la forme négative :*

1. Réponds-moi.
2. Déshabillez-vous.
3. Regarde-la.
4. Raconte-m'en.
5. Parlons-lui-en.
6. Parle-lui.
7. Repose-toi.
8. Donnez-les-nous.
9. Demande-le-leur.
10. Lave-les-toi.

G. *Formez les impératifs d'après les phrases données (remplacez les noms compléments par des pronoms) :*
Ex. : Il lui demande de lui donner ses cigarettes : Donnez-les-moi.

1. Ève demande à Lucette de lui donner sa robe de chambre.
2. Elle dit à André de l'écouter.
3. Lucette dit à Ève de ne pas se lever.
4. Pierre dit à Paulo de lui passer une brique.
5. Il dit à Paulo de ne pas répondre à Lucien.
6. Peter dit aux enfants de ne pas se disputer.
7. Ève dit à Rose de ne pas aller à la cuisine.
8. Les miliciens disent aux ouvriers de dégager la chaussée.

Langue et style

L'interrogation

Tu as été malade ?	intonation (familier)
Est-ce que tu as été malade ?	est-ce que (langue parlée)
As-tu été malade* ?	inversion (plus élégant)
	(pronom : inversion simple)
Marjorie a-t-elle** été malade ?	(nom : inversion complexe)

*quand le pronom sujet est **je**, l'inversion ne peut se faire qu'avec **être, avoir, devoir** et **aller**.

pour raison d'euphonie on introduit un **t de liaison quand le verbe se termine par **e** ou **a** et que le pronom sujet est **il, elle, on**.

Avec un **mot interrogatif** (relatif ou adverbe) on trouve :

— **Qui** vient ?	intonation (mot interrogatif : sujet)
— **Comment** tu vas ?	intonation (familier)
— **Qui** est-ce qu'il a vu ?	est-ce-que (langue parlée)
— **Qui** a-t-il vu ?	inversion simple (pronom pers. sujet)
— **Qui** Pierre a-t-il vu ?	inversion complexe (nom sujet)

L'**inversion simple** est obligatoire :

i) avec un nom sujet, avec **que** et après **qui, quel, lequel** attributs :
>   — **Que** fait Pierre ?
>   — **Quelle** est cette boutique ?

ii) si la phrase est courte et ne contient qu'un verbe à temps simple et un nom sujet :
>   Comment va **sa sœur** ?   mais   Comment **sa sœur** est-**elle** morte ?
>   Où vont **vos amis** ?   mais   Où **vos amis** sont-**ils** allés ?

> ATTENTION : évitez l'équivoque :
>   — Qui appelle **Pierre** ? (**Qui** : sujet, **Pierre** : objet direct)
>   — Qui Pierre appelle-t-il ? (**Pierre** : sujet, **qui** : objet direct)

L'**inversion complexe** est obligatoire avec **pourquoi** :
>   — Pourquoi **André** a-t-**il** empoisonné sa femme ?

A. *Refaites les phrases suivantes en employant est-ce-que* :
   1. De quoi se détournent les gens ?
   2. Qu'est-il arrivé à Marjorie ?
   3. Comment la jeune fille referme-t-elle la fenêtre ?
   4. Pourquoi Lucette éclate-t-elle en sanglots ?
   5. Que lui dit André ?
   6. Qui Pierre a-t-il giflé ?
   7. Où Lucette est-elle assise ?
   8. Avec quoi Lucien va-t-il tirer sur Pierre ?
   9. À qui Pierre s'adresse-t-il ?
   10. Auprès de qui Ève vient-elle de s'arrêter ?

B. *Refaites les phrases interrogatives suivantes en employant l'inversion :*

1. Pourquoi est-ce que tu l'as tuée ?
2. Qu'est-ce qu'il y a dans le verre ?
3. Est-ce que les gens se détournent ?
4. Est-ce qu'il y a de la bagarre ?
5. Où est-ce que les conspirateurs se réunissent ?
6. Mais d'où tu sors ?
7. Pourquoi est-ce que le vieux monsieur ne lui répond pas ?
8. Alors, qu'est-ce qui s'est passé ?
9. Comment est-ce que vous savez cela ?
10. Quand est-ce que l'insurrection doit avoir lieu ?
11. Avec qui est-ce que Peter prépare du thé ?
12. À quoi est-ce qu'elle pense ?
13. Et eux ? Ils comprennent ?
14. Où est-ce que le corps de Pierre est étendu ?
15. Est-ce que ce phénomène est reconnu en justice ?

C. *Formulez une question portant sur chacun des mots indiqués en employant l'inversion toutes les fois qu'elle est possible :*

Ex. : **Pierre et Ève** regardent **la maison** :
 i) Qui regarde la maison ? (réponse : Pierre et Ève)
 ii) Que regardent Pierre et Ève ? (réponse : la maison)

1. **Les femmes** stationnent **devant l'entrée d'une épicerie**.
2. **Le gamin** traverse **la rue**.
3. **Le soir**, Peter appelle **la police**.
4. **Tranquillement**, Pierre descend **sur la chaussée**.
5. **Dans ses yeux**, brillent **des larmes**.

La négation

Ne... pas,   ne... point,   ne... guère   (ne... pas beaucoup),   ne... plus,   ne... jamais, ne... personne, ne... rien, ne... nulle part, etc.

 i) **temps simples** : **ne** + (pron. pers.) + **verbe** + **pas**, etc.
 — Je **ne** (le) comprends **pas**.

 ii) **infinitif** : **ne pas** + (pron. pers.) + **verbe**
   — Il lui dit de **ne pas** (le) faire.
  mais : — Il lui dit de **ne** voir **personne**.
   — Il lui dit de **n'**aller **nulle part**.

 iii) **temps composés** : **ne** + (pron. pers.) + **auxiliaire** + **p. p.** :
   — André **ne** (l'a) a **pas** vue.
  mais : — André **n'**a vu **personne**.
   — André **n'**est allé **nulle part**.

REMARQUES : a) après une négation absolue, l'article indéfini **un, une, des** et l'article partitif **du, de la, des** est remplacé par **de** :
   — Elle a **du** courage — Elle n'a pas **de** courage.

b) ne confondez pas l'article indéfini **des** et l'article partitif **du, de la, des** avec le groupe **de préposition** + **article défini :**

    — Il voit **des** femmes qui abandonnent les voitures de quatre saisons... (article indéfini)

    — Il parle **des** femmes qui abandonnent les voitures de quatre saisons... (de + les)

On conserve l'article après une négation si la négation est limitée, c'est-à-dire :

a) lorsque le nom est déterminé :

    — Ève n'a pas bu **de** l'eau qui était dans le verre. (mais elle a peut-être bu de l'eau qui était dans la carafe.)

b) lorsque la négation porte moins sur le nom que sur le sens global de la phrase :

    — Je ne te donne pas **de** l'argent pour que tu achètes des cigarettes. (je te donne de l'argent, mais pas pour que tu achètes des cigarettes)

c) lorsque l'on veut accuser une opposition (explicite ou sous-entendue) :

    — N'achète pas **des** journaux, achète des livres. (opposition explicite)

remarquez la différence entre :

    — N'achète pas **de** journaux (négation absolue)

    — N'achète pas **des** journaux (opposition sous-entendue : achète autre chose)

avec le verbe **être**, il y a toujours opposition, donc l'article ne subit pas de modification :

    — Ce n'est pas **du** poison (sous-entendu : c'est autre chose)

D. *Dites s'il s'agit de l'article indéfini ou partitif, ou du groupe préposition + article défini :*

1. Rose s'est débarrassée **du** tablier blanc qu'elle portait.
2. Au bruit **de la** porte refermée, la jeune fille s'est retournée.
3. Lucette, il faut avoir **du** courage.
4. **Des** gens se détournent, d'autres rentrent dans les maisons.
5. Pierre s'approche **des** deux hommes.
6. Dans ses yeux brillent **des** larmes de haine et de honte.
7. La main d'Ève repose près **du** verre vide.
8. Si Ève meurt, Lucette aura **de la** peine.
9. Il sort **de la** boutique par une autre porte.
10. Pierre marche dans la rue, accompagné **de la** jeune femme.

E. *Mettez les phrases suivantes au négatif :*

1. Une chambre dans laquelle les persiennes mi-closes laissent pénétrer de la lumière.
2. Tu es malade ? On t'a fait du mal ?
3. Vous pouvez comprendre ! Tout le monde peut comprendre !
4. Il m'a fait des promesses pour que je les oublie.
5. Elle a aperçu quelqu'un.
6. Ce sont des conspirateurs.
7. Pourquoi faire la queue avec les autres ?
8. La jeune femme, qui a tout entendu, lui répond.
9. Si vous avez un rendez-vous, on vous recevra.
10. Je l'ai lu quelque part.

Présent ou passé composé avec *il y a… que* et *depuis*

— **Il y a** des mois **que** je te **vois** faire.
— Je te **vois** faire **depuis** des mois.

— **Il y a** des mois **que** je **ne suis pas sortie.**
— Je **ne suis pas sortie depuis** des mois.

— **Il y a** longtemps **qu'**elle **est partie.**
— Elle **est partie depuis** longtemps.

Pour un procès **commencé** dans le passé et qui **dure** encore au moment où l'on parle on emploie le **présent**.

Pour un procès **arrêté** dans le passé et **non repris** au moment où l'on parle on emploie le **passé composé**.

Pour un procès **non susceptible de se prolonger**, on emploie le **passé composé**.

Dans un contexte passé, l'**imparfait** remplace le **présent**, le **plus-que-parfait** remplace le **passé composé** :

— **Il y avait** des mois **qu'**elle le **voyait** faire.
— Elle le **voyait** faire **depuis** des mois.

— **Il y avait** des mois **qu'**elle **n'était pas sortie.**
— Elle **n'était pas sortie depuis** des mois.

REMARQUE : On peut trouver le **présent** ou l'**imparfait** dans le cas d'une action arrêtée dans le passé et non reprise, mais avec une nuance de finalité, de permanence, plus ou moins absolue :

— Il y a longtemps que Pierre **n'a pas fumé** (parce qu'il n'a pas de cigarettes, ou pas d'argent, par exemple), mais :

— Il y a longtemps que Pierre **ne fume pas**, ou **ne fume plus** (il a arrêté de fumer et n'a probablement pas l'intention de recommencer).

Même différence au passé entre :

— Il y avait longtemps qu'il **n'avait pas fumé**, et
— Il y avait longtemps qu'il **ne fumait pas.**

F. *Composez des phrases au moyen des éléments donnés :*

1. Il y a longtemps/Ève/être malade.
2. Il y a des mois/son mari/la/empoisonner/peu à peu.
3. Les miliciens/ne pas cesser/défiler/depuis ce matin.
4. Il y a longtemps/je/ne plus espérer.
5. Il y a des mois/Lucien/ne pas assister/réunions.
6. Il y a/plusieurs jours/Pierre/ne pas rencontrer/Paulo.
7. Il y a/trois jours/les conspirateurs/ne pas dormir.
8. Combien de temps/il y a/on/ne pas voir/Lucien ?
9. Il y a/des mois/je/ne pas voir/Lucien/nous/être fâché.
10. Combien de temps/il y a/Pierre/connaître/Ève ?
11. Il y a/cinq semaines/Marjorie/disparaître.
12. Il y a/cinq semaines/Peter/attendre.

L'inversion

Modifier l'ordre naturel des mots d'une proposition, c'est faire une **inversion.**

ordre normal : Le bruit cadencé d'une troupe en marche **monte de la chaussée.**

inversion : **De la chaussée monte** le bruit cadencé d'une troupe en marche.

Le déplacement des termes sert :

    i) à attirer l'attention sur les termes déplacés,

    ii) à donner plus d'harmonie à la phrase.

      COMPAREZ :   — La jeune fille referme la fenêtre **d'un geste brusque.**

                      — **D'un geste brusque**, la jeune fille referme la fenêtre.

      D'un geste brusque est mis en valeur. Le déplacement attire l'attention.

L'inversion verbe / sujet

Une phrase est moins harmonieuse si elle se termine par un de ses éléments les plus courts, surtout par un verbe (sauf si la phrase est courte). Pour l'harmonie de la phrase, on fait souvent **l'inversion verbe/sujet** :

i) dans une proposition relative introduite par un pronom relatif* :

        — Ce dernier vient de sortir de la maison de pauvre apparence où **vient de se tenir la réunion des conspirateurs.**

  *l'inversion est obligatoire pour éviter que le verbe **être** soit en fin de phrase, qu'un pronom relatif soit séparé de son antécédent, ou que deux verbes se suivent immédiatement :

        — Il arrive à la maison où **sont les conspirateurs.**

        — Voilà la maison où **se tiennent les conspirateurs dont** il est le chef.

        — L'appartement qu'**habitait Ève donnait** sur une avenue.

ii) dans une phrase introduite par un adverbe ou un complément circonstanciel de temps ou de lieu (voir p. 76), si le complément est plus long que le verbe :

        — De la chaussée (lieu) **monte le bruit cadencé d'une troupe en marche.**

        — À ce moment, (temps) **s'élève un chant de marche cadencé.**

G. *Relevez les inversions verbe/sujet, et justifiez-les :*

    1. Dehors, sur le rythme des bottes martelant le pavé, éclate un chant de marche.

    2. Dans ses yeux brillent des larmes de haine et de honte.

    3. Près de la porte cochère sont adossés deux hommes qui ont l'air de ne pas se connaître.

    4. Son visage alors exprime une espèce de détente tandis que s'élève encore la voix d'Ève, de plus en plus faible.

    5. Et soudain se révèle à son regard une étroite impasse au fond de laquelle stationne un petit groupe.

    6. Brusquement éclate le chant martial de la troupe en marche.

    7. En face d'elle se trouve une large glace murale dans laquelle, normalement, devrait se refléter son image.

    8. La troupe avance dans la rue où stationnent un groupe de femmes et d'hommes.

    9. Les miliciens avancent dans la rue où est le marché.

    10. La femme près de qui se trouve Ève continue de sourire à son bébé.

H. *Refaites les phrases suivantes en mettant les mots indiqués en tête de la phrase ou de la proposition. Effectuez l'inversion du sujet :*

1. Une grande colère monte **dans leurs regards.**
2. L'entrée d'une étrange petite rue se révèle **brusquement, sur sa droite.**
3. Des gens de tous âges et de toutes conditions sociales se coudoient **là.**
4. Pierre et Eve se regardent, et une grande joie perce **sous leur ahurissement**.
5. Un petit silence succède **à ces paroles**.
6. Un autobus arrive **à ce moment.**

REMARQUE : Il est impossible de faire l'inversion lorsque le verbe est accompagné d'un complément ou d'un attribut :

— Il aperçoit une rue où stationne un petit groupe.

mais : — Il aperçoit une rue où un petit groupe fait la queue.

I. *Complétez les phrases suivantes au moyen des mots donnés, en effectuant l'inversion verbe-sujet toutes les fois qu'elle est possible :*

1. Elle entra dans la chambre où_____. sœur/venir de/mourir
2. Dehors, dans la rue,_____. miliciens casqués/défiler/en chantant
3. Dehors, dans la rue,_____. miliciens armés de mitraillettes/défiler
4. À ce moment, il voit_____. Lucien/entrer/pièce
5. Un peu plus loin,_____. ménagères/être groupé/devant/porte cochète
6. J'entendis des voix dans la pièce où_____. Ève/être/seule
7. Elle s'approche du banc sur lequel_____. jeune dame/être assise
8. Elle s'approche du banc où_____. jeune dame/sourire/bébé

L'accord du verbe avec un collectif

Avec un collectif le verbe est singulier ou au pluriel selon le sens :

i) Un groupe de femmes et d'hommes, stationnant devant l'entrée d'une épicerie, **se disperse**, sans hâte… (Le verbe est au **singulier**, parce que c'est le groupe qui fait, collectivement, l'action exprimée par le verbe).

ii) Un groupe d'ouvriers **ont suspendu** leur travail et **accourrent**. (Les verbes sont au **pluriel** parce que ce sont les individus qui constituent le groupe qui font, individuel-lement, les actions exprimées par les verbes).

J. *Faites accorder les verbes avec leurs sujets :*

1. Bientôt, un cercle d'hommes_____(se resserrer) autour du corps étendu.
2. À ce moment, un détachement de miliciens_____(déboucher) d'une rue voisine.
3. Il se dirige vers le petit groupe de personnes qui_____(faire) la queue.
4. Devant la boutique, une vingtaine de personnes_____(attendre).
5. Une dizaine d'ouvriers_____(être assis) ou debout contre les murs.
6. La file des pauvres gens_____(s'étendre) sur l'étroit trottoir et_____(barrer) l'entrée de la maison.
7. Un groupe d'hommes y_____(être réuni), debout, le visage tourné vers Dixonne.
8. Une foule de curieux_____(entourer) Pierre qui est étendu sur la chaussée.

Traduction

Lucette is a pretty girl with short brown hair and green eyes. She is sitting on the sofa, her head in her hands. She has a headache, her eyes are smarting. It is a long time since she cried so much. Her sister is very ill, and she is getting worse.

Her brother-in-law enters the living-room slowly, and sits next to her. Lucette thinks that he loves his wife and that he is overcome with grief. She does not suspect that he has been poisoning Eve for months, and that now he wants to marry her for her dowry.

Eve gets up. She wants to tell her sister what is happening. But can Lucette believe that André is capable of something criminal ? Won't she think that Eve is jealous, maybe even crazy ?

Composition

Le récit, une scène

Un **récit** raconte un événement, une suite d'actions. Ce sont les **verbes** qui marquent l'action.

Étudions la première partie du texte : « La chambre d'Ève » p. 28 :

1) **L'introduction** situe l'action
   Les premières lignes posent **le décor,** présentent **le personnage :**
   — une chambre à demi obscure,
   — un décor élégant (relevez les détails),
   — une femme couchée, malade (détails qui le montrent).

2) **L'action**
   À quel moment commence **l'action** ?
   — présentation du deuxième personnage.
   — quels détails nous renseignent sur sa personnalité, ses sentiments à l'égard de sa femme ?
   L'action se noue.
   — on sent un conflit qui se prépare.
   Faites une liste des **actions successives** qui se produisent.

3) **Le dénouement**
   Le texte n'étant pas complet, il n'y a pas de dénouement, mais :
   — que peut-on supposer sur le dénouement final ?

Relevez les **détails descriptifs** (vêtements, traits physiques...)
Relevez les détails qui nous renseignent sur **les personnages** : la souffrance d'Ève, les sentiments d'André envers elle.

Rédaction

En vous inspirant de cette scène, et en suivant les étapes indiquées ci-dessus, imaginez le scénario suivant :
Une chambre gaie, claire, une femme couchée, l'air reposé...
Son mari entre, la contemple tendrement...

Elle ouvre les yeux, lui sourit…
Il se penche, l'embrasse…

1.   *Posez le décor en deux ou trois lignes.*
2.   *Indiquez clairement les actions successives.*
3.   *Notez quelques détails descriptifs.*
4.   *Ajoutez quelques détails pour renseigner le lecteur sur les sentiments des personnages.*

Chapitre 3

Les jeux sont faits (fin)

L'impasse Laguénésie

Rangées deux par deux, une vingtaine de personnes attendent°
devant la boutique de l'impasse. Là, se coudoient° des gens de
tous âges et de toutes conditions sociales : un ouvrier en
casquette, une vieille dame, une très belle femme en manteau

de fourrure, un trapéziste moulé° dans son maillot° collant, un
soldat, un monsieur coiffé d'un chapeau haut de forme°, un petit
vieillard barbu qui branle la tête, deux hommes en uniformes
de miliciens, d'autres encore, et, dernier venu, Pierre Dumaine.

La façade et l'intérieur de la boutique sont absolument
sombres. Aucune inscription extérieure.

Quelques secondes s'écoulent, puis la porte s'ouvre toute
seule, avec un bruit de sonnette aigrelette°. La première personne
du groupe pénètre dans la boutique et la porte se referme
doucement sur elle.

Voici Ève qui, d'un pas machinal, remonte le long de la file
d'attente. Aussitôt, c'est une explosion de cris° :

— À la queue !

— Qu'est-ce qu'elle a, celle-là° ?

— C'est un peu fort° !

— Elle n'est pas plus pressée que les autres.

— À la queue ! À la queue !

Ève s'arrête, se retourne, et constate en souriant :

— Tiens°, vous me voyez, vous ? Vous n'êtes pas aimables,
mais ça fait plaisir tout de même.

— Bien sûr qu'on vous voit, rétorque° une grosse femme menaçante. Et n'essayez pas de passer avant votre tour.

Seul, Pierre n'a rien dit, mais il regarde Ève.

Encore une fois, on entend tinter la clochette et les gens
s'avancent d'une place.

Docilement, Ève retourne en arrière et prend sa place à la
fin de la queue.

Pierre la regarde s'éloigner. Il est à côté du petit vieillard qui

branle° la tête. Sur un nouveau tintement de cloche, la porte
s'ouvre ; un homme et une femme se précipitent dans la boutique
en se bousculant°. Pierre et le petit vieillard avancent d'un pas
encore. Pierre observe son voisin avec une irritation croissante.
Enfin, il ne peut plus se contenir :

— Est-ce que vous allez vous tenir tranquille° ? jette-t-il
violemment. Est-ce que vous allez arrêter votre tête ?

Sans cesser de branler la tête, le petit vieillard se contente°
de hausser les épaules.

Quelques secondes d'attente, puis la clochette tinte à nouveau,
et la porte vitrée s'ouvre toute seule. Pierre entre. La porte
se referme toute seule. Les gens avancent d'un nouveau pas.   5

Dans la boutique complètement vide, Pierre distingue des
comptoirs et des étagères° poussiéreux°. Pierre se dirige sans
hésiter vers une porte qui donne manifestement sur° l'arrière-
boutique…

L'arrière-boutique

Après avoir refermé la porte, Pierre s'avance dans la pièce.

Il fait quelques pas vers une dame qui est assise devant un
bureau. Une lampe à huile, posée sur cette table, ajoute un peu
de lumière à cette pièce à peine éclairée par le jour très rare°
qui tombe d'une étroite fenêtre donnant sur une cour intérieure.   15

Les murs sont couverts de médaillons, de gravures, de tableaux
qui, pour autant qu'°on en puisse juger, représentent tous
l'impasse Laguénésie.

Pierre s'avance jusqu'à la table et interroge :

— Pardon, madame. C'est bien° avec vous que j'ai rendez-   20
vous ?

Digne et corpulente, avec son face-à-main°, la vieille dame est
assise devant un énorme registre ouvert, sur lequel un gros
chat noir est couché en rond.

Elle regarde Pierre à travers son face-à-main, en souriant d'un   25
air affable :

— Mais oui, monsieur.

— Alors, vous allez pouvoir me renseigner, poursuit
Pierre en caressant le chat qui s'étire° et se frotte contre lui.
Qu'est-ce que je viens faire ici ?   30

— Régulus ! réprimande la vieille dame, veux-tu laisser monsieur tranquille° !

Avec un sourire, Pierre prend dans ses bras le chat, pendant
que la vieille dame continue :

— Je ne vous retiendrai pas longtemps, monsieur. J'avais°   35
besoin de vous pour une petite formalité d'état civil°.

Elle consulte son registre ouvert, puis :

— Vous vous appelez bien Pierre Dumaine ?

Surpris, Pierre balbutie :

— Oui, madame… mais je…   40

Posément°, la vieille dame tourne les pages de son registre

— Da, da, di, di, do, du… Dumaine, nous y voilà… né en 1912 ?

Pierre est maintenant stupéfait ; le chat profite de la situation
pour lui grimper sur les épaules.

— En juin 1912, oui.   45

— Vous étiez contremaître° à la fonderie d'Answer ?

---

se contenter de : se
limiter à, ne faire que…

étagère : tablette fixée
au mur ou meuble
formé de tablettes
superposées
*Quelle remarque faites-vous
sur l'accord de*
poussiéreux ?
donner sur : ouvrir sur

le jour très rare : la
lumière très faible

pour autant que : dans
la mesure où

bien : emphatique, sert à
renforcer. *Trouvez un autre
exemple plus loin.*
face-à-main : lunettes
sans branches que l'on
tient par un manche

s'étirer : étendre ses
membres pour se
délasser

forme atténuée
d'impératif

*Pourquoi un imparfait au
lieu d'un présent ?*
formalité d'état-civil :
opération prescrite par
la loi, relativement à la
naissance, au mariage, à
la mort, etc.

posément : calmement,
lentement

contremaître : celui qui
dirige une équipe
d'ouvriers

—Oui.

—Et vous avez été tué ce matin à 10 heures moins 5 ?

Cette fois, Pierre se penche en avant, les mains appuyées sur le rebord de la table, et fixe la vieille dame avec stupeur. Le chat saute de ses épaules sur le registre.

—Tué ? articule Pierre d'un air incrédule.

La vieille dame acquiesce aimablement. Alors Pierre se rejette brusquement en arrière et se met à rire.

—C'est donc ça... C'est donc ça... Je suis mort.

Brusquement, son rire cesse, et c'est presque gaiement qu'il s'informe :

—Mais qui m'a tué ?

—Une seconde, s'il vous plaît...

De son face-à-main, elle chasse le chat qui est sur le registre.

—Allons, Régulus ! Tu es sur le nom de l'assassin.

Puis, déchiffrant l'indication portée sur le registre :

—Voilà : vous avez été tué par Lucien Derjeu.

—Ah ! le petit salaud ! constate simplement Pierre. Eh bien, dites donc, il ne m'a pas raté°.

—À la bonne heure°, constate la vieille dame souriante. Vous prenez bien la chose. Je voudrais pouvoir en dire autant de tous ceux qui viennent ici.

—Ça les ennuie d'être morts ?

—Il y a des caractères chagrins°...

—Moi, vous comprenez, explique Pierre, je ne laisse personne derrière moi, je suis bien tranquille°. Il se met à marcher dans la pièce avec animation et ajoute :

—Et puis, l'essentiel, c'est d'avoir fait ce qu'on avait à faire°.

—Il se retourne vers la vieille dame, qui le regarde d'un air sceptique à travers son face-à-main.

—Ce n'est pas votre avis ? interroge-t-il.

—Moi, vous savez, dit-elle, je ne suis qu'une simple employée°...

Puis, tournant le registre vers Pierre :

—Je vais vous demander une petite signature...

Une seconde, Pierre demeure décontenancé°. Enfin, il revient vers la table, prend le porte-plume et signe.

—Là ! déclare la vieille dame, à présent vous êtes mort pour de bon°.

Pierre se redresse, toujours un peu gêné. Il pose le porte-plume, caresse le chat et demande :

—Et où faut-il que j'aille ?

La vieille dame le considère d'un air étonné :

—Mais où vous voudrez...

Cependant, comme° il va sortir par où il est entré, elle lui désigne une autre porte sur le côté :

—Non, par là...

rater : manquer (fam.)

à la bonne heure : locution qui sert à marquer l'approbation : très bien, c'est parfait !

Expliquez ce que veut dire la vieille dame.

je suis bien tranquille : je n'ai pas à m'inquiéter

Expliquez cette idée.

Quel est le sens de cette remarque ?

décontenancé : embarrassé, déconcerté

pour de bon : réellement (fam.)

Quel rapport exprime comme *?*

Tandis que Pierre referme la porte, la vieille dame ajuste son face-à-main, consulte son registre et d'un air très naturel, fait le simulacre de tirer un cordon°. Et l'on entend au loin tinter la clochette d'entrée qui annonce le prochain client.

Y a-t-il vraiment un cordon ?

Pierre sort et est accueilli par un vieillard habillé à la mode du XVIIIe siècle, qui se distrait en servant de guide aux nouveaux. Il lui apprend à distinguer les vivants des morts. Pierre décide d'aller voir le régent de près, et il apprend qu'il est au courant de l'insurrection du lendemain et que la police se prépare à liquider tous les meneurs°. Malgré ses efforts il ne peut avertir ses camarades qui ne peuvent ni le voir ni l'entendre.

meneur : celui qui dirige, qui prend la tête d'un mouvement populaire.

L'arrière-boutique

Ève est assise sur une chaise devant le bureau, le visage anxieux. Elle demande nerveusement :

—Vous en êtes sûre ? Vous en êtes bien sûre ?

La vieille dame, dont le calme courtois et ennuyé contraste avec la nervosité d'Ève, réplique avec dignité :

—Je ne me trompe jamais. C'est professionnel.

Ève insiste :

—Il m'a empoisonnée ?

—Eh oui, madame.

—Mais pourquoi ? pourquoi ?

—Vous le gêniez°, répond la vieille dame. Il a eu votre dot. Maintenant, il lui faut° celle de votre sœur.

gêner : être un obstacle
il lui faut : il veut avoir

Ève joint les mains dans un geste d'impuissance et murmure accablée° :

—Et Lucette est amoureuse de lui !

La vieille dame prend une mine de circonstance° :

—Toutes mes condoléances°... Mais voulez-vous me donner une signature ?

accablé : abattu, qui succombe sous la douleur (ou autre chose)

Quel air prend-elle ? Quand présente-t-on des condoléances à quelqu'un ?

Machinalement, Ève se lève, se penche sur le registre et signe.

—Parfait, conclut la vieille dame. Vous voilà morte officiellement.

Ève hésite, puis s'informe :

—Mais où faut-il que j'aille ?

—Où vous voudrez. Les morts sont libres.

Ève, comme Pierre, se dirige machinalement vers la porte par où elle est entrée, mais la vieille dame intervient :

—Non . . ., par là...

Ève, absorbée, quitte la pièce.

Ève et Pierre se rencontrent et tombent amoureux. Ils se rendent compte soudain qu'ils étaient faits l'un pour l'autre. Sans s'en apercevoir, ils se retrouvent dans l'impasse Laguénésie où ils sont attendus.

L'arrière-boutique

La vieille dame est assise à son pupitre°, les coudes posés sur son grand registre fermé, le menton appuyé sur ses mains jointes.

pupitre : bureau

Le chat est installé sur le registre comme à son habitude.

Ève et Pierre s'approchent timidement de la vieille dame. Celle-ci se redresse :

—Ah ! vous voilà ! Vous êtes en retard de cinq minutes.

—Nous ne nous sommes pas trompés ? demande Pierre. Vous nous attendiez ?

La vieille dame ouvre le gros livre à une page marquée d'un signet et commence à lire d'une voix de greffier°, froide et sans timbre :

—Article 140 : si, par suite d'une erreur imputable° à la seule direction, un homme et une femme qui étaient destinés l'un à l'autre ne se sont pas rencontrés de leur vivant°, ils pourront demander et obtenir l'autorisation de retourner sur terre sous certaines conditons, pour y réaliser l'amour et y vivre la vie commune dont ils ont été indûment frustrés°.

Ayant terminé sa lecture, elle relève la tête, et regarde à travers son face-à-main le couple ahuri°.

—C'est bien pour ça que vous êtes ici ?

Pierre et Ève s'entre-regardent°, et sous leur ahurissement perce une grande joie.

—C'est-à-dire . . ., fait° Pierre.

—Désirez-vous retourner sur terre ?

—Mon Dieu°, madame . . ., dit Ève.

La vieille dame insiste avec un léger agacement :

—Je vous pose une question précise, fait-elle avec impatience ; répondez.

Pierre lance à sa compagne un nouveau regard, joyeusement interrogatif.

De la tête, Ève fait : « Oui. »

Alors, il se retourne vers la vieille dame et déclare :

—Nous le désirons, madame. Si c'est possible, nous le désirons.

—C'est possible, monsieur, assure la vieille dame. Cela complique énormément le service, ajoute-t-elle, mais c'est possible.

Pierre saisit brusquement le bras d'Ève. Mais il le lâche bien vite et son visage redevient sérieux sous le regard sévère que lui lance la vieille dame.

Comme un officier d'état civil, elle interroge Pierre :

—Vous prétendez° être fait pour Madame ?

—Oui, dit-il timidement.

—Mme Charlier, vous prétendez être faite pour Monsieur ?

Rougissante comme une jeune mariée, Ève murmure :

—Oui.

La vieille dame se penche alors sur son registre, tourne les pages et marmonne° :

—Camus... Cera... Chalot... Charlier... Bon, Da... di, di... do... Dumaine... Bon, bon, bon. C'est parfait. Vous étiez authentiquement destinés l'un à l'autre. Mais il y a eu erreur au service des naissances.

---

greffier : fonctionnaire qui écrit ce qui se dit au tribunal
imputer : attribuer (**-able à** : dont quelqu'un peut être tenu responsable)
de leur vivant : quand ils étaient vivants
indûment frustrés : injustement privés

ahuri : extrêmement étonné

s'entre-regarder : se regarder l'un l'autre

faire peut remplacer dire quand on rapporte les paroles de quelqu'un (fam.)
mon Dieu indique ici une légère hésitation à répondre

prétendre : affirmer (sans pouvoir le prouver)

marmonner : murmurer entre ses dents indistinctement

Ève et Pierre se sourient, heureux et confus, et leurs mains se serrent furtivement.

Ève est un peut étonnée. Pierre, un peu fat°.

La vieille dame se renverse en arrière et les examine attentivement, et les regarde à travers son face-à-main :

— Beau couple ! fait-elle.

Cependant, la vieille dame se penche à nouveau sur le livre dans lequel elle a lu le fameux° article 140. Mais cette fois, c'est pour résumer :

— Voici les conditions auxquelles vous devez satisfaire°. Vous reviendrez à la vie. Vous n'oublierez rien de ce que vous avez appris ici. Si, au bout de vingt-quatre heures, vous avez réussi à vous aimer en toute confiance et de toutes vos forces, vous aurez droit à une existence humaine entière.

Puis elle désigne sur son bureau un réveille-matin :

— Si dans vingt-quatre heures, c'est-à-dire demain à 10 h 30, vous n'y êtes pas parvenus…

Pierre et Ève fixent avec angoisse le réveille-matin.

— S'il demeure entre vous la plus légère défiance°, eh bien, vous reviendrez me voir et vous reprendrez votre place parmi nous. C'est entendu° ?

Il y a chez Pierre et Ève un mélange de joie et de crainte qui se traduit par un acquiescement timide :

— Entendu.

Cependant, la vieille dame se lève et prononce solennellement :

— Eh bien, vous êtes unis.

Puis, changeant de ton, elle leur tend la main avec un sourire :

— Toutes mes félicitations.

— Merci, madame, répond Pierre.

— Mes vœux vous accompagnent°.

Pierre et Ève s'inclinent, puis, se tenant par la main, un peu gauches°, ils se dirigent vers la porte.

— Pardon, madame. Mais quand nous arriverons là-bas, qu'est-ce que vont penser les vivants ?

— Nous n'aurons pas l'air trop louche° ? s'inquiète Ève.

La vieille dame secoue la tête, en fermant son registre :

— Ne vous inquiétez pas. Nous remettrons les choses dans l'état où elles se trouvaient à la minute même où vous êtes morts. Personne ne vous prendra pour des fantômes.

— Merci, madame…

Ève et Pierre s'inclinent à nouveau. Puis ils sortent en se tenant toujours par la main

La route de banlieue

Sur la route de banlieue, la roue de bicyclette de Pierre continue lentement à tourner.

Pierre est allongé sur le sol, entouré des ouvriers.

---

fat : vaniteux (adjectif masculin, n'a pas de féminin)

fameux : dont il est question

satisfaire à une condition : répondre à certaines exigences

défiance : soupçon, manque de confiance
c'est entendu ? : c'est compris, c'est d'accord ?

À quoi ressemble cette petite cérémonie ?

gauche : maladroit, gêné

louche : suspect
*Pourquoi l'accord est-il fait avec **air** et pas avec **nous** ?*

Soudain Pierre bouge et relève la tête.

Le chef milicien hurle :

— Dégagez la chaussée !

Pierre est tiré de sa torpeur par ce commandement. Il regarde
et entend un des ouvriers qui crie :

— À bas° la milice !

Deux miliciens en tête du détachement lèvent leurs mitraillettes sur un signe de leur chef qui crie :

— Une dernière fois je vous ordonne de dégager la chaussée !

Pierre prend brusquement conscience du danger, se relève et
ordonne à ses camarades :

— Hé là ! hé là° ! pas de bêtises !

Quelques hommes s'empressent° autour de Pierre, le sou-
tiennent, tandis que les autres continuent de faire face aux
miliciens avec des briques et des pelles dans les mains.

Pierre insiste avec colère :

— Dégagez, nom de Dieu° ! Vous voyez bien qu'ils vont tirer.

Hésitants, les ouvriers dégagent la route.

Les briques tombent des mains. Les mitraillettes s'abaissent.
Un ouvrier ramasse la bicyclette de Pierre.

Alors, le chef milicien se tourne vers ses hommes et ordonne :

— En avant, marche !

Le détachement passe, s'éloigne, au rythme lourd de sa marche
qui s'assourdit progressivement…

La chambre d'Ève

Dans la chambre d'Ève, la main d'André remonte la couverture
de fourrure sur le corps de sa femme.

André se redresse lentement, avec son expression savamment
composée de bon mari éploré°, lorsque brusquement son visage
change, blémit et son regard se fixe sur la tête du lit.

Ève vient de bouger légèrement. Puis elle ouvre les yeux,
regarde son mari qui la contemple, comme fasciné.

Agenouillée contre le lit, le visage enfoui dans la couverture,
Lucette sanglote. Elle tient la main d'Ève. Ève ne jette sur Lucette
qu'un rapide coup d'œil. Ève relève les yeux sur son mari. Et
ses lèvres esquissent° une espèce de sourire effrayant° qui
signifie : « Tu vois, je ne suis pas morte… »

La route de banlieue

En bordure de la route, Pierre est debout, appuyé sur Paulo.
Quelques ouvriers l'entourent. Ils regardent s'éloigner les miliciens dont on entend décroître° le pas.

Enfin, avec un gros soupir de soulagement, Paulo se tourne
vers Pierre :

— Tu m'as fait peur, vieille noix°. J'ai bien cru qu'ils t'avaient
eu.

à bas : exprime la haine :
mort à…

Hé là ! : arrêtez-vous,
calmez-vous, ça suffit !
**s'empressent autour de
Pierre :** se précipitent
pour lui porter secours

Nom de Dieu ! :
exclamation grossière
employée comme juron
ou pour renforcer
l'expression d'un
sentiment

éploré : accablé de
douleur

esquisser un sourire :
sourire à demi
*Pourquoi ce sourire est-il
effrayant ?*

décroître : diminuer
progressivement

vieille noix : imbécile
(pop.). Ici avec une
nuance d'affection

Tous les hommes présents ressentent non pas de la stupeur, mais une sorte de malaise.

Cela provient du danger qu'ils viennent de courir, mais aussi de la rapide résurrection de Pierre.

Celui-ci montre sa manche trouée à hauteur de l'épaule.

—C'était moins cinq°, constate-t-il. Le coup de pétard° m'a fait sursauter. Je me suis cassé la figure°.

Il sourit. Son visage déborde d'une sorte de ravissement incrédule qui augmente le malaise éprouvé par ses camarades. Paulo hoche° la tête :

—Mon vieux, j'aurais juré…

—Moi aussi, réplique Pierre.

—Tu veux qu'on t'aide ? propose un ouvrier.

—Non, non, ça va très bien.

Pierre risque quelques pas° et Paulo le suit.

Autour d'eux, les derniers ouvriers se dispersent en silence, sauf celui qui a ramassé la bicyclette.

Pierre se dirige vers lui, tandis que Paulo lance un regard haineux dans la direction prise par les miliciens ; il jette âprement° :

—Ces fumiers-là ! Ils crâneront° moins demain°.

Pierre s'est arrêté au milieu de la route et regarde par terre. Il répond, l'air absent :

—Demain ? rien du tout.

—Qu'est-ce que tu dis ? s'étonne Paulo.

Pierre s'est baissé pour ramasser précautionneusement une brique abandonnée. En même temps, il réplique :

—T'occupe pas°.

Maintenant, il soupèse la brique, la fait sauter d'une main dans l'autre et constate en souriant :

—Ça pèse, ça gratte…

Paulo et l'autre ouvrier échangent un regard inquiet°.

Cependant, Pierre examine rapidement le décor qui l'entoure, et son visage s'éclaire. Il vient d'apercevoir une vieille cabane démantibulée°, dont un seul carreau° est encore intact. Il lance sa brique à toute volée et brise la dernière vitre.

Alors, en se tournant vers ses camarades :

—Ouf ! ça soulage°.

Après quoi, il enfourche sa bicyclette et dit à Paulo :

—Six heures, chez Dixonne. Ça tient toujours°.

Paulo et l'ouvrier ont le même sentiment : Pierre n'est pas dans son assiette°. Ils échangent un regard et Paulo s'informe :

—Pierre, ça va bien ? Tu ne veux pas que j'aille avec toi ?

—T'en fais pas°, je ne crains rien.

Puis il appuie sur les pédales et s'éloigne.

—Tu ne devrais pas le lâcher°, conseille l'ouvrier à Paulo. Il a l'air sonné°.

La décision de Paulo est prompte :

—Je prends ton vélo, dit-il brièvement.

Il va s'emparer d'une bicyclette posée sur le bas côté° de la route, l'enfourche et s'élance sur les traces de Pierre.

bas côté : partie latérale de la route réservée aux piétons

La chambre d'Ève

Lucette est toujours effondrée° sur le lit et serre la main de sa sœur.

Soudain la main bouge…

Lucette se redresse, regarde Ève avec stupéfaction, et lance dans un cri :

—Ève, ma chérie, Ève…

Elle se jette dans les bras de sa sœur et l'étreint° en sanglotant.

Ève la serre contre elle avec un geste plein de tendresse protectrice, mais son regard demeure fixé sur son mari.

Lucette balbutie à travers ses larmes :

—Ève, tu m'as fait si peur… J'ai cru…

Ève l'interrompt doucement :

—Je sais…

André toujours immobile, fasciné, se détourne et dit en s'en allant vers la porte :

—Je vais chercher le médecin.

—C'est tout à fait inutile, André, fait Ève.

André, qui a déjà atteint la porte, se retourne et dit, gêné :

—Mais si, voyons°, mais si.

Il sort rapidement en tirant la porte derrière lui.

André parti°, Ève se redresse à demi et demande à sa sœur :

—Donne-moi une glace, veux-tu ?

Lucette la regarde interdite.

—Tu…

—Oui, mon miroir, sur la coiffeuse°.

Dans le vestibule, André se dirige vers la sortie de l'appartement.

Il jette par-dessus son épaule un regard inquiet…

Il prend machinalement son chapeau et une canne, rejette celle-ci avec humeur et sort.

Lucette, penchée vers Ève, lui tend le miroir demandé.

La main d'Ève s'en empare, contemple avidement son image, et murmure :

—Je me vois…

—Qu'est-ce que tu dis ? demande Lucette.

—Rien, réplique Ève.

Lucette s'est assise sur le bord du lit et regarde sa sœur avec une sorte d'inquiétude.

Ève repose le miroir sur sa couche°, prend la main de sa jeune sœur et, le visage devenu sérieux, elle interroge tendrement :

—Lucette, qu'est-ce qu'il y a entre André et toi ?

effondré : écroulé, prostré

étreindre : serrer dans ses bras

voyons : marque la réprobation

André parti… : proposition participe qui marque l'antériorité : après le départ d'André

coiffeuse : petite table munie d'une glace

couche : lit

Lucette ouvre de grands yeux étonnés.

Elle est un peu gênée, mais sincère.

—Mais il n'y a rien. Qu'est-ce que tu veux qu'il y ait° ? Je l'aime beaucoup.

Ève caresse les cheveux de Lucette et lui parle affectueusement :

—Est-ce que tu sais qu'il m'a épousée pour ma dot ?

Lucette proteste, indignée :

—Ève !

—Il me hait, Lucette.

—Ève, il t'a veillée° tous les soirs quand tu étais malade, répond Lucette en s'écartant de sa sœur°.

—Il m'a trompée vingt fois. Ouvre son secrétaire, tu y trouveras des lettres de femmes, par paquets.

Lucette se relève brusquement. Elle est indignée et incrédule.

—Ève, jette-t-elle, tu n'as pas le droit…

—Va voir dans son secrétaire, conseille Ève calmement.

En même temps, elle rejette la couverture et se lève, tandis que Lucette recule comme si sa sœur lui faisait peur.

La jeune fille, l'air buté°, un peu sournois° même, lance farouchement :

—Je ne fouillerai° pas dans les papiers d'André. Je ne te crois pas, Ève. Je connais mieux André que toi.

Ève saisit sa sœur aux épaules, la regarde un instant, et constate, sans violence mais avec une tendresse sévère, et une légère ironie :

—Tu le connais mieux que moi ? Tu en es déjà à° le connaître mieux que moi ? Eh bien, écoute : sais-tu ce qu'il a fait ?

—Je ne t'écoute plus, je ne veux plus t'écouter. Tu as la fièvre ou tu veux me faire mal.

—Lucette…

—Tais-toi !

Presque brutalement, Lucette s'arrache à l'étreinte de sa sœur et se sauve en courant.

Ève laisse retomber ses bras et la regarde s'enfuir.

Ève quitte son mari et son somptueux appartement pour suivre Pierre et partager sa vie. Mais elle s'inquiète toujours pour sa sœur.

Pierre tente de persuader ses camarades de remettre l'insurrection. Ceuxci le prennent pour un traître, surtout lorsqu'ils apprennent qu'il a été vu entrant dans l'immeuble où habite le secrétaire de la milice.

Ils ont vraiment commencé à s'aimer, cependant chacun est trop préoccupé par ses propres affaires pour qu'ils puissent s'aimer « en toute confiance et de toutes leurs forces ». Lorsque les 24 heures vont s'achever, Pierre a enfin réussi à persuader ses camarades, mais l'insurrection a déjà commencé dans un autre quartier de la ville. Il téléphone à Ève pour lui dire qu'il ne peut

Qu'est-ce que tu veux qu'il y ait ? : qu'est-ce qu'il pourrait y avoir ? **Vouloir** exprime ici une possibilité. Par cette question, Lucette évite de répondre trop directement qu'il n'y a rien entre eux.

veiller : rester toute la nuit auprès d'un malade *Qu'indique ce geste ?*

buté : obstiné
sournois : dissimulé, hypocrite
fouiller : chercher partout pour trouver ce qui pourrait être caché

en être déjà à : être déjà arrivé à ce point

pas quitter ses amis et venir la rejoindre comme il l'avait promis. Ève se sent abandonnée et doute de l'amour de Pierre.

Pendant qu'il téléphone, Lucien décharge son revolver sur lui. Au même instant, Ève s'effondre, sans vie.

5   *Au vieillard du dix-huitième siècle qui les interroge sur l'échec de leur tentative, Ève réplique qu'on ne refait pas sa vie : « Les jeux sont faits, voyez-vous. On ne reprend pas son coup ».*

Étude et exploitation du texte

1. Décrivez les gens qui font la queue devant la boutique de l'impasse Laguénésie. Qu'ont-ils de bizarre ?
2. Expliquez la réaction de Pierre lorsqu'il comprend qu'il est mort. La réaction d'Ève est-elle différente ? Expliquez pourquoi.
3. Expliquez les termes et les conditions de l'article 140.
4. Quel effet la résurrection d'Ève a-t-elle sur André ?
5. Comment s'explique le malaise que ressentent les ouvriers lorsque Pierre se relève ?
6. Pourquoi Pierre ramasse-t-il une brique, et pourquoi Ève demande-t-elle une glace en revenant à la vie ?
7. Comment sait-on que les amis de Pierre se méfient de lui ?
8. Quelle explication Ève est-elle sur le point de donner à Lucette pour la convaincre, lorsqu'elle lui dit : « Sais-tu ce qu'il a fait ? »
9. Expliquez la réaction de Lucette.
10. Qu'est-ce qui empêche Pierre et Ève de réussir dans leur tentative ?
11. Pensez-vous comme Pierre que l'essentiel, quand on meurt, c'est d'avoir fait ce qu'on avait à faire ? Citez quelques-unes des choses importantes que l'on pourrait vouloir accomplir afin de mourir satisfait.
12. À quelles techniques voyez-vous que *Les Jeux sont faits* est un scénario de film et non un roman ? Donnez des exemples précis.
13. En vous basant sur *Les Jeux sont faits*, dites quelles sont les grandes lignes de la philosophie de Sartre.

Vocabulaire

A. *Remplacez les mots indiqués par une expression équivalente tirée **des jeux sont faits** :*
1. André traverse la pièce **silencieusement** et s'approche d'Ève.
2. Lucette **est à bout de forces.**
3. Apercevant les miliciens, les hommes **retournent sur leurs pas.**
4. Il sort de la maison **très rapidement**, et enfourche son vélo.
5. Pierre a beau injurier le vieux monsieur, celui-ci rit **de nouveau et encore plus fort.**
6. Moi, **je n'ai pas à m'inquiéter**, je ne laisse personne derrière moi.
7. Il a failli être tué. **Il s'en est fallu de peu.**
8. Pierre n'a pas l'air **d'aller bien.**

B. *À partir de l'infinitif donné, trouvez le substantif qui complète la phrase :*

1. Son_____est dépourvu de tendresse. (regarder)
2. Personne ne prête attention au_____de la troupe en marche. (marteler)
3. Soudain éclate un_____de marche cadencé. (chanter)
4. Son_____paraît sincère quoique puéril. (désespérer)
5. Je suis sûr que c'est la_____d'Ève. (vouloir)
6. À quelle heure les_____doivent-ils se réunir ? (conspirer)
7. Pierre regarde Lucien avec un profond_____. (mépriser)
8. André joue l'_____devant l'accusation de sa femme. (étonner)
9. Ève s'aperçoit qu'elle n'a pas de_____. (refléter)
10. La porte s'ouvre avec un bruit de_____aigrelette. (sonner)
11. Il y a eu erreur au service des_____. (naître)
12. Pierre a du mal à contenir son_____. (irriter)
13. La_____n'est rien si on a fait ce qu'on avait à faire. (mourir)
14. Elle lit l'_____portée sur le registre. (indiquer)
15. André verse goutte à goutte le_____dans le verre. (empoisonner)

C. *Remplacez les verbes indiqués par des verbes pronominaux ayant le même sens :*

Ex. : Il **part** sans rien dire. Il **s'en va** sans rien dire.

1. Un homme et une femme **entrent précipitamment** dans la boutique en se bousculant.
2. Ève s'arrête, **regarde derrière elle.**
3. Pierre ne peut plus **dominer son irritation.**
4. Le petit vieillard **ne fait que** hausser les épaules.
5. Pierre **va** vers une porte qui donne sur l'arrière-boutique.
6. Il **incline le buste** en avant.
7. Il **commence** à marcher dans la pièce.
8. Ève et Pierre **réalisent** qu'ils étaient faits l'un pour l'autre.
9. **N'ayez pas d'inquiétude.** Nous remettrons les choses dans l'état où elles **étaient** au moment où vous êtes morts.
10. Brusquement les lumières **cessent de brûler.**
11. Le bruit de leurs pas **devient** progressivement **sourd.**
12. Paulo **prend** une bicyclette posée sur le bas côté de la route.
13. Peter demande un congé pour **prendre soin** de ses enfants.
14. Comment ai-je pu **faire une erreur** ?
15. Elle **a pris place** sur une chaise.
16. Ève **parle** avec une difficulté grandissante.
17. Un lourd camion vient de **stopper** près du cadavre de Pierre.
18. On reconnaît Pierre et des exclamations **fusent de tous les côtés.**
19. À bout de forces, Lucette **tombe prostrée** et pleure à gros sanglots.
20. Soudain **monte** une voix de plus en plus sifflante.

D. *Remplacez les propositions relatives en caractères gras par un adjectif ayant le même sens :*

1. Un fracas **qui rend sourd.**
2. Il contemple sa femme **qui dort.**
3. Pierre regarde avec mépris son visage blême **qui luit** de sueur.

4. La troupe est précédée de deux miliciens **qui portent un casque.**
5. Deux hommes **qui ont le dos appuyé** au mur d'une maison, regardent passer la troupe.
6. Pierre n'est pas un garçon **qui a facilement peur.**
7. Elle appelle Lucette d'une voix **qui est devenue faible.**
8. C'est un contraste **qui saisit.**
9. — Tué ? — articule Pierre d'un air **qui montre qu'il n'y croit pas.**
10. Ils vivent dans un univers **que nous ne connaissons pas.**
11. Lucette, **qui est à genoux** contre le lit, tient la main de sa sœur.
12. Paulo lance vers eux un regard **qui est plein de haine.**
13. Il distingue des étagères **qui sont couvertes de poussière.**
14. Il y a une vingtaine de personnes **qui attendent en file** devant la porte.
15. C'est quelque chose **qui ennuie.**

Expressions idiomatiques

E. *Combinez les verbes de la liste A avec les noms de la liste B pour en faire des expressions idiomatiques :*

A	B
faire	un danger
reprendre	en marche
être	la figure
se mettre	les épaules
prendre	en sanglots
jeter	sur les nerfs
courir	rendez-vous
prêter	conscience
hausser	la queue
demander	d'accord
vivre	un coup d'œil
se casser	attention
avoir	un service
éclater	une fugue
	le dessus

Les bruits

F. *Dans les phrases suivantes, remplacez le mot **bruit** par un mot plus précis tiré de la liste donnée. Faites accorder les adjectifs s'il y a lieu :*

claquement	crépitement	fracas
gémissement	grondement	martèlement
murmure	sonnerie	tintement

1. On entend le **bruit** aigrelet de la clochette d'entrée.
2. Soudain, un **bruit** se fait entendre, c'est un coup de revolver.
3. De la chaussée monte le **bruit** cadencé d'une troupe en marche.
4. Le **bruit** strident du téléphone fait sursauter Peter.
5. Le **bruit** sourd du tonnerre annonce l'orage.
6. La porte se referme avec un **bruit** sec.

7. Elle perçoit à peine le **bruit** assourdi de sa voix.
8. Ève entend les **bruits** de douleur que pousse Lucette.
9. Elle roule sur le sol dans un **bruit** de verre cassé.
10. Le **bruit** assourdissant des mitraillettes réveille Pierre.

Distinctions

Au bout de / à la fin de

— Si, **au bout de** vingt-quatre heures, vous avez réussi à vous aimer...
— Revenez **à la fin de** la semaine.

at the end of + temps
$\begin{cases} \textbf{au bout de} \text{ pour une } \textbf{durée} \\ \textbf{à la fin de} \text{ pour une } \textbf{période} \end{cases}$

Il y a **durée** quand il y a résultat d'un procès qui s'est déroulé pendant le temps en question. Dans le premier exemple, **si vous avez réussi à vous aimer** est envisagé comme le résultat d'un effort qui aura été fait tout au long des vingt-quatre heures, tandis que dans le deuxième exemple, il s'agit d'un procès isolé, accompli à un certain moment d'une période de temps (au début, au milieu ou **à la fin**.)

REMARQUE : Il y a toujours **durée** lorsque la période de temps est accompagnée d'un numéral, ou d'un adverbe ou d'un indéfini impliquant une idée de nombre : **trois** jours, **plusieurs** années, **quelques** mois, etc.

A. *Complétez les phrases suivantes en employant **au bout de** ou **à la fin de*** :
1. _____dix ans, elle a enfin compris qu'il l'avait épousée pour sa dot.
2. Le docteur reviendra_____la journée.
3. Tout sera prêt_____trois mois.
4. Ève rassemble ses forces. _____quelques minutes, elle se lève et parvient à atteindre la porte.
5. L'insurrection aura lieu_____l'été.
6. Ils ont réussi à s'aimer_____une semaine.
7. Sa femme est revenue_____de plusieurs semaines.
8. Vous reviendrez nous voir_____la semaine.
9. _____cinq minutes, Pierre laisse éclater son agacement.
10. Elle reviendra_____l'hiver.

Apercevoir / s'apercevoir

— Elle **aperçoit** Lucette qui a posé sa tête sur l'épaule d'André.
— Ève **s'aperçoit** qu'elle n'a pas de reflet.

voir, distinguer, remarquer ——▶ **apercevoir** + complément
(au moyen des yeux)   d'objet direct (concret)

se rendre compte, prendre conscience, remarquer ——▶ **s'apercevoir** de + complément (abstrait)
(au moyen de l'esprit)   que + proposition (fait)

B. *Remplacez les verbes par* **apercevoir** *ou* **s'apercevoir**. *Faites les modifications nécessaires :*

1. Il **voit** deux hommes adossés près de la porte d'une maison.
2. André ne **remarque** pas qu'elle pleure.
3. Soudain, ils **remarquent** qu'il est trop tard.
4. Lucette ne **voit** sa sœur qu'au bout de quelques secondes.
5. Je **remarque** que vous êtes en retard de cinq minutes.
6. Au loin, nous **voyons** deux hommes qui travaillent.
7. Lucette **voit** le corps d'Ève sur le sol et jette un cri.
8. Le vieux monsieur n'**a** pas **remarqué** sa présence.
9. Pierre avance la main, mais les deux autres ne le **remarquent** pas.
10. Il lève les yeux et **voit** une plaque où il lit Impasse Laguénésie.
11. Soudain, Lucette **sent** bouger la main de sa sœur.

S'apercevoir / remarquer

— Ève **s'aperçoit** qu'elle n'a pas de reflet.
— Lucette ne **s'aperçoit** pas de ce manège.
— Elle **remarque** qu'il y a là des gens de tous âges.
— Elle **remarque** une femme en manteau de fourrure.

to notice $\left\{ \begin{array}{l} \textit{to realize, to become aware, to be conscious of} = \textbf{s'apercevoir} \\ \textit{to note, to observe, to pay attention to} = \textbf{remarquer} \end{array} \right.$

REMARQUE : avec un complément, **s'apercevoir** se construit avec **de**, **remarquer** avec un objet direct

C. *Traduisez les phrases suivantes :*

1. Pierre turns around, notices the little street, slows down, then stops.
2. He notices a very beautiful woman in a fur coat.
3. She notices that there are people of all ages and from all walks of life.
4. He notices that every time the bell rings, the door opens by itself.
5. In the empty shop, he notices dusty counters and shelves.
6. Without noticing it, Pierre and Eve find themselves in the alley.
7. Paulo notices that the building is very sumptuous.
8. André notices that the glass is empty.
9. Pierre notices that Dixonne looks worried.
10. He looks at his pants and notices that they are absolutely dry.

Être en retard / avoir du retard / retarder

— Vous **êtes en retard** de cinq minutes.
— L'autobus **a** cinq minutes **de retard.**
— Son réveille-matin **retarde** de cinq minutes.

— Vous **êtes en avance** de cinq minutes.
— L'autobus **a** cinq minutes **d'avance.**
— Son réveille-matin **avance** de cinq minutes.

— Vous **êtes à l'heure.**
— L'autobus **est à l'heure.**
— Son réveille-matin **est à l'heure.**

une personne peut

$\left\{\begin{array}{l}\text{être en retard}\\ \text{être en avance}\\ \text{être à l'heure}\end{array}\right.$

un véhicule qui est
tenu à un horaire peut

$\left\{\begin{array}{l}\text{avoir du retard}\\ \text{avoir de l'avance}\\ \text{être à l'heure}\end{array}\right.$

un appareil qui
indique l'heure peut

$\left\{\begin{array}{l}\text{avancer}\\ \text{retarder}\\ \text{être à l'heure}\end{array}\right.$

D. *Traduisez les phrases suivantes :*
1. You are early, don't hurry.
2. The clock is ten minutes fast.
3. Come back tomorrow at 10:30. Don't be late.
4. If your watch is slow you won't be on time.
5. Excuse me, Sir, is the train late?

Se contenter de / être content de

— Le petit vieillard **se contente** de hausser les épaules.
— Il faut **se contenter** de ce qu'on a.

— Pierre et Ève **sont contents** de retourner sur terre.
— Pierre **est content** de ses amis.

se contenter de faire qqch.	= faire seulement cela (pas plus)
se contenter de qqch.	= ne pas demander davantage
être content de faire qqch.	= être heureux de le faire
être content de qqch. ou qqn	= en être satisfait

E. *Refaites les phrases suivantes en faisant précéder les mots en caractères gras de **se contenter de**, ou **être content de** :*
1. Pierre ne répond pas. Il **lui jette** un regard méprisant.
2. Ève et Pierre se sourient. Ils **sont ensemble.**
3. Ève **se voit** dans le miroir. C'est la preuve qu'elle est en vie.
4. Elle ne sait pas que dire. Elle **joint les mains** dans un geste d'impuissance.
5. Pierre prend bien la chose. Il **éclate** de rire.
6. Ça ne l'ennuie pas d'être mort. Il **a fait** ce qu'il avait à faire.
7. Le chat ne se lève pas. Il **s'étire et se frotte** contre lui.
8. Lucette **voit** sa sœur ouvrir les yeux.

Constructions

Faire + infinitif (tour factitif ou causatif)

La construction : verbe **faire** + **infinitif**, sert à exprimer l'idée que le sujet ne fait pas lui-même une chose mais est la **cause** que cette chose se fait ou est faite par quelqu'un d'autre :
— Peter **fait bouillir** de l'eau pour le thé. (Ce n'est pas Peter qui bout, c'est l'eau. Mais Peter est la **cause** que l'eau bout, parce qu'il l'a mise sur le feu)

— La vieille dame **fait signer** Pierre. (Ce n'est pas la vieille dame qui signe, c'est Pierre. Mais la vieille dame est la **cause** que Pierre signe parce qu'elle lui dit de le faire et il le fait)

ATTENTION :   — La vieille dame fait signer **Pierre**.
            — Elle **le** fait signer

$$\text{Pierre} \left\{ \begin{array}{l} \text{sujet de l'infinitif (signer)} \\ \textbf{complément d'objet direct} \text{ du verbe faire} \end{array} \right\} \textbf{le}$$

mais :   — La vieille dame fait signer le registre **à Pierre**.
        — Elle **lui** fait signer le registre.

registre — **complément d'objet direct** de l'infinitif (signer)

donc : $\text{Pierre} \left\{ \begin{array}{l} \text{sujet de l'infinitif (signer)} \\ \textbf{complément d'objet direct} \text{ du verbe faire} \end{array} \right\} \textbf{lui}$

REMARQUE : cette construction peut s'employer à la **forme pronominale**
            — Elle **se** fait chauffer du thé. (**se** = pour elle-même) voir p. 108

A. *Refaites les phrases suivantes en employant le tour factitif :*
1. Son mari l'aide à boire un verre d'eau.
2. La vieille dame lui dit de sortir par une autre porte.
3. Ève demande à la dame de répéter.
4. Elle leur dit de regarder le réveille-matin.
5. Comme il y a eu erreur au service des naissances, ils vont revivre.
6. Les miliciens ordonnent aux ouvriers de dégager la route.
7. L'or de l'alliance brille au soleil.

Verbes de perception + infinitif ou proposition relative

— Pierre **regarde s'éloigner** Ève.
— Il **entend** ses amis **monter** l'escalier.

Les **verbes de perception** sont le plus souvent suivis de l'**infinitif** (excepté **apercevoir** qui doit être suivi d'une proposition relative). L'accent est mis sur l'**action** perçue, exprimée par l'infinitif. Ils peuvent également être suivis d'une **proposition relative.** L'accent est mis alors sur **le sujet** qui fait l'action perçue.

— Il les entend **monter** l'escalier (L'accent est mis sur l'action de monter. C'est le bruit que l'on entend, le bruit de quelqu'un qui monte).
— Ils **les** entend qui montent l'escalier (L'accent est mis sur les personnes qui font l'action de monter. Ce sont ces gens que l'on entend, et ils sont en train de monter.)

REMARQUE : Si le sujet de l'infinitif est un nom, on fait l'inversion du sujet, sauf si l'infinitif est suivi d'un déterminant :
            — Il regarde **s'éloigner Ève.**
            — Il regarde **Ève s'éloigner dans la rue.**

B. *Refaites les phrases suivantes en employant une proposition relative ou un infinitif de façon à mettre en valeur les mots en caractères gras :*

1. Ève s'avance. Pierre la regarde.
   Pierre regarde_____.

2. Lucette **pleure**. Ève l'entend.
   Ève entend_____.

3. Pierre **tombe**. Les ouvriers le voient.
   Les ouvriers voient_____.

4. Les miliciens **défilent** sous sa fenêtre. Lucette les regarde.
   Lucette regarde_____.

5. La balle lui **entre** dans le bras. Il la sent.
   Il sent_____.

6. **La vieille dame** lit l'article 140. Ils l'écoutent.
   Ils écoutent_____.

7. Elle voit **André et Lucette**. Ils prennent leur petit déjeuner.
   Elle voit_____.

8. **Un des ouvriers** crie : « À bas la milice ! ». Pierre l'entend.
   Pierre entend_____.

C. *Refaites les phrases suivantes en effectuant l'inversion toutes les fois qu'elle est possible :*

1. Il entend quelqu'un frapper à la porte.
2. Peter entend le chien grogner.
3. Il entend John dégringoler en courant.
4. Elle regarde la pluie tomber.
5. Ses amis le voient tomber de sa bicyclette.
6. Peter regarde Marjorie se servir une tasse de thé.
7. Il ne voit pas Lucien tirer.
8. Ève regarde André sortir.
9. Et l'on entend de loin la clochette d'entrée tinter.
10. Stupéfait, Paulo regarde Pierre pénétrer dans l'immeuble.

Verbes de volonté + subjonctif ou infinitif

— Je ne veux pas **avoir** de courage.
— Je ne veux pas **que vous pensiez** « Je suis seule ».

Après les verbes exprimant **la volonté** (ordre, prière, désir, souhait, défense, empêchement) ou **un sentiment** (joie, tristesse, crainte, regret, admiration, étonnement, etc.), le verbe de la subordonnée se met :

— à l'**infinitif** si les deux propositions ont **le même sujet**
— au **subjonctif** si les deux propositions ont **des sujets différents**

D. *Traduisez les phrases suivantes :*

1. Eve wants us to live together.
2. Stay here. I want to speak to André alone.
3. Eve, feeling weak, has tried to lean on the table.
4. She is surprised that Rose does not answer her.
5. André is afraid Eve may not be dead.

6. She is happy that they can see her.

7. Do you wish to go back to earth?

8. You are all right? You don't want me to go with you?

9. I don't want to listen to you any more.

10. Eve wants Lucette to see the truth.

E. *Complétez les phrases par : (a) une subordonnée à l'infinitif et (b) une subordonnée au subjonctif :*

1. Je ne veux pas	4. Lucette est contente
2. Pierre a peur	5. Il n'est pas étonné
3. Regrette-t-il	6. André aimerait

Langue et style

Les compléments du verbe

Le verbe peut avoir deux sortes de compléments :

i) le **complément d'objet** (direct et indirect)

ii) le **complément circonstanciel**

Au **passif**, il peut aussi avoir un **complément d'agent** (voir p. 218)

Le **complément d'objet** est un mot ou un ensemble de mots mis en rapport avec le sujet par le seul sens du verbe :

— Marjorie **quitte** la maison (le rapport entre **Marjorie** et **la maison** est créé par le verbe **quitter**).

Le complément d'objet direct est joint au verbe **sans préposition** :

— Marjorie ferme **la porte**.

— Le policier interroge **Peter**.

Le complément d'objet direct peut être :

i) un nom : La vieille dame consulte **son registre.**

ii) un pronom : Personne ne **la** connaît.

iii) un infinitif : Il veut **sortir**.

iv) une proposition : Son frère répond **qu'il ne l'a pas vue.**

Le complément d'objet indirect est joint au verbe **par une préposition** :

— Il demande un service **à Pierre**.

— Il doute **du succès**.

La préposition peut être exprimée : Il demande un service **à** Pierre.

ou sous-entendue : Il lui demande un service (la préposition **à** est sous-entendue)

Le complément d'objet indirect peut être :

i) un nom : J'ai réfléchi à **cette histoire.**

ii) un pronom : Il **lui** demande s'il a vu sa sœur.

iii) un infinitif : Elle n'a pas pensé à **téléphoner.**

iv) une proposition : On ne s'attendait pas à **ce qu'il revienne.**

REMARQUE : L'infinitif complément d'objet direct est parfois introduit par une des prépositions **à** ou **de**, qui ont perdu leur valeur et sont alors appelées **prépositions vides**. Dans la phrase : elle avait oublié d'emporter de l'argent,

emporter est le complément d'objet direct du verbe **avait oublié** (on oublie quelque chose, oublier se construit avec un objet direct : Elle avait oublié **son argent**).

— Éviter de confondre la préposition **de** et l'article partitif ou indéfini. Dans les phrases : elle boit **de l'**eau, nous n'avons plus **de** temps, etc., **eau** et **temps** sont compléments d'objet direct (**de l'** et **de** sont des articles partitifs, non des prépositions).

Les verbes transitifs (directs ou indirects) admettent un complément d'objet (direct ou indirect) :

— Pierre **prend** un air détaché.
— J'**ai réfléchi** à tout ça.

Prendre est **transitif direct** (il est suivi d'un objet direct).
Réfléchir est **transitif indirect** (il est suivi d'un objet indirect).

Certains verbes peuvent être tantôt **transitifs directs,** tantôt **transitifs indirects,** ils ont alors un sens différent :

— Il **manque** son but (tr. direct) : il ne l'atteint pas.
— Il **manque** d'argent (tr. indirect) : il n'en a pas assez.

Certains verbes transitifs directs peuvent se construire avec deux objets, l'un désignant une chose, l'autre une personne. Ce dernier devient alors complément d'objet indirect :

— Je paie **l'addition.**
— Je paie **le garçon.** } Je paie l'addition **au garçon.**

Les **verbes intransitifs** ne peuvent pas avoir de complément d'objet. L'action se suffit à elle-même. Elle se limite au sujet et ne passe sur aucun objet :

— Elle **dort**. La pluie **tombe**. Marjorie **est partie.**

Dormir, tomber, partir, sont des verbes **intransitifs.**

Certains verbes généralement **intransitifs** peuvent être employés **transitivement** :

— Il **est descendu** (intransitif).
— Il **a descendu** les bagages (transitif).

Certains verbes généralement **transitifs** peuvent être employés **intransitivement** :

— Ils **mangent** du pain grillé (transitif).
— Ne le dérangez pas, il **mange** (intransitif).

A. *Dans les phrases suivantes, soulignez d'un trait les compléments d'objet direct, et de deux traits les compléments d'objet indirect des verbes indiqués :*

1. Elle te **ressemblait** beaucoup !
2. Les enfants **ne parlaient plus** de leur mère.
3. **N'oubliez pas** de revenir demain à dix heures et demie.
4. Ève, absorbée, **quitte** la pièce.
5. Je vous **ordonne** de dégager la chaussée !
6. Il **ne sait pas** que sa femme est à Londres.
7. Marjorie **enlève** son imperméable, se **lave** les mains, **va** dans la cuisine, se **sert** une tasse de thé, et **consent** à répondre.
8. Je dois **prévenir** la police, à cause de cette femme que l'on **a enterrée.**
9. Je **ne connais pas** la personne dont vous me **parlez.**

10. **Téléphone**-moi demain, je t'**écouterai**.
11. Il **entre**, **referme** la porte sans bruit, **traverse** la pièce à pas de loup et s'**approche** d'Ève qui ne l'**a pas entendu** entrer.
12. Pourquoi ne leur **as**-tu rien **dit** ?
13. Peter **a dit** aux enfants que leur mère était très malade.
14. Elle **aperçoit** sur le canapé du salon Lucette, qui **a posé** la tête sur l'épaule d'André.
15. Alors, **monte** le bruit cadencé d'une troupe en marche.

B. *Remplacez les compléments indiqués par le pronom convenable :*
   1. Je connais **André** mieux que toi !
   2. Ève promet de téléphoner à **Pierre** aussitôt que possible.
   3. Ils croient **qu'ils arriveront à s'aimer.**
   4. J'ai réfléchi à **ce que tu m'as dit.**
   5. La vieille dame apprend à **Pierre qu'il est mort.**
   6. Peter laisse manger **les enfants.**
   7. Peter laisse manger ce qu'ils veulent aux **enfants.**
   8. Ne me parlez pas de **cette histoire.**

Les compléments circonstanciels complètent l'idée du verbe en précisant *où*, *quand*, *comment*, *pourquoi*, etc., s'accomplit le procès :

Peter
$\begin{cases} \text{se lève à six heures (temps : quand ?)} \\ \text{se dépêche pour être à l'heure (but : pourquoi ?)} \\ \text{va à l'usine (lieu : où ?)} \\ \text{travaille avec plaisir (manière : comment ?)} \end{cases}$

À la différence du complément d'objet, le sens du circonstanciel dépend non du verbe mais de la **préposition**, qui peut être changée sans changer le sens du verbe :

Marjorie marche
$\begin{cases} \textbf{derrière} \text{ Peter} \\ \textbf{devant} \text{ Peter} \\ \textbf{à côté} \text{ de Peter} \\ \textbf{vers} \text{ Peter} \\ \textbf{avec} \text{ Peter} \\ \textbf{sans} \text{ Peter...} \end{cases}$

Les principales **circonstances** marquées par le complément circonstanciel sont :

l'accompagnement :	Il joue **avec le chien.**
le but :	Pierre se penche **pour défaire le câble.**
la cause :	Les enfants pleurent **de joie.**
la conséquence :	Il sont si excités **qu'ils ne peuvent pas dormir.**
la direction :	Elle est partie **vers Londres.**
la distance :	Là-bas, **à cent cinquante mètres**, Pierre paraît.
l'hypothèse :	**En cas de pluie**, nous reviendrons en voiture.
le lieu :	Ils habitent **dans les environs de Londres.**
la manière :	Ils mangent **avec appétit.**
la matière :	Il y a un lapin **de céramique** au milieu.
la mesure :	Elle mesure **1,65 m.**
le moyen :	Il est parti **à bicyclette.**

l'opposition :	**Malgré sa douleur**, il doit s'occuper des enfants.
la partie :	En parlant, il a pris Ève **par les bras**.
le poids :	Marjorie pèse **52 kilos**.
la privation :	Elle est partie **sans son mari**.
le prix :	Il lui a acheté une bague qui vaut **mille francs**.
le temps :	Revenez demain **à 10 h 30**

Le complément circonstanciel peut être :

i)	un nom :	Ils pleurent de **joie**.
ii)	un pronom :	Elle a été condamnée pour **cela**.
iii)	un infinitif :	Il travaille pour **vivre**.
iv)	un adverbe :	Ils partiront **bientôt**.
v)	un gérondif :	Elle s'est suicidée **en se jetant** dans le fleuve.
vi)	une proposition :	Elle reviendra **quand elle en aura envie**.

C. *Relevez les compléments circonstanciels en indiquant de quelle circonstance il s'agit :*

1. Ces êtres-là, depuis leur naissance, vivent à côté de nous, en marge.
2. Il fait quelques pas vers une dame qui est assise devant un bureau.
3. Ils vont partir dans quelques instants au collège ou à l'école.
4. Je suis partie parce que j'avais envie de partir.
5. D'un geste brusque, la jeune fille referme la fenêtre.
6. Comme elle n'avait pas de circonstances atténuantes, elle a été condamnée à la prison à vie.
7. Les enfants mangent avec appétit.
8. Sur la route de banlieue, la roue de la bicyclette continue lentement à tourner.
9. Pierre se relève comme dans un rêve.
10. Il s'est arrêté au milieu de la route et regarde par terre.
11. Elle a marché plusieurs kilomètres.
12. Il lui téléphone pour lui dire qu'il ne peut pas quitter ses amis.
13. Vous êtes en retard de cinq minutes.
14. Une brique pèse environ 1 kilo.
15. Elle a très mal à la tête.
16. Marjorie est partie avec les policiers.
17. Pierre est obligé de les contourner pour poursuivre son chemin.
18. C'est à devenir folle !
19. Lucette pense qu'Ève agit par jalousie.
20. Il répond au téléphone qu'il n'a pas vu sa sœur.

D. *Complétez les phrases suivantes en ajoutant les compléments circonstanciels indiqués :*

1. _____(temps), Peter rentre_____(lieu).
2. Ils dévalisent le réfrigérateur_____(cause).
3. Il referme la porte_____(manière) et traverse la pièce.
4. Il s'approche d'elle_____(but).
5. Ses doigts crispés grattent une couverture_____(matière).
6. Elle est revenue de Londres_____(moyen).
7. Elle est si fatiguée que_____(conséquence).
8. Ève n'est pas morte_____(opposition).

La proposition incise

La proposition incise représente l'intervention du narrateur à l'intérieur d'un discours rapporté. Elle s'intercale dans le cours de la phrase, ou encore elle se place en fin de phrase. Dans les propositions incises qui indiquent que l'on rapporte les paroles ou les pensées de quelqu'un, on fait **l'inversion simple** verbe-sujet :

> — Alors, vous allez pouvoir me renseigner, **poursuit Pierre** en caressant le chat.
> — Elle ne portait pas d'alliance parce que, **disait-elle**, les lessives abîmaient autant ses mains que les bijoux.

E.   *Refaites les phrases suivantes en employant une proposition incise :*

1. Elle dit que c'est un beau couple.
2. La vieille dame assure que c'est possible.
3. Pierre explique que lui, il ne laisse personne derrière lui.
4. Ève conseille à sa sœur d'aller voir dans son secrétaire.
5. Peter se demandait où elle avait bien pu aller.
6. La vieille dame réprimande : « Régulus, veux-tu laisser monsieur tranquille ? »
7. Elle disait que son mari l'avait empoisonnée pour pouvoir épouser sa sœur.
8. Pierre articule d'un air incrédule : « Tué ? »
9. Lucette ne croit pas Ève, parce qu'elle dit qu'elle connaît mieux André.
10. La vieille dame répond avec dignité : « Je ne me trompe jamais. C'est professionnel. »

L'harmonie de la phrase

i)   Disposez les compléments d'objet du plus court au plus long :
> — Pierre distingue **des comptoirs** et **des étagères poussiéreuses**.

ii)   Les compléments circonstanciels peuvent se placer :

en tête de phrase :
> — **D'un geste brusque**, la jeune fille referme la fenêtre.

entre le sujet et le verbe :
> — Voici Ève qui, **d'un pas machinal**, remonte le long de la file d'attente.

entre le verbe et le complément d'objet :
> — Avec un sourire, Pierre prend **dans ses bras** le chat qui se frotte contre lui.

à la fin de la phrase :
> — La dame le considère **d'un air étonné**.

S'il y a plusieurs compléments circonstanciels, on les place :

du plus court au plus long :
> — **En silence, d'un geste brusque,** la jeune fille referme la fenêtre.
> — Elle s'avance **en silence, d'un pas machinal**.

en tête et en fin de phrase :
> — **En bordure de la route**, Pierre est debout, **appuyé sur Paulo**.

F.   *Refaites les phrases suivantes en ajoutant les compléments circonstanciels donnés :*

1. La vieille dame commence à lire (d'une voix de greffier).
2. Pierre est allongé sur le sol (entouré des ouvriers, sur la route de banlieue).
3. Peter trouve la maison fermée à clef (à dix-huit heures, le soir).

4. André sort (en tirant la porte derrière lui, rapidement).

5. Il fabriquait des maquettes de bateaux (après l'école, dans sa chambre, le soir, sans bruit).

6. Il se retourne vers la vieille dame qui le regarde (à travers son face-à-main, d'un air sceptique).

7. Un autre Pierre se redresse (à ce moment, sans hâte).

8. Il remet le flacon dans sa poche et contemple sa femme endormie (d'un regard aigu).

9. La vieille dame tourne les pages de son registre (posément, en se penchant en avant)

10. Elle se dégage, se laisse aller sur le canapé (la tête dans les mains, les coudes sur les genoux)

Sens et emploi de *comme*

— Pierre parvient à la porte. À ce moment, celle-ci s'ouvre.
— **Comme** Pierre parvient à la porte, celle-ci s'ouvre.

— Ève croit que la dame ne l'a pas entendue parce qu'elle ne répond pas.
— **Comme** la dame ne répond pas, Ève croit qu'elle ne l'a pas entendue.

— Sont-ils faits l'un pour l'autre, ainsi qu'ils le prétendent ?
— Sont-ils faits l'un pour l'autre, **comme** ils le prétendent ?

Comme peut exprimer : i) un rapport de **temps** (au moment où)
                          ii) un rapport de **cause** (parce que)
                        iii) un rapport de **comparaison** (de la manière que)

REMARQUE : **Comme** exprimant un rapport de **temps** ou de **cause** se met en tête de la phrase.

G. *Indiquez le sens de* **comme** *dans les phrases suivantes :*

1. **Comme** il n'est plus observé, André a repris son air dur.
2. Elle ouvre de grands yeux hagards **comme** si elle sortait d'un cauchemar.
3. **Comme** il va sortir par où il est entré, elle lui désigne une autre porte sur le côté.
4. Ève, **comme** Pierre, se dirige machinalement vers la porte par où elle est entrée.
5. **Comme** la première fois, ils ne s'accordent pas la moindre attention.
6. **Comme** elle n'avait pas de circonstances atténuantes, elle a été condamnée à la prison à vie.
7. **Comme** la porte s'ouvre, la première personne entre dans la boutique.
8. Le chat est installé sur le registre **comme** à son habitude.

H. *Refaites les phrases suivantes en employant* **comme** :

1. Au moment où Pierre et son compagnon parviennent à la porte, celle-ci s'ouvre.
2. Il a l'air de se mouvoir sans bruit ; on se meut ainsi dans les rêves.
3. Rose s'interpose entre sa maîtresse et le miroir parce qu'elle ne la voit pas.
4. Il va signer quand le chat lui grimpe sur les épaules.
5. J'ai le temps, aussi je vais te raconter sa vie.
6. Ève remonte le long de la file d'attente ; aussitôt, c'est une explosion de cris.

7. Je ne laisse personne derrière moi, je suis bien tranquille.

8. Ève rougit, on dirait une jeune mariée.

9. De même que Pierre, Ève se dirige vers la porte par où elle est entrée.

10. Tandis que Pierre referme la porte, la vieille dame consulte son registre et fait le simulacre de tirer un cordon.

Traduction

A — Hello! Have you been waiting for me long ?

B — Yes, you are always late.

A — It is not my fault, my watch is slow. Are you in a hurry?

B — Yes. I want to go to the movies and we must leave right now if we want to be on time.

A — What movie do you want to see?

B — *Les jeux sont faits.* We are reading the scenario in class, it is very interesting. It is by Jean-Paul Sartre.

A — Really? I thought Sartre was a philosopher, I didn't know he had made movies!

B — Yes, he did. In this movie, there are some people who die, then are given a chance to come back to life.

A — How do they die?

B — The woman is poisoned by her husband, the man shot by a traitor.

A — How does it end?

B — You'll see. But if you know Sartre, you can guess. Besides the title is clear enough. The Chips Are Down!

A — O.K., let's go and see it. I haven't been to the movies for a long time. But I don't want you to pay for me like last time.

Composition

Le dialogue

Pierre et Ève sont revenus à la vie pour essayer de réaliser leur amour.

Une heure avant la fin de leur épreuve, une troupe défile dans la rue avec des tanks et des véhicules motorisés. Inquiet, Pierre veut aller avertir ses amis et empêcher qu'ils soient tous massacrés. Pendant ce temps, Ève va revoir Lucette. Pierre lui promet de revenir avant dix heures et demie, ou de lui téléphoner. Lorsqu'il téléphone, c'est pour lui dire qu'ils sont cernés par la milice et qu'il ne peut pas lâcher ses copains, bien qu'ils n'aient aucune chance de s'en tirer. Ève le supplie de ne pas faire ça, elle a peur qu'il se fasse tuer, elle lui rappelle que c'est pour s'aimer qu'ils sont revenus sur terre. Pierre, bouleversé, la supplie de comprendre, mais elle l'accuse de lui avoir menti, de ne pas l'aimer. Pierre l'assure qu'il l'aime, mais c'est trop tard, ils ont échoué.

Rédaction

En vous inspirant des indications données ci-dessus :

— présentez en quelques lignes la situation telle qu'elle est au moment où Pierre téléphone ;

— imaginez le dialogue entre Pierre et Ève.

Attention :
- — au **registre** de la langue à employer. Intime, mais pas trop familier. Pierre parle une langue plus populaire qu'Ève (expressions comme : lâcher les copains…) ;
- — au **ton** qui convient. C'est **l'émotion** qui doit se faire sentir. Pas de banalités. Entrez directement dans le vif du sujet (pas de : je te téléphone pour te dire… ou : comment vas-tu ? … etc.).

Chapitre 4

La réincarnation existe-t-elle ?

Guy Breton

Durant des millénaires, les hommes ont cru à la réincarnation. Dans certaines civilisations traditionnelles d'Asie, d'Afrique, d'Océanie et d'Amérique du Sud, cette croyance existe toujours. Seul aujourd'hui, le monde occidental repousse en ricanant° ce « conte de bonne femme° »...

Il est pourtant des cas fort° troublants. En voici quatre que je présente ici de façon volontairement dépouillée°, en me gardant d'y ajouter le moindre commentaire ou le moindre essai d'explication.

Je commencerai par le cas de Shanti Devi.

Cette dame est née le 17 janvier 1926 à New Delhi. Jusqu'à l'âge de trois ans, elle est un bébé sage et calme qui ne se distingue pas des autres enfants. Mais brusquement, un matin de 1929, comme ses parents l'appellent, elle leur répond avec un air étrange :

—Je ne m'appelle pas Shanti, mais Amned...

On la gronde :

— Tu es une petite sotte. Ton nom est Shanti, et pas Amned !

— Si, Amned !

Et comme elle trépigne°, on la gifle° et elle pleure...

Le lendemain, elle recommence :

—Je m'appelle Amned !

— Tais-toi !

—Je m'appelle Amned, et ma maison n'est pas ici... mais à Muttra.

—Quoi ?

—Oui, à Muttra. Et là-bas, je suis mariée. Mon mari est marchand de tissus et il s'appelle Ahmed Lugdi...

Cette fois, les parents de la petite Shanti sont abasourdis°. Ou leur fille est folle, ou elle se moque.

À tout hasard°, ils la giflent encore et lui ordonnent de ne plus dire de sottises.

Mais les jours suivants, et pendant des semaines, pendant des mois, la fillette continue de donner des renseignements précis sur celui qu'elle nomme « son mari », sur sa prétendue° « maison

ricaner : rire pour se moquer
conte de bonne femme : histoire d'une véracité douteuse
fort : (adv.) très
dépouillé : simple, sans rien ajouter

trépigner : frapper des pieds avec colère
gifler : donner un coup sur la joue

abasourdi : stupéfait

à tout hasard : sans savoir si c'est bien la chose à faire

prétendu : supposé (indique un doute de la part du locuteur)

de Muttra », sur son mode de vie, ses habitudes, ses voisins, ses amis et sur les rues de la ville.

Finalement, les parents de Shanti pensent que leur fille est possédée par un démon. Ils la conduisent à un médecin brahmane°. Très intrigué, celui-ci emmène la fillette à l'université de Bénarès pour la faire examiner par des psychologues. Une enquête est alors ordonnée.

brahmane : en Inde, membre de la caste la plus élevée

Et l'on découvre qu'à Muttra, localité° que ne connaissent ni Shanti ni ses parents, vit effectivement un négociant° en tissus nommé Ahmed Lugdi, dont la femme, prénommée Amned, est morte en 1910.

localité : village, petite ville
négociant : commerçant

Une commission de médecins est désignée pour procéder à une expérience. Shanti est emmenée à Muttra. On la conduit sur la grand-place.

— Saurais-tu retrouver ta maison ?

— Bien sûr, dit-elle, c'est par là !

Et elle entraîne les médecins à travers un dédale° de rues jusqu'à la demeure du négociant en tissus.

dédale : labyrinthe

Alors, une deuxième expérience a lieu.

On convoque° Ahmed Lugdi à l'hôpital, sous le prétexte d'un contrôle médical. Il arrive, un peu inquiet, et on le fait entrer dans une salle où se trouvent déjà neuf autres hommes. Au bout d'un moment, une porte s'ouvre et un médecin fait entrer Shanti.

convoquer : faire venir (ordre officiel, administratif, etc.)

À peine° a-t-elle jeté un coup d'œil sur le groupe qu'elle se précipite sur le négociant en criant :

Remarquez l'inversion après **à peine** *en tête de phrase.*

— Ahmed ! Oh ! mon chéri...

Et elle se jette dans ses bras.

Ahmed Lugdi devient livide :

— Qui est cette enfant ? dit-il.

— C'est moi, Amned, dit Shanti. Tu vois, je suis vivante. Oh ! mon chéri, souviens-toi... Nous avons été si heureux ensemble...

Et la voilà qui évoque des souvenirs avec une précision qui stupéfie le négociant en tissus.

— Ce jour-là, souviens-toi, il pleuvait et je suis tombée dans la boue...

Ou bien :

— Tu avais perdu ta clé ; nous l'avons retrouvée sous un banc...

Ou encore :

— Tu t'es foulé° le pied en rentrant de chez tes cousins.

se fouler : se tordre et étirer les ligaments

Et elle ne cesse de répéter :

— Tu vois bien que c'est moi !

Puis elle lui rappelle la recette des plats qu'il aimait, le tendre surnom qu'il lui avait donné et des détails qu'eux seuls peuvent connaître.

Ahmed Lugdi est ahuri. Alors, un médecin le questionne :

—Est-ce que tout cela est vrai, monsieur ?

—Oui, murmure Lugdi, oui, tout est vrai... Cette fillette me rappelle des choses que personne ne connaissait, en dehors de moi et de ma chère femme... Comment est-ce possible ?

Par la suite, Lugdi revit plusieurs fois la petite Shanti. Pendant des heures, il lui posait des questions sur « leur passé », questions auxquelles l'enfant répondait sans hésiter et avec une précision confondante. Puis le temps passa et, peu à peu, tout cela sembla s'effacer de la mémoire de la fillette.

En 1934, le négociant en tissus mourut. Et aujourd'hui, Shanti Devi n'a plus aucun souvenir de ce que j'appellerai son « passé antérieur »...

Le deuxième cas concerne un jeune Turc nommé Ismaïl Altinklish.

Ce garçon, fils d'un épicier, naît en 1956 dans le district de Midik. Le médecin accoucheur° remarque qu'il porte, au sommet du crâne, une marque profonde. Les parents, inquiets, posent des questions.

accoucheur : qui s'occupe des naissances

—Je n'ai jamais vu cela, dit le médecin. On dirait° une cicatrice. C'est bizarre... J'espère que cela va disparaître.

on dirait : cela ressemble à

Effectivement, cette marque s'atténue peu à peu et disparaît complètement au bout de deux ans.

Mais, entre-temps, un fait étrange a lieu. Alors qu'Ismaïl vient d'avoir dix-huit mois et qu'il commence à parler, un jour, brusquement, il se tourne dans son berceau, regarde son père et dit :

—J'en ai assez d'être ici° ! Je veux retourner dans ma maison, avec mes enfants !

j'en ai assez (de + nom ou **infinitif) :** être fatigué de

M. Altinklish, stupéfait d'entendre ce bébé s'exprimer comme un adulte, demeure un instant sans voix. Puis il parvient à articuler :

—Quoi ? Qu'est-ce que tu dis ?

—Je dis que j'en ai assez de vivre ici ! Je m'appelle Abeit Suzulmus. J'habite Bahchehe où je suis maraîcher°. Je veux retourner chez moi...

maraîcher : cultivateur qui produit surtout des légumes

Cette fois, le père est épouvanté :

—Voyons, Ismaïl...

—Je ne suis pas Ismaïl. Je suis Abeit Suzulmus... Je me suis marié deux fois et j'ai trois enfants... On m'a assassiné dans l'écurie. Je suis mort d'un coup que j'ai reçu au sommet du crâne...

M. Altinklish, persuadé que son enfant est possédé par un esprit malin°, court chez un médecin.

esprit malin : démon

— Venez vite, docteur, c'est affreux, mon fils me raconte qu'il a été marié deux fois, qu'il a trois enfants et qu'il a été assassiné…

— Votre fils ? Mais quel âge a-t-il donc ?

— Dix-huit mois !

Le médecin regarde sévèrement l'épicier :

— Je n'aime pas qu'on se paie ma tête°, monsieur !

— Mais je vous jure que c'est vrai, docteur… Venez !

Et il éclate en sanglots.

Le médecin ne croit naturellement pas un mot de cette histoire, mais le désarroi° de M. Altinklish est si grand que, pris de pitié, il accepte de le suivre chez lui.

Là, il demeure confondu. Car le petit Ismaïl répète ses propos° et soutient qu'il est maraîcher.

— Je n'ai jamais vu une chose pareille, murmure le médecin, jamais !

Et à tout hasard, il prescrit un calmant au bébé.

Des mois passent pendant lesquels Ismaïl continue d'affirmer qu'il s'appelle Abeit Suzulmus, que la famille Altinklish ne l'intéresse pas et qu'il veut rentrer chez lui. Le médecin, qui est revenu à plusieurs reprises°, alerte finalement un centre de parapsychologie dirigé par le Dr Banerjee.

Celui-ci qui, depuis de longues années, s'est spécialisé dans l'étude des cas de « mémoire extra-cérébrale » — c'est le nom qu'il a donné à ce genre de phénomènes — vient voir le petit Ismaïl qui a maintenant trois ans.

Après avoir écouté les étranges propos de l'enfant, le Dr Banerjee se tourne vers M. Altinklish :

— Il faut procéder à une vérification. Venez, je vous emmène avec votre fils jusqu'à Bahchehe. Nous verrons bien s'il reconnaît cette ville où il prétend avoir vécu.

Quelques heures plus tard, ils arrivent dans la petite bourgade°.

Immédiatement, Ismaïl s'écrie :

— Tournez à droite et prenez la deuxième rue à gauche. Vous trouverez ma maison !

Le docteur obéit.

— C'est là ! dit Ismaïl.

Banerjee arrête sa voiture devant une grande bâtisse° ornée d'un panneau sur lequel on peut lire : « Suzulmus, maraîcher ». Aussitôt, Ismaïl se précipite vers la maison, ouvre la porte, entre, suivi de M. Altinklish ahuri et du Dr Banerjee qui demande :

— Monsieur Suzulmus, s'il vous plaît ?

Un jeune homme se présente :

— C'est moi !

Ismaïl va vers lui :

— Bonjour Zaki ! dit-il ; je suis ton père…

Et il ajoute pour ses compagnons :

— C'est un fils que j'ai eu avec Sahida, ma deuxième femme…

se payer la tête de quelqu'un : se moquer de lui (fam.)

désarroi : détresse, bouleversement

propos : paroles, discours

à plusieurs reprises : plusieurs fois

bourgade : village

bâtisse : bâtiment

Il va vers le jeune homme qui est livide :

— Zaki, dit-il, tu avais deux frères, n'est-ce pas ? Ismat et Zinhu qui ont été tués avec moi et avec ta mère...

Alors Banerjee intervient :

— Excusez-moi, monsieur, tout cela est-il exact ?

— Oui, dit l'autre.

— Comment s'appelait votre père ?

— Abeit Suzulmus. Il est mort assommé d'un coup de pioche° sur la tête, il y a trois ans...

— Je vais vous montrer l'endroit où j'ai été tué, dit Ismaïl.

Et il entraîne tout le monde vers l'écurie :

— C'est ici !

Il dénonce alors ses meurtriers : ce sont les hommes qui avaient été arrêtés après sa mort...

Un peu plus tard, il déclare brusquement :

— Abdul Razak me doit une grosse somme d'argent...

— Qui est Abdul Razak ? demande M. Altinklish.

Ce sont les Suzulmus qui répondent :

— Un voisin...

— Allons le voir, décide le Dr Banerjee.

On se rend aussitôt chez le voisin qui, tout penaud°, avoue qu'il a bien emprunté autrefois une grosse somme d'argent à Abeit Suzulmus...

Après cette entrevue, Ismaïl fut ramené chez lui où il oublia peu à peu tout ce qu'il avait raconté et devint un enfant comme les autres...

Troisième cas.

Un matin de 1950, Mme B., femme d'un employé de banque parisien, se penche sur le petit lit de sa fille, Thérèse, âgée de quinze mois, qui vient de s'éveiller. Elle la prend dans ses bras :

— Bonjour, ma chérie, dit-elle...

À sa grande stupéfaction, l'enfant prononce alors plusieurs fois, et très distinctement, le mot « Aroupa »...

— Qu'est-ce que tu veux me dire ? demande la maman. Tu appelles Papa ?

Mais la fillette répète « Aroupa ».

Toute la journée et les jours suivants, elle redit ce mot que personne n'a jamais entendu dans la famille.

M. B., que la chose amuse, en parle à ses collègues de bureau et l'un d'eux, qui s'intéresse aux philosophies orientales, lui apprend qu'*Aroupa*, en sanscrit, signifie « libéré de toute matière », c'est-à-dire « Dieu »...

M. B. trouve naturellement curieux que sa fillette prononce un mot sanscrit. Sans imagination, il n'en tire aucune conclusion particulière.

— Elle aura sans doute entendu° cela à la radio, dit-il.

pioche : outil de cultivateur composé d'un fer pointu au bout d'un manche de bois

penaud : embarrassé, honteux

elle aura entendu : futur de probabilité

Mais six mois plus tard, nouvelle surprise : Thérèse se met brusquement à employer des mots anglais. Cette fois, Mme B., inquiète, consulte un pédiatre qui ne trouve aucune explication et ne cherche pas à approfondir le problème. Il a même cette réponse inimaginable :

—ne vous en faites pas°, cela passera !

s'en faire : s'inquiéter (fam.)

Quelques mois s'écoulent encore et, contrairement au pronostic du médecin, « ça ne passe pas ». Au contraire, Thérèse continue d'émailler° son babillage° de termes anglais — de plus en plus nombreux — qu'elle prononce d'ailleurs avec un accent impeccable. Et voilà qu'un jour, jouant à la marchande avec sa mère, la fillette dit tout à coup :

—Ça, ça coûte trois roupies ?

Mot que personne n'a jamais prononcé devant elle.

émailler : orner par-ci par-là
babillage : bavardage des jeunes enfants

Mme B. commence à considérer sa fille avec angoisse. Une angoisse qui s'accroît° encore lorsque, quelque temps après, Thérèse, voyant le portrait de Gandhi dans un journal, s'écrie :

—Oh Bapou ! C'est Bapou !

s'accroître : augmenter

Les B. veulent en avoir le cœur net°. Ils achètent une biographie du mahatma et apprennent avec stupeur que Bapou est le nom qui était donné dans l'intimité à Gandhi par sa famille et ses disciples. Conscients de se trouver devant un mystère, ils poursuivent leur enquête et acquièrent° des livres sur l'Inde. Un soir qu'ils les feuillettent°, Thérèse s'approche et voit un portrait de Yogananda°. Elle prend un air grave :

—C'est Yogananda, dit-elle. Je le connais ; il est venu chez Bapou. Il a déjeuné et couché. Il était bien gentil...

en avoir le cœur net : s'assurer si une chose est vraie, pour ne plus avoir de doute

acquérir : acheter
feuilleter : tourner les pages en les parcourant rapidement
Yogananda : personnalité religieuse, fondateur et chef d'une secte spirituelle basée à Los Angeles (mort en 1952)

Pendant des mois, les B. questionnèrent avidement Thérèse qui leur conta mille anecdotes sur la vie de Gandhi qu'elle prétendait avoir bien connu. Mille anecdotes qui, toutes, furent vérifiées.

Puis la fillette grandit. Et ses étranges souvenirs peu à peu s'effacèrent...

Le quatrième cas date de 1924 et celui qui en fut témoin est un médecin, le Dr Maurice Delarrey, qui l'a conté dans *La Revue spirite*, en 1948. Là encore, je préfère lui laisser la parole :

« Au temps où je conservais encore un certain scepticisme à l'égard de° la doctrine des réincarnations et vies successives, écrit-il, ma femme et moi nous faisions souvent des expériences de communication avec l'Au-delà au moyen du "oui-ja" (il s'agit d'une planchette sur laquelle on met la main et qui se dirige vers les lettres d'un alphabet disposé en rond).

à l'égard de : relativement à, en ce qui concerne

« Or, un jour, la planchette, sous la main de ma femme, épela lentement et péniblement les lettres du nom : FÉLIX. Malgré nos questions, nous ne pûmes rien obtenir de plus au cours de cette séance. Mais le lendemain, le même nom nous fut donné, suivi cette fois d'un nom de famille : FR… Ma femme se souvint alors que son père avait eu autrefois, pendant une dizaine d'années, un domestique de ce nom. Je demande à l'entité supposée présente° :

l'entité supposée présente : l'être que l'on croit présent

« — Est-ce vous qui avez été autrefois au service de M. X et sa famille, dans le village de B… ?

« Réponse nettement affirmative.

« Ma femme précise alors ses souvenirs déjà lointains et il lui revient à la mémoire que ce FÉLIX avait l'oreille droite très fortement décollée°.

oreille décollée : écartée de la tête

« Lors d'une autre séance, le dialogue suivant s'établit entre ce FÉLIX et nous, dès qu'il eut décliné son nom :

« Demande — Que désirez-vous donc ?

« Réponse — Vous dire que je vais revenir bientôt chez vous…

« D. — Comment cela ? Chez nous ?

« R. — Oui. Enfin°, dans votre famille…

enfin : précise ou corrige ce qu'on vient de dire

« D. — Mais notre famille est nombreuse et disséminée un peu partout. Pouvez-vous préciser au moins le nom du pays où vous allez naître ?

« R. — Oui, c'est à P. (Et il donne le nom d'une petite ville où nous avons de la famille.)

Qu'indique le conditionnel ?

« D. — Ce serait° donc chez notre jeune parent Y. ?

« R. — Oui. Il a déjà deux filles.

« D. — Savez-vous leurs noms ?

« R. — Oui ! (Et il indique leurs noms et âges exacts.)

« D. — Mais savez-vous quel sera le jour de votre naissance ?

« R. — Oui : le 24 septembre 1924, au matin.

« D. — Très bien. Mais qu'est-ce qui nous prouvera que c'est bien vous-même, FÉLIX, qui naîtrez là ?

indique la cause

« R. — Votre femme me reconnaîtra bien à° mon oreille…

« Nous étions alors au mois de mai et nous ignorions la grossesse° de notre parente.

grossesse : état de la femme enceinte (qui attend un enfant)

« Le 24 septembre 1924, à 8 heures du matin, un coup de téléphone du jeune père m'apprenait l'heureuse naissance de son fils.

Remarquez le changement de temps. Pourquoi passe-t-on au présent ?

« Trois mois plus tard, ma femme et moi sommes invités° à une fête de famille chez notre cousine qui est tout heureuse de nous présenter son fils.

« — Venez voir notre beau garçon… Mais il n'a pas encore l'habitude de voir tant de monde, et aujourd'hui, il n'est pas de bonne humeur : chaque fois qu'il voit une figure nouvelle, il se met en colère et pousse des cris à n'en plus finir°… On n'arrive pas à le consoler !

à n'en plus finir : interminable

« Nous entrons dans la chambre où est le bébé. Dès que ma femme approche du berceau, l'enfant se met à sourire à travers les larmes qui coulent encore sur ses joues, et il tend ses deux petites mains vers nous.

« — Voilà qui est vraiment extraordinaire, dit la mère. On croirait qu'il vous connaît !

« — Mais, lui dis-je, qu'est-ce que c'est que ce bandeau que vous lui avez mis autour de la tête ?

« — Ce n'est rien, me répond-elle ; le pauvre petit a dû avoir une mauvaise position dans mon corps : il est venu au monde avec son oreille droite toute décollée. Mais avec ce petit appareil, le docteur nous a dit que cela s'arrangera très bien ! »

Et le Dr Delarrey ajoutait en conclusion :

« Je laisse au lecteur toute latitude pour attribuer cette aventure, d'un bout à l'autre, au simple hasard et à de pures coïncidences fortuites ou d'y voir une preuve patente et indiscutable d'une réincarnation prévue, annoncée et réalisée... »

— *Ces histoires sont extrêmement troublantes... D'où les tenez-vous° ?*

— Pour la plupart, du centre de parapsychologie de l'Université de Rajasthan, à Jaïpur, en Inde. Centre auquel appartient le Dr Banerjee dont j'ai parlé. Le Dr Banerjee et ses collègues ont, depuis le début de leurs recherches, enquêté sur plus de quatre-vingts cas du même genre. Ces cas, dits de mémoire extra-cérébrale, ont d'ailleurs été étudiés également par le professeur américain Ian Stevenson, président du Département de psychiatrie et neurologie à l'Université de Virginie...

— *Pourquoi « mémoire extra-cérébrale » ? Pourquoi ne pas parler tout bonnement de souvenir d'une vie antérieure ?*

— Parce que les scientifiques qui se penchent sur° ces phénomènes sont extrêmement prudents. Ils ne parlent jamais de « réincarnation » ou de « vie antérieure ». Ils ne donnent d'ailleurs aucune explication ; ils se contentent, pour l'instant, de constater que les souvenirs évoqués 1° ne peuvent être logiquement reliés au cerveau du sujet qui prétend les avoir (puisqu'il s'agit toujours d'un bébé); 2° sont associés au cerveau d'un personnage défunt. C'est tout ! ... Ils ne mêlent à leurs recherches, vous le voyez, aucune considération d'ordre spirituel ou occulte. Si, un jour, ils ont la preuve qu'il s'agit réellement de réincarnation, ils l'admettront le plus simplement du monde parce que ce sont des esprits ouverts et sans apriorisme°... Pour l'instant, ils se contentent d'enquêter avec la plus grande rigueur dès qu'un cas leur est signalé, et de publier le résultat de leurs travaux...

d'où les tenez-vous : où les avez-vous lues, entendues...

se pencher sur : s'intéresser à, étudier

apriorisme : jugement sans examen préalable

*Qu'exprime ce participe
présent ?*

bambin : jeune enfant

rabrouer : repousser
avec rudesse
bêtise : sottise, stupidité
récidiver : recommencer
la même faute
clore à tout jamais :
fermer pour toujours

Que signifie ce conditionnel ?

— *L'Inde semble un pays privilégié ?*

—Non, les enquêtes y sont plus faciles, c'est tout. La réincarnation étant° là-bas une chose admise, les enfants parlent ouvertement, et sans crainte de paraître ridicules, des souvenirs étranges qui semblent leur venir d'une vie antérieure. Il en va différemment dans nos contrées…

— *Il est évident que le bambin° qui, dans une famille de Français moyens, annonce brusquement à ses parents qu'il était général pendant la guerre de Sécession, a de grandes chances de se faire rabrouer°. On l'accusera de raconter des bêtises° et, s'il récidive°, il aura droit à une bonne gifle…*

—Ce qui aura pour effet de « clore à tout jamais° la porte de la mémoire antérieure »… Mais il semble que l'on assiste depuis quelque temps à un changement dans les mentalités. Répondant à une interview de Claudine Brelet dans *Question de*, le Pr Stevenson déclarait en 1979 : « Il est certain qu'en Occident, la porte est souvent fermée et les souvenirs étouffés par les parents. Mais, depuis quelques années maintenant, je reçois d'assez nombreuses lettres de parents (des mères pour la plupart) qui sont presque des copies les unes des autres, me disant : "Cher professeur Stevenson, j'aurais bien voulu entendre parler plus tôt de votre recherche. Mon fils a maintenant treize ans. Quand il n'avait que trois ans, il disait avoir été aviateur et s'être écrasé au sol. Nous lui avons alors répondu : « Ne dis pas de bêtises ! » Maintenant, je le regrette, car j'ai oublié presque tous les détails, et lui aussi. »

— *Combien de cas le professeur Stevenson a-t-il étudiés à ce jour ?*

—En 1979, il en dénombrait 1623, dont 813 venaient d'Asie (Birmanie, Inde), 241 d'Europe (dont 38 en France), le reste des deux Amériques.

— *Vous citez deux cas d'enfants ayant gardé pendant un certain temps des traces physiques (cicatrice ou malformation) d'une vie antérieure. Est-ce fréquent ?*

—Sur les 1623 cas qu'il a étudiés, le Pr Stevenson a trouvé 300 enfants portant des marques ou des malformations, et sur ces 300 enfants, 200 ont pu lui fournir des renseignements précis.

— *A-t-il pu contrôler leurs déclarations ?*

—Oui, dans dix-neuf cas. Notamment en ce qui concerne un jeune Indien de Colombie-Britannique né avec des marques ressemblant à des cicatrices. Le Pr Stevenson a pu obtenir d'un hôpital le rapport d'autopsie indiquant le nombre et l'emplacement des blessures constatées sur le corps du défunt dont le jeune Indien prétendait être la réincarnation. Nombre et emplacement qui correspondaient exactement aux marques que portait l'enfant.

— *Ne m'avez-vous pas dit, dans un entretien précédent, que deux Anglais parvenaient à guérir des maladies, ou des phobies, dont les causes remonteraient° à des vies antérieures?*

—Si[1]. Il s'agit de Mrs. Grant-Kelsey et de son mari, le Dr Kelsey, installés à Pangbourne, dans le Berkshire, à soixante kilomètres de Londres. Leur thérapeutique, absolument révolutionnaire, consiste à placer par l'hypnose leur patient en contact avec sa « mémoire lointaine ». Et, comme l'écrit le Pr Rémi Chauvin, « lorsque celui-ci a pleinement pris conscience des inhibitions, des haines ou des fureurs de ses existences antérieures et qu'il s'en est délivré, les troubles pathologiques qu'il éprouve dans son existence présente disparaissent aussitôt. » Isola Pisani, qui a suivi les travaux du Dr Kelsey et de son épouse, conte en détail une de ces extraordinaires guérisons dans son ouvrage° *Mourir n'est pas mourir.*

ouvrage : livre

—*Peut-on, d'après les statistiques qui ont dû être établies, tant par le centre de parapsychologie de Rajasthan que° par le Pr Stevenson, avoir une idée de l'intervalle moyen qui existe entre la mort et une « nouvelle naissance » ?*

tant... que : aussi bien... que

—C'est très variable. Cela oscille entre plusieurs siècles et quelques jours. Il y a même, parmi les cas répertoriés°, celui d'une réincarnation instantanée. Toutefois, le professeur Stevenson a remarqué qu'en Asie, l'intervalle entre la mort et la « renaissance » n'était que d'environ quatre ans, dans la plupart des cas. Pourquoi ? C'est un mystère qui s'ajoute aux autres mystères...

répertorier : inscrire dans un répertoire (inventaire méthodique)

—*Et vers quel âge, en moyenne, les enfants oublient-ils les souvenirs de leur vie antérieure ?*

—Toujours d'après les statistiques, vers huit ans.

—*Qu'indiquent encore ces statistiques ?*

—Elles font apparaître une particularité fort curieuse. Il semble que, parmi les conditions qui prédisposent à l'acquisition de cette « mémoire antérieure », il faille° d'abord citer la mort violente. Le professeur Stevenson a noté que 25 p. 100 des cas sur lesquels il a enquêté en Colombie-Britannique, et 85 p. 100 de ceux qu'il a étudiés au Liban et en Turquie appartenaient à cette catégorie. Et cela encore est inexplicable...

Notez le subjonctif après **il semble que.** Plus haut (p. 92) **il semble que** est suivi de quel mode ?

—*Il est une question qui me tracasse° : si l'on admet l'hypothèse de la réincarnation, la population de la Terre ne cessant d'augmenter, comment se fait-il qu'il y ait suffisamment d'âmes pour tout le monde ?*

tracasser : troubler

—La question a été posée aux tenants° de la réincarnation. Les avis sont partagés. Selon les uns, il y a création continue d'âmes neuves — ce qui conduit à penser que des personnes vivant aujourd'hui vivent pour la première fois. Selon d'autres, l'ubiquité° existant pour les esprits, une même âme peut se réincarner dans plusieurs corps à la fois. Enfin, il en est qui pensent que des âmes venues d'un autre monde peuvent très bien se réincarner dans un corps de Terrien...

les tenants de : ceux qui croient à

ubiquité : faculté d'être en plusieurs lieux à la fois

—*Dernière question : comment peut-on concilier la théorie de la réincarnation avec ce que nous savons de l'hérédité et de la génétique ?*

1. Voir *Nouvelles Histoires magiques.*

— Le Pr Poznansky répond que « le mélange de ce qui provient de vos parents et de vos vies antérieures forme cet être nouveau et unique qui est vous ».

— *Verra-t-on un jour la réincarnation au programme des universités ?*

5 — Peut-être. Déjà un enseignement sur la vie après la mort est donné, depuis 1979, aux enfants de certaines écoles de Californie.

— *Tous les personnages dont vous avez parlé évoquent des souvenirs de leur vie antérieure ; mais y en a-t-il qui fassent° allusion à la période d'« entre deux vies », si j'ose dire ?*

10

— Peu. Aussi m'en voudrais-je° de ne pas vous citer pour finir ces quelques lignes écrites par un enfant de huit ans et que Louis Pauwels publie dans son livre *Les Voies de petites communications*. Je vous les livre°, comme lui, sans commentaire :

15 « Avril 1906. Voici mes souvenirs :

« Avant d'être dans le ventre de maman, j'étais pas sur la terre, j'étais dans une autre terre, j'étais dans une immense, immense forêt noire qui n'avait pas de bout. J'avais beau marcher des heures, je ne voyais pas un petit rayon de soleil et de lumière.

20 Il n'y avait que le Diable qui pouvait sortir de cette espèce de forêt. Nous, nous étions couverts de laine, et nous marchions, marchions — en attendant. »

— *Alors, que peut-on conclure ?*

— Peut-être, comme le disait ce philosophe, que nous sommes

25 aussi vieux que le monde...

Notez le subjonctif dans la question (élément de doute).

m'en voudrais-je : serais-je fâché
Notez l'inversion après **aussi** *exprimant la conséquence.*
je vous les livre : je vous les donne, je vous les présente

Étude et exploitation du texte

1. Qu'est-ce que la parapsychologie ? En quoi diffère-t-elle de la psychologie ?
2. Expliquez ce que c'est que la réincarnation. Dans quelles cultures, dans quelles religions cette croyance existe-t-elle ?
3. Trouvez quelques arguments à l'appui ou à l'encontre de cette croyance.
4. Les récits que vous venez de lire vous paraissent-ils avoir été contrôlés de façon scientifique ? Donnez des détails.
5. Pourquoi les scientifiques qui se penchent sur ces phénomènes ne parlent-ils pas de « réincarnation » mais de « mémoire extra-cérébrale » ?
6. Pourrait-on expliquer ces phénomènes autrement que par l'expérience d'une vie antérieure ?
7. Quels semblent être les points communs entre les cas de « mémoire extra-cérébrale » qui ont été examinés jusqu'ici ?
8. Connaissez-vous un livre ou un film qui traite de ce sujet ? Racontez-le brièvement.
9. Quelle serait votre réaction et celle de votre famille si votre petit frère ou votre petite sœur disait soudain avoir vécu une vie antérieure, et se mettait à raconter ses souvenirs de cette vie ?
10. À votre avis, la croyance en la réincarnation est-elle conciliable avec la tradition chrétienne ? Ou avec toute autre tradition à laquelle vous appartenez ?

Vocabulaire

A. *Remplacez les mots indiqués par des expressions idiomatiques tirées du texte :*

1. « Venez vite », dit-il ! Et il **se met à pleurer violemment**.
2. Je n'aime pas qu'on **se moque de moi** !
3. **Sans savoir ce qui pourrait en résulter**, on l'emmène chez un médecin.
4. On le convoque à l'hôpital **en donnant comme raison** un contrôle médical.
5. **Je suis fatigué** de rester dans mon berceau.
6. Le médecin revient **plusieurs fois** et finit par alerter un centre de parapsychologie.
7. Chaque fois qu'il voit des gens qu'il ne connaît pas, il **devient irrité**.
8. **Je marchais** pendant des heures, **et pourtant** je ne voyais pas le bout de la forêt.
9. **Cela semble être** une cicatrice.
10. **Ne vous inquiétez pas**, cela passera !

B. *Refaites les phrases en donnant le féminin des mots indiqués :*

1. Tu es un petit **sot**, ou alors tu es fou.
2. Mon **mari** est marchand de tissus.
3. Pendant des mois, le **garçonnet** continue de donner des renseignements précis sur ses **voisins**, ses **amis**, ses **oncles** et ses **cousins**.
4. Finalement, les parents pensent que leur **fils** est possédé par un démon.
5. Le deuxième cas concerne un jeune **Turc** nommé…
6. Un matin, M. B., un **employé** de banque parisien, se penche sur le petit lit de son **fils** âgé de quinze mois.
7. Les **lecteurs** et les **auditeurs** ont tous été convaincus.

Expressions idiomatiques formées sur *cœur*

C. *Trouvez dans la colonne de droite le sens des expressions suivantes :*

1. en avoir le cœur net	a. être triste
2. avoir mal au cœur	b. faire quelque chose à regret
3. avoir le cœur gros	c. être charitable
4. avoir quelque chose sur le cœur	d. s'intéresser vivement à quelque chose
5. avoir le cœur sur la main	e. faire quelque chose avec plaisir
6. si le cœur vous en dit	f. avoir envie de vomir
7. savoir quelque chose par cœur	g. n'avoir d'intérêt pour rien
8. faire quelque chose à contre-cœur	h. pouvoir répéter tous les mots
9. prendre quelque chose à cœur	i. éprouver du ressentiment
10. n'avoir le cœur à rien	j. s'assurer si quelque chose est vrai
11. soulever le cœur	k. si vous en avez envie
12. faire quelque chose de bon cœur	l. dégoûter

Les synonymes

Les **synonymes** sont des mots de sens voisin (les vrais synonymes, de sens identique et interchangeables, sont très rares). C'est le contexte qui permet de choisir le mot qui convient.

D. *Complétez les phrases suivantes au moyen d'un des synonymes donnés :*

discours   propos
mot   terme
parole

1. Sa mère fut surprise de l'entendre prononcer distinctement le/la_____« Aroupa ».
2. Le petit Ismaïl répète ses_____devant le médecin et soutient qu'il est maraîcher.
3. Les scientifiques n'aiment pas parler de « réincarnation ». Ils préfèrent le/la_____« mémoire extra-cérébrale ».
4. L'orateur se lève pour prononcer son/sa_____.
5. Je connais l'air de cette chanson, mais j'ai oublié les_____.
6. Chaque science a ses_____qui lui sont propres.
7. Les_____s'envolent, mais les écrits restent.
8. Certains croient à la réincarnation. En d'autres_____, ils croient que nous vivons successivement plusieurs existences.
9. Il ne faut jamais prononcer des_____que l'on risque de regretter plus tard.
10. Quand on rapporte les_____de quelqu'un dans un texte, on les met entre guillemets.

Adjectif verbal = proposition relative

Une précision **confondante** est une précision **qui confond**.

E. *Définissez de la même façon les adjectifs suivants et donnez l'infinitif du verbe :*

un enfant **mourant**   un corps **gisant**
un résultat **stupéfiant**   une rue **plaisante**
une question **intéressante**   une raison **convaincante**
un talent **naissant**   une inquiétude **croissante**
un cas **troublant**   un hôte **payant**
une aventure **inquiétante**   une gifle **cuisante**
une brique **pesante**   une nécessité **contraignante**
un travail **fatigant**   un regard **menaçant**
un jour **finissant**   de l'eau **bouillante**
une personne **vivante**   un livre **distrayant**

À ou *de* après certains verbes

F. *Complétez au moyen d'une des prépositions **à** ou **de** (ajoutez un article le cas échéant) :*

1. Peter passe la nuit_____attendre.
2. Nous venons_____être alertés.
3. Elle ne se distingue pas_____autres enfants.
4. Pendant des mois, la fillette continue_____parler de son mari.
5. À dix-huit mois, il a commencé_____parler.
6. La police demande_____Peter_____venir identifier la victime.
7. Il avoue qu'il a emprunté de l'argent_____Abeit Suzulmus.
8. Elle se souvient_____tout.

9. Un de ses collègues s'intéresse_____philosophies orientales.
10. Dès qu'elle s'approche_____berceau, l'enfant se met à sourire.
11. Les savants se contentent_____enquêter sur ces phénomènes.
12. Son beau-frère répond_____téléphone qu'il ne l'a pas vue.
13. Elle ne cesse_____répéter : « Tu vois bien que c'est moi ! »
14. À peine parvient-il_____articuler quelques mots.
15. Les enfants sont assis_____soleil.
16. Elle est née_____mois de janvier, le 17.
17. Elle les regarde_____air étrange.
18. Une ampoule est suspendue_____plafond.
19. Y a-t-il une maison_____vendre dans cette rue ?
20. Il s'approche_____pas de loup.
21. Il l'a reconnue_____cicatrice.
22. Il suit_____yeux Pierre qui s'en va sur son vélo.
23. Je m'en suis aperçu_____façon dont tu le regardais.
24. C'est un endroit bien connu_____touristes.
25. Ils la giflent et lui ordonnent_____ne pas dire de sottises.

Distinctions

Avoir beau/en vain

— **J'avais beau** marcher des heures, je ne voyais pas un petit rayon de soleil et de lumière.

— Peter appelle **en vain** toutes ses amies ; personne ne l'a vue.

Avoir beau = s'efforcer en vain de faire quelque chose.

Avoir beau implique une idée d'effort continu ou répété qui n'aboutit pas au résultat escompté. C'est une locution concessive, donc toujours suivie d'un deuxième énoncé qui complète la pensée :

| J'avais beau marcher pendant des heures, | → | je ne voyais pas un petit rayon de soleil et de lumière. |

En vain indique simplement que l'action n'a pas eu de résultat.

A. *Refaites les phrases suivantes en remplaçant en vain par avoir beau toutes les fois que c'est possible :*

1. Elle répétait en vain qu'elle s'appelait Amned, on ne la croyait pas.
2. Tu avais perdu ta clef ; nous l'avons cherchée en vain.
3. On la gifle en vain ; elle recommence.
4. Il en parle en vain à ses collègues de bureau.
5. En vain sa mère consulte un pédiatre qui ne trouve aucune explication.
6. Nous avons cherché la clef en vain ; nous ne l'avons pas trouvée.
7. Peter fait en vain le tour des hôpitaux, et atterrit finalement au poste de police.
8. Ève insiste en vain, sa sœur ne veut pas la croire.
9. On l'interroge en vain ; il ne sait rien.
10. On lui ordonne en vain de se taire.

B. *Complétez les phrases suivantes d'une façon logique :*

1. J'avais beau écouter,
2. Ses parents avaient beau être inquiets,
3. L'enfant a beau ne pas connaître la ville,
4. On a beau ne pas croire à la réincarnation,
5. Pierre et Ève ont beau s'aimer,
6. L'enfant a beau n'avoir que dix-huit mois,

Amener / emmener / apporter / emporter

— Le médecin demande qu'on lui **amène** l'enfant.
— On décide d'**emmener** la fillette à Muttra.

— Il demande qu'on lui **apporte** la pioche.
— Je n'ai plus besoin de tes livres. Tu peux les **emporter**.

amener	= mener		
apporter	= porter	+ préfixe **a-** (vers là)	= *to bring*
emmener	= mener		
emporter	= porter	+ préfixe **en*-** (de là)	= *to take (away)*

*em- devant **m** et **p**

On **apporte** ou on **emporte** ce que l'on **porte** : un objet, un petit animal que l'on tient dans les bras, un bébé, un malade qui ne peut pas marcher, etc.

On **amène** ou on **emmène** ce qui se déplace seul et que l'on **mène**, que l'on conduit : une voiture, une personne, un animal qui marche à côté, etc.

C. *Complétez les phrases suivantes :*

1. Très intrigué, le médecin_____la fillette à l'Université de Bénarès pour la faire examiner par des psychologues.
2. Marjorie est partie en oubliant d'_____de l'argent.
3. Rose,_____-moi mon chapeau !
4. Le médecin lui demande de lui_____l'enfant.
5. On vient de nous_____le corps d'une femme. Malheureusement, le signalement correspond à celui de votre épouse.
6. Je sais bien que je ne peux pas rester. La police va m'_____.

Oui / si

— Tu es mariée ? — **Oui**, je suis mariée.
— Tu **n'**es **pas** mariée ? — **Si**, je suis mariée.
— Ton nom est Shanti, et **pas** Amned ! — **Si**, Amned !

On emploie **si** au lieu de **oui** en réponse à une question négative, ou pour réfuter une affirmation négative.

D. *Écrivez des questions ou des affirmations correspondant aux réponses qui suivent, en vous basant sur le vocabulaire du texte :*

1. Si, je m'appelle Amned !
2. Oui, Amned le reconnaît.

3. Si, tout cela est exact.
4. Si, M. B. trouve cela curieux.
5. Si, j'ai été autrefois à son service.
6. Oui, dans votre famille.

Autrefois / une (d')autre(s) fois

— Le voisin, tout penaud, avoue qu'il a bien emprunté **autrefois** une grosse somme d'argent à Abeit Suzulmus.
— **Une autre fois**, elle prononça un mot sanscrit que personne ne connaissait.

autrefois (adverbe) = à une époque assez éloignée du passé
une autre fois (adjectif + nom) = un autre moment

La même distinction existe entre : **quelquefois** et **quelques fois**
longtemps et **(un) long temps**

E. *Complétez les phrases suivantes :*
1. _____, le dialogue suivant s'établit entre ce Félix et nous. (autrefois / une autre fois)
2. Y a-t-il_____que votre femme a disparu ? (longtemps / un long temps)
3. Ne vous inquiétez pas ! La police se trompe_____. (quelquefois / quelques fois)
4. On entend_____la voix qui dit : « Laguénésie, Laguénésie… » (autrefois / une autre fois)
5. — Connaissez-vous cette jeune fille ? — Oui, je l'ai rencontrée_____. (quelquefois / quelques fois)
6. _____on n'écoutait pas les enfants qui prétendaient se rappeler une existence antérieure. Aujourd'hui, on est plus ouvert. (autrefois / d'autres fois)
7. Nous avons marché dans la forêt____assez_____. (longtemps / un long temps)
8. _____il disait avoir été aviateur (quelquefois / quelques fois) ; _____, il prétendait avoir été général. (autrefois / une autre fois / d'autres fois)
9. Ma femme se souvint alors que son père avait eu_____un domestique de ce nom. (autrefois / d'autres fois)
10. _____, on crut à une plaisanterie. (longtemps / un long temps)

Prétendre / faire semblant

— Le Pr Stevenson a pu obtenir le rapport d'autopsie du défunt dont le jeune Indien **prétendait** être la réincarnation.
— Pierre croit que le vieux monsieur **fait semblant** de ne pas le voir.

prétendre — affirmer, soutenir (sans forcément convaincre ni prouver)
faire semblant = feindre, faire comme si…

F. *Traduisez les phrases suivantes en remplaçant le tiret par **prétendre** ou **faire semblant** :*
1. Shanti_____that her name is Amned and that she is married.
2. You_____that your son is only eighteen months old and expresses himself like an adult? You are making fun of me!
3. Eve_____she does not see what André puts in her glass.

4. Don't_____you don't understand! You understand perfectly!
5. For months, she told them stories about Gandhi, whom she_____to have known very well.

Obtenir / avoir

— Le Pr Stevenson a pu **obtenir** d'un hôpital le rapport d'autopsie indiquant le nombre et l'emplacement des blessures constatées sur le corps du défunt dont le jeune Indien prétendait être la réincarnation.

Obtenir $\begin{cases} \text{réussir à atteindre (un résultat)} \\ \text{se faire accorder une chose que l'on demande (souvent avec nuance de} \\ \quad \text{difficulté)*} \end{cases}$

*S'il n'y a pas cette nuance, on emploie **recevoir** ou le plus souvent **avoir**.

Pour exprimer l'idée d'**acquérir**, parfois avec une nuance de difficulté, on emploie **(se) procurer.**

G. *Complétez les phrases suivantes :*

1. Ce livre est rare,_____ ? *(where did you get it?)*
2. Je t'ai écrit une lettre la semaine dernière. _____ ? *(Didn't you get it?)*
3. J'ai beaucoup travaillé pour cet examen ; _____ ! *(I hope to get a good mark)*
4. J'ai enfin trouvé un appartement. _____. *(A friend got it for me)*
5. Leur fils est un enfant difficile. _____. *(They cannot get anything out of him)*
6. Il veut l'épouser_____. *(in order to get her dowry)*
7. Ève et Pierre_____. *(were hoping to get a special permission)*
8. _____pour ton anniversaire ? *(What did you get)*

Constructions

Il y a / il y a... que + **indication de temps**

— Il est mort assommé d'un coup de pioche sur la tête **il y a** trois ans.
— **Il y a** trois ans **qu'**il est mort.

il y a   + indication de temps = moment où a eu lieu l'action
il y a... que + indication de temps = durée écoulée depuis l'action

A. *Refaites les phrases suivantes en incorporant les indications de temps données précédées de **il y a** ou il y a... que :*

1. Je me suis mariée à Mutra (dix ans).
2. Elle parle de sa maison, de son mari, de ses voisins, de ses amis (des mois).
3. Un fait étrange a eu lieu (deux ans).
4. Ses parents ont le même domestique (une dizaine d'années).
5. Les hommes croient à la réincarnation (des millénaires).
6. J'ai lu un livre sur les civilisations traditionnelles d'Asie (un mois ou deux).
7. Elle est partie (cinq semaines).
8. Elle a fermé la porte du pavillon, et elle est partie (cinq semaines).
9. Il prétend avoir prêté de l'argent à son voisin (plusieurs années).
10. Je suis mariée (dix ans).

Se souvenir, se rappeler

> — Ma femme **se rappelle** parfaitement **ce domestique.**
> — Elle **se le rappelle** parfaitement.

> — Elle **se souvient** parfaitement **de ce domestique**.
> — Elle **se souvient** parfaitement **de lui.**

> — Elle **se souvint** alors
> — Elle **se rappela** alors   **que** son père avait eu un domestique…

se rappeler { + objet direct
                 { **que** + proposition

se souvenir { **de** + objet indirect
                 { **que** + proposition

REMARQUE : l'objet de **se rappeler** ne peut pas être un pronom de la 1re ou de la 2e personne :
> — Il se **le (la, les)** rappelle.

ou :   — Il se souvient de **lui** (d'**elle**, d'**eux**, d'**elles**).

mais seulement :
> — Il se souvient de **moi** (de **toi**, de **nous**, de **vous**).

B. *Remplacez* **se souvenir** *par* **se rappeler** *et vice-versa toutes les fois que c'est possible. Faites les modifications nécessaires :*

1. Je ne me souviens pas de ce que tu m'as dit.
2. Est-ce que tu ne t'en souviens pas ?
3. Elle se souvenait très bien d'eux.
4. Ce jour-là, souviens-toi, il pleuvait et je suis tombée.
5. C'est une chose dont je me souviendrai longtemps.
6. Il se rappelle avoir été aviateur.
7. Racontez-nous tout ce que vous vous rappelez.
8. Il pleuvait ce jour-là, je me le rappelle très bien.
9. Beaucoup d'enfants se rappellent des choses qu'ils n'osent pas raconter à leurs parents.
10. Te rappelles-tu les anecdotes qu'elle nous a racontées ?
11. « Ahmed, tu ne te souviens pas de moi ? »
12. Ça, je me le rappellerai toujours.

Un soir que, le soir où

> — **Un soir qu'**ils feuillettent des livres sur l'Inde, Thérèse s'approche.
> — Je me rappelle bien **le soir où** elle est née.

un soir (jour, année) **que** = simple indication de temps (quand ?)
le soir (jour, année) **où** = détermination (quel soir ?)

C. *Complétez les phrases suivantes :*

1. _____jour_____nous faisions des expériences au moyen du « oui-ja », la planchette épela les lettres du nom F É L I X.
2. Souviens-toi ! C'était_____jour_____tu t'es foulé le pied en rentrant de chez tes cousins !

3. Je lui ai prêté une grosse somme d'argent_____jour_____j'ai été assassiné.
4. _____jour_____elle jouait à la marchande avec sa mère, la fillette dit tout à coup : — Ça, ça coûte trois roupies ?
5. Son père est mort_____année_____il terminait ses études.
6. _____soir_____ils sont rassemblés tristement autour des affaires de Marjorie, un policier se présente à la porte du petit pavillon.
7. Nous vous amènerons la petite_____jour_____il fera beau.
8. Pierre a été tué la veille_____jour_____devait avoir lieu l'insurrection.
9. _____soir_____je lisais dans ma chambre, j'entendis un bruit épouvantable qui provenait du salon.
10. _____jour_____il est né, on s'est aperçu qu'il avait l'oreille droite toute décollée.

Verbes déclaratifs + infinitif ou proposition subordonnée

— Elle disait **être mariée** = qu'elle était mariée (même sujet)
— Ses parents disaient **qu'elle était mariée** (sujets différents)

— Il disait **avoir été aviateur** = qu'il avait été aviateur (même sujet)
— Ses parents disaient **qu'il avait été aviateur** (sujets différents)

ATTENTION : Procès **simultané** ou **postérieur** au procès principal = **infinitif présent**
Procès **antérieur** au procès principal = **infinitif passé**

D. *Refaites les phrases suivantes en employant la construction infinitive toutes les fois qu'elle est possible :*
1. Elle prétendait qu'elle s'appelait Amned et qu'elle avait été mariée.
2. Ma cousine nous dit que son fils n'est pas de bonne humeur.
3. Il nous a assuré qu'il l'avait constaté lui-même.
4. L'enfant prétend qu'elle connaît bien Gandhi.
5. Le médecin a déclaré qu'il était sûr de ce qu'il avançait.
6. Mon fils affirme qu'il a été marié deux fois et qu'il a trois enfants.
7. On verra bien s'il reconnaît cette ville où il prétend qu'il a vécu.

Expressions impersonnelles + infinitif ou subjonctif

— Il faut **procéder** à une vérification.
   (sujet non mentionné : infinitif)
— Il faut que nous **procédions** à une vérification
   (sujet mentionné : subjonctif)

De même avec les expressions impersonnelles qui expriment une nécessité, une obligation, une possibilité, un doute, un sentiment (il est nécessaire, il est possible, il vaut mieux, il est important, il est indispensable, il est obligatoire, il est dommage, il est regrettable, etc.)

E. *Refaites les phrases suivantes en donnant au verbe le sujet indiqué entre parenthèses :*
1. Où faut-il aller ? (je)
2. Il faut redire ce mot. (la fillette)
3. Il est dommage de ne pas savoir si c'est vrai. (on)
4. Il vaudrait mieux établir des statistiques. (les psychologues)
5. Ce n'est pas la peine de tout lire. (vous)

6. Il est dommage de ne pas pouvoir renaître. (les hommes)
7. Il n'est pas obligatoire d'aller en classe. (les étudiants)
8. Il est impossible de tout faire. (tu)
9. Il est important de venir immédiatement. (le docteur)
10. Il est nécessaire de voir l'enfant tout de suite. (je)

Il semble que + **indicatif ou subjonctif**

— Il semble que l'on **assiste** depuis quelque temps à un changement dans les mentalités.
— Il semble que, parmi les conditions qui prédisposent à l'acquisition de cette « mémoire antérieure », il **faille** d'abord citer la mort violente.

Il semble que $\left\{ \begin{array}{l} + \textbf{indicatif} \quad = \quad \text{il est très probable (affirmation)} \\ + \textbf{subjonctif} \quad = \quad \text{selon les apparences (élément de doute)} \end{array} \right.$

REMARQUES : a) à l'**interrogatif** et au **négatif**, le subjonctif est plus courant.
b) s'il s'agit d'une éventualité, on emploie évidemment le conditionnel :
— Il semble qu'elle ne **pourrait** la convaincre.
c) attention à ne pas confondre **il semble que**, qui indique une apparence, et **il me** (**te, lui**…) **semble que** qui exprime une opinion, et n'est donc pas suivi du subjonctif.

F. *Complétez les phrases suivantes en mettant le verbe donné à l'indicatif ou au subjonctif :*
1. Le ciel se couvre ; il semble qu'il_____(aller) pleuvoir.
2. Il semble que ces cas_____(être) plus fréquents dans les pays orientaux.
3. Dans l'état actuel de nos connaissances, il ne semble pas que l'on_____ (pouvoir) expliquer ce phénomène.
4. Il semblait que l'enfant les_____(reconnaître).
5. Il semble bien qu'on ne_____(pouvoir) pas partir avant demain.
6. Il semble qu'André_____(empoisonner) sa femme pour pouvoir épouser sa belle-sœur.
7. Les miliciens ont défilé toute la journée. Il semble qu'ils n'_____(avoir) rien d'autre à faire.
8. Il ne semble pas qu'il y_____(avoir) le moindre doute.

Langue et style

Les aspects (les semi-auxiliaires)

Le verbe, à la différence du nom ou de l'adjectif, a la propriété d'indiquer **le temps.** Par exemple, entre **départ** (nom) et **partir** (verbe), seul le verbe peut situer l'action dans le temps, par rapport au locuteur (la personne qui parle) :

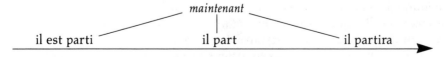

maintenant

il est parti   il part   il partira

Le verbe peut ainsi exprimer ce qui paraît ou disparaît dans le temps, ce qui s'y déroule, s'y répète, s'y transforme, par exemple :

  i) les **actions** : jouer, venir, bondir
 ii) les **sensations** : entendre, sentir
iii) les **sentiments** : aimer, désirer
iv) les **états** : être, paraître
 v) les **changements d'état** : devenir, s'atténuer
vi) les **opérations de l'esprit** : penser, se rappeler, etc.

Tous ces divers signifiés que peut exprimer le verbe sont désignés en grammaire par le terme unique de **procès**.

Le déroulement d'une action peut être considéré sous plusieurs angles. Elle peut commencer, se terminer, se répéter, arriver à un résultat ou non, etc. C'est ce qu'on appelle les **aspects**.

Les formes grammaticales ne peuvent marquer que l'opposition entre l'action en cours (temps simples) et l'action accomplie (temps composés) :
   — Marjorie **ferme** la porte du pavillon : action en cours
   — Marjorie **a fermé** la porte du pavillon : action accomplie (voir p. 127)

Pour nuancer cette description et pour exprimer les autres aspects du procès, on utilise des périphrases (**semi-auxiliaire** + **infinitif**), par exemple :

  i) action qui va s'accomplir dans un futur proche (aspect **imminent**) : aller
     — L'enfant **allait** bientôt naître.

 ii) début de l'action (aspect **inchoatif**) : commencer à, se mettre à :
     — Il **commence** à parler.

iii) action en cours, sans qu'on voie le début ni la fin (aspect **duratif**) : être en train de :
     — Ils **sont en train de** lire.

iv) fin de l'action (aspect **terminatif**) : finir de, cesser de :
     — Elle **avait fini de** raconter son histoire.

 v) action accomplie dans un passé proche (aspect **récent**) : venir de :
     — L'enfant **vient de** naître.

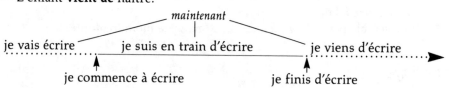

A. *Refaites les phrases suivantes en exprimant les aspects indiqués au moyen d'un semi-auxiliaire :*

   1. Un soir qu'ils feuillettent des livres sur l'Inde, Thérèse s'approche et voit un portrait de Yogananda. (duratif)
   2. Ils sont fiancés ; ils se marieront le mois prochain. (imminent)
   3. Ève a légèrement bougé. (récent)
   4. Un jour, elle prononça des mots anglais. (inchoatif)
   5. Je veux vous dire que je reviendrai bientôt chez vous. (imminent)
   6. Il courut chez la voisine. Elle était partie. (récent)
   7. Quand l'autobus arrive, le vieux monsieur a lu son journal. (terminatif)

8. Peter épluche pour la centième fois les affaires de sa femme. (duratif)
9. Pour en avoir le cœur net, ils questionnèrent l'enfant. (inchoatif)
10. Quand il entra dans la boutique, la vieille dame écrivait sur un gros registre. (duratif)
11. Alors, l'enfant sourit. (inchoatif)
12. Il a (récent) dix-huit mois et il parle. (inchoatif)

Temps absolus / temps relatifs

Les **temps absolus** situent le procès par rapport au **maintenant** du locuteur. Si je dis : « Marjorie **est partie** », je situe l'action de partir dans le passé par rapport au moment où je parle.

Les **temps relatifs** situent le procès, non plus par rapport au **maintenant** du locuteur, mais par rapport à un **alors** du passé ou du futur. Si je dis : « Quand les enfants sont rentrés, leur mère **était partie** », je situe l'action de **partir** dans le passé par rapport à un point de repère passé (le moment où les enfants sont rentrés).

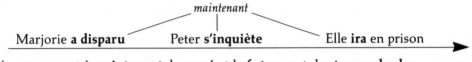

Envisagés par rapport à **maintenant**, le **passé** et le **futur** sont des **temps absolus**.

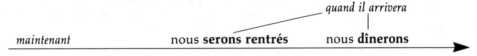

Envisagés par rapport à un moment du **futur**, le **futur** et le **futur antérieur** sont des **temps relatifs**.

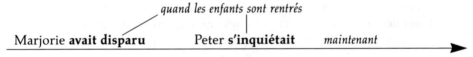

Envisagés par rapport à un moment du **passé**, l'**imparfait** et le **plus-que-parfait** sont des **temps relatifs**.

Certains temps peuvent être absolus ou relatifs selon que le procès est envisagé par rapport à **maintenant** ou par rapport à un moment du **passé** ou du **futur** :
— Marjorie **est partie**. (absolu)
— Quand elle a eu envie de revenir, elle **est revenue**. (relatif)

D'autres sont toujours relatifs. Le procès ne peut s'envisager que par rapport à un **passé** ou à un **futur** :
— Ce jour-là, tu **avais perdu** ta clef.
— Quand il arrivera, nous **serons partis.**

B. *Mettez les verbes donnés au temps voulu en faisant bien attention aux points de repère :*
1. Peter a dit aux enfants que leur mère_____(être) malade, et qu'on_____(aller) l'enfermer.
2. Les experts disent qu'elle_____(ne pas être) folle et qu'elle_____(commettre) son crime en toute connaissance de cause.

3. Ce soir-là, tu boitais. Tu_____(se fouler) le pied en rentrant de chez tes cousins.

4. Je suis partie parce que j'_____(avoir) envie de voyager.

5. Voici quatre cas que je_____(présenter) sans y ajouter le moindre commentaire.

6. Le frère de Marjorie répond qu'il_____(ne pas voir) sa sœur, qu'il_____(ne pas savoir) où elle est.

7. Il espérait qu'elle_____(faire) une fugue et qu'elle_____(être) vivante.

8. Après_____(écouter) ces étranges propos, le Dr Banerjee se tourne vers M. Altinklish.

9. Tout ce qu'on peut dire, c'est que ces histoires_____(être) extrêmement troublantes.

10. Quand ils sont entrés dans sa chambre, l'enfant_____(pleurer), mais en les voyant, il_____(se mettre) à sourire.

11. Le médecin est persuadé qu'on_____(se payer) sa tête.

12. — Lucette, est-ce que tu sais qu'il m'_____(épouser) pour ma dot ?

L'antériorité

Lorsque deux actions se succèdent, la première étant finie quand la deuxième a lieu, il y a entre elles un rapport d'**antériorité** ou de **postériorité**, selon le point de vue auquel on se place : la première action est antérieure à la seconde, la seconde est postérieure à la première.

Trois façons d'exprimer le rapport de succession :

i) — **Après avoir écouté** les étranges propos de l'enfant, le Dr Banerjee se tourne vers M. Altinklish.
   (le sujet des deux actions est le même)
— **Avant de mourir**, il lui avait prêté une grosse somme d'argent.
   (le sujet des deux actions est le même)

ii) — **Ayant terminé** sa lecture, elle relève la tête...
   (le sujet des deux actions est le même)
— La dame **ayant terminé** sa lecture, Pierre l'interroge...
   (le sujet des deux actions n'est pas le même)

iii) — Une fois **partie**, Marjorie a oublié sa famille.
   (le sujet des deux actions est le même)
— André **parti**, Ève se redresse à demi.
   (le sujet des deux actions n'est pas le même)

   REMARQUES : — **une fois** insiste sur l'accompli du procès
                — **sitôt** insiste sur l'immédiat de la succession

C. *Refaites les phrases suivantes en exprimant le rapport de succession de la meilleure façon possible à l'aide d'une des constructions ci-dessus :*

1. Il referme la porte sans bruit, traverse la pièce à pas de loup et s'approche d'Ève qui ne l'a pas entendu entrer.

2. Ils arrivent à Bahchehe et se précipitent vers une grande bâtisse.

3. Quand Ève sera morte, André épousera sa sœur.
4. Les ouvriers ont dégagé la route ; les miliciens abaissent leurs mitraillettes.
5. Marjorie ferme la porte à clef, puis s'éloigne dans la rue.
6. Il fait le tour des hôpitaux, et atterrit au poste de police.
7. Les enfants sont couchés. Alors Marjorie raconte tout à Peter.
8. André a déposé le corps d'Ève sur le lit ; il le regarde, impassible.
9. Nous entrons dans la chambre où est le bébé et nous remarquons qu'il a un bandeau autour de la tête.
10. Pierre est parvenu au milieu de la chaussée ; il tourne la tête vers sa droite et aperçoit la petite rue silencieuse.
11. Ève a signé. Elle est maintenant morte officiellement.
12. Il en parle à ses collègues et apprend qu'*Aroupa*, en sanscrit, signifie « libéré de toute matière ».

L'accord des participes passés

Les verbes conjugués avec **être** s'accordent avec **le sujet***.
Les verbes conjugués avec **avoir** s'accordent avec **l'objet direct** s'il est placé avant**.

— Ce jour-là, souviens-toi, il pleuvait et je **suis** tombée dans la boue.
— Tu **avais** perdu ta clef ; nous l'**avons** retrouvée sous un banc.

*Le participe passé des verbes impersonnels est invariable :
— Malgré la pluie qu'il est tombé…
Il n'y a pas d'accord avec le pronom **en :
— Des lettres, j'en ai reçu beaucoup.

D. *Faites accorder les participes passés s'il y a lieu :*

1. Elle lui rappelle les surnoms qu'il lui avait donné_____, et des détails qu'il avait oublié_____.
2. Le médecin accoucheur a remarqué_____ une cicatrice sur le sommet du crâne.
3. On nous a assassiné_____, moi, ma femme et deux de mes fils.
4. Les médecins, qui sont revenu_____ à plusieurs reprises, alertent finalement un centre de parapsychologie.
5. Nos cousins nous ont téléphoné_____ pour nous inviter.
6. Le voisin n'avait pas rendu_____ la somme d'argent qu'il avait emprunté_____ autrefois à Abeit Suzulmus.
7. La pluie qui est tombé_____ a rendu le pavé glissant.
8. J'en ai connu_____ de fort troublants.
9. Ève insiste : « Il m'a empoisonné_____ ? »
10. Si dans vingt-quatre heures vous n'y êtes pas parvenu_____…
11. Comme elle va sortir par où elle est entré_____, elle lui désigne une autre porte qu'elle n'avait pas remarqué_____.
12. Peter croyait que sa femme était devenu_____ « dingue », mais la police a acquis_____ la certitude que le crime avait bien été commis_____ par Marjorie. Elle avait même ramassé_____ les vêtements de la victime, qu'elle avait rapporté_____ au foyer.
13. — Combien de cas le professeur Stevenson a-t-il étudié_____ ?
    — En 1979, il en avait dénombré_____ 1623.

14. Il a noté que 25 p. 100 des cas sur lesquels il a enquêté_____ en Colombie-Britannique, et 85 p. 100 de ceux qu'il a étudié_____ au Liban et en Turquie appartenaient à cette catégorie.
15. Ce sont les paroles mêmes qu'il nous a répété_____.
16. Les enfants ? Je n'y ai pas pensé_____.
17. On a emmené_____ Shanti à Muttra. On l'a conduit_____ sur la grand-place.
18. Elle prononça quelque chose que ses parents n'avaient jamais entendu_____ auparavant.
19. Le vieux monsieur n'a pas remarqué_____ sa présence.
20. Elle est retourné_____ sur la terre.

Les verbes pronominaux

Les **verbes pronominaux** ont dans leur conjugaison, **un pronom complément** qui reprend le sujet :
> — Je **m'**appelle Amned.

Ils se conjuguent aux temps composés avec l'auxiliaire **être** :
> — Tu t'**es** foulé le pied en rentrant de chez tes cousins.

On distingue :

i) **les pronominaux de sens réfléchi** : le procès signifié par le verbe part du sujet et est réfléchi sur le sujet :
> — Il **se tourne** dans son berceau.

ii) **les pronominaux de sens réciproque** (sujet toujours pluriel) : le procès est à la fois accompli et reçu par chacun des sujets :
> — Ève et Pierre n'ont pas réussi à **s'aimer**.

À cette catégorie on peut assimiler un petit nombre de verbes **de sens successif**, qui désignent une relation de consécutivité comme **se succéder**, **se suivre**, etc.

iii) **les verbes essentiellement pronominaux** :
Certains n'existent qu'à la forme pronominale : **se souvenir, s'en aller, s'enfuir, s'évanouir.**

D'autres prennent, à la forme pronominale, un sens lexical particulier : **s'apercevoir** n'a pas le même sens qu'**apercevoir**, **se plaindre** n'a pas le même sens que **plaindre**, etc. (voir p. 69)

iv) **les pronominaux de sens passif** : le sujet est le but du procès :
> — La porte ne **se ferme** pas à clef.

Accord du participe passé des verbes pronominaux

i) **réfléchis** et **réciproques** : accord avec **l'objet direct**, s'il est placé avant le verbe :
> — Elle s'est penchée. (accord avec **se** qui représente **elle**)
> — Ils se sont parlé. (pas d'objet direct, pas d'accord)
> — Ils s'était cassé la jambe. (objet direct placé après, pas d'accord)
> — Il souffrait de la jambe qu'il s'était cassé**e**. (accord avec **la jambe**)

ii) **essentiellement pronominaux et passifs** : accord avec le sujet (exceptions : **s'imaginer, se plaire à, se rendre compte**) :
> — Elle s'était souvenue de tous les détails.
> — Ils se sont aperçus qu'elle n'était pas là.

E. *Dans les phrases suivantes, distinguez la nature des verbes réfléchis et faites accorder les participes passés s'il y a lieu :*

1. Pendant longtemps, elle ne s'était pas distingué_____des autres enfants.
2. Quelle cheville t'es-tu foulé_____ ?
3. La porte s'est ouvert_____ et un médecin a fait entrer Shanti.
4. Pierre et Ève se sont téléphoné_____...
5. Elle s'était tué_____ en tombant de l'échelle.
6. Après cela, les années se sont succédé_____ dans le bonheur le plus parfait.
7. Quelques mois s'étaient écoulé_____, et ça n'était pas passé.
8. Le médecin croyait que la fillette s'était moqué_____ de lui.
9. La question ne s'est jamais posé_____.
10. Ils se sont reconnu_____ au premier coup d'œil.
11. Elle s'est foulé_____ le pied en rentrant de chez ses cousins.
12. Les deux frères ne se sont jamais pardonné_____.
13. Ils se sont contenté_____ d'enquêter sur ces cas.
14. Lorsqu'il a eu pris conscience de ses inhibitions, il s'en est délivré_____.
15. Ils se sont aussitôt rendu_____ chez le voisin.
16. Pierre et Ève se sont rencontré_____ trop tard.
17. Ils se sont jeté_____ un coup d'œil complice.
18. Ils se sont incliné_____, puis, se tenant par la main, ils se sont dirigé_____ vers la porte.
19. S'étant renversé_____ en arrière, la vieille dame les regarde à travers son face-à-main.

Traduction

Some people believe in reincarnation. They say that they have already lived other lives, and sometimes they say that they can remember a previous existence. For instance, a little girl, born in Paris in 1949, told her parents many stories about Gandhi, whom she claimed she had known very well. After having read several books on Gandhi, they realized that what she remembered was true.

Others believe that we are born only once, and that no matter how much we wish to be born again, once we are dead, we are dead. They would believe that the child is lying or that she is crazy.

According to the statistics, it seems that these children forget their previous existence when they are about eight years old, but a couple of English doctors are using hypnosis to put their patients in contact with their "mémoire lointaine", and they claim that they can cure diseases whose causes go back* to previous existences.

*Vous ne garantissez pas l'exactitude de ce fait (employez un temps qui exprime cette nuance).

Composition

Comment traiter un sujet

Sujet à traiter : Pensez-vous que les recherches qui sont faites aujourd'hui sur la réincarnation présentent un intérêt et une utilité quelconque pour la science ?

Comment traiter un sujet :

1) **Bien comprendre le sujet**. De quoi s'agit-il ? Quels sont les mots-clés ? Quel est le sens exact de ces mots ? Que vous demande-t-on exactement ?
2) **Chercher les idées** que vous allez développer pour soutenir votre raisonnement. Tout ce que vous affirmez doit être démontré.
3) **Faire un plan**, c'est-à-dire organiser les idées dans un ordre logique, menant à une conclusion qui découle du raisonnement.
4) **Rédiger** en suivant le plan (faire un brouillon).

Une composition comprend trois parties : une **introduction**, un **développement** et une **conclusion**.

1) **L'introduction** présente le sujet, et laisse entrevoir le plan.
   — Commencer par une idée générale reliée directement au sujet, qui montrera l'importance ou l'intérêt de la question à traiter.
   — Passer du général au problème particulier posé par le sujet donné.
   — Présenter le plan sans l'annoncer maladroitement.
   — Ne pas donner dans l'introduction la réponse à la question posée.
2) **Le développement** consiste en une série de paragraphes groupés en deux ou trois grandes parties, selon le sujet à traiter.
   — Chaque paragraphe représente une étape dans le développement de la démonstration.
   — Ils se succèdent de façon logique, et sont reliés entre eux par quelques mots ou une phrase de liaison.
   — Chaque paragraphe est centré sur une idée principale.
3) **La conclusion** apporte la réponse à la question posée par le sujet et marque l'aboutissement de la réflexion.
   — Elle donne une brève synthèse du développement.
   — Elle peut élargir le sujet et en montrer les prolongements possibles.

Rédaction

Après avoir réfléchi au sujet donné,

1) *Proposez de façon schématique un **plan** possible (indiquez les idées principales dans chaque paragraphe) ;*
2) *Rédigez l'**introduction** et la **conclusion** (5 à 6 lignes chacune).*

Chapitre 5

Les escaliers d'Erika

Michel Tremblay

Lorsque je suis arrivé au château, Erik était absent. Louis, son domestique, me remit une note de sa part°. Mon ami s'excusait de ne pouvoir être présent à l'heure de mon arrivée, une affaire importante le retenait à la ville jusqu'au dîner.

Je m'installai donc dans une des nombreuses chambres d'amis, la chambre bleue, ma préférée, et demandai à Louis d'aller à la bibliothèque me chercher un livre. Mais il me répondit que la bibliothèque était fermée depuis deux mois et que le maître défendait absolument qu'on y entrât°.

—Même moi ? demandai-je, surpris.

—Même vous, monsieur. Personne ne doit plus jamais entrer dans la bibliothèque. Ce sont les ordres du maître.

—Est-ce que monsieur Erik pénètre encore dans la bibliothèque, lui° ?

—Oh ! non, monsieur. Monsieur Erik évite même le plus possible de passer devant la bibliothèque.

—Vous savez pour quelle raison la bibliothèque est fermée ?

—Non, monsieur.

—C'est bien, Louis, merci. Ah ! au fait°, est-ce que la porte de la bibliothèque est fermée à clef ?

—Non, monsieur. Monsieur sait bien que la porte de la bibliothèque ne se verrouille° pas.

Resté seul, je défis mes valises en me demandant ce qui avait poussé Erik à prendre une telle décision, surtout que la bibliothèque était la plus belle et la plus confortable pièce de la maison…

C'est alors que je pensai à Erika. Je faillis° échapper° une pile de linge sur le tapis. Se pouvait-il qu'Erika fût de retour ? Pourtant, Erik m'avait juré qu'elle ne reviendrait jamais°. Je résolus de questionner mon ami à ce sujet dès son retour au château.

Au dîner, Erik n'était toujours pas là. Vers neuf heures, un messager vint porter une lettre au château, une lettre qui m'était adressée. Je reconnus tout de suite l'écriture d'Erik et je devinai que mon ami ne pouvait se rendre au château pour la nuit et qu'il s'en excusait.

---

de la part de quelqu'un : venant de cette personne

5

entrât : subjonctif imparfait d'**entrer**
10

Quelle est la fonction de **lui** *?*
15

au fait : introduit une remarque ou une question incidente
20

verrouiller : fermer au verrou
se verrouiller : verbe pronominal de sens passif, voir p. 121
25

faillir (+ infinitif) : semi-auxiliaire d'aspect. Voir p. 125
échapper : laisser tomber
30
Quel effet a sur le narrateur la pensée d'Erika ? Caractérisez ses sentiments.

35

Au bas de la lettre Erik avait écrit : « Tu dois savoir, à l'heure actuelle°, que la porte de la bibliothèque est fermée à jamais. Je t'expliquerai tout, demain. Je t'en supplie, ne t'avise° pas de pénétrer dans cette pièce, tu le regretterais. J'ai confiance en toi et je sais que tu ne tricheras° pas. Si tu n'as pas déjà compris ce qui se passe, pense à notre enfance, à une certaine période de notre enfance et tu comprendras. »

Toute la nuit, je pensai à cette affreuse période de notre enfance pendant laquelle des choses bien étranges s'étaient produites...

Erika était la sœur jumelle d'Erik. C'était une enfant détestable, méchante°, qui nous haïssait, Erik et moi, et qui faisait tout en son pouvoir pour nous faire punir. Erika n'aimait pas son frère parce que, disait-elle, il lui ressemblait trop. Elle ne pouvait souffrir° qu'on fût aussi beau qu'elle et tout le monde était d'accord pour dire que les jumeaux étaient également beaux, le garçon n'ayant rien à envier à sa sœur°.

Moi, elle me haïssait parce que j'étais l'ami de son frère. Erik était très exigeant pour ses amis ; Erika, elle, était tyrannique pour les siens et elle était surprise de n'en avoir pas beau-coup... Elle adorait faire souffrir les autres et ne manquait jamais une occasion de nous pincer, de nous frapper et même, et c'était là son plus grand plaisir, de nous précipiter au bas des escaliers. Elle se cachait au haut d'un escalier et s'arrangeait pour pousser la première personne qui venait à° monter ou à descendre. Rares° étaient les journées qui se passaient sans qu'un membre de la famille ou un domestique ne dégringolât° un quelconque° escalier de la maison.

Dans la bibliothèque du château se trouvait l'escalier le plus dangereux. Plus précisément, c'était une de ces échelles de bibliothèque qui se terminent par un petit balcon, échelles sur roues, très amusantes pour les enfants mais que les adultes maudissent° à cause de leur trop grande facilité de déplacement.

Un jour que grimpé sur le petit balcon je cherchais un livre sur le dernier rayon de la bibliothèque, Erika s'introduisit dans la pièce et sans le faire exprès, jura-t-elle par la suite, donna une violente poussée à l'échelle. Je traversai toute la bibliothèque en hurlant de haut de mon balcon et faillis me tuer en m'écrasant sur la grande table de chêne qui occupait le tiers de la pièce. Erika avait trouvé l'aventure excessivement amusante mais, cette fois, Erik s'était fâché et avait juré de se venger...

Deux jours plus tard, on avait trouvé Erika étendue au pied de l'échelle de la bibliothèque, la tête fendue. Elle était morte durant la nuit suivante mais avant de mourir elle répétait sans cesse : « Erik, Erik, je te hais ! Je reviendrai, Erik, et je me vengerai ! Prends garde aux escaliers, prends garde aux esca-liers... Un jour... je serai derrière toi et... Erik, Erik, je te hais et je te tuerai ! »

à l'heure actuelle : à présent, maintenant
s'aviser (de) : se mettre en tête l'idée (de)
tricher : ne pas respecter les règles (tromper, pour gagner)

Relevez plus bas les détails qui montrent la méchanceté d'Erika.

souffrir quelque chose ou quelqu'un : supporter, tolérer
Expliquez le sens de cette phrase.

venir à (+ infinitif) : semi-auxiliaire d'aspect. Ajoute une nuance de hasard
*Pourquoi **rares** est-il en tête de phrase ? (notez l'inversion du sujet)*
dégringoler : tomber
quelconque : marque l'indétermination absolue
Pourquoi les adultes maudissent-ils ces échelles ?

Pendant quelque temps nous eûmes très peur, Erik et moi, de la vengeance d'Erika. Mais rien ne se produisit.

Les années passèrent. Notre enfance s'achevait dans le bonheur le plus parfait. Mes parents étaient morts et ceux d'Erik m'avaient recueilli. Nous grandissions ensemble, Erik et moi, et nous étions heureux. Quatre ans s'étaient écoulés depuis la mort d'Erika ; nous avions quatorze ans.

Un jour, les chutes dans les escaliers du château recommencèrent. Tout le monde, sans comprendre ce qui se passait, faisait des chutes plus ou moins graves, sauf° Erik et moi. Nous comprîmes tout de suite ce qui se passait. Erika était de retour° ! Un soir, pendant un bal, Louis était tombé dans le grand escalier du hall et nous avions entendu le rire d'une petite fille et ces quelques mots glissés à nos oreilles : « Ce sera bientôt ton tour, Erik ! »

Les accidents avaient continué pendant des mois sans qu'Erik et moi ne fussions une seule fois victimes d'Erika. Les gens du château commençaient même à se demander si nous n'étions pas les coupables…

Un soir, mon ami était entré seul dans la bibliothèque. Nous lisions au salon, les parents d'Erik et moi, quand nous entendîmes un vacarme° épouvantable dans la bibliothèque. Je me levai d'un bond en criant : « Erika est là ! Erik est en danger ! » La mère de mon ami me gifla° pendant que son époux courait à la bibliothèque. Mais il ne put ouvrir la porte, elle était coincée. « Erik a dû° pousser un meuble derrière la porte, déclara le père de mon ami. Cette porte ne se ferme pas à clef. Il n'y a donc aucune raison pour que… » De nouveau° nous entendîmes un bruit dans la pièce. Il semblait y avoir une bataille et nous entendions la voix d'Erik et une autre, toute petite… « Je vous dis que c'est Erika ! criai-je. Il faut sauver Erik ! Elle va le tuer ! » Nous ne pûmes pénétrer dans la pièce.

La bataille cessa très soudainement, après un bruit de chute. Il y eut un long silence. J'avais les yeux braqués° sur la porte et je sentais mon cœur se serrer de plus en plus à mesure que le silence se prolongeait. Puis la porte s'ouvrit toute grande, quelque chose d'invisible passa entre la mère d'Erik et moi et nous entendîmes le rire d'une petite fille.

Nous trouvâmes Erik étendu au bas de l'escalier, dans la même pose qu'on avait trouvé sa sœur, quatre ans plus tôt. Heureusement, il n'était pas mort. Il s'était brisé une jambe et était resté infirme°.

Erik ne m'avait jamais dit ce qui s'était passé dans la bibliothèque, ce soir-là. Il m'avait cependant juré que sa sœur ne reviendrait plus jamais parce qu'elle le croyait mort.

Quatre autres années s'étaient écoulées sans qu'une seule aventure malencontreuse° ne se fût produite au château. J'avais

sauf : excepté
être de retour : être revenu

vacarme : grand bruit

Pourquoi gifle-t-elle Hans ?

a dû : semi-auxiliaire d'aspect, exprime la probabilité
de nouveau : indique la répétition

les yeux braqués (sur) : fixés (sur)

infirme : privé de l'usage normal de ses membres (ici, de sa jambe)

malencontreux : fâcheux, malheureux

quitté la maison de mon ami pour m'installer° dans une petite propriété, héritage d'un oncle éloigné.

C'est° quelques semaines seulement après la mort des parents d'Erik que j'avais reçu une lettre de mon ami me suppliant de revenir auprès de lui. « Nous sommes trop jeunes pour vivre en ermites°, me disait-il dans sa lettre. Vends ta propriété et viens habiter avec moi. » J'ai vendu ma propriété et me suis rendu le plus vite possible au château d'Erik.

Je finis par° m'assoupir° vers une heure du matin. Je dormais depuis deux heures environ lorsque je fus éveillé par Louis. « Réveillez-vous, monsieur, réveillez-vous, il se passe des choses dans la bibliothèque ! »

Je descendis au rez-de-chaussée et m'arrêtai devant la porte de la bibliothèque. J'entendais distinctement des voix.

— Ils faisaient plus de bruit tout à l'heure, me dit le vieux Louis. Ils semblaient se battre ! Il criaient, ils couraient… J'ai essayé d'ouvrir la porte mais elle est coincée° comme cela s'est produit le jour de l'accident de monsieur Erik…

— Monsieur Erik, est-il de retour ? demandai-je au domestique pendant que les voix continuaient leur murmure désagréable.

— Je ne crois pas, monsieur, je n'ai rien entendu.

Je dis alors à Louis qu'il pouvait se retirer. Je collai mon oreille à la porte de la bibliothèque. Je ne pouvais saisir° ce que disaient les voix mais elles semblaient furieuses toutes les deux. Soudain, j'entendis un bruit que je connaissais trop bien : on poussait l'échelle à balcon. Puis quelqu'un grimpa à l'échelle avec beaucoup de difficulté, semblait-il.

J'entendis courir dans la pièce et la porte s'ouvrit. « Tu peux entrer, Hans, dit une petite voix, je veux que tu voies ce qui va se passer. » Aussitôt entré dans la bibliothèque, je poussai un cri de stupeur. Erik était sur le balcon au haut de l'échelle, avec ses deux béquilles°, et il semblait terriblement effrayé. Avant que j'aie eu le temps de faire un seul geste, l'échelle se mit à bouger. Je me précipitai vers elle mais il était trop tard. L'échelle s'abattit° sur le sol dans un fracas° épouvantable, entraînant Erik dans sa chute.

Erika riait. Je l'entendais tout près mais je ne la voyais pas. Elle me riait dans les oreilles, si fort que j'en étais étourdi. Louis arriva en courant, se pencha sur le corps d'Erik et pleura.

Avant de partir, Erika a murmuré à mon oreille : « Nous nous reverrons dans quatre ans, Hans… »

Glossary (right margin):

s'installer : aller habiter

c'est… que : sert à mettre en relief un mot ou une partie de la phrase. *Qu'est-ce qui est mis en relief ici ?*
vivre en ermite : vivre solitaire comme un ermite
finir par : semi-auxiliaire d'aspect, voir p. 125
s'assoupir : s'endormir à moitié

elle est coincée : elle est bloquée, on ne peut pas l'ouvrir

saisir : comprendre

Étant infirme, Erik ne peut marcher qu'en s'appuyant sur deux béquilles.
s'abattre : tomber brusquement
fracas : bruit violent, qui accompagne souvent la chute de quelque chose qui se casse

Étude et exploitation du texte

1. Quels sont les détails qui montrent dès le début que le narrateur est un familier du château ?
2. Montrez par quels procédés l'auteur éveille la curiosité et l'intérêt du lecteur.

3. Quelles indications donne l'auteur sur la famille des jumeaux ? Pourquoi n'y a-t-il que très peu de détails descriptifs ?
4. Imaginez les événements qui ont poussé Erik à fermer à jamais la porte de la bibliothèque.
5. Comment la méchanceté d'Erika se manifestait-elle ?
6. L'auteur ne dit pas ce qui a causé la mort d'Erika. Qu'est-ce qui nous le fait comprendre ?
7. Expliquez la technique du retour en arrière (flash-back) telle qu'elle est employée ici. Quel est l'effet de cette technique ?
8. Distinguez les quatre actes de ce drame, et donnez un titre à chacun.
9. Rétablissez l'ordre chronologique du récit.
10. Le fantastique prend des formes variées : le merveilleux, l'occulte, la science-fiction, etc. Parmi les divers aspects du fantastique, quel est celui qui vous intéresse le plus ?
11. Comment peut-on expliquer le succès des récits fantastiques ?
12. Dans tous les pays on raconte des histoires de fantômes. Peut-être avez-vous été témoin de phénomènes inexplicables, ou connaissez-vous quelqu'un à qui des choses étranges sont arrivées. Citez un ou plusieurs des phénomènes dont vous avez entendu parler et expliquez pourquoi vous croyez ou vous ne croyez pas aux fantômes.

Vocabulaire

A. *Complétez les phrases suivantes par des mots ou expressions tirés du texte :*

1. Je me demande ce qui l'a poussé à_____cette décision. (*make*)
2. Elle jura qu'elle ne l'avait pas fait_____. (*on purpose*)
3. Le domestique me remit un mot_____mon ami. (*from*)
4. _____, est-ce que vous avez fermé la porte à clef ? (*by the way*)
5. _____, tu dois savoir pourquoi. (*at the present time*)
6. Erik,_____aux escaliers ! (*beware*)
7. Mon cœur se serrait_____ _____le silence se prolongeait. (*more and more*) (*as*)
8. La porte s'ouvrit_____et quelque chose sortit. (*wide*)
9. Erika était_____ ! (*back*)
10. Ces échelles sont dangereuses_____leur trop grande mobilité. (*because of*)

B. *Remplacez le verbe en caractères gras par un verbe plus précis ou plus pittoresque trouvé dans le texte :*

1. Un jour, je **montai** sur le petit balcon pour chercher un livre.
2. Erika **ne** nous **aimait pas**, Erik et moi.
3. Tous les jours, quelqu'un **tombait** dans un escalier.
4. Je traversai la bibliothèque en **criant très fort**.
5. L'échelle **tomba** sur le sol dans un fracas épouvantable.
6. Un jour que j'étais sur l'échelle, Erika **entra** dans la pièce.
7. Quatre autres années **avaient passé**.
8. J'avais quitté la maison de mon ami pour **aller habiter** dans une petite propriété, héritage d'un oncle éloigné.

C. *Donnez l'**antonyme** (= le contraire) des mots suivants trouvés dans le texte :*

1. Erik était **présent.**
2. Il s'excusait de ne pas être là à l'heure de mon **départ.**
3. C'était une enfant **gentille** qui nous **adorait**, Erik et moi.
4. Elle se cachait **au haut des** escaliers pour surprendre les gens.
5. Les gens du château **finissaient par** se demander si ce n'était pas nous.
6. Erik et moi, nous la savions **innocente.**
7. Sa sœur le croyait **mort.**
8. Il passe **le plus possible** devant la bibliothèque.
9. Deux jours **plus tard**, on avait trouvé Erika étendue au pied de l'échelle.
10. **Tout le monde** peut entrer dans la bibliothèque.

D. *Complétez les phrases suivantes au moyen d'une préposition s'il y a lieu :*

1. Tout le monde évite_____y entrer.
2. Ne t'avise pas_____pénétrer_____la bibliothèque.
3. Tout le monde était d'accord_____dire que les jumeaux étaient beaux.
4. Erika entra_____la pièce et donna une poussée_____l'échelle.
5. J'ai essayé_____ouvrir la porte, mais elle est fermée_____l'intérieur.
6. Grimpé_____le balcon, je cherchai_____un livre_____le dernier rayon.
7. Toute la nuit, je pensai_____cette affreuse période de notre vie.
8. Il s'excusait_____ne pas être là.
9. Je résolus_____le questionner_____son retour.
10. Il avait juré_____se venger.
11. Je demandai_____Louis_____aller me chercher_____un livre.
12. Elle s'arrangeait_____pousser la première personne qui montait.

E. *Refaites les phrases suivantes en remplaçant les verbes en caractères gras par le substantif correspondant.*
Faites toutes les modifications nécessaires :

1. **En arrivant** au château, je me suis installé dans la chambre bleue.
2. J'avais beaucoup regretté qu'il **parte.**
3. À l'heure de **se coucher**, il n'était toujours pas là.
4. J'étais étonné qu'Erik **soit absent.**
5. Je me demandais ce qui avait poussé Erik à **décider** une telle chose.
6. Il m'avait caché qu'elle **était revenue.**
7. Je tremblais **en pensant à** ce qui aurait pu arriver.
8. Nous avions peur d'elle parce qu'elle **était méchante.**
9. On a toujours peur de **mourir.**
10. Je m'installai dans une petite propriété dont j'**avais hérité** à la mort d'un oncle éloigné.
11. Pendant quelque temps, nous eûmes très peur qu'Erika **se venge.**
12. Un soir, nous avions entendu **rire** une petite fille.

Le préfixe *dé- (dés)*

— Resté seul, je **défis** mes valises… .

Défaire ses valises, c'est l'inverse de **faire** ses valises.
Le préfixe **dé- (dés-)** indique l'action ou l'état **inverse** de ce qu'indique le terme simple.

F.   *Dites quel est l'inverse de :*

boucher	composer
espérer	commander
tromper	verrouiller
obéir	tendre
serrer	plaire

Débarrasser, c'est l'inverse d'**em**barrasser (**em-** devant **b, p, m, en-** devant les autres lettres).

G.   *Quel est l'inverse de :*

dérouler	décourager
déménager	dégager
déterrer	démêler
débrayer	débarquer

Distinctions

Partir / laisser / quitter

— Il m'avait juré qu'elle **était partie** pour ne plus revenir.
— J'**avais quitté** la maison de mon ami.
— J'allai chercher un livre que j'**avais laissé** dans la bibliothèque.

to leave $\begin{cases} \textit{to go away} & = \textbf{partir} \\ \textit{to leave behind} & = \textbf{laisser} \\ \textit{to leave} & = \textbf{quitter} + \text{compl. direct obligatoire} \\ & \quad \text{(un lieu, ou une personne avec l'idée de permanence)} \end{cases}$

A.   *Traduisez les phrases suivantes :*
1.   When I arrived at the castle, Erik had left.
2.   That night, I had left Erik in the library.
3.   I had just left the room when I heard a dreadful racket.
4.   I hope you will get my letter before you leave.
5.   He left Africa because he has never been able to get used to the climate.
6.   She left town four years ago.

Jour / journée

On emploie **an, jour, matin, soir,** lorsqu'il s'agit de simples divisions du temps.

On emploie **année, journée, matinée, soirée,** (le suffixe **-ée** indique le contenu)
i)   pour exprimer une durée (plutôt imprécise) ;
ii)   lorsqu'il s'agit de ce qui se passe, des actions accomplies pendant cette division du temps.

En règle générale, on emploie la forme féminine en **ée** lorsque le nom est modifié par un adjectif qualificatif : une **bonne** ann**ée**, une soir**ée désagréable**, etc.

ATTENTION : à la différence entre :

la répétition	et	la durée
tous les jours *ou* chaque jour		toute la journée
tous les matins *ou* chaque matin		toute la matinée
tous les soirs *ou* chaque soir		toute la soirée
tous les ans *ou* chaque année		toute l'année

— Tous les **soirs**, je regarde la télévision. (répétition)
— Hier, j'ai lu toute la **soirée**. (durée)
— Tous les **jours**, quelqu'un dégringolait un escalier. (répétition)
— Toute la **journée**, je pensai à cette affreuse période. (durée)

REMARQUE : Pour indiquer le moment, on dit :

indéfini	présent	passé ou futur
un jour	aujourd'hui	ce jour-là
un matin	ce matin	ce matin-là
un soir	ce soir	ce soir-là
mais :		
une année	cette année	cette année-là

B. *Complétez les phrases suivantes :*

1. Il y avait quatre an_____ qu'Erika était morte.
2. Ces quatre an_____ avaient été très heureu_____ pour Erik et moi.
3. L_____ soir_____ m'avait semblé long_____.
4. Un_____ soir_____, nous lisions au salon, ses parents et moi.
5. Les an_____ passèrent. Mes parents étaient morts.
6. J'arrivai au château vers la fin d_____ matin_____.
7. Tou_____ l_____ jour_____, je pensai à cette affreuse période de notre enfance.
8. Ce ne sera pas un_____ soir_____ perdu_____.
9. Vers neuf heures d_____ matin_____, un messager vint porter une lettre de la part d'Erik.
10. Chaque an_____ je venais rendre visite à mon ami.
11. Ce_____ soir_____-là, nous étions au salon, comme d'habitude.
12. Tou_____ l_____ an_____, nous allions passer quinze jour_____ à Londres.

C. *Terminez les phrases suivantes :*

1. Tous les ans_____,
   mais cette année_____.

2. Le matin_____,
   mais ce matin-là _____.

3. Ce matin_____.
   Ce soir_____.

Depuis / pendant / pour

— Erika était morte **depuis** quatre ans.
— **Pendant** quelque temps nous eûmes très peur, Erik et moi.
— **Pour** combien de temps êtes-vous ici ?

pendant : durée considérée dans sa totalité

depuis : durée considérée de son point de départ et non terminée

pour : durée considérée de son point de départ avec idée d'intention

REMARQUE : a) **Pour** + durée, ne peut s'employer qu'avec les verbes de sens inchoatif (partir, venir, aller, retourner, s'installer, déménager, etc.)
b) **Pendant** est souvent omis après le verbe, devant l'expression de durée :
— Je suis resté trois ans chez mon ami.

D. *Complétez les phrases suivantes avec* **depuis**, **pendant** *ou* **pour** :

1. Les accidents avaient continué_____des mois.
2. Je n'étais pas venu au château_____plusieurs semaines.
3. _____les quatre années suivantes, rien ne se produisit.
4. Il était parti_____une ou deux heures, mais l'heure du dîner approchait et il n'était toujours pas rentré.
5. _____longtemps, nous avons cru qu'elle était folle.
6. Tu ne t'en vas pas_____longtemps, j'espère !
7. Elle n'était pas revenue_____plusieurs années. On la croyait morte.

E. *Traduisez les phrases suivantes :*

1. I thought about it for a long time before deciding what to do.
2. He is going to travel for two months.
3. The soldiers haven't stopped marching since this morning.
4. I had been sleeping for two hours when Louis woke me up.
5. For several years I lived by myself, like a hermit. Then, Erik asked me to sell my house and come back to the castle.
6. He told me that the library had been closed for two months.
7. I don't want you to think that I am leaving for ever.
8. For a while, we feared Erika's vengeance.

Soudain / soudainement

— **Soudain**, j'entendis un bruit que je connaissais trop bien : on poussait l'échelle à balcon.
— Le bruit cessa très **soudainement.**

Soudain (adverbe) exprime la rapidité, la brusquerie de l'action.
Soudainement caractérise la manière dont l'action se fait, et modifie le verbe.

REMARQUE : **Soudain** peut aussi être adjectif. Il s'accorde alors avec le nom auquel il se rapporte :
— Des cris **soudains** se firent entendre de l'autre côté de la porte.
— Il ressentit une douleur **soudaine** à la nuque.

F. *Complétez les phrases suivantes :*

1. Je dormais depuis deux heures environ, quand_____un bruit me réveilla.
2. Je fus réveillé par des bruits_____qui provenaient du salon.
3. J'avais mal à la tête : je m'étais réveillé trop_____.
4. Il leur sembla_____entendre des voix dans le salon.
5. _____les lumières s'éteignent…
6. Je me levai_____en criant : « Erik est en danger ! »
7. Nous lisions au salon quand_____nous entendîmes un vacarme épouvantable dans la bibliothèque.
8. Des cris_____se firent entendre.
9. La bataille cessa très_____, après un bruit de chute.
10. Il se produisait souvent des chutes_____et inexplicables.

Constructions

Forme pronominale à sens passif

— Puis la porte **s'ouvrit** toute grande = la porte fut ouverte (par quelqu'un ou quelque chose).

— Monsieur sait bien que la porte de la bibliothèque ne **se verrouille** pas = qu'on ne peut pas verrouiller la porte…

— C'était une de ces échelles de bibliothèque qui **se terminent** par un petit balcon = qui sont terminées…

La forme **pronominale** employée au sens passif, exprime :

  i) une action subie (agent peu important)
 ii) la possibilité (au négatif : l'impossibilité)
iii) la coutume, l'usage

A. *Refaites les phrases suivantes en employant la forme pronominale :*

1. On ne peut pas expliquer ces phénomènes.
2. Personne ne peut comprendre une telle méchanceté.
3. Il faut monter une échelle avec précaution.
4. Ces échelles peuvent être déplacées trop facilement.
5. Il est impoli de poser ce genre de questions.
6. Il y a longtemps qu'on ne peut plus ouvrir cette porte.
7. On ne prononce pas ce mot ainsi.
8. Il est possible de fermer cette porte à clef.

Depuis, il y a… que

— Quatre ans s'étaient écoulés **depuis** { la mort d'Erika.
  qu'Erika était morte.

— Erika était morte **depuis** quatre ans.
— **Il y avait** quatre ans **qu'**Erika était morte.

depuis   { durée (quatre ans)
                    point de départ (la mort d'Erika)

il y a… que   durée (quatre ans)

B. *Refaites les phrases suivantes en employant les indications de temps données entre parenthèses. Donnez toutes les constructions possibles :*

1. Il n'y avait pas eu de chutes (longtemps).
2. Erik est resté infirme (son accident).
3. J'habitais ma petite propriété, quand je reçus une lettre d'Erik (six mois).
4. Mon ami était absent (quelques jours).
5. La bibliothèque était fermée à clef (deux mois).
6. Il n'avait rien mangé (la veille).

Pourquoi, la raison pour laquelle

— Voici **pourquoi** (je suis parti).
— Voici **la raison pour laquelle** je suis parti.

(the reason) why $\begin{cases} \textbf{pourquoi} \text{ (pronom interrogatif suivi ou non du verbe)} \\ \textbf{la raison pour laquelle} + \text{verbe (pronom relatif suivi du verbe)} \end{cases}$

C. *Traduisez :*

1. Nobody knew why she was so wicked.
2. "You know the reason why the library is closed?" I asked.
3. He gave me all the reasons why he did not want anybody to enter the room.
4. These ladders are on wheels, which is why they are a lot of fun.
5. I knew Erika was back, but I did not know the reason why.
6. The reason why the woman drowned was that she couldn't swim.

Demander à / de (+ **infinitif**), *que* (+ **subjonctif**)

— Il demandait **à retourner** chez lui :
  il voulait retourner chez lui.
— Je demandai à Louis **d'aller** dans la bibliothèque :
  a) je voulais que Louis aille dans la bibliothèque
  b) Je demandai à Louis la permission **d'aller** dans la bibliothèque, selon le contexte.
— Je demandai **qu'on ouvre** la porte.

même sujet :
si demander n'a pas d'objet indirect——▶ **à** + **infinitif** (exemple 1)
si demander a un objet indirect——▶ **de** + **infinitif** (exemple 2b)

sujets différents :
si demander n'a pas d'objet indirect——▶ **que** + **subjonctif** (exemple 3)
si demander a un objet indirect——▶ **de** + **infinitif** (exemple 2a)

D. *Complétez les phrases suivantes :*

1. Je lui demandai_____ _____me chercher un livre. (aller)
2. Je demandai_____ _____dans la bibliothèque. (entrer)
3. Il avait demandé_____personne ne me_____ce qui s'était passé. (dire)
4. Il me demandait_____lui_____confiance. (faire)
5. Ils demandèrent_____leur fille_____par les médecins du centre de para-psychologie. (être examiné)

E. *Refaites les phrases suivantes en employant* **demander** :

1. Il voulait que je vende ma propriété et que je vienne habiter avec lui.
2. Ils veulent qu'on procède à une vérification.
3. Il veut lui poser d'autres questions.
4. En arrivant, nous voulons voir le bébé.
5. Les parents disent que leur fille doit être interrogée par les médecins.
6. On veut qu'Ahmed se présente à l'hôpital, sous le prétexte d'un contrôle médical.

Avant de + infinitif, *avant que* + subjonctif

— Avant de **mourir**, elle répétait sans cesse : « Erik, je me vengerai ! »
— Avant que j'**aie eu** le temps de faire un seul geste, l'échelle se mit à bouger.

même sujet ⟶ **de** + **infinitif** (préposition)
sujets différents ⟶ **que** + **subjonctif** (conjonction)

Les mêmes constructions se font avec :

pour, afin de	pour que, afin que
de peur de, de crainte de	de peur que, de crainte que
en attendant de	en attendant que
à moins de	à moins que
sans	sans que
à condition de	à condition que

F. *Composez une phrase à l'aide des deux éléments donnés, en employant la préposition ou la conjonction donnée :*

1. Je ne voulais pas qu'il monte à l'échelle / il pourrait tomber. (de peur de / de peur que)
2. Il était parti / il n'avait pas dîné. (sans / sans que)
3. Je suis arrivé au château / Erik n'était pas de retour. (avant de / avant que)
4. Ce n'était pas l'heure de dîner / je décidai de m'installer dans la chambre bleue. (en attendant de / en attendant que)
5. Je jouerai avec toi / si tu ne triches pas. (à condition de / à condition que)
6. Nous sommes trop jeunes / nous ne pouvons pas vivre en ermites. (pour / pour que)
7. Il avait donné des ordres / il ne voulait pas qu'on entre dans la bibliothèque. (pour / pour que)
8. Quatre autres années s'étaient écoulées / il ne s'était pas produit une seule aventure malencontreuse. (sans / sans que)
9. Quelques secondes s'écoulent / puis, la jeune fille aperçoit sa sœur. (avant de / avant que)
10. Je ne viendrai pas / si vous ne m'invitez pas. (à moins de / à moins que)

En + nom

— Nous sommes trop jeunes pour vivre **en ermites.** (= comme des ermites)

En suivi d'un nom sans article indique **la manière**.

G. *Complétez les phrases suivantes en employant la construction ci-dessus. Choisissez dans la liste donnée, et faites les modifications nécessaires :*

ami	homme qui a peur d'être suivi
coup de vent	rang d'oignons
enfant gâté	soldat
fantôme	troupe

1. Erika se comportait
2. Avec un drap de lit, il s'était déguisé
3. Il jetait des regards inquiets
4. Les miliciens défilent
5. Les enfants sont assis
6. Je voudrais te parler
7. Lucette se précipite dans la chambre
8. Plusieurs étaient vêtus

Langue et style

Le discours indirect

Lorsque la communication n'est pas directe mais relayée (discours **indirect** ou **rapporté**), il y a un décalage dans les divers points de repère :

i) communication directe : « **J' ai perdu ma** clef. »
ii) communication relayée : **il a perdu sa** clef.

Dans les verbes, le décalage se manifeste de la façon suivante :

PRÉSENT	PASSÉ

Il **dit**
    : « La porte **est** fermée. »
que la porte **est** fermée.
	Il **a dit**
	    : « La porte **est** fermée. »
	que la porte **était** fermée.

Je **me demande**
    : « L' **a-t-elle poussé ?** »
si elle l' **a poussé**.
	Je **me demandais**
	    : « L' **a-t-elle poussé ?** »
	si elle l'**avait poussé**.

Il me **promet**
    : « Elle ne **reviendra** pas. »
qu'elle ne **reviendra** pas.
	Il **m'avait promis**
	    : « Elle ne **reviendra** pas. »
	qu'elle ne **reviendrait** pas.

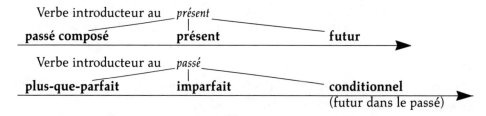

Verbe introducteur au *présent*

passé composé   **présent**   **futur** ⟶

Verbe introducteur au *passé*

plus-que-parfait   **imparfait**   **conditionnel** ⟶
(futur dans le passé)

A. *Transcrivez les phrases suivantes au discours indirect en faisant tous les changements nécessaires :*

1. Louis me répondit : « Le maître défend qu'on entre dans la bibliothèque. »
2. Elle disait : « Je déteste mon frère parce qu'il me ressemble trop. »
3. Erik m'écrivait : « Je m'excuse, je ne pourrai pas être là à ton arrivée, une affaire importante me retient à la ville jusqu'au dîner. »
4. « Est-ce que monsieur Erik pénètre encore dans la bibliothèque ? » demandai-je surpris.
5. On a demandé à la voisine : « Avez-vous vu maman ? »
6. Je criai : « C'est Erika ! Elle va le tuer ! »
7. Sa femme lui a dit : « Je reviendrai dans vingt-quatre heures. »
8. « Où est votre mère ? » demande Peter aux enfants.
9. « Je ne l'ai pas fait exprès », jura-t-elle.
10. Elle leur a demandé : « Pourquoi êtes-vous en retard de cinq minutes ? »
11. « Je ne crois pas, monsieur, répondit Louis, je n'ai rien entendu. »
12. « Nous nous reverrons dans quatre ans, Hans… » a murmuré Erika.

B. *Mettez les phrases suivantes au passé :*

1. Erik me jure que sa sœur ne reviendra jamais.
2. Dans sa lettre il me dit que nous sommes trop jeunes pour vivre en ermites.
3. Il me dit qu'il a confiance en moi et qu'il sait que je ne tricherai pas.
4. Une petite voix me dit que je peux entrer.
5. Louis répond que ce sont les ordres du maître.
6. Il m'écrit qu'il a dû se rendre en ville pour une affaire importante.
7. Je demande à Louis s'il sait pour quelle raison la bibliothèque est fermée.
8. J'aimerais savoir pourquoi il est parti sans rien dire.
9. Il dit que sa sœur lui fait peur.
10. Il ne dit pas quand il arrivera.

Faillir, finir par

Faillir et **finir par** sont deux semi-auxiliaires d'aspect :

— Je **faillis** me tuer en m'écrasant sur la grande table de chêne. = Je me suis presque tué.
   (Le procès a été tout près de s'accomplir, mais ne s'est pas accompli.)
— Je **finis par** m'assoupir vers une heure du matin. = Après avoir longtemps essayé de m'endormir sans succès, je me suis enfin assoupi.
   (Le résultat a été atteint après un certain temps ou une série d'actions.)

REMARQUE : **Faillir**, semi-auxiliaire d'aspect, ne s'emploie qu'aux temps suivants : passé simple, futur, conditionnel et temps composés.

ATTENTION : ne confondez pas

Il **a failli** mourir	— *he almost died*
Il **était presque** mort	= *he was almost dead*
J'**ai failli** m'endormir	= *I almost fell asleep*
Je **dormais presque**	= *I was almost asleep*

C. *Refaites les phrases suivantes en exprimant l'aspect au moyen du semi-auxiliaire :*

1. Je laissai presque tomber une pile de linge sur le tapis.
2. Finalement, les gens du château se demandaient si nous n'étions pas les coupables.
3. Nous avons enfin compris qu'Erika était de retour.
4. Après avoir hésité quelque temps, j'avais vendu ma propriété pour venir habiter avec Erik.
5. Sachant qu'elle était morte, Peter avait repris le dessus.
6. Il avait été bien près de devenir fou de douleur.
7. Elle avait poussé l'échelle et j'étais presque tombé.
8. Après la disparition de sa femme, il avait presque fait une dépression nerveuse.

Imparfait / passé simple ou composé

L'**imparfait** et le **passé simple** (dans l'usage écrit) ou **composé** (dans l'usage oral) décrivent tous deux un procès s'accomplissant dans le passé, mais il y a entre eux une différence d'**aspect**.

L'**imparfait**, comme son nom l'indique, c'est le temps du passé inachevé. Le procès, qu'il soit long ou court, est considéré au moment de son accomplissment, en dehors de toutes limites temporelles. C'est le temps de la **description.**

Le **passé simple**, parfois appelé **parfait** ou **passé défini**, envisage le procès, qu'il soit long ou court, dans ses limites temporelles (aspect inchoatif, terminatif, ou global, qui est une combinaison des aspects inchoatif et terminatif). C'est le temps du **récit.**

REMARQUE : Dans la langue parlée, le **passé composé** remplace le passé simple dans tous les cas. Il en a outre, dans la langue écrite aussi bien que parlée, deux autres valeurs possibles que n'a pas le passé simple :

a) il présente un aspect d'**accompli** (voir p. 145) qui apparaît dans un contexte présent :
— Marjorie ferme la porte du pavillon. Elle est vêtue d'un imperméable bleu, d'une robe grise, et **a mis** un foulard sur sa tête.

b) corollairement à sa valeur d'accompli, il exprime le résultat présent d'un procès passé :
— Elle **est revenue**, envisage le résultat : **elle est là.**
tandis que :
— Elle **revint**, envisage le moment où a eu lieu l'action de **revenir.**

ATTENTION : Le **passé simple** et le **passé composé** n'appartiennent pas au même registre de discours, et ne peuvent pas s'employer avec la même valeur dans le même texte. Cependant, on emploie le **passé composé** dans un texte au **passé simple** :

a) lorsqu'on rapporte les paroles de quelqu'un (on ne parle plus au passé simple),

b) lorsqu'on veut exprimer le résultat actuel du procès (valeur que n'a pas le passé simple).

Le tableau ci-dessous illustre les principales différences entre l'imparfait et le passé (simple ou composé)

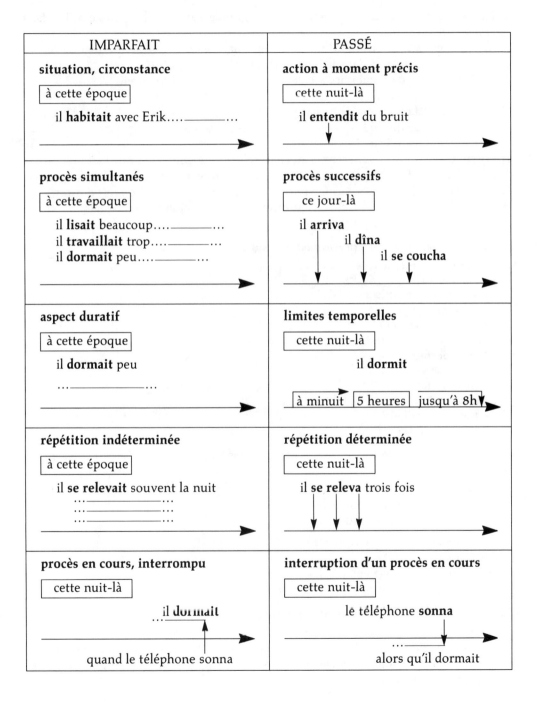

IMPARFAIT	PASSÉ
situation, circonstance à cette époque il **habitait** avec Erik.... ———...	**action à moment précis** cette nuit-là il **entendit** du bruit

procès simultanés
 	
à cette époque
 	
il **lisait** beaucoup.... ———...
il **travaillait** trop.... ———...
il **dormait** peu.... ———...
	procès successifs
	
	ce jour-là
	
	il **arriva**
	    il **dîna**
	        il **se coucha**

aspect duratif à cette époque il **dormait** peu ...———...	**limites temporelles** cette nuit-là il **dormit** à minuit 5 heures jusqu'à 8h
répétition indéterminée à cette époque il **se relevait** souvent la nuit ...———... ...———... ...———...	**répétition déterminée** cette nuit-là il **se releva** trois fois
procès en cours, interrompu cette nuit-là ...il **dormait** quand le téléphone sonna	**interruption d'un procès en cours** cette nuit-là le téléphone **sonna** ... alors qu'il dormait

D. *Mettez les verbes donnés à l'imparfait ou au passé simple :*

1. Je_____(dormir) depuis deux heures environ lorsque je_____(être) réveillé par Louis.
2. L'hiver, nous_____(passer) la plus grande partie de la journée à lire dans la bibliothèque.
3. Un soir, nous_____(lire) au salon, quand nous_____(entendre) un vacarme épouvantable dans la bibliothèque.
4. Cette année-là, de nombreux accidents_____(se produire).
5. En voyant le messager, je_____(deviner) tout de suite qu'Erik _____(s'excuser) de ne pas pouvoir se rendre au château.
6. Ils_____(faire) la queue depuis une demi-heure, quand la porte _____(s'ouvrir).
7. Lorsque je_____(arriver) au château, Erik_____(être) absent.
8. C'est dans la bibliothèque que_____(se trouver) l'escalier le plus dangereux.
9. Toute la nuit, je_____(se retourner) dans mon lit sans pouvoir dormir.
10. Soudain, la porte_____(s'ouvrir) toute grande et quelque chose d'invisible_____(passer).

E. *Répondez aux questions suivantes en respectant les temps donnés :*

1. Lorsque vous êtes arrivé
   — où était Erik ?
   — qu'est-ce que vous avez fait ?
2. En partant
   — à quoi pensait-elle ?
   — à quoi a-t-elle pensé ?
3. L'année dernière
   — que faisais-tu ?
   — qu'as-tu fait ?
4. Quand il est entré dans la bibliothèque
   — que se passait-il ?
   — que s'est-il passé ?

F. *Répondez aux questions suivantes en employant deux verbes différents, l'un à l'imparfait, l'autre au passé composé :*

Ex. : Pourquoi est-elle revenue à pied ?
   — parce qu'elle **avait** envie de marcher.
   — parce qu'elle **a manqué** le train.

1. Pourquoi avez-vous vendu votre propriété ?
2. Pourquoi est-il tombé ?
3. Pourquoi n'es-tu pas venu en classe ?
4. Pourquoi l'échelle s'est-elle mise à bouger ?

G. *Mettez le texte suivant au passé (imparfait ou passé composé) :*

L'automne est là. La soirée est douce. Dans le pavillon aux volets verts, il y a Peter dans la cuisine, qui prépare du thé avec sa fille Margareth. John fabrique une maquette de bateau dans sa chambre. Olivier joue avec le chien, Stefanie lit un livre d'images avec son petit frère Eliot.

était, était, avait, préparait, fabriquait, jouait, lisait

Soudain, on frappe à la porte. Olivier et le chien courent à la porte; le chien grondant, Olivier en lui hurlant de se taire.

Le soir tombe à peine, et la lumière du couloir éclaire une silhouette sur le pas de la porte.

Le silence devient tout à coup si bizarre que Peter crie de la cuisine : « Qu'est-ce que c'est ? Qui est là ? »

Personne ne lui répond. Et le chien se met à grogner méchamment. Alors, de sa chambre, John dégringole en courant, Stefanie et Eliot se glissent dans le couloir, Margareth et son père les suivent. Le chien grogne toujours. La silhouette est toujours immobile sur le pas de la porte, et la voix redit : « C'est moi ».

H. *Les phrases suivantes (au passé simple) constituent la trame d'un récit, les actions successives. Complétez le texte en ajoutant des éléments descriptifs explicatifs ou autres (surtout à l'imparfait) :*

La porte s'ouvrit. Un homme entra. Il referma la porte. Puis il traversa la pièce à pas de loup, et s'approcha de sa femme. Il la contempla, puis se pencha et l'appela. Elle ne répondit pas. Il se redressa, tira de sa poche un petit flacon, l'approcha du verre et y versa quelques gouttes. Puis il remit le flacon dans sa poche et sortit.

I. *Traduisez les phrases suivantes :*
1. At that time, I was living with my friend.
2. When I arrived at the castle, Erik was not there.
3. Marjorie took off her raincoat, washed her hands, went to the kitchen and poured herself a cup of tea.
4. Every evening, Erika would hide and push the servants down the stairs.
5. At midnight, I went to bed. After a couple of hours, I finally fell asleep. Suddenly, Louis woke me up.
6. The little girl took them to the house where she used to live with her husband.
7. We had been living happily for several years, when the accidents started again.
8. She disappeared five weeks ago.

Traduction

When Hans arrived* at the castle, his friend was not there. Louis, the manservant, told him that he had had to go to the town and that he would be back for dinner. He added that nobody was to enter the library, which surprised Hans very much, especially as it was the most beautiful room in the house. He almost disobeyed his friend's orders, but Erik trusted him, and he decided to wait. Erik, he thought, would explain to him the next day why he had made this decision.

After having unpacked, he went to bed, but he had trouble falling asleep. Some very strange things had happened in this house! Now Erika was dead, but perhaps her ghost was still there. Finally Hans dozed off.

*employez le passé simple pour les actions successives

He had been sleeping for a couple of hours when suddenly Louis woke him up. Things were happening in the library, he said. Erik was not back, and yet Hans and Louis could hear his voice and a child's voice which seemed angry. Erika had come back to get her revenge!

Composition

Le récit (terminer un récit)

Dans *Les escaliers d'Erika*, il n'y a pas d'introduction. L'auteur entre immédiatement dans le récit proprement dit, et c'est plus tard qu'il retourne en arrière et donne les renseignements qui rendent le récit intelligible. C'est la technique du « flash-back » ou « rétrospective » souvent employée dans le récit filmique. Essayez de rétablir l'ordre chronologique du récit.

Il n'y pas non plus de dénouement, celui-ci est laissé à l'imagination du lecteur. Qu'arriva-t-il à Hans quatre ans plus tard ?

Rédaction

Terminez le récit en une page environ (300 mots).

— Le récit est à la première personne. Employez également la première personne (**je** : vous racontez comme si vous étiez Hans).
— Ici, le récit est au **passé simple**. Employez également le passé simple pour les actions successives qui forment la trame du récit.
— Avant de rédiger le texte, faites une liste de ces actions pour vous aider à suivre le déroulement des faits.

> REMARQUE : les divers **temps** des verbes situent les procès à différents moments, les uns par rapport aux autres. Si les temps sont mal choisis, le récit n'est pas intelligible.
>
> Pour aider à marquer le déroulement des faits, ponctuez votre récit d'**indications temporelles** : quatre ans plus tard, alors, ce jour-là, le lendemain, la veille, le soir, un peu plus tard, etc.

— Un récit comprend un élément de **description**, soit pour faire voir les circonstances et l'événement tels qu'ils ont été vus par le narrateur, soit pour expliquer certaines actions, certains résultats qui, autrement, ne seraient pas compréhensibles. Cet élément est présent dans l'introduction (ex. : rapports entre Erika, son frère et Hans, personnalité d'Erika), et dans le cours du récit (ex. : description de l'échelle), parfois sous forme de brèves notations (ex. : Tout le monde, **sans comprendre ce qui se passait**, faisait des chutes, etc.)
— Au cours du récit on rapporte parfois les **paroles** des personnages, pour le rendre plus vivant, plus « authentique ».

Votre récit doit comporter :

a) une **introduction** de quelques lignes pour présenter la situation telle qu'elle existe quatre ans plus tard ;
b) un **développement** qui raconte ce qui s'est passé dans l'ordre chronologique (divisé en paragraphes. Chaque paragraphe est centré sur une idée, une péripétie) ;
c) une **conclusion** de quelques lignes.

Chapitre 6

La musicienne

Pierre Gérin

De quelle occasion s'agit-il ?
Quels mots, quels détails
l'indiquent ?
condisciple : camarade
de classe (du latin
discipulus = élève)
classe de philosophie :
classe terminale de lycée

5

« En ce jour° que nous voulons consacrer aux vieux souvenirs,
êtes-vous bien sûrs d'avoir évoqué tous nos anciens condis-
ciples° ? En 1939, nous étions vingt-six en classe de philosophie°.
Nous sommes restés sept au pays, tous présents. Trois ont été
tués à la guerre : Bourgogne, Chabert, Laugier. Quatre résistants
ont été fusillés par les Allemands : Franju, Garin, Hemmerlinck,
Schmidt ; deux sont morts en déportation : Klein et Dreyfus.
Trois ont été victimes de maladies ou d'accident : Picon, Landry,
Marcellin. Trois sont au loin et nous ont donné des nouvelles :
Menton, colonel à Metz, Sans, missionnaire chez les Papous,
Tipy, vétérinaire, émigré en Australie. Trois ont disparu après
avoir plus ou moins collaboré avec l'occupant : Albert, Perrin,
Sabatier. Il en manque un. Personne d'entre vous n'a pensé à
Jean Loup. Certes°, il n'a passé qu'un an parmi nous à Mâcon,
au Lycée Lamartine. Son père était inspecteur des postes et avait
été nommé ici en 1938. Il venait de Niort. Je vous dirai son
destin avec quelque discrétion. Comme vous le verrez pourtant,
je tiens de lui-même la première partie de son histoire, et la
seconde d'un confrère dont le témoignage ne saurait° être mis
en doute.

10

certes : indique une
concession

15

saurait : au conditionnel
(avec **ne**) **savoir** a le sens
de **pouvoir** (style
recherché)

20

Peut-être, revoyez-vous Jean Loup : un garçon brun, plutôt
petit, fin, timide, sentimental ; au lycée, il ne se lia guère qu'avec
moi ; il avait du goût pour le dessin, la peinture, une véritable
passion pour la musique ; il réussissait bien dans ses études ;
je pense qu'il serait devenu professeur de Lettres sans la guerre.
Mais il s'engagea°. Il fit son devoir honorablement, avec modestie : campagne de France, Afrique du Nord, Italie, Alsace ; à la
fin de la guerre, il n'était pourtant que lieutenant. Il se crut
trop âgé pour reprendre ses études et jugea plus sage de rester
dans l'armée : son père venait de prendre sa retraite° à Lyon
où il avait fini sa carrière.

25

s'engager : s'enrôler
dans l'armée
volontairement

prendre sa retraite : se
retirer de la vie active

30

Le hasard d'une nomination envoya Jean Loup aux colonies ;
il fut affecté à un État-Major°. Il n'était pas accablé de travail.
Au début de l'après-midi, pendant que ses camarades faisaient
la sieste ou buvaient au mess, il avait pris l'habitude de passer
quelques heures sur un banc dans un petit square° tranquille
près de son bureau. Il lisait et rêvait, à l'ombre des jacarandas°.

**affecter à un État-
Major :** attacher à un
groupe d'officiers
supérieurs

35

square : petit jardin
public
jacaranda : arbre des
pays tropicaux à belles
fleurs d'un bleu violet

D'une villa de brique située en face du banc qu'il choisissait
de préférence à tout autre, venait une musique délicieuse.
Derrière des volets de bois à jalousies°, on° jouait du piano.
La main était légère, infatigable. Airs indigènes et européens
alternaient savamment° et dégageaient toujours, en dépit de la   5
lumière éclatante et des parfums enivrants, une tristesse, une
nostalgie poignantes.

Un jour, avec quelque naïveté, au moment de retourner à
son travail, Jean Loup écrivit sur un morceau de papier ADIEUX
À L'ÎLE et, en passant devant la fenêtre close, il déposa sur   10
le rebord son message. Le lendemain, quand il fut assis sur son
banc, il eut la joie d'entendre son morceau préféré. Depuis ce
jour, il put ainsi ordonner lui-même le récital. Mais quel° était
le musicien, ou plus vraisemblablement la musicienne° ? La
curiosité de Jean Loup devenait intense. Pour la satisfaire, il eut   15
recours à une ruse puérile. Un après-midi, en partant, il oublia
de remettre son message. Mais il le déposa le lendemain en
venant. Lorsqu'il fut assis sur son banc, le volet s'entrouvrit
lentement. Jean Loup n'aperçut qu'une petite main fine, un long
bras doré, légèrement bronzé°, le papier disparut entre les   20
doigts ; le bras se retira très lentement ; la fenêtre se referma.
Et l'enchantement de la musique reprit. Le jeu°, la curiosité firent
place à la passion : Jean Loup avait l'obsession de ce bras d'or,
de ces longs doigts d'artiste sans visage. Il ne se passait plus
un jour qu'il n'allât° entendre son récital.   25

Lorsqu'approchèrent les fêtes°, il acheta chez le plus habile
des bijoutiers indiens un bracelet d'or filigrané°. Le premier
janvier, il monta au square, déposa son petit paquet avec le
message habituel sur le bord de la fenêtre. Lorsqu'il fut assis
à sa place, le volet s'entrouvrit, le paquet fut pris ; un instant   30
après, le volet s'entrebâillait° à nouveau, le bras reparaissait°,
orné du bijou qui étincela deux ou trois secondes au soleil. Jean
Loup crut discerner un petit signe discret de la main. Le volet
se referma et la musique commença plus grave, plus désespérée
que jamais°.   35

Jean Loup, follement épris°, appela doucement, supplia ; mais
il n'entendit jamais une parole, ne put voir le visage de l'aimée :
le volet ne s'ouvrait que lorsqu'il était assis à son banc. Pourtant
la musicienne ne lui paraissait ni indifférente ni cruelle : avec
âme, elle lui jouait tous les morceaux qu'il demandait, si difficiles   40
qu'ils fussent°. Elle accepta une bague, une citrine cognac°,
montée sur une torsade d'or. Il lui écrivit des lettres enflammées.
Jamais il ne reçut d'autre réponse qu'une musique passionnée.

Ainsi Jean Loup ne connaissait encore ni le visage ni le prénom
de l'aimée. Jamais il n'avait vu personne dans cette villa mys-   45
térieusement close, qui ne semblait vivre que de musique. Et
l'heure du retour en France approchait. Une angoisse sourde

jalousies : lamelles de
bois qui permettent de
voir sans être vu
Qu'indique ce **on** ?
savamment : avec
habileté

quel : qui. Interroge sur
la nature de la personne
plutôt que sur l'identité
*Pourquoi s'agit-il plus
vraisemblablement d'une
musicienne ?*

bronzé : d'un brun doré

jeu : d'abord Jean Loup
n'avait pas pris tout cela
au sérieux ; c'était un
passe-temps
qu'il n'allât : sans qu'il
aille (style recherché)
(imparfait du subjonctif
d'*aller*)
De quelles fêtes s'agit-il ?
filigrané : fait de fils
d'or entrelacés
**s'entrebâillait,
reparaissait :** imparfait
dit « historique » ou
« pittoresque ». *Quel
temps remplace-t-il ici ?*

Le sens est-il négatif ?
épris : amoureux

fussent : imparfait du
subjonctif **d'être**
cognac : indique la
couleur de la pierre.
Quelle est cette couleur ?

étreignait Jean Loup. Ce jour-là, il écoutait précisément les ADIEUX À L'ÎLE. Le désespoir l'anéantissait. Il lui semblait que le monde entier se décomposait autour de lui, tandis que se préparait l'orage. Épuisée, la musique s'était tue. Soudain, la foudre brilla derrière la villa. Le tonnerre claqua. Un coup de vent arracha tout sur son passage. Dans un grand bruit, la fenêtre mystérieuse s'ouvrit à deux battants : la musicienne apparut ; elle était là, debout dans l'encadrement, plutôt petite, très mince, dans une robe jaune, les mains jointes ; elle portait le bracelet d'or, la bague de citrine ; deux longues nattes de jais° lui descendaient jusqu'aux hanches ; deux yeux noirs, grands ouverts, humides et doux comme ceux des biches°, le fixaient avec effroi ; le nez et la bouche étaient cachés derrière un masque de soie jaune. Elle poussa un petit cri, et tomba. Une grosse femme de couleur ferma la fenêtre en jetant un coup d'œil farouche à Jean Loup. Sous la pluie d'orage, il se retira.

Le lendemain, lorsque Jean Loup revint, toute une foule entourait la villa : messieurs en complet sombre, dames et jeunes filles en robe noire, écharpe blanche, une seule grosse natte dans le dos ; on chargeait sur un camion un cercueil recouvert d'un voile blanc, entouré de gerbes de fleurs blanches. Aucun doute n'était possible : elle était morte. Un jardinier qui réparait les dégâts° causés par l'orage, lut sur son visage et lui dit : « C'est la petite lépreuse. »

Jean Loup n'eut pas le courage de retourner au square. Il termina son séjour comme un automate. Ses chefs et ses camarades se demandaient avec inquiétude ce qu'il avait et craignaient le fameux « coup de bambou° ». Arrivé en France, Jean Loup ne vint pas ici, mais se rendit à Lyon, chez son père. Il m'écrivit une lettre désespérée. J'allai le voir. Visiblement, il faisait une dépression nerveuse : il voulait quitter l'armée, retourner là-bas faire une enquête ; il parlait de se tuer pour la rejoindre ; il s'estimait responsable de sa mort. Je le confiai à l'un de mes excellents confrères qui possède une petite clinique dans la Drôme. J'allai l'y voir quelquefois. Il se rétablissait°, reprenait goût à la vie, faisait de la peinture. Il envisageait de solliciter° une mise à la retraite proportionnelle pour entrer chez un éditeur d'art. Je n'avais plus d'inquiétude au sujet de mon ami, lorsque je reçus de mon confrère un télégramme : Jean Loup était mort.

Je me rendis en toute hâte dans la Drôme. Là j'appris les circonstances étranges qui avaient entouré la fin de notre camarade. Il était à la clinique depuis six mois. C'était le plus agréable des malades. Il suivait bien son traitement, voulait guérir. À table, il entretenait la conversation générale, disait un mot aimable à chacun, ne rabrouait personne, ne parlait jamais de lui-même ; il n'écoutait que rarement de la musique ; il peignit

jais : pierre d'un noir luisant. Comparaison elliptique
biche : femelle du cerf. La biche a de grands yeux doux.

dégâts : dommages

avoir le coup de bambou : souffrir d'une fatigue extrême qui peut aller jusqu'à la folie

se rétablir : aller mieux, guérir

solliciter : demander (à une autorité, une administration, etc.)

beaucoup, assez agréablement ; il ébauchait des projets d'avenir. Un dimanche après-midi, l'assistante de mon confrère avait amené une jeune étrangère qu'elle avait présentée comme° une étudiante en médecine que lui avait recommandée son ancien « patron° ». Elle désirait voir un établissement psychiatrique fran- 5 çais. Mon confrère lui avait fait visiter sa clinique, lui avait donné quelques explications sur ses méthodes, des précisions sur les résultats des cures° sur les origines sociales de ses clients, sur les difficultés de leur réintégration à la vie active ; et surtout il avait observé la visiteuse : plutôt petite, très mince, la peau 10 légèrement bronzée, le visage encadré de deux longues tresses nattées, de grands yeux humides, un bracelet d'or filigrané au bras, une grosse pierre jaune au doigt, elle avait remué en lui de vagues souvenirs°. Avant de la reconduire au train, l'assistante avait voulu lui offrir une tasse de thé au salon. L'étrangère 15 disposait encore de quelques minutes. Elle s'était assise au piano et avait joué un air exotique, infiniment triste, envoûtant°. Soudain, un grand cri avait retenti dans le couloir. On avait trouvé Jean Loup, la face contre le dallage°, les bras en croix°. On s'était vainement empressé autour de lui. L'étrangère avait 20 disparu.

comme : indique ici à quel titre l'étrangère avait été présentée
patron : nom donné par les étudiants en médecine à leurs professeurs, chefs de clinique, etc.
cure : traitement médical d'une certaine durée

Expliquez.

envoûtant : ensorcelant, comme magique

dallage : sol fait de dalles (carreaux de pierre, de marbre, ou autres matériaux durs
bras en croix : écartés, perpendiculairement au corps (formant ainsi une croix)

Étude et exploitation du texte

1. Par quels procédés l'auteur garantit-il l'authenticité de son récit ?
2. Analysez les deux parties du texte : la première que l'auteur tient de Jean Loup, la deuxième qu'il tient d'un confrère. Résumez chacune des deux parties en une ou deux phrases.
3. Quel est le sens des mots **résistant, déportation, collaborer,** dans le contexte de la Deuxième Guerre mondiale ? Que nous apprennent les noms de Klein et Dreyfus sur ces deux camarades ?
4. Qu'apprenons-nous dès le début sur la personnalité de Jean Loup ? Ces précisions sont-elles nécessaires ? Montrez en quoi il est différent de ses camarades.
5. Pourquoi la jeune fille ne se laisse-t-elle pas voir ? À quel moment du récit le devinez-vous ?
6. Quelle est la profession du narrateur ? Comment le savons nous ?
7. Pourquoi Jean Loup est-il placé dans une clinique psychiatrique ?
8. Pouvez-vous expliquer le dénouement de ce récit ? Qui est cette jeune femme ? À quels détails le devinez-vous ? Que vient-elle faire ? Pourquoi l'auteur n'est-il pas plus explicite ?
9. L'histoire se situe à Madagascar. Que nous apprend le texte sur cette île ? (climat, végétation, population, etc.)

Vocabulaire

Expressions idiomatiques

A. *Combinez les verbes de la liste A avec les noms de la liste B pour en faire des expressions idiomatiques :*

A	B
faire	sa retraite
jeter	un cours
pousser	la sieste
mener	un coup d'œil
suivre	une enquête
prendre	une dépression nerveuse
entretenir	un cri
	un traitement
	demi-tour
	la conversation

Le préfixe *co-* (*com-, col-, con-, cor-*)

Un **condisciple** est un camarade d'étude (du latin *discipulus*, élève)

B. *Dites ce que c'est que :*

un confrère	un collègue
un commensal (lat. mensa, table)	un coréligionnaire
un compatriote	un collaborateur (lat. laborare, travailler)
un convive	un codétenu
un conjoint	un colloque (latin loqui, parler)
un combat	un concours

Quel est le sens du préfixe **co- (com-, col-, con-, cor-)**, (latin **cum**) ?

Le préfixe *re-*

— Le lendemain, lorsque Jean Loup **re**vint…
— Avant de la **re**conduire au train…
— Un jour, au moment de **re**tourner à son travail…

Le préfixe **re-** peut :

i) avoir une valeur **itérative** (répétition de l'action) ;
ii) exprimer l'idée d'un mouvement de **retour** ;
iii) avoir perdu toute valeur, ou n'avoir plus qu'une valeur faible (c'est alors un préfixe **mort**).

C. *Dans les phrases suivantes, dites quelle est la valeur du préfixe re- :*

1. Un après-midi, en partant, il oublia de **re**mettre son message.
2. Il se crut trop âgé pour **re**prendre ses études.
3. Quelques minutes après, le bras **re**paraissait, orné du bijou.
4. Bien vite, il voulut **re**prendre son enquête.
5. Peut-être **re**voyez-vous Jean Loup.
6. La fenêtre se **re**ferma, et l'enchantement de la musique **re**prit.

7. Il parlait de se tuer pour la **re**joindre.
8. C'était une étudiante en médecine que lui avait **re**commandée son ancien « patron ».
9. Jamais il ne **re**çut d'autre réponse qu'une musique passionnée.
10. Sous la pluie d'orage, il se **re**tira.

Les faux-amis

On appelle **faux-amis** les mots anglais et français qui sont de même origine et qui se ressemblent par la forme, mais qui ont un sens différent dans les deux langues. Par exemple, le mot anglais *journey* ressemble au mot français **journée**, mais n'a pas le même sens. Ce sont des faux-amis.

D. *Donnez le sens le plus courant des faux-amis suivants :*

journey——journée	*to demand*——demander
library——librairie	*in effect*——en effet
injury——injure	*to rest*——rester
opportunity——opportunité	*diet*——diète
to use——user	*large*——large
to deceive——décevoir	*issue*——issue
actually——actuellement	*to achieve*——achever
confused——confus	

Quelques faux-amis : to advertise, to appoint, to attend, content, delay, distraction, eventually, evidence, fastidious, grief, to harass, inconvenient, injure, labour, large, lecture, malice, nonsense, phrase, prejudice, presently, to regard, sensible, support, trivial, trouble.

Les mots qui suivent sont des **faux-amis partiels**. Ils ont le même sens dans les deux langues, mais ils ont également un autre sens.

E. *Indiquez ce deuxième sens :*

étranger	a) *stranger* b)	*to apply*	a) appliquer b)		
rendez-vous	a) *rendezvous* b)	*used*	a) usé b)		
hasard	a) *hazard* b)	*chance*	a) chance b)		
souvenir	a) *souvenir* b)	*to pretend*	a) prétendre b)		
occasion	a) *occasion* b)	*traffic*	a) traffic b)		

Quelques faux-amis partiels : abuse, anxious, barber, concern, confidence, dispute, experience, fatal, figure, formal, graduate, grand, nervous, to realize, particular, piece, positive, to resign, responsible, to return.

F. *Complétez les phrases suivantes par un équivalent du mot anglais donné :*

1. Pierre continue de défaire le câble. Il＿＿＿＿＿＿(*pretends*) ne pas voir Lucien.
2. C'est une journée consacrée à l'évocation des＿＿＿＿＿＿(*memories*) de notre jeunesse.

3. Avec sa peau bronzée et ses grands yeux humides, il était évident qu'elle était_____(*a foreigner*).

4. Ève n'avait rien mangé depuis deux jours. Le docteur l'avait mise au (à la) _____(*diet*).

5. Elle_____(*claims*) qu'elle ne s'appelle pas Amned, mais que_____ (*actually*) elle est mariée avec un négociant en tissus.

6. Un jour, par_____(*chance*), Jean Loup entendit une musique délicieuse qui venait d'une villa de brique.

7. Chaque fois qu'il en avait l'_____(*opportunity*), Jean Loup allait s'asseoir dans le square, en face de la villa.

8. Le médecin ordonna l'_____(*application*) de plantes médicinales.

9. Pierre est bien tranquille. Il n'a personne_____(*to support*).

10. Jean Loup voulait obtenir une retraite proportionnelle. Il comptait faire une _____(*application*) en sortant de la clinique.

11. Lucette ne veut pas être_____(*sensible*). Elle n'est encore qu'une enfant gâtée.

12. Venez vite ! Il y a eu un accident_____(*fatal*).

13. La plupart des étudiants n'_____(*attend*) qu'à une partie des_____ (*lectures*).

14. Mon mari va chez le_____(*barber*) tous les quinze jours.

15. Autrefois, les_____(*barbers*) ne se contentaient pas de raser la barbe de leurs clients. Ils pratiquaient aussi certaines opérations chirurgicales.

16. Certains ont beaucoup de_____(*trouble*) à_____(*get used*) au climat.

17. Plus le moment du retour approchait et plus Jean Loup se sentait_____ (*miserable*).

G. *Choisissez cinq faux-amis et composez des phrases qui en éclairent le sens.*

Distinctions

Demain / le lendemain

— Revenez **demain** à dix heures trente.
— La vieille dame leur a dit : « Revenez **demain** à dix heures trente ».

— **Le lendemain**, lorsque Jean Loup revint, toute une foule entourait la villa.
— La vieille dame leur a dit de revenir **le lendemain**.

Demain c'est le jour qui suit immédiatement le jour où l'on parle, ou celui où est censé parler la personne dont on rapporte les paroles.

Le lendemain c'est le jour qui suit immédiatement le jour dont il est question dans le passé ou dans le futur.

La même distinction existe entre :
hier et **la veille,**
la semaine dernière et **la semaine précédente** ou **d'avant** (le mois, l'année)
la semaine prochaine et **la semaine suivante** ou **d'après** (le mois, l'année)

En passant du discours direct au discours indirect, les repères temporels lexicaux subissent un décalage (le décalage dans les repères temporels verbaux est étudié au chapitre 5) : **demain** devient **le lendemain, hier** devient **la veille,** etc.

A. *Complétez les phrases suivantes selon les indications données :*

Ex. : Sous la pluie d'orage, il se retira. Le lendemain (jour), lorsque Jean Loup revint, toute une foule entourait la villa.

1. « C'est une mauvaise nouvelle, Monsieur. _____(jour) un pêcheur a découvert le corps d'une femme dans la Tamise. »
2. Il lui donna la bague qu'il avait achetée_____(semaine).
3. Un après-midi, en partant, il oublia de remettre son message. Mais il le déposa _____(jour) en venant.
4. « Une insurrection ne se remet pas. C'est pour_____(jour) matin, dix heures. »
5. Le volet s'entrouvrit, une petite main fine saisit le message que Jean Loup avait oublié de remettre_____(jour).
6. Je le confiai à un de mes collègues. _____(mois), j'allai le voir à la clinique.
7. Je reçus un télégramme de mon confrère : Jean Loup était mort_____(jour).
8. À la fin de la guerre, il décida de rester dans l'armée. _____(année) il fut envoyé aux colonies.

Dimanche / le dimanche / un dimanche

— **Dimanche**, j'irai voir Jean Loup. = dimanche prochain
— **Le dimanche**, je vais voir Jean Loup. = tous les dimanches
— **Un dimanche**, j'irai voir Jean Loup. = un dimanche indéfini
— Je suis arrivé dans la Drôme le lundi, **le dimanche** je suis allé voir Jean Loup. = le dimanche de la semaine dont je parle

On fait les mêmes distinctions avec les parties de la journée : **le matin** et **un matin**, **l'après-midi** et **un après-midi**, **le soir** et **un soir**, **la nuit** et **une nuit**.

B. *Ajoutez l'article si vous le jugez nécessaire. S'il y a plusieurs réponses possibles, expliquez les différences de sens :*

1. _____après-midi, il avait pris l'habitude de passer quelques heures sur un banc dans un petit square tranquille.
2. _____après-midi, en partant, il oublia de remettre son message.
3. _____jour, au moment de retourner à son travail, il écrivit sur un morceau de papier ADIEUX À L'ÎLE et déposa son message sur le rebord de la fenêtre.
4. Ce matin-là, Marjorie ferme sa porte et s'en va. _____soir, Peter trouve la maison fermée à clef.
5. _____matin, il travaillait, mais_____après-midi, il lisait et rêvait à l'ombre des jacarandas.
6. _____premier janvier, il monta au square et déposa un petit paquet avec son message.
7. _____dimanche après-midi, l'assistante de mon confrère avait amené une jeune étrangère.
8. On lui avait fait visiter la clinique. _____soir, avant de partir, elle s'était assise au piano et avait joué un air exotique.
9. Quatre mois passent. _____soir, on frappe à la porte.
10. _____jour, Lucette, tu comprendras que c'est ta dot qu'il lui faut !

Qu'est-ce qu'il y a ? / Qu'est-ce que vous avez ?

Qu'est-ce qu'il y a ?   =   *What is the matter ?*
Qu'est-ce que vous avez ?   =   *What is the matter with you ?*

C. *Traduisez les phrases suivantes :*

1. His superiors, his friends, were wondering what was the matter with him.
2. What is the matter? Have you been ill?
3. What is the matter with you, Marjorie? Have you gone mad?
4. I don't know what is the matter with me. I think I am O.K.
5. He couldn't understand what the matter was.

Avoir l'habitude / prendre l'habitude / être habitué /s'habituer

— L'après-midi, il **avait pris l'habitude** de faire la sieste.
— L'après-midi, il **avait l'habitude** de faire la sieste.

— Il ne **s'était** pas **habitué** au climat.
— Il n'**était** pas **habitué** au climat.

prendre l'habitude de faire quelque chose   : **action** + aspect inchoatif
avoir l'habitude de faire quelque chose   : **action** que l'on fait souvent

s'habituer à quelque chose   : **état** + aspect inchoatif
être habitué à quelque chose   : **état** résultant d'une action habituelle

D. *Complétez les phrases suivantes :*

1. Si vous restez longtemps à Madagascar, _____la chaleur.
2. Jean Loup_____faire la sieste l'après-midi.
3. Si tu veux avoir davantage de loisirs, il faut que tu_____travailler plus vite.
4. La chaleur ne la dérangeait pas. Elle y_____.
5. Comme il ne pouvait pas voir la musicienne, il_____lui laisser des petits mots sur le rebord de la fenêtre.

E. *Traduisez les phrases suivantes :*

1. He had got into the habit of spending a few hours sitting on a bench in front of her house.
2. She was in the habit of playing the piano every afternoon.
3. He never did get used to sleeping in the afternoon.
4. My wife is not usually late. She always says where she goes and what she does.
5. I am not used to it.

Revenir / retourner / rentrer

— Le lendemain, lorsque Jean Loup **revint**, toute une foule entourait la villa.
— En **rentrant** de l'école, les enfants trouvent la maison fermée à clef.
— Jean Loup n'eut pas le courage de **retourner** au square.

to return { *to come back* : **revenir**
to come back home : **rentrer** (ou **revenir**)
to go back : **retourner**

F. *Complétez les phrases suivantes :*
1. Jean Loup était désespéré. Il lui faudrait bientôt_____en France.
2. Visiblement, il faisait une dépression nerveuse : il voulait quitter l'armée, _____là-bas, faire une enquête…
3. Sous la pluie d'orage, il_____chez lui.
4. Avant de_____à la gare, elle s'était assise au piano et avait joué quelques airs exotiques.
5. Ses camarades se demandaient pourquoi il_____tous les jours au square.
6. Le soir, Marjorie n'est toujours pas_____. Alors, Peter songe à l'accident.

G. *Traduisez les phrases suivantes :*
1. I thought about all that on my way back from London.
2. He wanted to go back to Madagascar.
3. She will not sleep as long as all the children are not home.
4. I came back because I felt like coming back. That's all. Nothing serious happened to me.
5. When I am in Africa, I feel like coming home. When I am home, I feel like going back to Africa.

Constructions

Se croire, se savoir + adjectif (participe passé ou adverbe)

— Il **se crut** trop **âgé** pour reprendre ses études.
  = il crut qu'il était trop âgé…
— Il **s'estimait responsable** de sa mort.
  = il estimait qu'il était responsable…
— Je ne **le savais** pas **malade**.
  = je ne savais pas qu'il était malade.

Cette construction s'emploie avec le verbe **savoir** et certains verbes d'**opinion** (surtout avec **croire** et **trouver**).

A. *Refaites les phrases suivantes en employant la construction ci-dessus :*
1. Jean Loup crut qu'il était follement épris.
2. Sans l'avoir jamais vue, il devinait qu'elle était très belle.
3. J'aurais cru qu'ils étaient moins difficiles.
4. Je ne savais pas qu'il était parti.
5. Je ne croyais pas que tu étais si bonne musicienne.
6. Il aimait cette musique. Il trouvait qu'elle était triste.
7. On a jugé qu'elle était coupable, puisqu'elle avait commis le crime en toute connaissance de cause.
8. Il savait qu'elle était loin.

L'inversion après certains adverbes

— **Peut-être** revoyez-vous Jean Loup.
— **À peine** Jean Loup était-il arrivé qu'elle se mit à jouer*.

* Notez : à peine… que = *hardly… when*

Après certains adverbes en position initiale, notamment après **peut-être, sans doute, à peine... (que), du moins** et parfois après **aussi** introduisant une conséquence, on fait, en français écrit, une inversion du sujet :

i)   soit une inversion **simple** (pronom personnel placé directement après le verbe ou l'auxiliaire (1er exemple)

ii) soit une inversion **complexe** (substantif devant le verbe, rappelé par un pronom personnel placé après (2e exemple)

En français parlé ou moins élégant, on évite l'inversion :

avec **peut-être** :

— Vous revoyez **peut-être** Jean Loup
— **Peut-être que** vous revoyez Jean Loup.
— Vous revoyez Jean Loup, **peut-être**.

avec **sans doute** :

— Il s'était **sans doute** trompé de jour.
— Il s'était trompé de jour, **sans doute**.

avec **à peine** :

— Il était **à peine** arrivé **qu**'elle se mit à jouer.

avec **aussi** et **du moins** :

— C'était le plus agréable des malades. **Aussi**, tout le monde l'aimait.

B.   *Refaites les phrases suivantes en effectuant une inversion :*
1. Il l'avait à peine aperçue qu'une grosse femme de couleur ferma la fenêtre.
2. Il était sans doute retourné chez son père.
3. Il pouvait à peine contenir son impatience.
4. Peut-être que le bracelet ne lui plairait pas.
5. La tête lui a sans doute tourné.
6. Peter ne pourra peut-être pas reprendre le dessus.
7. On m'appela en toute hâte. Jean Loup allait plus mal, sans doute.
8. Elle avait à peine fini de jouer qu'un grand cri avait retenti dans le couloir.
9. On pouvait du moins espérer qu'il reprendrait goût à la vie.
10. Vous connaissez l'Afrique, peut-être.

Si + **adjectif ou adverbe** + *que* + **subjonctif**

— Elle lui jouait tous les morceaux qu'il demandait, **si** difficiles **qu**'ils **fussent** (langue courante : **qu**'ils **soient**). = quel que soit le degré de difficulté

Si... que introduit une proposition concessive* impliquant une idée de degré variable.

*Une proposition concessive oppose un deuxième fait à un premier fait qui aurait dû être empêché par le deuxième. Le fait que les morceaux étaient difficiles aurait dû empêcher la musicienne de les jouer, mais ce n'est pas le cas.

C.   *Refaites les phrases suivantes en employant si... que + subjonctif présent :*
1. J'avais beau marcher longtemps, je ne voyais pas le plus petit rayon de soleil.
2. Il était très inquiet, mais il ne voulait pas le montrer aux enfants.
3. Il aura beau faire son devoir honorablement, il ne sera jamais que lieutenant.
4. Même si vous vous croyez trop âgé, il n'est pas trop tard pour reprendre vos études.

5. Même s'il faisait très chaud, il allait passer l'après-midi dans le petit square.
6. Je résolus de ne pas pénétrer dans la bibliothèque, même si cela me paraissait très bizarre.

D'entre + **pronom personnel**

     — Personne **d'entre vous** n'a pensé à Jean Loup.

Devant un pronom personnel, on emploie **d'entre** après :

i) un **nombre** :
     — *Deux* **d'entre** *nous* sont morts en déportation.

ii) **combien, plusieurs, quelques-uns, certains, beaucoup, la plupart, peu, personne** :
     — *La plupart* **d'entre** *eux* faisaient la sieste.

iii) un **pronom démonstratif** :
     — Je répète pour *ceux* **d'entre** *vous* qui n'ont pas compris.

iv) un **pronom interrogatif** ou un **superlatif** (excepté si le pronom personnel est accompagné de **tous**) :
     — Jean Loup était *le plus sentimental* **d'entre** *nous*.
     — Jean Loup était *le plus sentimental* de *nous tous*.

D. *Complétez en employant* **d'entre** *s'il y a lieu* :
1. Trois_____nous ont été tués à la guerre.
2. La plupart_____eux l'aimaient.
3. Lesquels_____vous jouent du piano ?
4. C'était le plus intelligent_____nous tous.
5. Plusieurs_____vous connaissent Jean Loup.
6. Combien_____eux ont pris leur retraite ?
7. Il ne s'était lié qu'avec ceux_____nous qui aimaient la musique.
8. Auquel_____eux faut-il s'adresser ?

E. *Traduisez* :
1. After the war, many of them stayed in the army.
2. Most of us remember Jean Loup.
3. None of us remember him.
4. All of us remember him.
5. Few of us remember him.
6. He called to mind those among them who had died.
7. Which one of you has sent the telegram?
8. There were twenty-six of us.

Ni

Ni est une conjonction à valeur négative qui coordonne des mots ou des propositions.
Ni, dans un contexte négatif, a le même sens que **et** ou **ou** dans un contexte positif.

     — Il se confiait à ses chefs **et** à ses camarades.
     — Il ne se confiait **ni** à ses chefs **ni** à ses camarades.

— Elle se rendra ici **ou** à Lyon.
— Il ne se rendra **ni** ici **ni** à Lyon.

Ni ne peut coordonner que des termes de même nature grammaticale (adjectifs, noms, infinitifs, participes...) :

— La musicienne ne lui paraissait **ni** indifférente **ni** cruelle. (deux adjectifs)

mais : — La musicienne ne lui paraissait **pas** cruelle et elle **ne** refusait **jamais** de lui jouer ce qu'il voulait. (adjectif, proposition)

Ni peut s'employer devant chaque terme, ou à la suite de **ne... pas** :
— Il **ne** se confiait **pas** à ses chefs **ni** à ses camarades.
— Il **ne** se confiait **ni** à ses chefs **ni** à ses camarades (notez le **ne** devant le verbe).

Lorsque les deux termes sont sujets, on emploie **ni... ni** :
— **Ni** ses chefs **ni** ses camarades ne savaient ce qu'il avait.

REMARQUES : a) Si les deux sujets sont singuliers, le verbe se met au singulier ou au pluriel selon que le procès peut s'appliquer aux deux sujets à la fois ou à un seul :

— Ni son ami ni son père n'**était inquiet**, ou n'**étaient inquiets** (ils peuvent être inquiets tous les deux à la fois).
— Ni Pierre ni André n'**est** son mari (un seul peut être son mari).

Lorsque les sujets sont des pronoms personnels :
toi (vous) + **lui (elle, eux, elles)** = **vous** : Ni toi ni lui ne la **connaissez.**
moi + **toi (vous, lui,** etc.**)** = **nous** : Ni toi ni moi ne la **connaissons.**

b) Les articles indéfinis et partitifs sont omis avec **ni... ni :**
— Il a **des** frères et **des** sœurs. (indéfini)
Il n'a ni frères ni sœurs.
— Voulez-vous **du** thé ou **du** café ? (partitif)
Ni thé ni café, merci.

F. *Mettez les phrases suivantes au négatif en employant **ne pas... ni** ou **ni... ni** toutes les fois que c'est possible :*

1. Elle reviendra aujourd'hui ou demain.
2. Ils ont un chien et un chat.
3. Le volet se referma et la musique commença.
4. Il croyait qu'elle était vivante et qu'il la reverrait un jour.
5. Ève réussit à s'appuyer et à se raccrocher à la table.
6. Il est là pour lire le journal ou pour attendre l'autobus.
7. Le jardinier et les gens qui entouraient la villa savaient que Jean Loup était amoureux de la petite lépreuse.
8. Lui et moi avions de l'inquiétude à son sujet.
9. Elle était jolie et elle jouait bien du piano.
10. L'étrangère était petite et mince.

Langue et style

Les aspects (le lexique, les temps)

Il n'est pas toujours nécessaire d'employer un semi-auxiliaire pour exprimer certains aspects. **Le lexique** fait parfois la différence entre l'aspect **inchoatif** et l'aspect **duratif**, c'est-à-dire entre l'action qui commence et celle qui dure :

inchoatif	duratif
s'endormir	dormir
s'envoler	voler
éclater en sanglots	pleurer

A. *Remplacez les verbes indiqués par un autre verbe exprimant l'aspect inchoatif :*

1. Lorsqu'il **fut assis** sur son banc, le volet s'ouvrit lentement.
2. La fenêtre mystérieuse **est ouverte.**
3. Elle **portait** un foulard et un imperméable bleu.
4. L'homme **est debout**, une foule **est autour** de lui.
5. Lucette **est agenouillée** près du lit de sa sœur et **pleure.**
6. L'homme **est près** de Pierre et il lui **parle.**
7. Il **avait** l'habitude de passer quelques heures sur un banc.
8. Il **était retraité**.

L'aspect accompli et non accompli

Aux formes simples des verbes qui décrivent le procès **non accompli** (en train de s'accomplir*), correspondent des formes composées qui décrivent le procès dans son aspect terminé, **accompli** :

non accompli	accompli
Elle **joue** du piano	Elle **a joué** du piano
Elle **jouait** du piano	Elle **avait joué** du piano
Elle **jouera** du piano	Elle **aura joué** du piano

*Le procès peut être en train de s'accomplir au moment où l'on parle ou dont on parle, ou s'accomplir de façon intermittente :

Elle **joue** du piano

{ She **is playing** the piano (at this moment)
{ She **plays** the piano (occasionally)

B. *Complétez les phrases suivantes au moyen des verbes donnés en exprimant a) l'aspect non accompli, b) l'aspect accompli :*

rentrer :
a) Revenez plus tard, nous_____vers six heures.
b) Revenez à huit heures, nous_____.

finir :
a) Quand il arriva, elle_____de jouer.
b) Quand il arriva, elle_____de jouer.

lire :
a) Ne me dérangez pas, je_____.
b) Je connais cette histoire, je l(a)_____quelque part.

jouer :
a) Quand je_____du piano, j'aime qu'on m'écoute.
b) Quand je_____du piano, je fais mes devoirs.

arriver :
a) Quand il_____à Lyon, il cherchera du travail.
b) Quand il_____à Lyon, il cherchera du travail.

réparer :
a) Il interrogea un jardinier qui_____les dégâts causés par l'orage.
b) Il paya le jardinier, qui_____les dégâts causés par l'orage.

La simultanéité

Lorsque deux ou plusieurs actions ont lieu en même temps, il y a entre elles un rapport de **simultanéité**. Ce rapport peut s'exprimer par :

i)   le **gérondif** (**en** + forme verbale en **-ant**), si les actions sont faites par le **même sujet**. Il exprime une action secondaire simultanée à côté de l'action principale :
        — Un après-midi, **en partant** (action secondaire), il oublia de remettre son message (action principale).

Tout suivi du **gérondif** :
        renforce la simultanéité de deux actions :
        — Il se retourne **tout en s'éloignant**.
        ou indique une nuance d'opposition :
        — **Tout en pleurant**, elle lui souriait.

En est parfois omis. Le rapport de simultanéité est alors moins fort :
        — Et voilà qu'un jour, **jouant** à la marchande avec sa mère, la fillette dit tout à coup : « Ça, ça coûte trois roupies ? »

ii) certaines **conjonctions** :
        — **quand, lorsque**, qui désignent généralement une action-point (localisée dans le temps, sans aucune notion de durée)

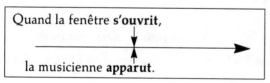

        — **comme**, qui indique qu'une action-ligne (vue dans son déroulement, sans en considérer le début ni la fin) est interrompue par une action-point :

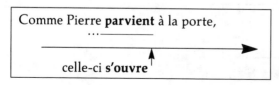

— **pendant que, tandis que, aussi longtemps que, tant que,** etc., qui désignent d'ordinaire une action ligne :

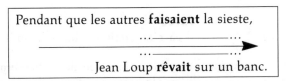

Pendant que les autres **faisaient** la sieste,

Jean Loup **rêvait** sur un banc.

— la locution conjonctive (**au fur et**) **à mesure que**, qui exprime la simultanéité dans la progression :

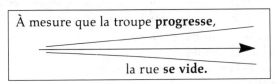

À mesure que la troupe **progresse,**

la rue **se vide.**

C. *Refaites les phrases suivantes en exprimant un rapport de simultanéité :*

1. Il vint le lendemain et déposa son message.
2. La grosse femme de couleur ferma la fenêtre et lui jeta un coup d'œil farouche.
3. L'orage se préparait, il lui semblait que le monde entier se décomposait autour de lui.
4. Elle poussa un petit cri et tomba.
5. Jean Loup arriva en France. Il ne vint pas ici, mais se rendit à Lyon.
6. On s'empressa autour de lui. L'étrangère avait disparu.
7. Plus le temps passait, plus son angoisse grandissait.
8. J'arrivai. Jean Loup était mort.
9. Je traversai toute la bibliothèque et je hurlai en même temps du haut de mon balcon.
10. Elle jouait, il rêvait, assis sur son banc.
11. Plus André parlait, plus le visage de Lucette s'éclairait.
12. Le lendemain, Jean Loup revint. Toute une foule entourait la villa.

L'antériorité dans la subordonnée

Avec les propositions conjonctives marquant l'antériorité introduites par **quand, lorsque, après que, dès que, aussitôt que, sitôt que, à peine... que, une fois que** on a les correspondances suivantes :

proposition subordonnée (procès antérieur)	**proposition principale** (procès postérieur)
passé composé Quand elle **a fini** de jouer,	**présent** il **part.** (action habituelle)
plus-que-parfait Quand elle **avait fini** de jouer,	**imparfait** il **partait.** (action habituelle)

| **passé antérieur** | **passé simple** |
| Quand elle **eut fini** de jouer, | il **partit**. (action isolée) |

| **futur antérieur** | **futur** |
| Quand elle **aura fini** de jouer, | il **partira**. (action habituelle ou isolée) |

Dans la langue courante où le **passé composé** s'emploie à la place du passé simple, le rapport d'antériorité se marque dans la subordonnée par le **passé surcomposé** :

— Quand elle **a eu fini** de jouer, il **est parti**.

D. *Refaites les phrases suivantes en exprimant a) la simultanéité ; b) la succession au moyen d'un participe ou de **après** (voir p. 106) ; c) la succession au moyen d'une proposition conjonctive :*

1. Jean Loup rentra des colonies et se rendit chez son père.
2. Marjorie est partie et elle a oublié sa famille.
3. Il déposera un billet sur le bord de la fenêtre et il partira.
4. La musique s'arrêtait et il se retirait.
5. Les miliciens s'éloignent, et les gens ressortent dans la rue.

Emploi des temps avec *depuis* et *il y a (il y avait)*... que

i)   — Marjorie et Peter **habitent** ce pavillon depuis quinze ans.
        — Il y a quinze ans que Marjorie et Peter **habitent** ce pavillon.

        — Jean Loup **était** à la clinique depuis six mois, quand je reçus un télégramme de mon confrère.
        — Il y avait six mois que Jean Loup **était** à la clinique, quand je reçus un télégramme de mon confrère.

On emploie le **présent** avec **depuis** ou **il y a** + **une indication de temps** pour indiquer qu'une action ou un état commencé dans le passé continue encore dans le présent :

Marjorie et Peter **habitent** ce pavillon

```
┌──────────────────────────┐ ┌ ─ ─ ─ ┐
│    depuis quinze ans.     │ │ présent │──────▶
└──────────────────────────┘ └ ─ ─ ─ ┘
```

On emploie l'**imparfait** avec **depuis** ou **il y avait** + **une indication de temps** pour indiquer qu'une action ou un état commencé dans le passé continuait encore à un moment déterminé du passé :

Jean Loup **était** à la clinique...

```
┌──────────────────┐
│   depuis 6 mois   │        présent ──────▶
└──────────────────┘
       quand je reçus ↑
un télégramme de mon confrère.
```

ATTENTION : Pour les phrases négatives, voir p. 50.

REMARQUES : a) L'indication de temps peut être :

une durée : depuis quinze ans, il y a quinze ans
ou
un point de départ : depuis ce matin

b) L'action (ou l'état) peut être :
continue : il dort depuis une heure (il y a une heure qu'il dort).
ou
intermittente : il l'empoisonne depuis des mois.

ATTENTION : **depuis** s'emploie pour une durée ou un point de départ,
il y a, pour une durée seulement (voir p. 121)

ii)   — Marjorie **a disparu** depuis cinq semaines.
— Il y a cinq semaines que Marjorie **a disparu**.

— Marjorie **avait disparu** depuis cinq semaines quand, un soir, un policier s'est présenté à la porte du pavillon.
— Il y avait cinq semaines que Marjorie **avait disparu**.

On emploie le **passé composé**, ou le **plus-que-parfait** avec **depuis** ou **il y a** + **une indication de temps** lorsque le verbe ne présente pas d'aspect duratif. (**Disparaître** ne peut pas exprimer de durée.)

Marjorie **avait disparu**   Marjorie **a disparu**

| depuis 5 semaines ⟶ | depuis 5 semaines ⟶

quand un policier s'est présenté†   quand un policier se présente†

E. *Expliquez l'emploi des temps dans les phrases suivantes :*
1. Il y avait quatre ans qu'Erika **était morte**. Nous vivions en paix.
2. Depuis sa retraite, il **habitait** Lyon.
3. Les miliciens n'**ont** pas **cessé** de défiler depuis ce matin.
4. Il y a quatre mois que Marjorie **est partie**.
5. Il y a quatre mois que son mari ne **travaille** pas.
6. Depuis que je l'ai laissée tomber, ma montre **retarde** de cinq minutes.
7. Depuis que je l'ai laissée tomber, ma montre **s'est arrêtée**.
8. J'ai vu Paulo ce matin. Je ne l'**avais** pas **rencontré** depuis plusieurs jours.

F. *Complétez les phrases suivantes en employant les mots donnés entre parenthèses et la construction avec* **depuis** *ou* **il y a** :
1. Jean Loup_____quand le hasard d'une nomination l'envoya aux colonies (être dans l'armée/un an).
2. Après la guerre, il était parti aux colonies_____(longtemps/on/ne pas le voir).
3. « _____ ? » demande le policier à Peter (combien de temps/votre femme/disparaître).
4. Quand je suis arrivé dans la Drôme, Jean Loup_____ (être mort/la veille).
5. « _____ », dit Ève à André (des mois/je/te/voir faire).
6. Peter et Marjorie_____quand elle a disparu sans laisser de traces. (habiter/Londres/quinze ans).

G. *Traduisez les phrases suivantes :*
1. He had been sitting on the bench for a few minutes when she started playing.
2. How long has Eve been dead?
3. Since I bought a map, I don't take the wrong streets any more.
4. She has been gone a long time, hasn't she?
5. He had been lining up for a few minutes when the door opened.

6. She had been married for two years, and I had not seen her since.
7. For years he has been going to see his father on Sundays.
8. Since his fall, Erik could not walk without crutches.

Traduction

Perhaps you remember Lucette: a pretty girl, rather small, very thin... She often wore a gold bracelet and a ring with a large yellow stone. She loved music and played the piano like an artist.

She was fifteen when her mother died. Her father was a lieutenant in the colonial army and was sent to Madagascar. She had no trouble finding a job as a teacher in a music school. She had been working there for five years when her father retired. As he had never been able to get used to the climate, he went back to France. She went to live at her sister's, who had just got married. She had not seen her for five years.

She soon realized that her brother-in-law did not love his wife. She suspected him of having married her for her dowry. There was something strange in his behaviour. On Sundays, he would disappear for hours with his colleagues, and sometimes he didn't come back before the next morning. His wife was wondering what was the matter with him, but, unhappy though she might be, she never complained.

Composition

La lettre familière

A. *Vous écrivez une lettre à un(e) ancien(nne) camarade de lycée pour lui parler d'une de vos condisciples. Suivez le plan et les indications données.*

Date

Mon cher ami, Cher Lucien, Ma chère Marjorie, etc.

Je t'écris pour t'annoncer une triste nouvelle.
Tu te souviens peut-être de Lucette Charlier :

Une fille...	description de Lucette	(imparfait)
En sortant du lycée...	qu'a-t-elle fait ? études, voyages emplois, etc.	(passé composé)
À vingt ans elle s'est mariée...	nom, description du mari profession situation sociale	(imparfait)
	départ pour Madagascar raison du départ	(passé composé) (imparfait)
Il y a six mois...	détails sur leur vie	(imparfait)
	maladie soudaine et mort de Lucette	(passé composé)

Terminez la lettre par quelques réflexions sur l'effet qu'a eu sur vous la mort de votre amie. Donnez et demandez quelques nouvelles personnelles et terminez par une formule familière : Je t'embrasse, à bientôt, avec toute mon amitié, etc.

Chapitre 7

Le petit homme

Jean Hamelin

banlieusard : quelqu'un
qui habite la banlieue
d'une grande ville
point : pas (moins
fréquent)

bondé : plein

retardataire : quelqu'un
qui arrive en retard
matinal : qui se lève tôt

perspicace : pénétrant
repérer : remarquer,
reconnaître
arpenter : parcourir à
grands pas

cela va de soi : c'est tout
naturel
quotidiennement :
chaque jour
cueillir : surprendre
griller (une cigarette) :
fumer

Le train entre en gare à sept heures quarante-huit. C'est le plus long de tous ceux qui, chaque matin, transportent les banlieusards° au cœur de la ville. Il y a certes le train de sept heures vingt-deux, qui est presque aussi long. Il y a aussi le train de huit heures vingt-huit, dont l'importance n'est point° à dédaigner. Mais il est généralement admis, sans discussion possible, que c'est au train de sept heures quarante-huit que le quai de la gare est le plus bondé°. De gens qui travaillent dans les grands bureaux, dans les grands magasins, dans les grandes entreprises commerciales. Comme le train arrive au centre de la ville à huit heures douze, les banlieusards qui commencent à huit heures trente ont juste assez de temps pour rejoindre, à pied ou en autobus, leurs bureaux, leurs magasins, leurs maisons d'affaires.

Évidemment, il y a les retardataires°. Ceux qui, s'ils étaient plus matinaux°, c'est-à-dire moins paresseux, pourraient, en se levant un peu plus tôt, attraper le train de sept heures vingt-deux. Car il n'y a pas de doute que si tous les voyageurs qui doivent prendre le train de sept heures vingt-deux le prenaient et non le train de sept heures quarante-huit, ce serait le train de sept heures vingt-deux qui serait le plus long ; c'est alors que le quai de la gare serait le plus bondé et non une demi-heure plus tard. Les retardataires, ce sont toujours les mêmes, naturellement. Surtout des jeunes filles. L'œil perspicace° les repérera° facilement. À la nervosité qui les habite lorsqu'elles arpentent° le quai, croyant toujours ou feignant de croire que c'est le train de sept heures quarante-huit, et non elles-mêmes, qui est en retard. Des jeunes filles, mais aussi des dames, et parmi celles-ci beaucoup de jeunes dames.

Car, cela va de soi°, les vieilles dames et les vieilles demoiselles qui prennent quotidiennement° le train de sept heures quarante-huit ont des habitudes de ponctualité depuis longtemps enracinées. Et ce ne sont pas elles que l'on pourrait cueillir° au lit, grillant° une première cigarette, ou buvant placidement un jus d'orange de conserve, lorsque le réveil marque sept heures ou sept heures dix. Le temps de faire taire le réveil, de se lever, de quitter le pyjama, de se brosser les dents, de faire chauffer le café, le plus souvent décaféiné, d'avaler deux minces toasts

à peine beurrés, à cause de la ligne°, il y en a même qui les
font sur des tranches de pain de blé entier, le temps de se vêtir,
de se maquiller°, d'appliquer le rouge à lèvres, de sortir en vitesse,
de marcher précipitamment sinon de courir vers la gare, tout
cela est, somme toute°, très long. Mais si nombre de° ces jeunes   5
filles ou jeunes dames ont mauvaise conscience en prenant le
train de sept heures quarante-huit, alors que si elles se
dépêchaient un peu plus, elles pourraient facilement attraper
celui de sept heures vingt-deux, il faut dire que chez certaines
autres aucun sentiment de nervosité, aucune mauvaise   10
conscience ne sont discernables. Elles se sont fait de longtemps°
une philosophie du retard qui est devenue pour elles comme
une seconde nature. Et ce qui serait vraiment anormal pour elles,
ce serait qu'on les vît arriver pour une fois à l'heure à leur
bureau ou à leur magasin.   15

Tous n'ont pas cette placidité. Il y en a, au contraire, qui chaque
matin ont la hantise° de manquer le train de sept heures quarante-
huit. Ce sont surtout, chose curieuse, des Anglais, sans doute
parce qu'ils ont des affaires plus importantes à traiter. De grands
Anglais maigres et osseux, aux dents longues et jaunes, aux   20
chapeaux informes, aux imperméables fripés°, dont le visage
s'agrémente souvent de lunettes qui paraissent de tout temps
avoir fait corps avec° leurs longues oreilles décollées, leur nez
maigre et pointu, leurs pommettes saillantes, leurs lèvres gonflées comme par un perpétuel mal de dent. Si bien que s'il leur   25
arrivait la fantaisie de les enlever, leurs lunettes, ce qu'ils doivent
faire sans doute avant de se mettre au lit, ils ne se reconnaîtraient
plus. Mais heureusement ces Anglais ne se regardent jamais dans
la glace. Peut-être° se feraient-ils peur à eux-mêmes, eux qui
n'ont peur de rien, sinon de rater° leur train ? Car à peine le   30
quai s'est-il vidé après le départ du train de sept heures vingt-
deux qu'on voit arriver à longues foulées° les avant-coureurs
du contingent°, leur journal anglais sous le bras. À sept heures
trente, ils sont bien une trentaine à se promener flegmatique-
ment° le long du quai. À saluer une connaissance. À parler   35
business avec d'autres Anglais tout° semblables à eux-mêmes.
Ou si par hasard ils se trouvent seuls, ce qui est rare, les Anglais
frayant° habituellement par bandes, à courir aux pages sportives
de leur journal anglais.

Les vieilles dames arrivent un peu plus tard. Les demoiselles   40
d'âge mûr° aussi. Et dès lors s'élève sur le quai un jacassement
strident° et miauleur° qui ferait se demander à un aveugle, si
par hasard il s'en trouvait, mais il ne s'en trouvera jamais, cela
serait trop hors de l'ordinaire, s'il ne serait pas tombé au milieu
d'une assemblée de pies, sinon de chattes enamourées.   45

Les Canadiens français, par contre, ne sont point si pressés.
On les voit arriver par après°, le pas traînard°, la jambe molle.

à cause de la ligne : pour rester mince

se maquiller : mettre de la crème, de la poudre, du rouge, etc., sur le visage
somme toute : tout bien considéré
nombre de : beaucoup de

de longtemps : depuis longtemps

avoir la hantise de : avoir très peur de (au point d'en être obsédé)

fripé : froissé, couvert de plis

faire corps avec : adhérer à

*Notez l'inversion après **peut-être** en tête de phrase.*
rater : manquer
à longues foulées : à grands pas
contingent : effectif des appelés au service militaire pour une période déterminée
Quelle image faut-il voir ici ?

flegmatiquement : avec calme
tout est ici adverbe ; il ne s'accorde pas
frayer : fréquenter, entretenir des relations
Qu'est-ce que l'auteur veut souligner ici ?
d'âge mûr : qui n'est plus jeune
un jacassement strident : un bruit aigu comme des cris de pies (oiseaux bruyants)
miauleur : qui ressemble au miaulement du chat
par après : (can.) après
le pas traînard : sans se presser

Certains même ont l'air rêveur. On dirait qu'ils savourent leurs derniers instants de liberté. Tous ou à peu près travaillent pour des maisons d'affaires anglaises. Ils n'ont pas encore assumé pour la journée leur masque de servitude, quand ce n'est pas de servilité. Ils sont brièvement eux-mêmes, avant d'être aux autres. Yes, sir. No, sir. I'll do that, sir. Of course, sir. Right you are, sir. Thank you, sir. Et ils sortent du bureau du grand patron l'air humble, le bras serrant nerveusement contre leur poitrine une serviette ou un dossier° rempli de documents, pour se remettre, quelques instants plus tard, à taper à la machine, à actionner une additionneuse, à computer des totaux au bout de longues rangées de chiffres bien tassés à l'intérieur de colonnes limitées par de minces raies rouges, bleues ou vertes. Ils n'ont pas de journaux sous le bras, peu d'entre eux en tout cas°.

Chaque matin, cependant, et cela depuis plusieurs mois, la gare était peu avant sept heures quarante-huit le témoin d'un événement, toujours le même, renouvelé de jour en jour, et que certains voyageurs pourraient qualifier d'insolite°. Au moment où le train de sept heures quarante-huit, à vrai dire, il n'était jamais en gare avant sept heures quarante-neuf, voire° sept heures cinquante, entrait dans le champ de vision de toutes ces personnes en position d'attente, et même d'anxiété, et qui arrivait, il faut le dire, à une allure plutôt modérée puisqu'il venait déjà de faire à sept heures quarante-sept ou quarante-huit son arrêt réglementaire à Parc-Royal, au même moment, l'attention de tout ce monde se reportait dans la direction opposée à la marche du train.

Car c'était à ce moment précis qu'apparaissait sur la voie ferrée, marchant précipitamment, courant plutôt sur les rails, un petit homme au poil rare et grisonnant°, au regard soucieux caché derrière d'épaisses lunettes et abrité sous des sourcils broussailleux. Tableau insolite pour plusieurs, tableau hilarant pour d'autres, selon le point de vue de chacun. Car d'une part il y avait ce bolide° de fer, ce monstre d'acier, grondant de toutes ses roues et de toutes ses articulations, mugissant° comme une bête hideuse avec son œil cyclopéen°, et de l'autre venant vers lui, courant vers lui, vers cette machine un peu bien monstrueuse, comme toutes les mécaniques d'invention humaine, il y avait ce petit homme au cheveu rare, au regard embroussaillé, penché perpétuellement vers ces rails dont il sautait une à une les traverses, d'un pied incroyablement agile, et qui chaque matin, depuis bientôt deux ans, fournissait à tous ces voyageurs un élément de curiosité tel qu'ils délaissaient, pour le voir arriver, dans un grand silence qui avait prémonitoirement quelque chose de tragique, leur journal, leurs amis, leurs conversations, et qui de surcroît° leur mettait chaque fois au cœur un sentiment d'angoisse que chacun se plaisait à dissimuler sous une indifférence amusée.

---

dossier : ensemble des documents relatifs à une affaire, une personne, etc.

Qu'est-ce que cela nous laisse supposer ?

insolite : suprenant, extraordinaire

voire : et même

au poil rare et grisonnant : qui a peu de cheveux (ceux-ci sont plutôt gris)

bolide : véhicule de grande vitesse
mugir : faire entendre un bruit semblable au cri du bœuf ou de la vache
cyclopéen : semblable à celui des Cyclopes (géants monstrueux de la mythologie antique qui n'avaient qu'un œil au milieu du front)

de surcroît : en plus

C'était peut-être le seul moment de la journée où ils n'étaient pas blasés.

Lorsque, à sept heures quarante-neuf ou sept heures cinquante, selon les jours, le train allait s'immobiliser devant le quai pour faire son plein habituel de voyageurs, juste au moment où la foule retenait mal un cri, car on avait toujours l'impression que le bolide de fer et d'acier allait engouffrer le petit homme, celui-ci, qui semblait jusqu'alors voler, délibérément quoique avec une indifférence incroyable, vers une mort assurée, sautait prestement de côté sur le quai où on lui ménageait° toujours une petite place car on savait qu'il sauterait uniformément au même endroit.

Le chef de train avait beau° agiter sa cloche d'alarme, le petit homme n'y prenait point garde. Il semblait absolument inconscient du danger qu'il courait ainsi chaque matin et de l'état d'angoisse qui, à son sujet, s'emparait de la foule qui suivait son manège. Comme si de rien n'était°, gardant toujours la tête basse, ne parlant à personne, le petit homme tirait alors de sa poche un journal précautionneusement replié et lisait la manchette°. Il avait si bien mesuré ses distances que neuf fois sur dix il sautait de manière à se trouver devant la première portière ouverte. Il s'engouffrait aussitôt dans le train où l'on avait tôt fait° de le perdre de vue. La seconde d'angoisse dénouée, la minute d'anxiété écoulée, on pensait à autre chose et le petit homme était oublié jusqu'au lendemain matin, à sept heures quarante-neuf ou sept heures cinquante, selon les jours et les humeurs du chef de train. Chacun reprenait son journal, sa conversation ou sa rêverie. Ceux qui ne pensaient à rien, ceux qui ne lisaient jamais une ligne d'un journal, d'une revue, d'un périodique ou d'un livre, continuaient à ne penser à rien. Chaque matin, il se trouvait cependant quelqu'un pour confier à son voisin, en douce°, de crainte d'être entendu, que pourtant, l'un de ces jours, le petit homme finirait par manquer le pied. Et alors, brrr°... Mais cela ne se produisait jamais et au fond il devait se trouver quelqu'un pour en être, dans son quant-à-soi°, déçu. Même les pires angoisses s'épuisent, à la longue°, et avec le temps certains Anglais avaient fini par se désintéresser complètement de ce qui aurait pu arriver au petit homme. Ils ne tournaient même plus la tête lorsqu'un voyageur amusé disait tout haut à son voisin, dès qu'on le voyait paraître : Here comes that little man again !

Ces indifférents et ces distraits regrettèrent amèrement leur indifférence et leur distraction, car lorsque l'inévitable, l'horrible chose survint, personne ne put dire exactement ce qui s'était passé. Et la police, appelée d'urgence, après une brève enquête tenue sur place, ne put tirer aucune conclusion de ce curieux événement.

ménager : réserver

avoir beau : exprime la concession (voir p. 243)

comme si de rien n'était : comme s'il ne se passait rien de particulier
manchette : gros titre à la première page du journal

l'on avait tôt fait : on avait vite fait

en douce : sans bruit, discrètement (fam.)

Qu'exprime cette onomatopée ?

dans son quant-à-soi : au fond de soi-même
à la longue : après beaucoup de temps

C'était par un matin ensoleillé d'avril, un de ces matins qui vous font croire que le printemps est réellement arrivé. Il ne restait plus trace de neige, sinon dans quelques rares replis de terrain que le soleil de mars n'avait pu rejoindre. Le petit homme s'en venait sur la voie ferrée, sautillant° alternativement du pied gauche et du pied droit, de traverse en traverse, attentif à ne pas trébucher° dans le ballast. Le train s'en venait en sens inverse, de sa démarche cahoteuse°, mais pas moins terrifiante pour cela. Certains témoins prétendirent plus tard que pour cette fois le train était vraiment à l'heure, qu'il était réellement sept heures quarante-huit quand il avait frôlé° dans son fracas habituel le quai de la gare. Tout à coup, d'un groupe de voyageurs s'éleva un cri à la fois de surprise et d'horreur, répercuté bientôt par la foule qui, dans l'ensemble, n'avait rien vu, mais qui faisait un écho puissant à l'exclamation de ceux qui avaient vu ou prétendaient avoir vu quelque chose.

Le petit homme n'était plus là. Il avait manqué le saut. Il avait vraisemblablement roulé sous les roues de la locomotive qui n'avait pu freiner à temps. La nouvelle se propagea de bouche en bouche, en anglais, en français, dans d'autres langues même. La surexcitation était à son comble bien que personne n'eût pu° dire exactement ce qui s'était produit. Ce que l'on pouvait constater seulement, c'était que le petit homme n'était plus là. Plusieurs femmes s'évanouirent en criant mon Dieu ou By Gosh ! Une Anglaise devint folle sur l'heure°. Elle pointait° le ciel de l'index, criant Look, Look, Over there ! Là-bas ! Là-haut ! Dans le ciel ! Tout le monde regardait, personne ne voyait. Mais là, dans le ciel ! Le petit homme ! Il s'envolait dans l'azur, à l'en croire°, avec attachées aux épaules de toutes petites ailes. Personne ne voyait rien. On finit par emmener cette pauvre femme, qui criait comme une perdue. Elle laissa tomber son sac à main. Personne ne s'en aperçut et on le piétina°.

Des hommes injuriaient le chef de train, lui criant qu'il aurait pu faire attention, qu'il avait manqué de prudence. Certains allèrent jusqu'à dire qu'il l'avait fait exprès. Que c'était un accident provoqué. Que le chef de train n'avait pu tolérer davantage d'être défié chaque matin par le petit homme. Que c'était pour l'induire en erreur°, que ce matin-là il était entré en gare à sept heures quarante-huit précises. Car on venait de découvrir que pour une fois le train n'avait pas son retard habituel. Personne ne songeait à blâmer le petit homme, qui gisait probablement sous les roues de la locomotive. En un rien de temps°, les contrôleurs étaient descendus sur le quai. La sirène de la police retentissait déjà sur le boulevard prochain. Le chef de train avait quitté sa cage lui aussi et tentait de s'expliquer. Certains voulaient lui faire un mauvais parti°. En d'autres circonstances, il aurait été hilarant de voir tous ces gens, contrô-

---

sautiller : faire de petits sauts

trébucher : perdre l'équilibre
cahoteux : inégal, secoué

frôler : toucher légèrement, en passant

n'eût pu : n'aurait pu

sur l'heure : immédiatement
pointer : montrer du doigt

à en croire quelqu'un : d'après ce qu'il dit (exprime un doute de la part du locuteur)
piétiner : marcher sur quelque chose de façon répétée

induire (quelqu'un) en erreur : tromper

en un rien de temps : en très peu de temps

faire un mauvais parti : maltraiter quelqu'un

leurs et voyageurs mêlés, le derrière saillant par-dessus tête, qui cherchaient à localiser sous la locomotive le petit homme, sans doute écrabouillé°.

Mais les trains sont ainsi faits qu'il n'est pas facile d'y voir clair dessous. On ne trouvait rien. Du petit homme, nulle trace visible. Sur l'ordre de la police, le chef de train remonta dans sa cage. Il fallait manœuvrer, soit avancer, soit reculer, afin de libérer la voie. La manœuvre fut lente. La foule, énervée, criait au chef de train de se presser, que cette attente devenait proprement intolérable. Finalement le train se mit lentement en marche. Avança, puis recula. Avança de nouveau, puis recula encore une fois, sous l'œil impatient de la foule, dans un tintamarre° de cris et de protestations. Lorsque le train eut dégagé finalement la voie, on s'aperçut de cette chose effroyable, incompréhensible, incroyable : le petit homme n'y était pas. De lui, pas la moindre trace. Quelqu'un cria qu'il y avait du sang, là, sur deux ou trois traverses, mais on se rendit vite compte qu'il s'agissait d'huile de graissage, dégoulinant° des entrailles du train. L'effervescence atteignit son comble mais, faute° d'aliment, s'apaisa bientôt. Personne ne comprenait rien à rien, mais il était maintenant évident que le petit homme n'avait pas été écrabouillé, comme tout le monde l'avait d'abord cru. On se tourna bientôt contre ceux qui, à ce qu'ils prétendaient, l'avaient vu de leurs yeux rouler sous la locomotive. On les injuria, les traitant de mauvais plaisants°, puis de sadiques personnages. Mais les accusés rétorquaient aussi fort : où est-il votre petit homme ? Montrez-le-nous, votre petit homme ! Mais personne ne savait où le trouver. Il était effectivement introuvable.

Peu à peu les voyageurs commencèrent à monter dans le train. Les plus flegmatiques se risquèrent à rouvrir leur journal. Une demi-heure s'était écoulée en pure perte°, d'autant qu'à Parc-Royal on signalait déjà l'arrivée du train de huit heures vingt-huit. Lorsqu'il eut à son bord tout son monde, le train de sept heures quarante-huit s'ébranla°. Et lorsqu'il arriva au centre de la ville, vingt minutes plus tard, personne ne parlait plus du curieux événement. De nouveau les sports, la politique, les discussions d'affaires et les tracas° ménagers occupaient toutes les conversations. Durant la journée, on pensa de moins en moins au petit homme et le soir venu, lorsque chacun ouvrit son journal, on s'étonna qu'il n'y fût point fait mention de cette mystérieuse affaire. Tout au plus la société ferroviaire° avait-elle fait distribuer pour les voyageurs du retour, en fin d'après-midi, une brève circulaire° où il était dit qu'en raison de° circonstances imprévues, le train de sept heures quarante-huit était entré en gare avec une demi-heure de retard. Elle s'en excusait, sans autre forme d'explication, auprès de ses abonnés°.

écrabouillé : écrasé (pop.)

tintamarre : grand bruit discordant

dégouliner : couler (pop.)
faute de : à cause du manque de

Qu'exprime le pléonasme : ceux qui... l'avaient vu de leurs yeux ?
mauvais plaisant : quelqu'un qui fait des plaisanteries de mauvais goût

en pure perte : inutilement

s'ébranler : se mettre en marche

tracas : soucis, ennuis
ferroviaire : des chemins de fer
circulaire : note (administrative) distribuée à plusieurs personnes
en raison de : en considération de
abonné : personne qui paie un prix global pour l'usage régulier de certains services (train, téléphone, journal . . .)

ne pas souffler mot : ne pas parler, ne rien dire (de)

foncer : se précipiter

Le lendemain matin, les voyageurs envahirent à l'heure habituelle le quai de la petite gare. Personne ne souffla mot° de l'affaire de la veille. Lorsque à sept heures quarante-neuf, le train signala son arrivée par un long mugissement plus dramatique que de coutume, sembla-t-il, quelques personnes seulement tournèrent la tête dans la direction d'où venait d'habitude le petit homme. Sautillant d'une jambe, puis de l'autre, le nez baissé sur la manchette de son journal, le petit homme marchait précipitamment, courait presque, vers le train qui, comme chaque matin depuis bientôt deux ans, semblait foncer° sur lui.

Étude et exploitation du texte

1. Quel est le train du matin qui est le plus bondé, et pourquoi ?
2. Quel effet produisent les deux premiers paragraphes ? Que veut souligner l'auteur par la répétition, et la phrase « Car il n'y a pas de doute... une demi-heure plus tard » ?
3. Expliquez la différence qu'il y a entre les habitudes matinales des jeunes filles et des jeunes femmes, et celle des vieilles dames et des vieilles demoiselles.
4. Expliquez le contraste que souligne l'auteur entre les Canadiens anglais et les Canadiens français. L'emploi de stéréotypes vous paraît-il convenable ? Justifiez votre opinion.
5. Expliquez la différence de sens entre **servitude** et **servilité** dans la phrase : « Ils n'ont pas encore assumé leur masque de servitude quand ce n'est pas de servilité » (6ᵉ paragraphe).
6. Quels emplois les Canadiens français occupent-ils dans les maisons d'affaires anglaises ? Cela influe-t-il sur leur attitude, non seulement au bureau, mais aussi sur le quai de la gare ?
7. Décrivez le petit homme. Expliquez ce qu'il y a d'« insolite » ou d'« hilarant » dans le spectacle qu'il offre chaque matin.
8. Quel effet ce spectacle a-t-il sur les gens qui attendent le train ?
9. Expliquez les réactions des gens au moment de l'accident.
10. Quel est l'intérêt principal de cette histoire ?

Vocabulaire

A. *Remplacez les mots indiqués par un mot (ou une expression) plus précis ou plus pittoresque tiré du texte :*

1. Le train recula dans **un bruit** de cris et de protestations.
2. Mais les accusés **répondaient** : « Où est-il, votre petit homme ? »
3. Le train de sept heures quarante-huit est toujours **plein.**
4. Nerveuses, elles **marchent sur** le quai, feignant de croire qu'elles ne sont pas en retard.
5. Il y en a, au contraire, qui **ont peur** de manquer le train.
6. Il **montait** aussitôt dans le train par la première porte ouverte.
7. Personne **ne dit rien** de cette affaire.

8. Ce tableau était insolite pour les uns, **comique** pour les autres.
9. Les Anglais se promènent **calmement** sur le quai.
10. On emmena cette pauvre femme qui criait **très fort.**
11. Le train signala son arrivée par un long **cri** dramatique.
12. Il tirait un journal de sa poche et lisait **les gros titres.**

B. *Définissez les mots indiqués en terminant les phrases suivantess :*

1. Les **retardataires** sont ceux qui…
2. Les **banlieusards** sont les gens qui…
3. Une **vieille demoiselle** est une…
4. Un événement **quotidien** est un événement qui…
5. Une personne **matinale** est une personne qui…
6. Un signe **avant-coureur** est un signe qui…
7. Un œil **cyclopéen** est un œil qui…
8. Un **contrôleur** est un employé qui…

C. *Remplacez les mots indiqués par l'adjectif qui convient :*

1. Le bolide mugissait comme une bête hideuse avec son œil **de cyclope.**
2. Son regard s'abritait sous des sourcils **en broussaille.**
3. Il courait vers cette machine **semblable à un monstre.**
4. Tous jetèrent de son côté un regard **chargé d'angoisse.**
5. C'était par une matinée **pleine de soleil.**
6. La société **des chemins de fer** avait fait distribuer une circulaire.
7. Certains ont l'air **de rêver.**
8. Il semblait **ne pas avoir conscience** du danger qu'il courait.

D. *Cherchez dans la colonne B les compléments qui conviennent aux verbes de la colonne A. Ajoutez les articles ou prépositions nécessaires :*

A	B
traiter	conclusion
griller	train
donner	affaires
induire	machine
entrer	erreur
manquer	nouvelles
tirer	marche
se mettre	cigarette
faire	gare
taper	attention

E. *Complétez les phrases suivantes par un adverbe choisi dans la liste donnée :*

amèrement	flegmatiquement	prestement
complètement	heureusement	quotidiennement
délibérément	naturellement	réellement
facilement	placidement	

1. Les retardataires, ce sont toujours les mêmes,_____.
2. L'œil perspicace les repérera_____.

3. Les vieilles dames qui prennent_____le train de sept heures quarante-huit ont des habitudes bien enracinées.
4. Ce n'est pas elles qu'on pourrait cueillir au lit, buvant_____un jus d'orange.
5. _____ces Anglais ne se regardent jamais dans la glace.
6. Ils sont bien une trentaine à se promener_____le long du quai.
7. Le petit homme, qui semblait voler_____vers une mort assurée, sautait_____de côté sur le quai.
8. Certains avaient fini par se désintéresser_____de ce qui aurait pu arriver au petit homme.
9. C'était par un matin d'avril, un de ces matins qui vous font croire que le printemps est_____arrivé.
10. Ces indifférents regrettèrent_____leur indifférence.

F. *Complétez les phrases suivantes à l'aide d'un des mots donnés :*

à	depuis	où
pour	car	en
par	que	

1. Ils ont juste assez de temps_____rejoindre leurs bureaux.
2. Elles ont des habitudes de ponctualité_____longtemps enracinées.
3. À peine le quai s'est-il vidé_____on voit arriver les avant-coureurs du contingent.
4. Au moment_____le train entrait_____gare, l'attention de tout ce monde se reportait dans la direction opposée.
5. On lui ménageait une petite place_____on savait qu'il sauterait toujours au même endroit.
6. C'était_____un matin ensoleillé d'avril…
7. Certains Anglais avaient fini_____se désintéresser du petit homme.
8. Le train s'en venait_____sens inverse.
9. À sept heures trente, ils sont bien une trentaine_____se promener flegmatiquement le long du quai.

Les préfixes privatifs ou négatifs

— Quelque chose d'**a**normal, est quelque chose **qui n'est pas normal.**
— Se **dés**intéresser de quelque chose, c'est **ne plus s'y intéresser**.
— Des chapeaux **in**formes, sont des chapeaux **qui n'ont pas de forme**.
— Quelqu'un de **mal**heureux **n'est pas heureux**.

a- (an-)
dé- (dés-, dis-),
in- (im-, il-, ir-)
mal- (mé-, més-)
} sont des préfixes **négatifs** ou **privatifs**

G. *Trouvez les adjectifs signifiant :*
1. une force **qui ne peut pas être vaincue**
2. un ton **où il n'y a pas d'espoir**
3. un résultat **que l'on n'espérait pas**
4. une main **qui ne se fatigue jamais**

5. un malade **qui n'est pas agréable**
6. un syndicat **qui ne fait pas de politique**
7. une personne **qui n'est pas satisfaite**
8. quelque chose **qui n'est pas logique**
9. un regard **qui n'est pas approbateur**
10. un liquide **qui n'a pas de couleur**
11. des cheveux **qui ne sont plus noués**
12. un événement **qui ne peut pas être évité**
13. du café **qui ne contient pas de caféine**
14. des circonstances **qu'on n'a pas prévues**
15. quelqu'un **qui n'est pas content**
16. une personne **qui ne croit pas en Dieu**

La répétition dans le temps

— Les vieilles dames qui prennent **quotidiennement** le train de sept heures quarante-huit ont des habitudes de ponctualité depuis longtemps enracinées.

Prendre le train **quotidiennement** c'est le prendre **chaque jour.**
quotidien = qui se fait, qui revient **chaque jour.**

H. *Dites ce que c'est que* :

un (journal) **quotidien**	des examens **trimestriels**
un jour de repos **hebdomadaire**	des notes **semestrielles**
une publication **mensuelle**	une réunion **annuelle**
une revue **bimensuelle**	une cérémonie **bisannuelle**

Les unités

— Ils travaillent dans les grands bureaux, dans les **grands magasins**, dans les grandes entreprises…

Dans **les grands bureaux** et **les grandes entreprises**, l'adjectif **grand** a son sens habituel, mais dans **les grands magasins,** il peut perdre son sens propre pour former avec **magasin** un nouveau terme représentant une unité :
un **grand magasin** peut être *a large store*, mais est aussi *a department store*. Dans ce deuxième cas, l'adjectif a perdu son sens et **grand magasin** constitue une unité.

I. *Traduisez les groupes suivants, et dites si l'adjectif conserve son sens propre, ou s'il s'agit d'une unité* :

un jeune chien	une jeune fille
des petits pois	le fou rire
une petite maison	l'âge mûr
une chaise longue	le grand air
du blé entier	un longue-vue
des petits fours	un coffre-fort
une longue histoire	le petit jour
le grand patron	une belle-sœur

Distinctions

Place et sens de certains adjectifs

— On finit par emmener cette **pauvre** femme, qui criait comme une perdue.

— Je préférerais épouser une femme **pauvre** mais intelligente, plutôt qu'une femme riche mais sotte.

une femme **pauvre** = qui n'est pas riche
une **pauvre** femme = malheureuse, à plaindre

Certains adjectifs changent de sens selon qu'ils sont placés avant ou après le substantif qu'ils qualifient.

i)   Dans le groupe **substantif-adjectif**, chacun des deux termes garde son autonomie, et l'adjectif indique une qualité distinctive.

ii) Dans le groupe **adjectif-substantif**, l'adjectif perd son sens propre.
Dans **une pauvre femme**, l'adjectif **pauvre** perd son sens habituel, et signifie **pitoyable**.

Employé au sens figuré, un adjectif précédera donc le nom :
— **une couverture chaude** : sens littéral
— **une chaude alerte** : sens figuré

Les principaux sont : ancien, beau, bon, brave, certain, cher, curieux, dernier, fier, gentil, grand, jeune, maigre, pauvre, petit, propre, sale, simple, triste, unique, vague, vilain.

A.   *Dans les phrases suivantes, placez l'adjectif avant ou après le nom selon le sens :*

1. Sur la voie ferrée, apparaissait un petit_____homme_____(bon) à l'aspect insolite.
2. Elle aimait les_____bijoux_____(anciens) et en possédait de très beaux.
3. On finit par emmener cette_____femme_____(pauvre) qui criait comme un perdue.
4. Il y avait là de(s)_____jeunes filles_____(maigres) qui mangeaient peu à cause de la ligne.
5. Sommes-nous bien sûrs d'avoir évoqué tous nos_____condisciples _____(anciens) ?
6. Il avait acheté le bracelet chez un_____bijoutier_____(petit) pas cher mais très habile.
7. Chaque matin, la gare était le témoin d'un_____événement_____ (curieux).
8. Jean Loup était un_____garçon_____(curieux). Il voulait savoir à quoi ressemblait la musicienne.
9. Au contraire d'Erika, Erik était un_____garçon_____(bon), affectueux et généreux.
10. Ils sont revenus de voyage la_____semaine_____(dernière).
11. Jean Loup devait quitter l'île la_____semaine_____(dernière) de juillet.
12. Le_____patron_____(grand) était un_____homme _____(grand), au cheveu rare et au regard embroussaillé.

Puis / alors

Puis, toujours placé en tête de la proposition, indique une succession bien marquée dans le temps (= ensuite) :

— Le train se mit lentement en marche, avança, **puis** recula. (succession)

Alors marque :

i)   un moment précis dans le temps (= à ce moment-là, à cette époque-là).
ii) un rapport de cause à conséquence.

> — C'était **alors** qu'apparaissait sur la voie ferrée un petit homme... (moment précis)
> — Jean Loup avait très envie de voir la musicienne. **Alors** il eut recours à une ruse naïve. (conséquence)

B. *Refaites les phrases suivantes sans en changer le sens, en employant* **puis** *ou* **alors** *selon qu'il s'agit d'une succession, d'un moment précis ou d'une conséquence :*

1. Il y a des gens qui vivent en marge de la société. Comme nous ne les comprenons pas, nous disons qu'ils sont fous.
2. Peter téléphone au frère de Marjorie mais celui-ci ne l'a pas vue. Peter songe à l'accident.
3. Elle ferme la porte du pavillon, et elle s'en va, les mains dans les poches.
4. Ève bougeant la tête, André remet prestement le flacon dans sa poche.
5. Au dernier moment, le petit homme sautait. La minute d'anxiété écoulée, chacun reprenait son journal.
6. Les jeunes filles veulent garder la ligne. Elles ne prennent que deux toasts à peine beurrés.
7. Pierre, calmement, prend son verre, boit, ensuite il interroge : « Qu'est-ce que tu as vu ? »
8. S'étant renversée en arrière, la vieille dame les examine attentivement.
9. Après avoir refermé la porte, Pierre s'avance dans la pièce.
10. Quand les enfants sont couchés, Marjorie raconte tout à Peter.

Arriver / se passer

— Il lui **est arrivé** quelque chose.
— Qu'est-ce qui **se passe** ?

to happen	arriver	i) fait déterminé
		ii) avec complément de personne (à quelqu'un)
	se passer	i) fait déterminé ou indéterminé
		ii) jamais avec complément de personne le sujet est toujours **il** impersonnel

— Qu'est-ce qui **s'est passé ?** }
— Qu'est-ce qui **est arrivé ?** } (fait déterminé)
— Il **se passe** des choses dans la bibliothèque ! (fait indéterminé)
— Un accident **est arrivé** au petit homme. }
— Il lui **est arrivé** un accident. } (complément de personne)

C. *Traduisez les phrases suivantes en donnant toutes les possibilités :*

1. He told the police what had happened.
2. Do you know what happened to Marjorie?
3. I don't think it could happen to me.
4. When something like this happens, the police suspect the husband.
5. Something happened! A fisherman found a woman's body in the river.
6. Many things had happened during our childhood.

Endroit / place

— Il sautait prestement de côté sur le quai où on lui réservait une petite **place** car on savait qu'il sauterait uniformément au même **endroit**.

endroit	lieu déterminé
place {	espace occupé par un objet ou un être animé
	siège occupé par une personne (spectateur, voyageur)

D. *Complétez les phrases suivantes en employant **endroit** ou **place** :*

1. Le train était bondé, il ne put trouver d'(e)_____.
2. Il apparaissait chaque jour exactement au (à la) même_____.
3. Plusieurs accidents se sont produits à cet(te)_____.
4. Il serait prudent de réserver les_____longtemps à l'avance.
5. Je cherchai un(e)_____où mon ami pourrait se reposer.
6. De l'(a)_____où il était, il pouvait apercevoir la fenêtre.
7. Je n'ai pas assez d'(e)_____pour ranger tous mes livres.
8. À quel(le)_____êtes-vous né ?

À temps / à l'heure

— La locomotive n'avait pu freiner **à temps**.
— Il se lève trop tard pour arriver **à l'heure** au bureau.

à temps = assez tôt (*in time*)
à l'heure = au moment juste, ponctuellement (*on time*)

E. *Complétez les phrases suivantes :*

1. Il se débrouillait toujours pour sauter_____.
2. Le train n'arrivait pas toujours_____.
3. Elle leva les yeux, juste_____pour le voir s'envoler.
4. Dépêche-toi, ou nous n'arriverons pas_____pour voir le commencement du film.
5. Si elles se levaient_____, elles pourraient prendre le train de sept heures vingt-deux.

Constructions

À + *infinitif* indiquant l'aspect duratif

— Ils sont bien une trentaine **à se promener** le long du quai. = en train de se promener.

A. *Refaites les phrases suivantes en employant la construction ci-dessus (au besoin, ajoutez un verbe)* :

1. Ils sont plusieurs qui lisent le journal pendant des heures.
2. Il y a de nombreux Anglais qui parlent business avec leurs voisins.
3. La foule est restée longtemps en train de regarder la scène.
4. Jean Loup restait des heures sur son banc ; il écoutait la musicienne.
5. Toute la journée ils tapaient à la machine, ils actionnaient une additionneuse, ils computaient des totaux.

À + *nom* indiquant la caractérisation

> — De grands Anglais maigres et osseux, **aux** dents longues et jaunes, **aux** chapeaux informes, **aux** imperméables fripés...

Le nom précédé de **à** sert à caractériser, à souligner un des traits les plus frappants : les Anglais se distinguent par leurs dents jaunes et longues, leurs chapeaux informes et leurs imperméables fripés.

> REMARQUE : Cette contruction ne s'emploie qu'en position d'adjectif épithète (c'est-à-dire qui s'applique au nom sans l'intermédiaire d'un verbe), jamais en attribut ni complément :
> — C'étaient de grands Anglais aux dents longues et jaunes.
> (mais non : Ces Anglais **étaient** grands, aux dents longues et jaunes)
> Pour un vêtement on emploie **en** lorsqu'il s'agit d'une description plutôt que d'une caractérisation :
> — Il y avait là un ouvrier **en** casquette, une femme **en** manteau de fourrure, deux hommes **en** uniforme de milicien.

B. *Traduisez les phrases suivantes :*

1. A woman in a yellow dress appeared in the window.
2. It was the little man with grey hair and a worried look.
3. Don't go out in your slippers.
4. Dixonne? He is the skinny one with the little moustache.
5. The man with the newspaper does not raise his head.
6. The pianist was very pretty, with big black eyes and two long braids coming down to her hips.
7. I think she lives in the house with the wooden shutters.
8. The woman in the fur coat fainted.

Complément d'objet indirect indiquant l'attribution

> — Elles **se** sont fait de longtemps une philosophie du retard. (se = **pour elles-mêmes**)
> — Elle **lui** jouait tous les airs qu'il demandait. (lui = **pour lui**)

Cette construction ne s'emploie que si le verbe a un objet direct :

> — Elle **lui** jouait **tous les airs qu'il demandait**.

mais : — Elle jouait **pour lui**.

C. *Traduisez les phrases suivantes :*

1. Don't do his work for him.
2. In the morning, he warms up coffee for her.

3. They create difficulties for themselves.
4. He bought a ring for her.
5. I found an apartment for them.
6. As he is blind, someone reads the paper to him.

À + *nom* indiquant l'origine, la cause

— L'œil les repérera facilement **à la nervosité** qui les habite. (C'est leur nervosité qui permettra de les repérer.)

D. *Refaites les phrases suivantes en employant la construction ci-dessus :*
1. C'est la cicatrice d'appendicite qui lui fit reconnaître sa femme.
2. On reconnaît les Anglais parce qu'ils ont des imperméables fripés.
3. Vous me reconnaîtrez quand vous verrez mon oreille.
4. Il me jeta un regard qui me fit comprendre qu'il valait mieux ne pas insister.
5. Lorsque ce cri se fit entendre, tout le monde se retourna.

On dirait (que), on aurait dit (que)

— Le train gronde, mugit, **on dirait** un monstre. (présent)
— Le train grondait, mugissait, **on aurait dit** un monstre. (passé)

— **On dirait qu'**ils savourent leurs derniers instants de liberté. (présent)
— **On aurait dit que** le bolide de fer et d'acier allait engouffrer le petit homme. (passé)

On dirait (que), **on aurait dit (que)** exprime une apparence, une ressemblance, un fait dont on n'est pas certain.

E. *Refaites les phrases suivantes en employant **on dirait (que)** ou **on aurait dit (que)**. Faites tous les changements nécessaires :*
1. Avec son œil unique, il ressemblait à un cyclope.
2. Ils semblaient avoir peur de manquer leur train.
3. On aurait pu croire qu'il allait vers une mort certaine.
4. Il semble que les jeunes filles sont plus souvent en retard que les vieilles dames.
5. Leurs lunettes paraissent de tout temps avoir fait corps avec leurs longues oreilles décollées.
6. On aurait pu se croire au milieu d'une assemblée de pies.
7. On avait l'impression que le bolide de fer allait engouffrer le petit homme.
8. Il me semble que ce sont des Anglais.

Il y a... qui (à qui, que, etc.)

— **Il y a** des êtres humains **qui** paraissent nés sur une autre planète.
— Les voyageurs n'ont pas tous cette placidité. **Il y** en **a qui** ont la hantise de manquer le train. (en = des voyageurs)

Il y a... (qui, etc.) s'emploie obligatoirement lorsque le sujet est un indéfini partitif pluriel : des gens, des Anglais, des êtres humains, etc., et par suite avec le pronom **en** :

— Il y a **des** gens à qui rien ne fait peur.
— Il y **en** avait que je connaissais.

F. *Traduisez en employant* **il y (en) a (qui, etc.)** *toutes les fois que c'est possible :*

1. The girls are not all late. Some are on time.
2. Some people don't believe in reincarnation.
3. Some trains are always crowded.
4. Some of them eat only toast for breakfast.
5. There were some to whom nobody spoke.
6. Some people I saw every day.
7. Some exercises are more difficult than others.
8. Some of them never look at themselves in the mirror.

Langue et style

La mise en relief : *c'est... que* (conjonction) *qui, que* (pronoms relatifs)

La construction présentative **c'est... que**, etc., s'emploie pour mettre en relief n'importe quel élément de la phrase, sauf le verbe à un mode personnel. Comparez :

— Le matin, elle prend le train.
— **C'est** *le matin* **qu'**elle prend le train.
— **C'est** *le train* **qu'**elle prend le matin.
— **C'est** *elle* **qui** prend le train le matin.

i) **C'est** est invariable (c'est moi, c'est toi, c'est lui, c'est nous, c'est vous) sauf à la troisième personne du pluriel (**ce sont**). Dans ce dernier cas, le singulier appartient à la langue parlée familière :
— **C'est** les jeunes filles qui sont en retard. (familier)
— **Ce sont** les jeunes filles qui sont en retard. (plus correct)

À la forme négative ou interrogative, on peut employer le singulier ou le pluriel :
— **Ce n'est** pas elles que l'on pourrait cueillir au lit... (plus courant)
— **Ce ne sont** pas elles que l'on pourrait cueillir au lit... (plus rare)

Lorsque le pronom ou le nom est précédé d'une préposition, seul le singulier est possible :
— **C'est** *à* eux que je pense.
— **C'est** *avec* ses voisins qu'il parle.

ii) Cette construction peut s'employer toujours au présent, quel que soit le temps du verbe principal, car le fait est considéré à partir du présent. Si je dis : **C'est le petit homme qui est tombé sous le train**, l'action exprimée par le verbe (tomber) est passée, mais le fait que c'est le petit homme est vrai encore au moment où je parle.

On peut mettre **c'est** au temps et au mode de la proposition qui suit, mais jamais dans le cas d'un temps composé. On emploiera alors le temps simple correspondant :

C'est lui qui	{ tombe est tombé	**C'était** lui qui	{ tombait était tombé
Ce sera lui qui	{ tombera sera tombé	**Ce serait** lui qui	{ tomberait serait tombé

iii) Le verbe s'accorde avec l'antécédent du pronom relatif sujet. Si l'antécédent est un pronom personnel, le verbe est à la même personne que l'antécédent :
— C'est **moi** qui l'**ai** poussé.
— C'est **vous** qui l'**avez** poussé.

iv) Si le complément mis en relief exige une préposition, on le fait précéder de la préposition :
— C'est **à** cela que je pense.
— C'est **de** lui que je parle.
— C'est **avec** elle qu'il se promène, etc.

A. *Employez la construction ci-dessus pour mettre en relief les éléments en caractères gras :*
1. Le quai de la gare est surtout bondé **à sept heures quarante-huit**.
2. Pierre, **tu** ne m'aimes pas !
3. **Je** n'ai pas dit cela !
4. Il ne s'agit pas de **nous**.
5. Si tous les voyageurs qui doivent prendre le train de sept heures vingt-deux le prenaient et non le train de sept heures quarante-huit, **le train de sept heures vingt-deux** serait le plus long, et le quai de la gare serait **alors** le plus bondé.
6. Elle pense à **son mari**.
7. **Ils** ont raison.
8. Je crois que **je** suis fou.
9. On ne pourrait pas **les** cueillir au lit, en train de griller une première cigarette.

REMARQUE : **C'est** a parfois une valeur temporelle, c'est-à-dire il présente un fait dans la situation évoquée, et il se met au temps exigé par le sens. Ce n'est plus là une mise en relief. Dans la phrase : C'était l'heure où le train entrait en gare, **c'était** ne sert pas à mettre **l'heure** en relief, mais simplement à identifier le moment où le fait se produisait.

Le pronom relatif change alors de forme suivant sa fonction (**qui, que, dont,** etc.) et le verbe **être** se met au temps voulu par le sens (voir ii ci-dessus)

Comparez :
— **C'est** le petit homme **dont** je vous ai parlé. (identification — réponse à la question **qui est-ce ?**)
— **C'est** de ce petit homme **que** je vous ai parlé. (mise en relief du complément dans la phrase **je vous ai parlé de ce petit homme.**)

B. *Complétez les phrases suivantes et dites s'il s'agit ou non d'une mise en relief :*
1. Un coup de feu claqua. _____Lucien_____venait de tirer sur Pierre.
2. _____pour Noël_____Jean Loup lui a offert le bracelet.
3. Si le téléphone sonne à dix heures, _____moi.
4. _____surtout les Anglais_____ont peur de manquer le train.
5. _____à ce moment précis_____apparaissait sur la voie ferrée un petit homme au poil rare et grisonnant.
6. _____comme un automate_____il termina son séjour.
7. _____l'endroit_____il sautait toujours de côté.
8. Les retardataires, _____toujours les mêmes, naturellement.

9. _____peut-être le seul moment de la journée_____ils n'étaient pas blasés.

10. _____ _____âme_____elle lui jouait tous les morceaux qu'il demandait.

La mise en relief du verbe ou de la proposition

Ce qui (ce que, ce dont) présente le verbe ou la proposition à mettre en valeur ; **c'est... (que)** introduit la deuxième proposition :

> — **Ce qui** serait vraiment anormal, **ce serait qu'**on les vît arriver à l'heure.
> — **Ce qu'**elles veulent, **c'est** garder la ligne.
> — **Ce dont** on avait peur, **c'était que** le train l'engouffre.

C. *Refaites les phrases suivantes en mettant en valeur les verbes ou propositions indiqués :*

1. **Je sais** que le train n'est jamais à l'heure.
2. **Ils ne comprenaient pas** qu'il ne se fasse pas écraser.
3. **Il est étonnant** que le train ait toujours du retard.
4. **On n'a jamais compris** comment il avait pu disparaître.
5. **Elle avait envie** de griller une cigarette.

Le gérondif : *en* + forme verbale en *-ant*

Le **gérondif** exprime une action faite par le sujet de la proposition principale. Il exprime :

i) un rapport de temps (simultanéité, voir p. 146) :
> — Un après-midi, **en partant**, il oublia de remettre son message.

ii) une condition :
> — **En se levant** un peu plus tôt, ils pourraient attraper le train de sept heures vingt-deux.

iii) la manière, le moyen :
> — **En s'ouvrant**, la fenêtre laissa apparaître la musicienne.

iv) la cause :
> — **En voyant** que le petit homme avait roulé sous le train, plusieurs femmes s'évanouirent.

D. *Indiquez la valeur du gérondif dans les phrases suivantes (simultanéité, condition, manière, moyen ou cause) :*

1. **En arrivant** à huit heures douze, les banlieusards qui commencent à huit heures trente ont juste assez de temps pour rejoindre leurs bureaux, leurs magasins, leurs maisons d'affaires.
2. **En prenant** des toasts à peine beurrés, elles espèrent garder la ligne.
3. **En se dépêchant** un peu plus, elles pourraient facilement attraper le train de sept heures vingt-deux.
4. Nombre de ces jeunes filles ont mauvaise conscience **en prenant** le train de sept heures quarante-huit.
5. Ils parlent business **en se promenant** flegmatiquement le long du quai.
6. Une grosse femme de couleur ferma la fenêtre **en jetant** un regard farouche à Jean Loup.
7. Jean Loup déposa son message le lendemain **en venant**.
8. **En arrivant** en France, Jean Loup ne vint pas ici mais se rendit à Lyon.

REMARQUE : L'action indiquée par le gérondif est toujours faite par le sujet du verbe principal. Si les deux actions ne sont pas faites par le même sujet, on emploie une conjonction (voir p. 146) :

— Un après-midi, en partant, Jean Loup oublia de remettre son message.

verbe principal : **oublia**
action secondaire : **en partant** } deux actions : **un sujet**

— Le lendemain, quand il revint, toute une foule entourait la villa.

verbe principal : **entourait**
action secondaire : **revint** } deux actions : **deux sujets**

E. *Composez une phrase à l'aide des éléments donnés, en employant un gérondif toutes les fois que c'est possible :*

1. S'ils se regardaient dans la glace, ils se feraient peur à eux-mêmes.
2. Le train entrait en gare ; l'attention de tout le monde se reportait dans la direction opposée.
3. Le train entrait en gare ; il grondait de toutes ses roues.
4. On regarda mieux et on se rendit compte qu'il s'agissait d'huile de graissage et non pas de sang.
5. Le train arriva au centre de la ville ; personne ne parlait plus du curieux événement.

La supposition

La supposition s'exprime le plus souvent dans les systèmes fondés sur la conjonction **si**. L'emploi des modes et des temps dépend de l'interdépendance des deux propositions. La supposition peut être de l'ordre du **réel** ou de l'**irréel** :

i) domaine du **réel** (éventualité, hypothèse) **indicatif** :
— S'il **est** en retard, je l'**attends**. (fait permanent)
(il est parfois en retard, cela arrive)
— S'il **était** en retard, je l'**attendais**. (répétition dans le passé)
(il était parfois en retard, cela arrivait)
— S'il **est*** en retard, je l'**attendrai**. (éventualité future)
(il sera peut-être en retard, c'est possible)

*On n'emploie jamais le futur après **si** hypothétique, même lorsqu'il s'agit d'un fait à venir. Le futur s'exprime par le présent, et le futur antérieur par le passé composé :
— S'il **est** en retard, je l'attendrai.
(il **sera** peut-être en retard)
— S'il n'**est** pas **arrivé** à dix heures, je ne l'attendrai pas.
(il ne **sera** peut-être pas **arrivé** à dix heures)

ii) domaine de l'**irréel** (contraire à la réalité ou réalisation très douteuse) **conditionnel** :
— S'il **était*** en retard, je l'**attendrais**. (dans le présent)
(mais il ne le sera sans doute pas, ce serait extraordinaire)
— S'il **était** en retard demain, je l'**attendrais**. (dans le futur)
(mais cela n'arrivera probablement pas)
— S'il **avait été** en retard hier, je l'**aurais attendu**. (dans le passé)
(mais ce n'est pas arrivé, il n'a pas été en retard)

*On n'emploie jamais le conditionnel après **si** hypothétique. Le choix des temps dépend de la relation qui existe entre les deux procès. On peut avoir par exemple :
> — S'il n'**avait** pas **manqué** le train, il n'**aurait** pas **été** en retard.
> — S'il n'**avait** pas **manqué** le train, il **serait** ici maintenant.
> — S'il **était** moins paresseux, il ne **manquerait** pas le train.
> — S'il **était** moins paresseux, il n'**aurait** pas **manqué** le train.

REMARQUE : Lorsqu'il y a plusieurs subordonnées de conditions dans la même phrase, la première est introduite par **si**, les autres généralement par **que** suivi du **subjonctif** :
> — S'il est en retard et **qu'il fasse** froid, je n'attendrai pas.

F. *Dans les phrases suivantes, distinguez s'il s'agit du domaine du réel ou de l'irréel :*
1. Si quelqu'un voulait t'assassiner, tu trouverais ça normal ?
2. Si elle est en retard, elle téléphone.
3. Si elles se levaient plus tôt, elles ne seraient pas en retard.
4. Si elle était folle, elle n'aurait pas été condamnée.
5. Si tous les voyageurs qui doivent prendre le train de sept heures vingt-deux le prenaient, il serait plus long que celui de sept heures quarante-huit.
6. S'il leur prenait la fantaisie d'enlever leurs lunettes, ils ne se reconnaîtraient plus.
7. Je la reconnaîtrai si c'est elle.
8. Si par hasard ils se trouvent seuls, ils lisent les pages sportives de leur journal.
9. Si par hasard il se trouvait un aveugle, mais il ne s'en trouvera jamais, il se demanderait s'il ne serait pas tombé au milieu d'une assemblée de pies.
10. Si elle avait le temps, elle irait rejoindre ses camarades.

G. *Complétez les phrases suivantes en exprimant une supposition sans en changer le sens :*
Ex. : Peter est inquiet parce qu'il ne sait pas où est sa femme. S'il savait où est sa femme, il ne serait pas inquiet.

1. Marjorie est partie parce qu'elle avait envie de partir, sans penser à sa famille.
   Si elle…
2. Nous ne révélons pas le nom de cette famille pour qu'ils puissent oublier ce qui s'est passé ce matin-là.
   Si nous…
3. Ils ont peut-être peur, mais ils ne le laissent pas voir.
   S'ils…
4. Le petit homme est de retour, donc il n'a pas été tué.
   Si le petit homme…
5. Comme elle a été reconnue juridiquement responsable, elle a été condamnée à la prison à vie.
   Si elle…
6. Elles se lèveront peut-être plus tôt ; alors, elles ne seront pas en retard.
   Si elles…
7. J'espère que tu auras fini ton travail avant six heures, sinon tu ne sortiras pas.
   Si tu…
8. Quand ils se trouvaient seuls, ils lisaient leur journal.
   S'ils…

Accord de *tout*

i) **tout** adjectif s'accorde avec le nom qu'il modifie
ii) **tout** pronom a le genre et le nombre du nom qu'il remplace
iii) **tout** adverbe reste invariable

> — Si **tous** les voyageurs qui doivent prendre le train de sept heures vingt-deux le prenaient...
> — **Tous** n'ont pas cette placidité.
> — ... d'autres Anglais **tout** semblables à eux-mêmes.

ATTENTION : **tout** adverbe s'accorde quand il est placé devant un adjectif féminin commençant par une consonne ou un **h** aspiré :
> — Il s'envolait avec, attachées aux épaules, de **toutes** petites ailes.

H. *Remplacez les tirets par **tout** en faisant les accords nécessaires. Dites s'il est adjectif, pronom ou adverbe :*

1. Le bolide de fer grondait de_____ses articulations.
2. _____les jours, le même événement se produisait.
3. Elles ont l'air_____étonnées d'être en retard.
4. _____cela est, somme_____très long.
5. Je me rendis en_____hâte dans la Drôme.
6. Elle lui jouait_____les morceaux qu'il demandait.
7. Les jeunes filles étaient_____en retard.
8. Des Anglais, aux imperméables_____fripés...

I. *Faites accorder **tout** adverbe, si cela est nécessaire :*

1. Elles trouvent ces explications **tout** naturelles.
2. Il avait l'oreille droite **tout** décollée.
3. La mariée baissait les yeux, **tout** rougissante.
4. Elle était **tout** timide, **tout** humble.
5. Elle se précipte sur lui, **tout** souriante.
6. Les voisins sont **tout** étonnés de ce que dit l'enfant.
7. C'est Vénus **tout** entière à sa proie attachée.
8. Ses fils le regardent, **tout** ahuris.

Traduction

I am an early riser. I always arrive at the station in time to read the headlines of the paper before the platform gets crowded. What I like is to observe the travellers before the train enters the station.

The girls and the young women are always late, while the old ladies arrive on time. Of course, if the girls got up earlier, they would also be on time, but they are too lazy. The English also are early. One would think that they are afraid of missing the train. They are usually tall and skinny, and I recognize them by their shapeless hats and their crumpled raincoats. They walk up and down the platform, talking business. Some read the paper. Then come the French Canadians, never in a hurry, perhaps because they want to enjoy their last moments of freedom.

There is also a strange little man with grey hair and bushy eyebrows who always runs on the rails and jumps on the platform at the last moment. He has been doing the same thing for two years, and everybody watches him, thinking that if, one day, he jumps too late, the train will swallow him up. But it never happens.

Composition

Le portrait

Pour **décrire** un personnage, il ne suffit pas de noter les traits caractéristiques (taille, poids, couleur des yeux, des cheveux, etc.) comme dans le signalement, mais il faut essayer de **faire voir** le personnage, de traduire une **impression.**

Le portrait peut décrire les caractéristiques individuelles par lesquelles une personne se distingue d'une autre personne, ou, au contraire, les traits collectifs qui distinguent un groupe d'un autre groupe.

Dans *Le petit homme*, nous trouvons :
— la description de l'individu : le petit homme, et
— la description du groupe : les Anglais. Il s'agit ici d'une description caricaturale. (D'autres groupes ne sont décrits que par leurs actions : les jeunes filles, les Canadiens français...)

Si nous étudions la description des Anglais dans le texte, nous trouvons les indications suivantes :

i) **impression générale** : hommes d'affaires importants, tous semblables, souvent en groupes, s'intéressent aux affaires et au sport;

ii) **allure générale** : grands, maigres et osseux.

éléments nommés	*caractérisation*	
	adjectifs	*comparaisons, images*
dents oreilles nez pommettes lèvres lunettes chapeaux imperméables	longues, jaunes longues, décollées maigre, pointu saillantes gonflées informes fripés	comme par un perpétuel mal de dents paraissent faire corps avec leur visage si bien que s'ils les enlevaient, ils ne se reconnaîtraient plus
démarche, gestes, actions	*adverbes, circonstancielles*	
arrivent se promènent saluent une connaissance parlent business lisent les pages sportives	à longues foulées, le journal sous le bras flegmatiquement, le long du quai avec d'autres Anglais si par hasard ils se trouvent seuls ce qui est rare, les Anglais frayant habituellement par bandes	

Rédaction

En vous inspirant de ce portrait-caricature, décrivez un individu ou un groupe très caractéristique.

Avant de rédiger, cherchez d'abord :
- l'impression générale que vous voulez traduire ;
- les éléments du portrait (parties du corps, vêtements, gestes, actions) ;
- les adjectifs qui vont les caractériser ;
- les comparaisons et les images qui vont rendre le portrait vivant.

Chapitre 8

L'homme, cet infini

Louis Pauwels • *Jacques Bergier*

Notre psychologie officielle admet deux états de conscience : sommeil et veille. Mais, des origines de l'humanité à nos jours, les témoignages abondent sur l'existence d'états de conscience supérieurs à l'état de veille...

5 Qu'est-ce que l'état de super-conscience, de conscience réellement éveillée ? Les hommes qui en ont fait l'expérience nous le décrivent, au retour, avec difficulté. Le langage échoue en partie à en rendre compte. Nous savons qu'il peut être atteint volontairement. Tous les exercices des mystiques convergent vers

10 ce but. Nous savons aussi qu'il est possible — comme le dit Vivekananda° — « qu'un homme qui ne connaît pas cette science (la science des exercices mystiques) parvienne par hasard à cet état ». La littérature poétique du monde entier fourmille° de témoignages sur ces brusques illuminations. Et combien

15 d'hommes qui ne sont ni des poètes ni des mystiques, se sont sentis, en une fraction de seconde, frôler cet état ? ...

La science la plus récente nous montre que des portions considérables de la matière cérébrale sont encore « terre inconnue ». Siège de pouvoirs que nous ne savons pas utiliser ? Salle

20 de machines dont nous ignorons l'emploi ? Instruments en attente pour les mutations prochaines° ?

Nous savons, en outre°, aujourd'hui, que l'homme n'utilise habituellement, même pour les opérations intellectuelles les plus complexes, que les neuf dixièmes de son cerveau°. La plus grande

25 partie de nos pouvoirs demeure donc en friche°. L'immémorial mythe du trésor caché ne signifie pas autre chose...

Si les hommes ont en eux la possibilité physique d'accéder à cet ou à ces états d'éveil, la recherche des moyens d'user de cette possibilité devrait être le but principal de leur vie. Si mon

30 cerveau possède les machines qu'il faut, si tout cela n'est pas seulement du domaine religieux ou mythique, si tout cela ne relève° pas seulement d'une « grâce », d'une « initiation magique », mais de certaines techniques, de certaines attitudes intérieures et extérieures susceptibles de mettre en route ces

35 machines, alors je me rends compte que parvenir à l'état d'éveil, à l'esprit de survol, devrait° être mon unique ambition, ma tâche essentielle...

Vivekananda : philosophe indien du XIXe siècle
fourmiller (de) : abonder (en)

De quelles mutations pourrait-il s'agir ?
en outre : de plus, aussi

(Il y a sans doute erreur [voir phrase suivante]. D'après Einstein, nous n'utilisons que 5 % de notre cerveau.)
en friche : non cultivé

relever de : être du domaine de

*Quel est le sens de **devrait** ? Êtes-vous d'accord avec l'auteur ?*

Si les hommes n'ont pas pour unique objet le passage dans l'état d'éveil, c'est que les difficultés de la vie en société, la poursuite des moyens matériels d'existence, ne leur laissent pas le loisir° d'une telle préoccupation. Les hommes ne vivent pas seulement de pain, mais jusqu'à présent notre civilisation ne s'est pas montrée capable d'en fournir à tous.

À mesure que le progrès technique permettra aux hommes de respirer, la recherche du « troisième état », de l'éveil, de l'hyper-lucidité, se substituera aux autres aspirations. La possibilité de participer à cette recherche sera finalement reconnue parmi les droits de l'homme. La prochaine révolution sera psychologique.

Cayce

Edgar Cayce est mort le 5 janvier 1945, se refermant sur un secret qu'il n'avait lui-même jamais percé et qui l'avait effrayé toute sa vie. La fondation Edgar Cayce à Virginia Beach, où s'emploient° des médecins et des psychologues, poursuit l'analyse des dossiers. Depuis 1958, les études sur la clairvoyance disposent en Amérique de crédits° importants. C'est que l'on songe aux services que pourraient rendre, dans le domaine militaire, des hommes capables de télépathie et de précognition. De tous les cas de clairvoyance, celui de Cayce est le plus pur, le plus évident, et le plus extraordinaire.

Le petit Edgar Cayce était très malade. Le médecin de campagne était à son chevet. Il n'y avait rien à faire pour tirer le gar-çonnet hors du coma. Or, brusquement, la voix d'Edgar s'éleva, claire et tranquille. Et pourtant, il dormait.

« Je vais vous dire ce que j'ai. J'ai reçu un coup de balle de base-ball sur la colonne vertébrale. Il faut me faire un cataplasme° spécial et me l'appliquer à la base du cou. » De la même voix°, le garçonnet dicta la liste des plantes qu'il fallait mélanger et préparer. « Dépêchez-vous, sinon le cerveau risque d'être atteint. »

À tout hasard, on obéit. Le soir, la fièvre était tombée. Le lendemain, Edgar se levait, frais comme l'œillet°. Il ne se souvenait de rien. Il ignorait la plupart des plantes qu'il avait citées.

Ainsi commence l'une des histoires les plus étonnantes de la médecine. Cayce, paysan du Kentucky, parfaitement ignorant, peu enclin° à user de son don, se désolant sans cesse de n'être pas « comme tout le monde », soignera et guérira, en état de sommeil hypnotique, plus de quinze mille malades, dûment homologués°.

Ouvrier agricole dans la ferme d'un de ses oncles, puis commis° dans une librairie de Hopkinsville, propriétaire enfin d'un petit magasin de photographie où il entend° passer paisiblement ses jours, c'est contre son gré° qu'il va jouer les thaumaturges°.

loisir : temps disponible

s'employer : travailler

crédits : sommes accordées par un organisme officiel pour un usage déterminé

cataplasme : préparation médicinale que l'on applique sur la peau
Pourquoi insiste-t-on sur le ton de la voix de l'enfant ?

œillet : fleur
On dit plus souvent : frais comme une rose.

enclin : disposé
dûment homologué : enregistré conformé-ment aux règles
commis : vendeur
entendre + infinitif : compter, avoir l'intention de
contre son gré : contre sa volonté
thaumaturge : magicien, faiseur de miracles

malingre : de santé
fragile
souffrant : malade   5

drogue : médicament
qui n'inspire pas
confiance
ne rien entendre à   10
quelque chose : ne rien
y connaître

Pourquoi Edgar met-il toutes   15
ces conditions ?
mince : petit

ordonnance : prescrip-
tion du médecin
camouflé : déguisé, pour   20
se cacher
guérisseur : personne
qui prétend guérir par
des procédés non-
médicaux
tenir à : vouloir abso-
lument   25
Quel est le sens de cet
adjectif ?
s'insurger : se révolter,
se soulever
devenir aphone : perdre
la voix
remède : médicament   30

35

40

Pourquoi le verbe assiste est-
il au singulier ?

45

cécité : état d'une
personne privée de la
vue

Son ami d'enfance, Al Layne, et sa fiancée Gertrude, useront leurs forces à le contraindre. Nullement par ambition, mais parce qu'il n'a pas le droit de garder son pouvoir pour lui seul, de refuser d'aider les affligés. Al Layne est malingre°, toujours souffrant°. Il se traîne. Cayce accepte de s'endormir : il décrit les maux de base, dicte des remèdes. Quand il se réveille : « Mais ce n'est pas possible, je ne connais pas la moitié des mots que tu as notés. Ne prends pas ces drogues°, c'est dangereux ! Je n'y entends° rien, tout cela est de la magie ! » Il refuse de revoir Al, s'enferme dans son magasin de photos. Huit jours après, Al force sa porte : il ne s'est jamais si bien porté. La petite ville s'enfièvre, chacun demande une consultation. « Ce n'est pas parce que je parle en dormant que je vais me mettre à soigner les gens. » Il finit par accepter. À condition de ne pas voir les patients, de crainte que, les connaissant, son jugement soit influencé. À condition que des médecins assistent aux séances. À condition° de ne pas recevoir un sou, ni même le plus mince° cadeau.

Les diagnostics et les ordonnances° faits en état d'hypnose sont d'une telle précision et d'une telle acuité que les médecins sont persuadés qu'il s'agit d'un confrère camouflé° en guérisseur°. Il se limite à deux séances par jour. Ce n'est pas qu'il redoute la fatigue : il sort de ces sommeils très reposé. Mais il tient à° rester photographe. Il ne cherche absolument pas à acquérir des connaissances médicales. Il ne lit rien, demeure un enfant de paysans, doté d'un vague° certificat d'études. Et il continue à s'insurger° contre son étrange faculté. Mais dès qu'il décide de renoncer à l'employer, il devient aphone°.

Un magnat des chemins de fer américains, James Andrews, vient le consulter. Il lui prescrit, en état d'hypnose, une série de drogues, dont une certaine *eau d'orvale*. Ce remède° est introuvable. Andrews fait publier des annonces dans les revues médicales, sans résultat. Au cours d'une autre séance, Cayce dicte la composition de cette eau, extrêmement complexe. Or, Andrews reçoit une réponse d'un jeune médecin parisien : c'est le père de ce Français, également médecin, qui avait mis au point l'eau d'orvale, mais en avait cessé l'exploitation cinquante ans plus tôt. La composition est identique à celle « rêvée » par le petit photographe.

Le secrétaire local du Syndicat des Médecins, John Blackburn, se passionne pour le cas Cayce. Il réunit un comité de trois membres, qui assiste° à toutes les séances, avec stupéfaction. Le Syndicat Général Américain reconnaît les facultés de Cayce, et l'autorise officiellement à donner des « consultations psychiques ».

Cayce s'est marié. Il a un fils de huit ans, Hugh Lynn. L'enfant, en jouant avec des allumettes, fait exploser un stock de magnésium. Les spécialistes concluent à la cécité° totale prochaine et

proposent l'ablation° d'un œil. Avec terreur, Cayce se livre à
une séance de sommeil. Plongé dans l'hypnose, il s'élève contre
l'ablation et préconise quinze jours d'application de pansements
imbibés d'acide tannique. C'est une folie pour les spécialistes.
Et Cayce, en proie aux pires tourments, n'ose désobéir à ses   5
voix°. Quinze jours après, Hugh Lynn est guéri.

Un jour, après une consultation, il demeure endormi et dicte
coup sur coup° quatre consultations, très précises. On ne sait
à qui elles peuvent s'appliquer : elles ont quarante-huit heures
d'avance sur les quatre malades qui vont se présenter.   10

Au cours d'une séance, il prescrit un médicament qu'il nomme
Codiron, et indique l'adresse du laboratoire, à Chicago. On
téléphone : « Comment pouvez-vous avoir entendu parler du
Codiron ? Il n'est pas encore en vente. Nous venons de mettre
au point° la formule et de trouver le nom. »   15

Cayce, atteint d'une maladie incurable qu'il était seul à connaître, meurt au jour et à l'heure qu'il avait fixés : « Le cinq
au soir, je serai définitivement guéri. » Guéri d'être « quelque
chose d'autre ».

Interrogé en état de sommeil sur la façon de procéder, il avait   20
déclaré (pour ne se souvenir de rien au réveil, comme d'habitude)
qu'il était en mesure° d'entrer en contact avec n'importe quel
cerveau humain vivant et d'utiliser les informations contenues
dans ce cerveau, ou ces cerveaux, pour le diagnostic et le
traitement des cas qu'on lui présentait. C'était peut-être une   25
intelligence différente, qui s'animait alors en Cayce, et utilisait
toutes les connaissances circulant dans l'humanité, comme on
utilise une bibliothèque, mais quasi° instantanément, ou tout
au moins à la vitesse de la lumière et de l'électromagnétique.
Mais rien ne nous permet d'expliquer le cas d'Edgar Cayce, de   30
cette façon ou d'une autre. Tout ce que l'on sait fermement,
c'est qu'un photographe de bourgade°, sans curiosité ni culture,
pouvait, à volonté, se mettre dans un état où son esprit fonctionnait comme celui d'un médecin de génie, ou plutôt comme
tous les esprits de tous les médecins à la fois.   35

Ramanujan

Un jour du début de l'année 1887, un brahmane de la province
de Madras se rend au temple de la déesse Namagiri. Le brahmane
a marié sa fille voici de nombreux mois, et la couche des époux
est stérile. Que la déesse Namagiri leur donne la fécondité !   40
Namagiri exauce sa prière. Le 22 décembre naît un garçon auquel
on donne le nom de Srinivasa Ramanujan Alyangar. La veille,
la déesse était apparue à la mère pour lui annoncer que son
enfant serait extraordinaire.

On le met à l'école à cinq ans. D'emblée° son intelligence   45
étonne. Il semble déjà savoir ce qu'on lui apprend. Une bourse°

ablation : opération
chirurgicale qui consiste
à enlever un organe

*Expliquez l'état d'esprit de
Cayce.*

coup sur coup : à la
suite, sans interruption

mettre au point : régler,
perfectionner

être en mesure (de) :
pouvoir, être capable de

quasi : presque

bourgade : petit bourg,
village

*Que vous suggère le mot
brahmane : pays, caste,
religion… ?*

d'emblée : du premier
coup, dès le début
bourse : pension
accordée à des élèves
remplissant certaines
conditions

lycée : établissement
d'enseignement
secondaire

lui est accordée pour le lycée° de Kumbakonan, où il fait
l'admiration de ses condisciples et professeurs. Il a quinze ans.
Un de ses amis lui fait prêter par la bibliothèque locale un ouvrage
intitulé : *A Synopsis of Elementary Results in Pure and Applied Mathe-*
matics. Cet ouvrage, publié en deux volumes, est un aide-mémoire
rédigé par George Shoobridge, professeur à Cambridge. Il
contient des résumés et des énoncés sans démonstration de 6 000
théorèmes environ. L'effet qu'il produit sur l'esprit du jeune
Hindou est fantastique. Le cerveau de Ramanujan se met brusquement à fonctionner de façon totalement incompréhensible
pour nous. Il démontre toutes les formules. Après avoir épuisé

attaquer : se mettre à,
commencer

échouer : ne pas réussir

la géométrie, il attaque° l'algèbre. Ramanujan racontera plus tard
que la déesse Namagiri lui apparut pour lui expliquer les calculs
les plus difficiles. À seize ans, il échoue° à ses examens, car
son anglais demeure faible, et la bourse lui est retirée. Il poursuit
seul, sans documents, ses recherches mathématiques. Il rattrape
d'abord toutes les connaissances dans ce domaine jusqu'au point
où elles en sont en 1880. Il peut rejeter l'ouvrage de ce professeur

au-delà : plus loin

Shoobridge. Il va bien au-delà°.

À lui seul, il vient de recréer, puis de dépasser tout l'effort
mathématique de la civilisation — à partir d'un aide-mémoire,
d'ailleurs incomplet. L'histoire de la pensée humaine ne connaît
pas d'autre exemple. Galois° lui-même n'avait pas travaillé seul.

Galois : célèbre
mathématicien français
du XIXᵉ siècle

Il avait fait ses études à l'École Polytechnique, qui était à l'époque
le meilleur centre mathématique du monde. Il avait accès à des
milliers d'ouvrages. Il était en contact avec des savants de premier

de premier ordre : d'une
grande valeur

ordre°. En aucune occasion, l'esprit humain ne s'est élevé aussi
haut avec si peu d'appui.

En 1909, après des années de travail solitaire et de misère,
Ramanujan se marie. Il cherche un emploi. On le recommande

percepteur :
fonctionnaire chargé
d'encaisser les impôts et
les taxes
entretien : conversation

à un percepteur° local, Ramachandra Rao, amateur éclairé de
mathématiques. Celui-ci nous a laissé un récit de son entretien°.

« Un petit homme malpropre, non rasé, avec des yeux comme
je n'en avais jamais vu, entra dans ma chambre, un carnet de
notes usé sous le bras. Il me parla de découvertes merveilleuses
qui dépassaient infiniment mon savoir. Je lui demandai ce que
je pouvais faire pour lui. Il me dit qu'il voulait juste avoir de
quoi manger, afin de pouvoir poursuivre ses recherches. »

toute : remplace souvent
très devant **petit**

Ramachandra lui verse une toute° petite pension. Mais Ramanujan est trop fier. On lui trouve finalement une situation : un
médiocre poste de comptable au port de Madras.

En 1913, on le persuade d'entrer en correspondance avec le

devoir : annonce un fait
futur par rapport au
moment dont on
parle = plus tard,
Hardy écrira…

grand mathématicien anglais G.H. Hardy, alors professeur à
Cambridge. Il lui écrit et lui envoie par le même courrier cent
vingt théorèmes de géométrie qu'il vient de démontrer. Hardy
devait° écrire par la suite :

« Ces notes auraient pu être écrites uniquement par un mathématicien du plus grand calibre. Aucun voleur d'idées, aucun farceur°, fût-il° génial, n'aurait pu saisir des abstractions aussi élevées. » Il propose immédiatement à Ramanujan de venir à Cambridge. Mais sa mère s'y oppose, pour des raisons religieuses. C'est une fois de plus la déesse Namagiri qui va résoudre la difficulté. Elle apparaît à la vieille dame pour la convaincre que son fils peut se rendre en Europe sans danger pour son âme, et elle lui montre, en rêve, Ramanujan assis dans le grand amphithéâtre de Cambridge parmi les Anglais qui l'admirent.

À la fin de l'année 1913, l'Hindou s'embarque. Pendant cinq ans, il va travailler et faire avancer prodigieusement les mathématiques. Il est élu membre de la Société Royale des Sciences et nommé professeur à Cambridge, au collège de la Trinité. En 1918, il tombe malade. Le voici tuberculeux. Il rentre aux Indes pour° y mourir, à trente-deux ans...

L'histoire de Ramanujan est de celles que personne ne pourrait croire. Mais elle est rigoureusement vraie. Il n'est pas possible d'exprimer en termes simples la nature des découvertes de Ramanujan. Il s'agit des mystères les plus abstraits de la notion du nombre, et particulièrement des « nombres premiers ».

On sait peu de choses sur ce qui, hors des mathématiques, retenait l'intérêt de Ramanujan. Il se souciait peu° d'art et de littérature. Mais il se passionnait pour l'étrange. À Cambridge, il s'était constitué une petite bibliothèque et un fichier sur toutes sortes de phénomènes déroutants° pour la raison°.

farceur : quelqu'un qui joue des tours, mystificateur
fût-il : imparfait du subj. = même s'il était

pour indique une simple succession

se soucier peu de quelque chose : ne pas s'y intéresser beaucoup
déroutant : déconcertant
Ce fait vous paraît-il significatif ?

Étude et exploitation du texte

1. Qu'est-ce qu'un mythe ? Expliquez la dernière phrase du 3e paragraphe : « L'immémorial mythe du trésor caché ne signifie pas autre chose. »
2. Que faut-il comprendre par « le troisième état » ou « l'état d'éveil » ?
3. Qu'est-ce qui empêche l'homme d'arriver à une connaissance supérieure qui lui permettra d'accéder à cet état ?
4. Imaginez les services que pourraient rendre, dans le domaine militaire, des hommes capables de télépathie et de précognition.
5. Qu'est-ce qui rendra possible la « révolution psychologique » dont parle l'auteur ? Quelles autres révolutions ont connues les hommes ?
6. Que voyez-vous de commun entre Cayce et Ramanujan ? (dans leur personnalité, dans leur cas, dans la façon dont fonctionne leur cerveau, etc.)
7. Le cas de Ramanujan et celui de Cayce sont incroyables, mais vrais. Connaissez-vous d'autres cas authentiques, également extraordinaires ?

8. Aujourd'hui, on s'intéresse beaucoup aux phénomènes parapsychiques, aux événements mystérieux, etc. De nombreuses personnes lisent leur horoscope tous les jours et se laissent influencer par ce qu'elles y trouvent. Croyez-vous à l'influence des astres sur la personnalité ? Savez-vous quel est votre signe ? Est-ce que l'astrologie joue un rôle dans votre vie ?

9. Êtes-vous jamais allé(e) voir une diseuse de bonne aventure, ou quelqu'un qui prédit l'avenir ? Est-ce qu'on vous a déjà tiré les cartes ou lu dans les lignes de la main ? Expliquez pourquoi vous allez ou n'allez pas les consulter.

10. Parmi les phénomènes inexpliqués de notre époque, se placent les O.V.N.I. (Objets Volants Non Identifiés), les disparitions mystérieuses dans le Triangle des Bermudes, etc. Connaissez-vous un ou plusieurs de ces phénomènes mystérieux ? Que pouvez-vous en dire ?

Vocabulaire

A. *Remplacez les mots en caractères gras par une expression trouvée dans le texte :*

1. Interrogé en état de sommeil, il avait déclaré qu'il **pouvait** entrer en contact avec n'importe quel cerveau humain vivant.
2. C'est le père de ce Français qui avait **réglé** la composition de l'eau d'orvale.
3. Cayce, **tourmenté** par les pires doutes, n'ose désobéir à ses voix.
4. Un jour, il dicte plusieurs consultations **sans interruption.**
5. Qu'est-ce que cet état ? Le langage ne peut **l'expliquer.**
6. L'homme devrait **comprendre** que sa tâche essentielle est de parvenir à ce « troisième état ».
7. C'est **malgré lui** qu'il accepte de donner des consultations.
8. **Du premier coup** l'intelligence de l'enfant étonne.
9. Galois **pouvait consulter** des milliers d'ouvrages de mathématiques.
10. Il **ne s'intéressait pas beaucoup** à l'art et **à la** littérature.

Le préfixe privatif *a-*

Quelqu'un d'aphone est quelqu'un qui **n'a pas** de voix.
Le préfixe **a-** est un préfixe **privatif**.

B. *Dites ce que c'est que :*

un monstre **a**céphale	un animal **a**sexué
une personne **a**morale	une personne **a**thée
un syndicat **a**politique	un être **a**tone
un enfant **a**normal	une situation **a**narchique

Préfixes qui expriment la position

La position dans l'espace ou dans le temps peut s'exprimer par les préfixes suivants :

avant, devant : **pré-**	dans : **in-, im-**
après, derrière : **post-**	hors de : **ex-, (e-), -extra**
au-dessus : **sur-, super-**	à l'intérieur : **intra-, intro-**
sous : **sub-, sous-**	entre : **inter-**

C. *Trouvez le mot formé au moyen d'un des préfixes ci-dessus, qui correspond au sens donné entre parenthèses :*

1. L'avion_____la ville. (vole au-dessus de)
2. Le_____de Cayce n'était pour rien dans ses diagnostics. (zone de faits psychiques en-dessous de l'état de conscience)
3. C'était le cas de_____le plus évident et le plus extraordinaire. (connaissance avant)
4. Il était impossible de_____cela. (imaginer à l'avance)
5. Il possédait un don_____. (au-dessus de la nature)
6. Les trains de banlieu assurent les transports_____. (entre les villes)
7. Plusieurs images_____dans son esprit. (se poser les unes par-dessus les autres)
8. Le petit homme était sans doute un_____. (personne qui s'écarte de la normale, du « centre »)
9. Les_____ont parfois du mal à s'adapter à leur nouvelle vie. (personnes qui viennent habiter dans un autre pays)
10. Certains pays ont un taux d(e)_____très élevé. (départ de personnes qui vont s'installer dans un autre pays)
11. Un_____est un navire capable de naviguer sous l'eau.
12. Savez-vous combien de jeunes reçoivent une formation_____ ? (après la scolarité)
13. Louis, son domestique, m(e)_____au salon. (conduire à l'intérieur)
14. Certains jeunes enfants ont des souvenirs d'une vie antérieure, phénomène que les psychologues appellent mémoire_____. (en dehors du cerveau)
15. De nos jours, on donne beaucoup d'importance aux soins_____. (d'avant la naissance)

Les familles de mots

On dit que des mots sont de la même **famille** lorsqu'ils sont issus de la même **racine**. Dans la même famille, on trouve parfois deux radicaux, un d'origine savante, l'autre d'origine populaire :
Ex. : **fl**or**aison** (savant) et **fl**eur**ir** (populaire).

Beaucoup de mots sont formés :

i) par **composition**, ou adjonction d'un **préfixe** ;
ii) par **dérivation**, ou adjonction d'un **suffixe** ;
iii) par **composition-dérivation**, ou adjonction d'un **préfixe** et d'un **suffixe**

Sur la racine **terre** (du latin *terra*), on a par exemple :
des verbes : terrasser, enterrer, déterrer, atterrir, etc.
des adjectifs : terrestre, terreux, atterré, souterrain, etc.
des noms : terrien, terrier, extra-terrestre, enterrement, etc.

D. *Trouvez un mot de la famille de **caput** (latin : tête) correspondant aux définitions données (attention : le radical **ca** peut devenir **cha** ou **che**) :*

1. un officier qui commande une compagnie de soldats
2. la ville où siège le gouvernement du pays
3. couper la tête

4. se reconnaître vaincu
5. quelqu'un qui commande aux autres
6. la tête du lit
7. terminer

E. *Complétez les phrases suivantes par un mot de la même famille (du latin **ager,** grec **agros** = champ) :*

1. Ouvrier_____dans la ferme d'un de ses oncles, puis commis dans une librairie de Hopkinsville...
2. Il ne s'intéressait qu'à la photographie et à l'_____.
3. Pour être_____, il faut aimer la vie à la campagne.
4. La Révolution a promulgué plusieurs lois_____pour redistribuer les terres cultivables.
5. À la richesse et aux plaisirs de la ville, il préférait les joies_____de la vie rustique.
6. Les ingénieurs_____s'occupent des problèmes posés par la pratique de l'_____.

F. *Groupez les mots suivants par familles :*

agréable	incurable	cérébral
apprendre	fièvre	agréer
bourg	cerveau	bourgeois
gré	compréhensible	malgré
témoin	ordre	fébrile
ordonnance	cure	couverture
découvrir	s'enfiévrer	heureux
témoignage	malheur	écervelé
fiévreux	bourgade	ordinateur

G. *Pour chacun des verbes suivants, donnez un nom et un adjectif de la même famille :*

guérir	cultiver
abonder	préoccuper
pouvoir	permettre
mourir	vivre
réveiller	craindre
préciser	lire
voir	souffrir
étonner	connaître
aimer	utiliser
vouloir	soigner

Éléments grecs

La **télépathie**, c'est la **communication à distance**. Ce mot est formé sur deux mots grecs :

    télé-   = loin
    -pathês = ce qu'on éprouve

De nombreux mots savants sont formés sur le grec.

Parmi les éléments tirés du grec, on trouve :

Préfixes

anthropo-	: homme		*phono-*	: son, voix
auto-	: soi-même		*photo-*	: lumière
biblio-	: livre		*poly-*	: plusieurs
bio-	: vie		*psycho-*	: âme
gé(o)-	: terre		*techno-*	: science
hydr(o)-	: eau		*télé-*	: loin
métro-	: mesure		*thermo-*	: chaleur
philo-	: ami		*xéno-*	: étranger

*les préfixes marqués d'un astérisque s'emploient aussi en suffixes avec la terminaison **e**

Suffixes

-gramme	: lettre		*-onyme*	: nom
-graphe	: qui écrit		*-phobe*	: qui craint
-logie	: science		*-thèque*	: armoire

H. *Définissez les mots suivants d'après leur étymologie :*

du coton **hydrophile**	une **automobile**
un **philanthrope**	la **psychologie**
le **téléphone**	le progrès **technique**
un **télégramme**	la **géométrie**
la **bibliothèque**	le système **métrique**
un **polygone**	une théorie **anthropocentrique**

I. *Trouvez au moyen des éléments donnés ci-dessus, le mot qui signifie :*

1. un appareil qui transmet les images à distance
2. une personne qui aime les livres
3. un avion qui peut se poser sur l'eau
4. une collection de disques
5. un texte copié à plusieurs exemplaires
6. un appareil qui mesure la chaleur
7. le procédé qui permet de fixer les images par l'action de la lumière
8. une histoire qui raconte la vie de l'auteur
9. une personne qui déteste les étrangers
10. un appareil qui transmet la voix à distance

J. *Les noms suivants désignent une science ou un procédé. Trouvez un nom (désignant une personne) et un adjectif de la même famille :*

Ex. : biologie : biologiste, biologique

psychologie	télégraphie
photographie	géométrie
philosophie	téléphone

Distinctions

Deux faux-amis : *ignorer / to ignore*

ignorer = ne pas savoir, ne pas connaître

> — Il **ignorait** la plupart des plantes qu'il avait citées.
> (Il **ne connaissait pas** la plupart des plantes...)

to ignore = ne pas prêter attention à quelque chose ou à quelqu'un
> — *He ignored him and went away without a word.*

L'usage moderne admet l'emploie d'**ignorer** avec le sens du mot anglais. Cependant cet emploi prête à confusion, puisque **ignorer** a aussi le sens de **ne pas savoir**, que n'a pas le mot anglais. Il vaut mieux employer :

i)   pour les choses, selon le cas :
    ne pas tenir compte de
    ne tenir aucun compte de

ii) pour les personnes :
    faire semblant de ne pas connaître
    (**de ne pas voir**...)
    faire comme si il/elle n'existait pas

A. *Traduisez les phrases suivantes et complétez-les en remplaçant le tiret par le verbe **ignorer**, ou par une locution verbale appropriée :*

1. Peter_____what happened to his wife. All he knows is that she has disappeared without a trace.
2. Lucien puts his hand on the handlebar; Pierre does not even look at him. He_____him and gets on his bike.
3. In the end, Eve realizes that Lucette does not believe her and that she will _____her advice.
4. Hans asks Louis why the library is locked, but Louis_____ the reason why it is forbidden to enter it.
5. Pierre does not know that he is dead. He thinks that the old gentleman _____him, because he does not want to talk to him.

La plupart / la plus grande partie

most (of) { **la plupart (de)** s'il s'agit du **nombre**
{ **la plus grande partie (de)** s'il s'agit de la **mesure**

> — **la plupart des** élèves = le plus grand nombre
> — **la plus grande partie de** la classe = la plus grande portion

La plupart (de) est donc toujours suivi d'un nom **pluriel**. Exception : **la plupart du temps.** Mais si **temps** est accompagné d'un déterminant, on emploie **la plus grande partie** :
> — La plus grande partie de mon temps, du temps perdu, etc.

Avec un pronom personnel on dit : la plupart d'**entre** nous, d'**entre** vous, d'**entre** eux...
(voir p. 194)

La plus grande partie (de) peut être suivi d'un nom **singulier** ou **pluriel**.

ATTENTION : Notez la différence qu'il peut y avoir entre **la plupart** et **la plus grande partie** + nom pluriel :
> — **La plupart de** nos pouvoirs demeurent donc en friche = le plus grand nombre de nos pouvoirs
> — **La plus grande partie de** nos pouvoirs = la plus grande portion de chacun de nos pouvoirs

B. *Apportez une restriction (portant sur le mot indiqué en employant* **la plupart** *ou* **la plus grande partie.** *Faites les modifications nécessaires. (pour l'accord du verbe, voir p. 194) :*

1. **Les gens** n'utilisent pas entièrement **leurs possibilités.**
2. Nous n'utilisons **toujours** qu'une petite partie de nos pouvoirs.
3. Il ignorait toutes **les plantes** qu'il avait citées.
4. Les étudiants passent toutes **leurs journées** en classe.
5. **Les cours** sont annulés cette semaine.
6. **Le subconscient** est encore « terre inconnue ».
7. Nous laissons **notre cerveau** en friche.
8. Il réunit un comité de trois membres, qui assiste aux **séances** avec stupéfaction.
9. Le progrès technique permettra-t-il de résoudre **les difficultés de la vie** ?
10. Cayce craint que son jugement soit influencé dans tous **les cas.**
11. Le sommeil fait disparaître **la fatigue.**
12. Il demeure endormi pendant toute **la consultation.**

Pouvoir / être capable (de)

Alors que **pouvoir** indique une simple possibilité, **être capable de** insiste sur la capacité, l'aptitude :
> — Je **ne peux pas** faire cette traduction (pour diverses raisons : je n'ai pas le temps, elle est trop difficile…).
> — Je **ne suis pas capable** de faire cette traduction (je n'ai pas les aptitudes requises, l'intelligence nécessaire…).

C. *Remplacez* **pouvoir** *par* **être capable (de)** *toutes les fois que c'est possible. Dites si le sens de la phrase en est modifié :*

1. Jusqu'à présent, la civilisation n'**a** pas **pu** fournir du pain à tous.
2. À mesure que le progrès technique permettra aux hommes de respirer, ils **pourront** se consacrer à la recherche du « troisième état ».
3. Croyez-vous que les hommes **puissent** physiquement accéder à cet état de super-conscience dont il s'agit ici ?
4. Edgar Cayce est mort, se renfermant sur un secret qu'il n'**avait** lui-même jamais **pu** percer.
5. Erik était resté infirme. Il ne **pouvait** pas marcher sans béquilles.
6. Andrews fait publier des annonces dans les revues médicales, sans résultat. Personne ne **peut** lui donner la composition de l'eau d'orvale.
7. Il avait déclaré qu'il **pouvait** entrer en contact avec n'importe quel cerveau humain vivant, et utiliser les informations qui s'y trouvaient.

8. L'homme **peut** parvenir à cet état de super-conscience. S'il ne le **peut** pas encore, c'est que les difficultés de la vie en société ne lui ont pas laissé le loisir de rechercher les moyens d'y parvenir.

9. Tout ce que l'on sait, c'est qu'un petit photographe sans culture **pouvait** se mettre dans un état où son esprit fonctionnait comme tous les esprits de tous les médecins à la fois.

Marier / se marier

— Le brahmane **a marié** sa fille voici de nombreux mois.

— En 1909, après des années de travail solitaire, Ramanujan **se marie**.

marier a pour sujet i) les parents

                ii) la personne qui célèbre le mariage (prêtre, maire, juge de paix . . .).

se marier (avec quelqu'un) a pour sujet l'homme et la femme qui s'unissent. Syn. **épouser** (quelqu'un)

D. *Traduisez les phrases suivantes :*

1. Cayce got married. He has an eight-year-old son.
2. I don't know whom he married. Do you?
3. In India, most parents want to marry off their daughters early, sometimes against their will.
4. They got married several years ago. I don't remember the exact year.
5. Her uncle was an old retired missionary. She wanted him to marry them.
6. Eve knows that André has poisoned her so he can marry her sister.
7. When they are married, where will they live?
8. My sister never married.
9. He had five daughters and he married them all off.
10. When do you want to get married?

Constructions

La nominalisation

La nominalisation permet de mettre **le nom** en valeur. Comparez :

— Le but principal de leur vie devrait être de rechercher les moyens d'user de cette possibilité.

et :   — **La recherche** des moyens d'user de cette possibilité devrait être le but principal de leur vie (nominalisation du verbe **rechercher**).

A. *Refaites les phrases suivantes en effectuant une nominalisation sur le mot indiqué (attention : la transformation de l'adjectif ou du verbe en nom peut entraîner des modifications) :*

1. Ce n'est pas qu'il redoute d'être **fatigué** : il sort de ces sommeils très reposé.
2. Un stock de magnésium **explose** ; l'enfant va devenir **aveugle**.
3. Serait-il souhaitable que l'homme **utilise** la totalité de son cerveau ?
4. Si Cayce accepte de soigner les malades, ce n'est pas parce qu'il est **ambitieux**.
5. Les diagnostics sont tellement **précis** qu'ils émerveillent les médecins.
6. On **publie** des annonces dans les revues médicales, sans résultat.

7. En lui **répondant**, le jeune médecin parisien donne la composition de l'eau d'orvale.

8. Ils doivent **poursuivre** les moyens matériels d'existence ; cela ne leur laisse pas le loisir d'une telle recherche.

9. Il sera **possible** de participer à cette recherche ; cela sera reconnu parmi les droits de l'homme.

10. Les hommes n'ont pas pour unique objet de **passer** dans l'état d'éveil.

Idée d'intensité entraînant une conséquence

— Les diagnostics sont d'**une telle** précision **que** les médecins sont persuadés qu'il s'agit d'un confrère camouflé en guérisseur.

— Les diagnostics sont **si** précis **que** les médecins sont persuadés qu'il s'agit d'un confrère camouflé en guérisseur.

si (ou **tellement**)	+	adjectif adverbe	+ **que**…
un(e) tel(le) de tel(le)s	+	nom	+ **que**…

B. *Refaites les phrases suivantes en remplaçant l'adjectif par le nom correspondant (faites toutes les modifications nécessaires) :*

1. Cet enfant était si ignorant que…
2. Cette littérature est si poétique que…
3. Ces opérations intellectuelles sont tellement complexes que…
4. Il était si ambitieux que…
5. L'enfant était si fiévreux que…
6. Sa voix était si claire et si tranquille que…
7. Il était tellement doué que…
8. Cayce est si tourmenté que…
9. Les voix étaient si bruyantes que…
10. C'était un acte si méchant que…
11. Les jumeaux étaient si beaux que…
12. Ces échelles sont si faciles à déplacer que…
13. Il faisait si froid que…
14. Son regard était si triste que…
15. Il était tellement habitué au climat que…

Si… c'est que introduisant une cause ou une explication

— **Si** les hommes n'ont pas pour unique objet le passage dans l'état d'éveil, **c'est que** les difficultés de la vie en société, la poursuite des moyens matériels d'existence, ne leur laissent pas le loisir d'une telle préoccupation.

Si introduit un fait réel (présent ou passé), expliqué par la proposition amenée par **c'est que** (ou **c'est par** + nom) :

— **Si** tu refuses, **c'est que** tu as peur.
— **Si** tu refuses, **c'est par** peur.

REMARQUE : au négatif (**ce n'est pas que**), le verbe de la proposition se met au subjonctif :
— S'il refuse c'est qu'il **a** peur.
— S'il refuse, ce n'est pas qu'il **ait** peur.

C. *Refaites les phrases suivantes en employant la construction ci-dessus :*

1. L'homme ne peut pas encore accéder à cet état d'éveil parce que la plus grande partie de ses pouvoirs demeure en friche.
2. Il se désolait de n'être pas « comme tout le monde » ; c'est pourquoi il était peu enclin à user de son don.
3. Il accepte de soigner les malades, mais ce n'est pas parce qu'il est ambitieux.
4. Le Syndicat Général Américain a reconnu les facultés de Cayce et l'a autorisé à donner des consultations.
5. Ils ont peur du fantôme et évitent d'entrer dans la bibliothèque.
6. Ce n'est pas parce qu'il redoute la fatigue qu'il se limite à deux séances par jour.
7. Croyant son frère mort, elle ne revenait pas.
8. Ils se dépêchent mais pas parce qu'ils ont peur de manquer le train.
9. L'on songe aux services que pourraient rendre, dans le domaine militaire, des hommes capables de télépathie et de précognition. C'est pourquoi les études sur la clairvoyance disposent en Amérique de crédits importants.
10. Jean Loup n'allait pas boire au mess avec ses camarades : il préférait rêver ou lire à l'ombre des jacarandas.

Verbes de perception (réfléchis) + infinitif

— Combien d'hommes **se sont sentis frôler** cet état ? = ont senti qu'ils frôlaient
— Elle **s'est senti pousser** dans l'escalier. = a senti que quelqu'un la poussait

verbe de perception (réfléchi) + **infinitif** $\begin{cases} \text{le sujet } \textbf{fait} \text{ l'action} \\ \text{le sujet } \textbf{subit} \text{ l'action} \end{cases}$

REMARQUE : L'infinitif qui suit le verbe de perception a toujours une valeur **active**.
L'action est faite soit **par** le sujet, soit **sur** le sujet. Si l'action est faite :
a) **par** le sujet : le participe passé **s'accorde**.
b) **sur** le sujet : le participe passé **ne s'accorde pas** :
— Elle s'est senti**e** tomber : l'action de **tomber** est faite **par** elle
— Elle s'est senti pousser : l'action de **pousser** est faite **sur** elle

D. *Refaites les phrases suivantes en employant l'infinitif et en faisant accorder le participe passé s'il y a lieu :*

1. Elle a entendu qu'on l'appelait par son nom.
2. Ils n'ont pas senti qu'ils mouraient.
3. Ils ont senti qu'on les touchait.
4. On n'entend pas qu'on parle.
5. Elle a senti que quelqu'un la regardait.
6. En rêve, il voyait qu'il partait pour l'Angleterre.
7. Elle a senti que la voix d'Edgar la tirait du coma.
8. À mesure qu'il avançait, il sentait que la foule l'observait.

Il s'agit de

— Les médecins sont persuadés qu'**il s'agit d'**un confrère camouflé en guéris-
seur. = que c'est...
— Dans ce récit, **il s'agit d'**un homme doué de clairvoyance. = il est question de...
— À présent, **il s'agit de** chercher les moyens de parvenir à cet état. = il faut...

Le verbe **s'agir (de)** est un verbe **impersonnel**. Il ne peut pas avoir de sujet autre que
il, qui ne représente aucun être et aucune chose.

E. *Transformez les phrases suivantes en employant s'agir :*

1. De quoi parle ce livre ?
2. Il ne faut pas seulement poursuivre les moyens matériels d'existence.
3. Il n'est pas question de cela !
4. Cayce voulait seulement guérir les patients.
5. Cet article traite de la recherche parapsychologique.
6. Désormais il faudra travailler davantage.

Langue et style

L'interrogation indirecte

L'interrogation indirecte est introduite par un verbe d'interrogation comme **demander,
se demander**, etc., ou par un verbe dont le sens général implique l'idée d'interrogation
comme **dire, savoir, raconter**, etc. :

— On se demande **comment il pouvait guérir**.
— Je vais vous dire **ce que j'ai**.
— Nous ne savons pas **s'il est possible** d'atteindre cet état.

La phrase interrogative indirecte subit les mêmes transformations que la phrase du discours
indirect :

i) décalage des points de repère :
— Elle me demande : « **Tu as** perdu **ta**   clef ? »
— Elle me demande si **j' ai** perdu **ma**   clef.

ii) modification des temps :
— Elle m'a demandé : « Tu   **as perdu** ta clef ? »
— Elle m'a demandé si   j' **avais perdu** ma clef.

Les termes introductifs sont les mêmes dans les deux formes d'interrogation, avec les
exceptions suivantes :

« Est-ce que l'enfant est guéri ? »   } Dites-moi **si** l'enfant est guéri.
L'enfant est-il guéri ?

Qu'est-ce qui se passe ?   } Dites-moi **ce qui** se passe.
Que se passe-t-il ?

Qu'est-ce que vous faites ?   } Dites-moi **ce que** vous faites.
Que faites-vous ?

A. *Mettez les phrases suivantes au style indirect :*

1. Qu'est-ce que c'est ? On se le demande.
2. Qu'est-ce qu'il veut ? Je vous le demande.
3. Est-ce que c'est son père qui avait mis au point l'eau d'orvale ? Demande-le lui.
4. Qu'est-ce qui te fait peur ? Je veux le savoir.
5. Qui les a invités ? Peux-tu me le dire ?
6. Qu'est-ce qu'elle a dit ? Je ne l'ai pas entendu.
7. Qu'est-ce que c'est que l'état de super-conscience ? Je ne le comprends pas.
8. Comment fonctionnait son cerveau ? Il l'a expliqué.

Le raisonnement

Le raisonnement est ponctué de mots (conjonctions ou locutions) qui servent à indiquer les diverses catégories d'idées introduites : opposition, comparaison, preuve, explication, cause, conséquence, idée ajoutée, conclusion, etc. Par exemple :

restriction opposition	preuve à l'appui	explication	cause	conséquence	idée ajoutée
mais cependant pourtant bien que malgré au contraire par contre	en effet puisque	car c'est-à-dire si... c'est que	comme c'est que parce que	donc aussi alors c'est pourquoi par conséquent	aussi de plus d'ailleurs en outre

B. *Complétez les phrases suivantes par un des mots du tableau ci-dessus :*

1. Nous savons,_____, aujourd'hui, que l'homme n'utilise qu'une petite partie de son cerveau. (idée ajoutée)
2. La plus grande partie de nos pouvoirs demeure_____en friche. (conséquence)
3. Notre psychologie n'admet que deux états de conscience._____des origines de l'humanité à nos jours, les témoignages abondent sur l'existence d'états de conscience supérieurs à l'état de veille. (opposition)
4. Si mon cerveau possède les machines qu'il faut, si tout cela ne relève pas seulement d'une « initiation magique »,_____je me rends compte que parvenir à l'état d'éveil devrait être mon unique ambition. (conséquence)
5. Nous savons_____qu'il est possible de parvenir par hasard à cet état. (idée ajoutée)
6. Il ne veut pas voir les patients_____il a peur que, les connaissant, son jugement soit influencé. (explication)
7. Se pouvait-il qu'Erika fût de retour ? _____Erik m'avait juré qu'elle ne reviendrait jamais. (opposition)
8. La plus grande partie de nos pouvoirs demeure en friche._____nous ne savons pas utiliser la totalité de notre cerveau. (preuve)

9. _____elle n'avait pas de circonstances atténuantes, elle a été condamnée à la prison à vie. (cause)

10. _____ses craintes, il n'ose pas désobéir à ses voix. (restriction)

11. Il n'y a plus rien à faire._____, on obéit aux instructions de l'enfant. (conséquence)

12. Il refuse de voir les patients._____il veut que des médecins assistent aux séances. (idée ajoutée)

13. Cette histoire est incroyable._____elle est rigoureusement vraie. (opposition)

C. *Reliez les deux énoncés donnés au moyen d'une conjonction ou locution appropriée choisie dans le tableau ci-dessus :*

1. Il accepte de donner des consultations. Il n'a pas le droit de refuser d'aider les affligés.

2. Il s'élève contre l'ablation. C'est une folie pour les spécialistes.

3. Sa voix s'éleva, claire et tranquille. Il dormait.

4. Il est peu enclin à user de son don. Il se désole de n'être pas comme tout le monde.

5. Comment pouvez-vous avoir entendu parler du Codiron ? Il n'est pas encore en vente.

6. Nous savons que l'état de super-conscience peut-être atteint volontairement. Et nous savons qu'il est possible d'y parvenir par hasard.

Or

Or est une **conjonction déductive**. Toujours placée en tête de phrase, elle sert :

i) de lien avec ce qui précède en attirant l'attention sur un nouvel élément, avec, souvent, un léger contraste :
   — Andrews fait publier des annonces sans résultat. **Or**, un jour, il reçoit une réponse d'un jeune médecin parisien.

ii) à introduire le second terme d'un raisonnement (on a ensuite une conclusion) :
   — Les gens normaux ne font pas des choses totalement illogiques.
   Or, Marjorie a commis un acte totalement illogique.
   Donc, Marjorie n'est pas normale.

D. *Complétez les phrases suivantes :*

1. Au cours d'une séance, il prescrit un médicament qu'il nomme Codiron. **Or**,

2. Soudain, j'entendis le bruit de l'échelle qu'on poussait. **Or**,

3. Il s'est marié. Il a un fils de huit ans, Hugh Lynn. **Or**,

4. Il reçoit un jour une lettre d'un jeune médecin parisien. **Or**,

5. Il n'y avait rien à faire pour tirer l'enfant du coma. **Or**, brusquement,

E. *Trouvez le second terme des raisonnements suivants :*

1. i) Erika ne pouvait souffrir qu'on fût aussi beau qu'elle ;
   ii) or,_____
   iii) donc, Erika détestait son frère.

2. i) Edgar n'avait aucune connaissance médicale ;
   ii) or,_____
   iii) donc, il s'agissait bien d'un cas de clairvoyance inexplicable.

Accord du verbe avec *la plupart* et *la plus grande partie.*

i)   — La plupart de nos facultés **demeurent** en friche.
   — Nous n'utilisons pas toutes nos facultés. La plupart **demeurent** en friche (**de nos facultés** est sous-entendu).

Avec **la plupart** sujet, le verbe se met au **pluriel**.
Exception : **la plupart du temps** (verbe au singulier)

Avec **la plupart d'entre nous, d'entre vous**, le verbe se met généralement à la 3e personne du pluriel, mais on trouve parfois la 1re personne après **la plupart d'entre nous** ce qui souligne que la personne qui parle s'inclut dans le groupe :
   — La plupart d'entre nous **étaient** (ou **étions**) émerveillés.

ii)   — La plus grande partie de notre cerveau **demeure** en friche.
   — La plus grande partie de nos pouvoirs **demeure** en friche.
Avec **la plus grande partie** sujet, le verbe se met au **singulier**.

> REMARQUES : **La plus grande partie** peut s'employer avec un nom pluriel au sens de **la plupart.** Le verbe se met alors au **pluriel.**
>   — La plus grande partie de nos pouvoirs **demeure** en friche. = la plus grande portion (il s'agit de la mesure)
>   — La plus grande partie de nos pouvoirs **demeurent** en friche. = le plus grand nombre (il s'agit du nombre)
> L'usage est le même pour l'accord de l'adjectif et du participe passé :
>   — La plus grande partie des pouvoirs que nous n'avons pas **développée** ou **développés**.

F.   *Mettez le verbe donné au singulier ou au pluriel :*

1. La plupart des médecins_____(être persuadé) qu'il s'agit d'un confrère camouflé en guérisseur.
2. La plus grande partie des séances_____(se passer) à faire le diagnostic. Le reste du temps, à dicter l'ordonnance.
3. La plus grande partie des séances le_____(laisser) très reposé. Il est très rare qu'il se sente fatigué au réveil.
4. Les médecins sont stupéfaits. La plupart n'_____(avoir) jamais vu de cas semblable.
5. La plus grande partie de ce travail ne_____(valoir) rien.
6. La plupart de ces ouvrages_____(être) trop savant____pour être compris ____des non-spécialistes.
7. La plupart d'entre nous ne_____(être capable de) atteindre cet état.
8. Il ignorait la plupart des plantes qu'il_____(citer) au cours de la consultation de la veille.
9. La plus grande partie de ses après-midi (de 2 heures à 5 heures)_____(se passer) dans son magasin de photographie.
10. La plupart d'entre elles lui_____(être inconnu).
11. La plus grande partie de ces ouvrages, à l'exception de deux ou trois chapitres,_____(ne pas pouvoir être compris) par les intelligences ordinaires.
12. La plupart des gens_____(se marier) pour avoir des enfants.

Le plus-que-parfait

Le plus-que-parfait est un **temps relatif.** Il exprime qu'une action s'est déroulée avant une autre action qui est elle-même passée :

> — Edgar Cayce est mort le 5 janvier 1945, se refermant sur un secret qu'il n'**avait** lui-même jamais **percé** et l'**avait effrayé** toute sa vie.

Les plus-que-parfaits **n'avait jamais percé** et **avait effrayé** situent ces procès dans un moment antérieur relativement au moment dont on parle, c'est-à-dire la mort d'Edgar Cayce.

Le plus-que-parfait joue, relativement à un moment du passé, le rôle que joue le passé composé relativement au présent :

> — Un Brahmane **se rend** au temple. Il **a marié** sa fille voici de nombreux mois.
> — Un Brahmane **se rendit** au temple. Il **avait marié** sa fille de nombreux mois auparavant.

G. *Transposez les phrases suivantes au passé de façon à employer le plus-que-parfait :*

1. Huit jours après Al force sa porte : il ne s'est jamais si bien porté.
2. C'est son père qui a mis au point l'eau d'orvale.
3. Cayce meurt au jour et à l'heure qu'il a fixés.
4. La bourse lui est retirée parce qu'il a échoué à ses examens.
5. Il écrit au professeur Hardy et lui envoie cent vingt théorèmes qu'il a démontrés.
6. Il se passionne pour l'étrange. À Cambridge, il s'est constitué une petite bibliothèque sur les phénomènes psychiques.
7. Il y a des mois que je ne suis pas allé au cinéma.
8. Jean Loup ne l'a jamais vue, mais il croit qu'elle est très belle.
9. Il court en direction du quai. Le train est parti !
10. Quand j'arrive au château, Erik est parti.
11. Il me répond qu'Erik a fermé la bibliothèque.
12. Peter est veuf, ses enfants n'ont plus de mère. Marjorie s'est suicidée, selon toute vraisemblance, en se jetant dans le fleuve.
13. Hier, la déesse est apparue à la mère de Ramanujan pour lui annoncer que son enfant serait extraordinaire.
14. Il entre au lycée, car on lui a accordé une bourse.
15. Un petit homme malpropre, avec des yeux comme je n'en ai jamais vu, entre dans ma chambre.

Pour suivi d'un infinitif

Pour suivi de l'infinitif peut s'employer pour marquer deux actions successives et légèrement contrastées :

> — Il avait déclaré **pour** ne se souvenir de rien au réveil…

H. *Refaites les phrases suivantes en employant* **pour** ·

1. Il était entré au lycée, et avait échoué à ses examens.
2. Il rentre aux Indes et y meurt à trente-deux ans.
3. Edgar Cayce est mort le 5 janvier 1945, se renfermant sur un secret qu'il n'avait lui-même jamais percé.

4. Il rattrape toutes les connaissances dans ce domaine et dépasse bientôt tout l'effort mathématique de la civilisation.
5. Il partit en Angleterre et ne revint jamais.
6. Ils sortent du bureau du patron, l'air humble, et vont se remettre à taper à la machine.

Accord du participe passé suivi d'un infinitif

Avec l'auxiliaire **avoir** :

i) pas d'objet direct (nom ou pronom) : pas d'accord
— J'ai entendu jouer du piano.

ii) objet direct placé après le participe passé : pas d'accord
— J'ai entendu **la jeune fille** jouer du piano.

iii) objet direct placé avant est sujet de l'infinitif : accord
— La jeune fille **que** j'ai entendue jouer…

iv) objet direct placé avant n'est pas sujet de l'infinitif : pas d'accord :
— La mélodie **que** j'ai entendu jouer…

REMARQUE : L'infinitif peut être sous-entendu :
— Il a donné les consultations qu'il a voulu. (donner)
— Il a écrit les ordonnances qu'on lui a dit. (d'écrire)

Avec l'auxiliaire **être** : accord avec le sujet :
— Les travaux qu'**ils** sont venus faire…

Verbes pronominaux :

i) le sujet du pronominal est aussi le sujet de l'infinitif : accord
— **Ils** se sont sentis tomber.

ii) le sujet du pronominal n'est pas sujet de l'infinitif : pas d'accord
— **Ils** se sont senti toucher.

Les participes passés de **faire, se faire, devoir, pouvoir** et **vouloir** suivis d'un infinitif restent invariables :
— Les diagnostics qu'on lui a fait faire…
— La somme que j'ai dû payer…

I. *Faites accorder les participes passés s'il y a lieu :*

1. Ce sont des mystères qu'il n'a jamais voulu_____percer.
2. Notre civilisation n'a pas encore pu_____fournir du pain à tous.
3. Ces guérisons que j'ai entendu_____raconter sont extraordinaires.
4. La déesse était venu_____lui annoncer que son enfant serait extraordinaire.
5. Il n'a pas terminé les études qu'on lui avait fait_____entreprendre.
6. Quelles sont ces choses que tu a entendu_____dire sur moi ?
7. C'était elle que j'avais entendu_____pénétrer dans la bibliothèque.
8. Elle ne s'est pas senti_____mourir.
9. Quels efforts il a dû_____faire pour surmonter ses craintes !
10. C'est la meilleure actrice que j'aie jamais vu_____jouer.

Traduction

This chapter is about the extraordinary powers of the brain. Science tells us that most of the human brain remains undeveloped, because we don't know how to use it. Besides, most people are too involved in their daily difficulties to be able to search for the "hidden treasure" that we are talking about here.

However, if it is possible for man to reach this state, then, this search should be his main objective.

The case of Edgar Cayce shows that some people are able to reach this state naturally, without any special knowledge. For a long time, Edgar even refused to use his special powers because, he said, it was all witchcraft. If he finally accepted, it was because his friend and his fiancée convinced him that he did not have the right to refuse to help the sick.

Edgar had been born with a gift that he never understood, and which frightened him all his life. As a child, he had almost died, and only his mysterious power had saved him. Now, it was his duty to give the afflicted the help that nobody else could give them. When in a state of hypnosis, he could give diagnoses, and prescriptions of such precision and accuracy that the medical authorities allowed him to give "psychic consultations".

How did his brain work? Nobody could explain it, but perhaps, one day, we will have techniques that will enable us to function in the same way.

Composition

Le compte-rendu

Tout en étant **bref** et **objectif**, un compte-rendu doit être **clair, précis, complet**. Il doit indiquer :

  i) de quel événement il s'agit ;
 ii) le lieu et le moment où il s'est déroulé ;
iii) comment il s'est déroulé ;
 iv) quels ont été les témoins (leur nom, leur âge, leurs réactions, leurs remarques . . .) ;
  v) quelle est l'importance de l'événement, quelles en sont les conséquences, etc.

Exemple : UN ENFANT GUÉRIT EN DORMANT

Greenville, dans le Kentucky, se trouve être depuis la semaine dernière, le théâtre d'événements inexplicables qui enfièvrent la petite ville et attirent chaque jour une foule considérable de curieux. Edgar Cayce, un garçonnet de 12 ans, manifeste en effet des dons extraordinaires de clairvoyance, dont espèrent profiter habitants et visiteurs qui se pressent chez lui de plus en plus nombreux.

Lundi dernier, vers 14 heures, en jouant dans la cour de l'école, le garçonnet reçut un coup de balle de base-ball sur la colonne vertébrale, et tomba dans le coma. Le médecin, impuissant à l'en sortir, désespérait de sa vie, lorsque, d'une voix claire et tranquille, le petit Edgar indiqua de façon très précise les soins à lui donner pour le guérir. À tout hasard, on obéit. Le lendemain, la fièvre était tombée. Il ne se souvenait de rien. Stupéfait, son médecin, le Dr Henry Goodwin, a envoyé un rapport à la Faculté de Médecine de Louisville qui étudie le cas.

Depuis, le petit Edgar a donné plusieurs consultations en état de sommeil hypnotique, et tous les malades, semble-t-il, auraient été guéris. Interrogés, les parents de l'enfant ont déclaré ne rien comprendre à ce qui arrivait à leur fils, qui s'était toujours, jusqu'alors, comporté comme un enfant ordinaire. Le Secrétaire local du Syndicat des Médecins, le Dr John Blackburn, a demandé une enquête afin d'établir l'authencité du phénomène, mais les affligés de la petite ville n'ont pas attendu que la Faculté se prononce pour croire au miracle. Espérons que leur espoir ne sera pas déçu.

Rédaction

En prenant modèle sur l'exemple ci-dessus, faites un compte-rendu pour le journal local, sur un événement extraordinaire qui a eu lieu dans votre petite ville : observation d'O.V.N.I., manifestation d'« esprits », apparition d'un être mystérieux, etc.

Chapitre 9

Le passe-muraille

Marcel Aymé

Il y avait à Montmartre, au troisième étage du 75 *bis* de la rue d'Orchampt, un excellent homme nommé Dutilleul qui possédait le don singulier de passer à travers les murs sans en être incommodé°. Il portait un binocle°, une petite barbiche noire et il était employé de troisième classe au ministère de l'Enregistrement. En hiver, il se rendait à son bureau par l'autobus et à la belle saison, il faisait le trajet à pied, sous son chapeau melon°.

Dutilleul venait d'entrer dans sa quarante-troisième année lorsqu'il eut la révélation de son pouvoir. Un soir, une courte panne d'électricité l'ayant surpris dans le vestibule de son petit appartement de célibataire, il tâtonna° un moment dans les ténèbres et, le courant revenu, se trouva sur le palier° du troisième étage. Comme sa porte d'entrée était fermée à clé de l'intérieur, l'incident lui donna à réfléchir et, malgré les remontrances de sa raison, il se décida à rentrer chez lui comme il en était sorti, en passant à travers la muraille. Cette étrange faculté qui semblait ne répondre à aucune de ses aspirations, ne laissa pas de° le contrarier° un peu et, le lendemain samedi, profitant de la semaine anglaise°, il alla trouver un médecin du quartier pour lui exposer son cas. Le docteur put se convaincre qu'il disait vrai et, après examen, découvrit la cause du mal dans un durcissement hélicoïdal de la paroi strangulaire du corps thyroïde. Il prescrivit le surmenage° intensif et, à raison de° deux cachets° par an, l'absorption de poudre de pirette tétravalente, mélange de farine de riz et d'hormone de centaure°.

Ayant absorbé un premier cachet, Dutilleul rangea le médicament dans un tiroir et n'y pensa plus. Quant au surmenage intensif, son activité de fonctionnaire était réglée par des usages ne s'accommodant° d'aucun excès, et ses heures de loisir, consacrées à la lecture du journal et à sa collection de timbres, ne l'obligeaient pas non plus à une dépense déraisonnable d'énergie. Au bout d'un an, il avait donc gardé intacte la faculté de passer à travers les murs, mais il ne l'utilisait jamais, sinon par inadvertance, étant peu curieux d'aventures et rétif° aux entraînements de l'imagination. L'idée ne lui venait même pas de rentrer chez lui autrement que par la porte et après l'avoir dûment

être incommodé : ressentir un malaise
binocle : sorte de lunettes sans branches

chapeau melon : chapeau dont la calotte est ronde (de la forme d'un melon)

tâtonner : chercher son chemin dans l'obscurité en s'aidant du toucher
palier : plate-forme dans l'escalier, devant la porte des appartements

ne pas laisser de : ne pas manquer de
contrarier : ennuyer
semaine anglaise : semaine de travail où on ne travaille pas le samedi après-midi ni le dimanche
surmenage : excès de travail et d'activité
à raison de : ici, à la dose de…
cachet : médicament en poudre contenu dans une enveloppe comestible
Que pensez-vous du diagnostic et de la prescription ?
s'accommoder (de) : accepter, admettre

rétif : récalcitrant

ouverte en faisant jouer la serrure. Peut-être eût-il° vieilli dans
la paix de ses habitudes sans avoir la tentation de mettre ses
dons à l'épreuve, si un événement extraordinaire n'était° venu
soudain bouleverser son existence. M. Mouron, son sous-chef
de bureau, appelé à d'autres fonctions, fut remplacé par un certain   5
M. Lécuyer, qui avait la parole brève et la moustache en brosse°.
Dès le premier jour, le nouveau sous-chef vit de très mauvais
œil° que Dutilleul portât un lorgnon° à chaînette et une barbiche
noire, et il affecta de le traiter comme une vieille chose gênante
et un peu malpropre°. Mais le plus grave était qu'il prétendît   10
introduire dans son service des réformes d'une portée° considérable et bien faites pour troubler la quiétude de son subor-
donné. Depuis vingt ans, Dutilleul commençait ses lettres par
la formule suivante : « Me reportant à votre honorée° du tantième courant° et, pour mémoire°, à notre échange de lettres   15
antérieur, j'ai l'honneur de vous informer... » Formule à laquelle
M. Lécuyer entendit° substituer une autre d'un tour plus
américain : « En réponse à votre lettre du tant, je vous
informe°... » Dutilleul ne put s'accoutumer à ces façons épistolaires. Il revenait malgré lui à la manière traditionnelle, avec   20
une obstination machinale qui lui valut l'inimitié grandissante
du sous-chef. L'atmosphère du ministère de l'Enregistrement lui
devenait presque pesante. Le matin, il se rendait à son travail
avec appréhension, et le soir, dans son lit, il lui arrivait bien
souvent de méditer un quart d'heure entier avant de trouver   25
le sommeil°.

Écœuré° par cette volonté rétrograde° qui compromettait le
succès de ses réformes, M. Lécuyer avait relégué° Dutilleul dans
un réduit° à demi obscur, attenant à son bureau. On y accédait
par une porte basse et étroite donnant sur le couloir et portant   30
encore en lettres capitales l'inscription : Débarras°. Dutilleul
avait accepté d'un cœur résigné cette humiliation sans précédent,
mais chez lui, en lisant dans son journal le récit de quelque
sanglant fait divers°, il se surprenait à rêver que M. Lécuyer
était la victime.   35

Un jour, le sous-chef fit irruption dans le réduit en brandissant
une lettre et il se mit à beugler° :

—Recommencez-moi ce torchon° ! Recommencez-moi cet
innommable torchon qui déshonore mon service !

Dutilleul voulut° protester, mais M. Lécuyer, la voix tonnante,   40
le traita de cancrelat° routinier°, et, avant de partir, froissant
la lettre qu'il avait en main, la lui jeta au visage. Dutilleul était
modeste, mais fier. Demeuré seul dans son réduit, il fit un peu
de température° et soudain, se sentit en proie à° l'inspiration.
Quittant son siège, il entra dans le mur qui séparait son bureau   45
de celui du sous-chef, mais il y entra avec prudence, de telle
sorte que sa tête seule émergeât° de l'autre côté. M. Lécuyer,

---

peut-être eût-il vieilli :
conditionnel passé 2e
forme (voir p. 308).
Remarquez la suppression du
« pas » (style recherché).

Qu'est-ce que cela indique sur
sa personnalité ?

de très mauvais œil :
d'une manière
défavorable
lorgnon : lunettes sans
branches
Sur quoi est basée l'animosité
du nouveau sous-chef ? Faut-
il y voir autre chose ?
portée : importance
votre honorée : votre
lettre (style d'affaires)
du tantième courant :
de telle date de ce mois
pour mémoire : à titre
d'information
entendre : vouloir (litt.)
Comparez les deux formules.
Quelles différences y voyez-
vous ? Qu'indiquent-elles ?

Qu'y a-t-il d'ironique dans ce
détail ?
écœuré : dégoûté
rétrograde : opposé au
progrès
reléguer : mettre dans
un endroit écarté
réduit : pièce petite et
sans confort
débarras : réduit où l'on
met ce qui gêne
fait divers : dans le
journal, nouvelle peu
importante (qui n'a
qu'un intérêt local)
beugler : hurler, crier
d'une façon désagréable
torchon : travail mal
soigné
vouloir : tenter, essayer
cancrelat : insecte que
l'on trouve dans les
maisons vieilles et sales
routinier : qui tient à
ses habitudes et fait
toujours les choses de la
même manière
faire de la température :
avoir de la fièvre
en proie à : sous
l'emprise de
émergeât : le subjonctif
après **de sorte que**
indique le but

Qu'est-ce que ce détail nous
indique sur la personnalité de
Lécuyer ?
effarement :
stupéfaction   5

darder : lancer, comme
une flèche

voyou : mauvais sujet
butor : homme grossier   10
et brutal
galopin : petit garçon
qui court les rues
béant : (du verbe **béer**)
bouche ouverte,
stupéfait
                              15

inventiver (contre) :
injurier
                              25

Garou : ou plus souvent
Loup-Garou, person-
nage légendaire
malfaisant, homme à
forme de loup qui errait
la nuit dans les   30
campagnes
Faut-il chercher un sens à ces
paroles ?

gardien de la paix :
agent de police   35

Quel genre de malades met-on
dans une maison de santé ?

                              40

saurait : pourrait (style   45
soutenu)

assis à sa table de travail, d'une plume encore nerveuse dépla-
çait une virgule° dans le texte d'un employé, soumis à son
approbation, lorsqu'il entendit tousser dans son bureau. Levant
les yeux, il découvrit avec un effarement° indicible la tête de
Dutilleul, collée au mur à la façon d'un trophée de chasse. Et
cette tête était vivante. À travers le lorgnon à chaînette, elle
dardait° sur lui un regard de haine. Bien mieux, la tête se mit
à parler.

—Monsieur, dit-elle, vous êtes un voyou°, un butor° et un
galopin°.

Béant° d'horreur, M. Lécuyer ne pouvait détacher les yeux
de cette apparition. Enfin, s'arrachant à son fauteuil, il bondit
dans le couloir et courut jusqu'au réduit. Dutilleul, le porte-
plume à la main, était installé à sa place habituelle, dans une
attitude paisible et laborieuse. Le sous-chef le regarda longuement et, après avoir balbutié quelques paroles, regagna son
bureau. À peine venait-il de s'asseoir que la tête réapparaissait
sur la muraille.

—Monsieur, vous êtes un voyou, un butor et un galopin.

Au cours de cette seule journée, la tête redoutée apparut vingt-
trois fois sur le mur et, les jours suivants, à la même cadence.
Dutilleul, qui avait acquis une certaine aisance à ce jeu, ne se
contentait plus d'invectiver contre° le sous-chef. Il proférait des
menaces obscures, s'écriant par exemple d'une voix sépulcrale,
ponctuée de rires vraiment démoniaques :

—Garou ! garou° ! Un poil de loup ! (rire). Il rôde un frisson
à décorner tous les hiboux (rire)°.

Ce qu'entendant, le pauvre sous-chef devenait un peu plus
pâle, un peu plus suffocant, et ses cheveux se dressaient bien
droits sur sa tête et il lui coulait dans le dos d'horribles sueurs
d'agonie. Le premier jour, il maigrit d'une livre. Dans la semaine
qui suivit, outre qu'il se mit à fondre presque à vue d'œil, il
prit l'habitude de manger le potage avec sa fourchette et de saluer
militairement les gardiens de la paix°. Au début de la deuxième
semaine, une ambulance vint le prendre à son domicile et
l'emmena dans une maison de santé°.

Dutilleul, délivré de la tyrannie de M. Lécuyer, put revenir
à ses chères formules : « Me reportant à votre honorée du
tantième courant… » Pourtant, il était insatisfait. Quelque chose
en lui réclamait, un besoin nouveau, impérieux, qui n'était rien
de moins que le besoin de passer à travers les murs. Sans doute
le pouvait-il faire aisément, par exemple chez lui, et du reste,
il n'y manqua pas. Mais l'homme qui possède des dons brillants
ne peut se satisfaire longtemps de les exercer sur un objet
médiocre. Passer à travers les murs ne saurait° d'ailleurs consti-
tuer une fin en soi. C'est le départ d'une aventure, qui appelle
une suite, un développement et, en somme, une rétribution.

Dutilleul le comprit très bien. Il sentait en lui un besoin d'expansion, un désir croissant de s'accomplir et de se surpasser, et une certaine nostalgie qui était quelque chose comme l'appel de derrière le mur°. Malheureusement, il lui manquait un but. Il chercha son inspiration dans la lecture du journal, particulièrement aux chapitres de la politique et du sport, qui lui semblaient être des activités honorables, mais s'étant finalement rendu compte qu'elles n'offraient aucun débouché° aux personnes qui passent à travers les murs, il se rabattit° sur le fait divers qui se révéla des plus suggestifs°.

Le premier cambriolage° auquel se livra Dutilleul eut lieu dans un grand établissement de crédit de la rive droite°. Ayant traversé une douzaine de murs et de cloisons°, il pénétra dans divers coffres-forts, emplit ses poches de billets de banque et, avant de se retirer, signa son larcin° à la craie rouge, du pseudonyme de Garou-Garou, avec un fort joli paraphe° qui fut reproduit le lendemain par tous les journaux. Au bout d'une semaine, ce nom de Garou-Garou connut une extraordinaire célébrité. La sympathie du public allait sans réserve à ce prestigieux cambrioleur qui narguait° si joliment la police. Il se signalait chaque nuit par un nouvel exploit accompli soit au détriment d'une banque, soit à celui d'une bijouterie ou d'un riche particulier°. À Paris comme en province°, il n'y avait point de femme un peu rêveuse qui n'eût° le fervent désir d'appartenir corps et âme au terrible Garou-Garou. Après le vol du fameux diamant de Burdigala et le cambriolage du Crédit municipal, qui eurent lieu la même semaine, l'enthousiasme de la foule atteignit au délire. Le ministre de l'Intérieur dut° démissionner°, entraînant dans sa chute le ministre de l'Enregistrement. Cependant, Dutilleul devenu l'un des hommes les plus riches de Paris, était toujours ponctuel à son bureau et on parlait de lui pour les palmes académiques°. Le matin, au ministère de l'Enregistrement, son plaisir était d'écouter les commentaires que faisaient les collègues sur ses exploits de la veille. « Ce Garou-Garou, disaient-ils, est un homme formidable, un surhomme, un génie. » En entendant de tels éloges, Dutilleul devenait rouge de confusion et, derrière le lorgnon à chaînette, son regard brillait d'amitié et de gratitude. Un jour, cette atmosphère de sympathie le mit tellement en confiance qu'il ne crut pas pouvoir garder le secret plus longtemps. Avec un reste de timidité, il considéra ses collègues groupés autour d'un journal relatant le cambriolage de la Banque de France, et déclara d'une voix modeste : « Vous savez, Garou-Garou, c'est moi. » Un rire énorme et interminable accueillit la confidence de Dutilleul qui reçut, par dérision, le surnom° de Garou-Garou. Le soir, à l'heure de quitter le ministère, il était l'objet de plaisanteries sans fin de la part de ses camarades et la vie lui semblait moins belle.

Que voyez-vous de comique dans ces quelques lignes ?
débouché : accès à des emplois, des professions
se rabattre sur quelque chose : y revenir, faute de mieux
Que trouva-t-il dans les faits divers ?

cambriolage : vol dans un local, avec effraction
la rive droite : de la Seine (où se trouvent les plus beaux quartiers de Paris)
cloison : mur peu épais qui sépare deux pièces
larcin : vol
paraphe : trait de plume qui orne la signature
narguer : provoquer, braver

particulier : individu

en province : hors de la région parisienne
il n'y avait point de femme qui n'eût : toutes les femmes avaient…

dut : fut obligé de
démissionner : renoncer au poste que l'on occupe

palmes académiques : décoration accordée aux fonctionnaires

surnom : nom donné à quelqu'un d'après un trait caractéristique, physique ou moral (souvent pour se moquer)

se faire + infinitif :
équivaut à une forme
passive, *mais avec quelle
nuance ?*
pincer : arrêter (fam.)
fracasser : briser
vitrine : grande vitre à
la devanture d'un
magasin
hanap : grand vase muni
d'un pied et d'un
couvercle, dans lequel
on buvait autrefois
méconnaître : ne pas
apprécier quelqu'un ou
quelque chose comme il
le mérite
se faire la main :
s'entraîner pour
acquérir de l'habileté

témoigner de : être la
preuve de

tâter : goûter
la Santé : prison
principale de Paris

régal : vif plaisir

Les Trois Mousquetaires :
roman historique
d'Alexandre Dumas
(1844)
sur les dents : en état
d'alerte
*À quel dicton est-il fait
allusion ici ?*

formule polie, courante
dans les lettres
administratives

Quelques jours plus tard, Garou-Garou se faisait° pincer° par une ronde de nuit dans une bijouterie de la rue de la Paix. Il avait apposé sa signature sur le comptoir-caisse et s'était mis à chanter une chanson à boire en fracassant° différentes vitrines° à l'aide d'un hanap° en or massif. Il lui eût été facile de s'enfoncer dans un mur et d'échapper ainsi à la ronde de nuit, mais tout porte à croire qu'il voulait être arrêté et, probablement à seule fin de confondre ses collègues dont l'incrédulité l'avait mortifié. Ceux-ci, en effet, furent bien surpris, lorsque les journaux du lendemain publièrent en première page la photographie de Dutilleul. Ils regrettèrent amèrement d'avoir méconnu° leur génial camarade et lui rendirent hommage en se laissant pousser une petite barbiche. Certains même, entraînés par le remords et l'admiration, tentèrent de se faire la main° sur le portefeuille ou la montre de famille de leurs amis et connaissances.

On jugera sans doute que le fait de se laisser prendre par la police pour étonner quelques collègues témoigne° d'une grande légèreté, indigne d'un homme exceptionnel, mais le ressort apparent de la volonté est fort peu de chose dans une telle détermination. En renonçant à la liberté, Dutilleul croyait céder à un orgueilleux désir de revanche, alors qu'en réalité il glissait simplement sur la pente de sa destinée. Pour un homme qui passe à travers les murs, il n'y a point de carrière un peu poussée s'il n'a tâté° au moins une fois de la prison. Lorsque Dutilleul pénétra dans les locaux de la Santé°, il eut l'impression d'être gâté par le sort. L'épaisseur des murs était pour lui un véritable régal°. Le lendemain même de son incarcération, les gardiens découvrirent avec stupeur que le prisonnier avait planté un clou dans le mur de sa cellule et qu'il y avait accroché une montre en or appartenant au directeur de la prison. Il ne put ou ne voulut révéler comment cet objet était entré en sa possession. La montre fut rendue à son propriétaire et, le lendemain, retrouvée au chevet de Garou-Garou avec le tome premier des *Trois Mousquetaires*° emprunté à la bibliothèque du directeur. Le personnel de la Santé était sur les dents°. Les gardiens se plaignaient en outre de recevoir des coups de pied dans le derrière, dont la provenance était inexplicable. Il semblait que les murs eussent, non plus des oreilles, mais des pieds°. La détention de Garou-Garou durait depuis une semaine, lorsque le directeur de la Santé, en pénétrant un matin dans son bureau, trouva sur sa table la lettre suivante :

« Monsieur le directeur. Me reportant à notre entretien du 17 courant et, pour mémoire, à vos instructions générales du 15 mai de l'année dernière, j'ai l'honneur de vous informer° que je viens d'achever la lecture du second tome des *Trois Mousquetaires* et que je compte m'évader cette nuit entre onze heures vingt-cinq et onze heures trente-cinq. Je vous prie, monsieur le directeur, d'agréer l'expression de mon profond respect°. Garou-Garou. »

Malgré l'étroite surveillance dont il fut l'objet cette nuit-là, Dutilleul s'évada à onze heures trente. Connue du public le lendemain matin, la nouvelle souleva partout un enthousiasme magnifique. Cependant, ayant effectué un nouveau cambriolage qui mit le comble à° sa popularité, Dutilleul semblait peu soucieux de se cacher et circulait à travers Montmartre sans aucune précaution. Trois jours après son évasion, il fut arrêté rue Caulaincourt au café du Rêve, un peu avant midi, alors qu'il buvait un vin blanc citron avec des amis.

Reconduit à la Santé et enfermé au triple verrou dans un cachot ombreux°, Garou-Garou s'en échappa le soir même et alla coucher à l'appartement du directeur, dans la chambre d'ami. Le lendemain matin, vers neuf heures, il sonnait la bonne° pour avoir son petit déjeuner et se laissait cueillir au lit, sans résistance, par les gardiens alertés. Outré°, le directeur établit un poste de garde à la porte de son cachot et le mit au pain sec°. Vers midi, le prisonnier s'en fut déjeuner dans un restaurant voisin de la prison et, après avoir bu son café, téléphona au directeur.

—Allô ! Monsieur le directeur, je suis confus°, mais tout à l'heure, au moment de sortir, j'ai oublié de prendre votre portefeuille, de sorte que je me trouve en panne° au restaurant. Voulez-vous avoir la bonté d'envoyer quelqu'un pour régler l'addition ?

Le directeur accourut en personne et s'emporta° jusqu'à proférer des menaces et des injures. Atteint dans sa fierté, Dutilleul s'évada la nuit suivante et pour ne plus revenir. Cette fois, il prit la précaution de raser sa barbiche noire et remplaça son lorgnon à chaînette par des lunettes en écaille°. Une casquette° de sport et un costume à larges carreaux avec culotte de golf achevèrent de le transformer. Il s'installa dans un petit appartement de l'avenue Junot où, dès avant sa première arrestation, il avait fait transporter une partie de son mobilier et les objets auxquels il tenait° le plus. Le bruit de sa renommée commençait à le lasser° et, depuis son séjour à la Santé, il était un peu blasé sur le plaisir de passer à travers les murs. Les plus épais, les plus orgueilleux, lui semblaient maintenant de simples paravents°, et il rêvait de s'enfoncer au cœur de quelque massive pyramide. Tout en mûrissant le projet d'un voyage en Égypte, il menait une vie des plus° paisibles, partagée entre sa collection de timbres, le cinéma et de longues flâneries° à travers Montmartre°. Sa métamorphose était si complète qu'il passait, glabre° et lunetté d'écaille, à côté de ses meilleurs amis sans être reconnu. Seul le peintre Gen Paul, à qui rien ne saurait échapper d'un changement survenu dans la physionomie d'un vieil habitant du quartier, avait fini par pénétrer sa véritable

---

formule de politesse finale qui convient pour une personne haut placée

mettre le comble (à) : porter au plus haut degré

ombreux : sombre (poétique)

la bonne (à tout faire) : la domestique qui fait tous les travaux de la maison
outré : indigné
Expliquez cette expression.

je suis confus : je suis désolé, je m'excuse de vous causer un dérangement…
en panne : dans l'impossibilité de faire quelque chose (ici, de payer)
s'emporter : se mettre en colère

écaille : matière qui recouvre la carapace des tortues de mer dont on fait des objets
casquette : coiffure en étoffe munie d'une visière qui avance sur le front
tenir à : être attaché à
lasser : fatiguer

paravent : meuble à panneaux verticaux pour couper l'air, ou isoler
des plus : extrêmement
flânerie : promenade sans but
Montmartre : quartier de Paris fréquenté par les artistes et les écrivains
glabre : sans barbe ni moustache

argot : langue parlée par un groupe particulier (ou par les malfaiteurs)

cela sent son cinéaste : imite, fait penser à *Expliquez le sens du mythe de la Californie.*

une vie de bâton de chaise : une vie déréglée, immorale
boucler : enfermer

cadenas : petite serrure mobile

Devinez le sens de ce paragraphe, sachant que, en argot : bigler = regarder truand = mauvais garçon piquer dans les résédas de quelqu'un = prendre ce qui lui appartient
crémerie : magasin où l'on vend des produits laitiers

girouette : plaque mobile autour d'un axe qui indique la direction du vent.

pas (de) gymnastique : petite course cadencée

identité. Un matin qu'il se trouva nez à nez avec Dutilleul au coin de la rue de l'Abreuvoir, il ne put s'empêcher de lui dire dans son rude argot° :

— Dis donc, je vois que tu t'es miché en gigolpince pour tétarer ceux de la sûrepige — ce qui signifie à peu près en langage vulgaire : je vois que tu t'es déguisé en élégant pour confondre les inspecteurs de la Sûreté.

— Ah ! murmura Dutilleul, tu m'as reconnu !

Il en fut troublé et décida de hâter son départ pour l'Égypte. Ce fut l'après-midi de ce même jour qu'il devint amoureux d'une beauté blonde rencontrée deux fois rue Lepic à un quart d'heure d'intervalle. Il en oublia aussitôt sa collection de timbres et l'Égypte et les Pyramides. De son côté, la blonde l'avait regardé avec beaucoup d'intérêt. Il n'y a rien qui parle à l'imagination des jeunes femmes d'aujourd'hui comme des culottes de golf et une paire de lunettes en écaille. Cela sent son cinéaste° et fait rêver cocktails et nuits de Californie°. Malheureusement, la belle, Dutilleul en fut informé par Gen Paul, était mariée à un homme brutal et jaloux. Ce mari soupçonneux, qui menait d'ailleurs une vie de bâtons de chaise°, délaissait régulièrement sa femme entre dix heures du soir et quatre heures du matin, mais avant de sortir, prenait la précaution de la boucler° dans sa chambre, à deux tours de clé, toutes persiennes fermées au cadenas°. Dans la journée, il la surveillait étroitement, lui arrivant même de la suivre dans les rues de Montmartre.

— Toujours à la biglouse, quoi. C'est de la grosse nature de truand qu'admet pas qu'on ait des vouloirs de piquer dans son réséda°.

Mais cet avertissement de Gen Paul ne réussit qu'à enflammer Dutilleul. Le lendemain, croisant la jeune femme rue Tholozé, il osa la suivre dans une crémerie° et, tandis qu'elle attendait son tour d'être servie, il lui dit qu'il l'aimait respectueusement, qu'il savait tout : le mari méchant, la porte à clé et les persiennes, mais qu'il serait le soir même dans sa chambre. La blonde rougit, son pot à lait trembla dans sa main et, les yeux mouillés de tendresse, elle soupira faiblement : « Hélas ! Monsieur, c'est impossible. »

Le soir de ce jour radieux, vers dix heures, Dutilleul était en faction dans la rue Norvins et surveillait un robuste mur de clôture, derrière lequel se trouvait une petite maison dont il n'apercevait que la girouette° et la cheminée. Une porte s'ouvrit dans ce mur et un homme, après l'avoir soigneusement fermée à clé derrière lui, descendit vers l'avenue Junot. Dutilleul attendit de l'avoir vu disparaître, très loin, au tournant de la descente, et compta encore jusqu'à dix. Alors, il s'élança, entra dans le mur au pas de gymnatique° et, toujours courant à travers les obstacles, pénétra dans la chambre de la belle recluse. Elle l'accueillit avec ivresse et ils s'aimèrent jusqu'à une heure avancée.

Le lendemain, Dutilleul eut la contrariété de souffrir de violents maux de tête. La chose était sans importance et il n'allait pas, pour si peu, manquer à son rendez-vous. Néanmoins, ayant par hasard découvert des cachets épars° au fond d'un tiroir, il en avala un le matin et un l'après-midi. Le soir, ses douleurs de tête étaient supportables et l'exaltation les lui fit oublier. La jeune femme l'attendait avec toute l'impatience qu'avaient fait naître en elle les souvenirs de la veille et ils s'aimèrent, cette nuit-là, jusqu'à trois heures du matin. Lorsqu'il s'en alla, Dutilleul, en traversant les cloisons et les murs de la maison, eut l'impression d'un frottement inaccoutumé aux hanches et aux épaules. Toutefois, il ne crut pas devoir y prêter attention. Ce ne fut d'ailleurs qu'en pénétrant dans le mur de clôture qu'il éprouva nettement la sensation d'une résistance. Il lui semblait se mouvoir dans une matière encore fluide, mais qui devenait pâteuse et prenait, à chacun de ses efforts, plus de consistance. Ayant réussi à se loger tout entier dans l'épaisseur du mur, il s'aperçut qu'il n'avançait plus et se souvint avec terreur des deux cachets qu'il avait pris dans la journée. Ces cachets, qu'il avait crus d'aspirine, contenaient en réalité de la poudre de pirette tétravalente prescrite par le docteur l'année précédente. L'effet de cette médication s'ajoutant à celui d'un surmenage intensif°, se manifestait d'une façon soudaine.

Dutilleul était comme figé à l'intérieur de la muraille. Il y est encore à présent, incorporé à la pierre. Les noctambules° qui descendent la rue Norvins à l'heure où la rumeur de Paris s'est apaisée, entendent une voix assourdie qui semble venir d'outre-tombe° et qu'ils prennent pour° la plainte du vent sifflant aux carrefours° de la Butte°. C'est Garou-Garou Dutilleul qui lamente la fin de sa glorieuse carrière et le regret des amours trop brèves. Certaines nuits d'hiver, il arrive que le peintre Gen Paul, décrochant sa guitare, s'aventure dans la solitude sonore de la rue Norvins pour consoler d'une chanson le pauvre prisonnier, et les notes, envolées de ses doigts engourdis°, pénètrent au cœur de la pierre comme des gouttes de clair de lune°.

<small>5</small>

épars : dispersés, en désordre

<small>10</small>

<small>15</small>

<small>20</small>

À quel excès d'activité l'auteur fait-il discrètement allusion ?

<small>25</small>

noctambule : formé sur le latin *nox (noctis)* = nuit, et *ambulare* = marcher

<small>30</small>

outre-tombe : de l'autre côté de la tombe
prendre pour : croire être (à tort)
carrefour : lieu où se croisent plusieurs rues
la Butte Montmartre : Montmartre est situé sur une hauteur (une butte)

<small>35</small>

engourdi : paralysé par le froid
Quel est le ton de ce dernier paragraphe ?

Étude et exploitation du texte

1. Décrivez Dutilleul. Son aspect physique, ses habitudes, son caractère. De quelle catégorie de gens est-il le type ? Pouvez-vous décrire d'autres personnages typiques d'un groupe quelconque de la société ?

2. Pourquoi, à votre avis, l'auteur a-t-il choisi quelqu'un comme Dutilleul pour le doter d'un pouvoir aussi bizarre ?

3. La réaction de Dutilleul, lorsqu'il découvre son don, vous paraît-elle normale ?

4. Que voyez-vous d'humoristique dans la prescription du médecin ?

5. Dutilleul est particulièrement routinier. Expliquez ce que cela signifie, en donnant des exemples précis. De qui Marcel Aymé fait-il la satire ?

6. Expliquez l'évolution qui se fait dans la personnalité de Dutilleul.

7. Ses habitudes d'employé routinier disparaissent-elles complètement lorsqu'il devient Garou-Garou ?

8. Pourquoi le public s'enthousiasme-t-il pour Garou-Garou ? Que représente-t-il pour lui ? Pouvez-vous citer des personnages fictifs qui jouent le même rôle ?

9. Si vous pouviez posséder un don aussi extraordinaire que celui de Dutilleul, que choisiriez-vous ? Expliquez pourquoi.

10. L'auteur n'essaie pas de rendre son histoire vraisemblable. Trouvez les détails qui montrent qu'il s'agit bien d'une fantaisie.

Vocabulaire

A. *Complétez les phrases suivantes au moyen d'un équivalent des mots donnés entre parenthèses :*

1. Le médecin lui_____(ordonna) le surmenage intensif.

2. _____d'électricité le surprit dans le vestibule (un arrêt).

3. Personne ne pouvait deviner comment_____(le voleur) s'introduisait dans les banques.

4. Trois jours après, il fut_____(pris) par la police.

5. « Monsieur le directeur, je suis_____(embarrassé) de vous déranger à cette heure-ci, mais... »

6. On entend parfois une voix_____(affaiblie) qui semble sortir de la muraille.

7. Au début de la semaine, une ambulance vint le prendre à son_____(chez lui).

8. Sa_____(transformation) était si complète que personne ne le reconnaissait.

9. Le lendemain, il souffrit de violents maux de tête. Cela le_____(ennuya) un peu.

10. M. Lécuyer était_____(dégoûté) par l'obstination de Dutilleul.

11. Il y avait à Montmartre un_____(brave) homme nommé Dutilleul, qui _____(avait) le don_____(bizarre) de passer à travers les murs sans en être_____(indisposé).

12. Ayant_____(absorbé) un premier cachet, il rangea le_____(remède) dans un tiroir et n'y pensa plus.

B. *Choisissez dans la liste donnée les verbes qui complètent les expressions suivantes :*

atteindre	se faire	prendre
compromettre	garder	proférer
constituer	jeter	régler
darder	mener	rendre
donner	porter	satisfaire
faire	pousser	souffrir

1. _____des menaces
2. _____sur quelqu'un des regards de haine
3. _____un secret
4. _____le trajet
5. _____le succès d'une opération
6. _____sur un couloir
7. _____de la température
8. _____hommage
9. _____la main
10. _____l'addition
11. _____une vie de bâton de chaise
12. _____de maux de tête
13. _____une fin en soi
14. _____au délire
15. _____des services
16. _____une décision
17. _____un regard
18. _____plainte
19. _____un cri
20. _____sa curiosité

C. *Définissez les adjectifs en caractères gras :*

un employé **ponctuel**   un rire **démoniaque**
une voix **sépulcrale**   une volonté **rétrograde**
des relations **épistolaires**   un employé **routinier**
un effarement **indicible**   une attitude **laborieuse**

D. *Complétez les phrases suivantes en choisissant un des mots donnés pour exprimer l'idée de* **déplacement** *:*

balade (fam.)   promenade   trajet
excursion   randonnée   traversée
flânerie   tour   voyage
périple   tournée   croisière

1. En hiver, il se rendait à son bureau par l'autobus et à la belle saison, il faisait
   l__ _____à pied.
2. La mer était agitée. L__ _____de la Manche a été mauvaise.
3. Vous arrivez d'Europe ? J'espère que vous avez fait bon__ _____.
4. Dimanche, nous allons faire un__ _____en montagne.
5. Le soir, il aimait faire un__ petit__ _____avant le dîner.
6. Certains fonctionnaires sont obligés de faire des_____plusieurs fois par an.
7. On peut faire de joli__ _____dans les environs.
8. L'été, nous faisions de long__ _____à bicyclette.
9. Un__ _____est un voyage long et compliqué.
10. On part en_____avec les copains.
11. Il partageait sa vie entre sa collection de timbres, le cinéma, et de long__
    _____à travers Montmartre.

12. Il rêvait des pyramides, d'un___ _____sur le Nil…
13. Tu viens faire un___ _____en ville ?
14. Magellan a fait un___ long___ _____autour de la terre.
15. Je n'habite qu'à 10 kilomètres. Je fais l___ _____tous les jours.

E. *Remplacez **dire** par un synonyme choisi dans la liste donnée :*

annoncer	exprimer	raconter
avouer	informer	reconnaître
émettre	proférer	relater
exposer	prononcer	révéler

1. dire des injures_____
2. dire sa pensée___ _____
3. dire une nouvelle_____
4. dire un secret_____
5. dire ce qu'on a vu_____
6. dire un discours_____
7. dire son point de vue_____
8. dire une opinion_____
9. dire qu'on a tort_____
10. dire qu'on est coupable_____
11. dire (les nouvelles à) quelqu'un_____
12. dire les faits tels qu'ils se sont passés_____

Les affinités

Certains adjectifs se trouvent souvent associés à certains noms : une **grave** erreur, un dévouement **admirable**, etc.

F. *Trouvez dans la liste donnée l'adjectif qui convient le mieux aux noms suivants :*

amer	étroit	parfait
assourdissant	formel	précis
capital	grave	violent
considérable	intensif	

1. une_____surveillance.
2. des regrets_____.
3. des événements d'une portée_____.
4. de_____maux de tête.
5. un surmenage_____.
6. jouir d'un bonheur_____.
7. verser des larmes_____.
8. des renseignements_____.
9. une importance_____.
10. une maladie_____.
11. un ordre_____.
12. un fracas_____.

Le vocabulaire de l'administration

Dans le langage de l'administration, du droit, etc., on emploie un vocabulaire qui diffère de celui de la vie de tous les jours.

G. *Trouvez, parmi les synonymes donnés, le(s) terme(s) administratif(s) :*

1. logement, demeure, domicile
2. informer, dire, annoncer
3. comme il se doit, dûment
4. emprisonnement, incarcération, détention
5. signer, mettre sa signature, apposer sa signature
6. entretien, conversation, dialogue
7. époux, conjoints, mariés, couple
8. accepter, agréer, recevoir
9. mort, décès, trépas
10. solliciter, demander, réclamer
11. municipalité, maire et adjoints, administrateurs
12. ville, agglomération, commune, bourg

Distinctions

Décider (de) / se décider (à)

— L'incident lui donna à réfléchir et, malgré les remontrances de sa raison, il **se décida** à rentrer chez lui comme il en était sorti, en passant à travers la muraille.
— Il en fut troublé et **décida** de hâter son départ pour l'Égypte.

Se décider à (faire quelque chose) suppose plus de réflexion ou d'hésitation que **décider de** (faire quelque chose).

A. *Refaites les phrases suivantes en employant **décider** ou **se décider** :*

1. Un peu contrarié, il prit la décision de faire peur à son chef.
2. Pour étonner ses collègues, il résolut de se laisser prendre par la police.
3. Après de longues hésitations, il a finalement pris une décision.
4. Comme il avait faim, il résolut d'aller déjeuner dans un restaurant voisin de la prison.
5. Il n'aimait pas prendre des médicaments, mais ses maux de tête ne diminuant pas, il finit par prendre des cachets.
6. Dès qu'il veut renoncer à employer son étrange faculté, Cayce devient aphone.

Verbes pronominaux : changement de sens

— Il **se plaint** de maux de tête.
— Je **plains** sa femme.

se plaindre = *to complain*
plaindre = *to feel sorry for*

Certains verbes subissent un changement de sens très net en passant de la forme ordinaire à la forme pronominale. En particulier :

> **apercevoir** et **s'apercevoir** (voir p. 69)
> **douter** et **se douter** (voir p. 42)
> **tromper** et **se tromper** (voir p. 12)
> **plaindre** et **se plaindre (de)**
> **attendre** et **s'attendre (à)**
> **plaire** et **se plaire (à)**
> **taire** et **se taire**

B. *Complétez les phrases suivantes en employant le verbe donné à la forme ordinaire ou à la forme pronominale, après en avoir vérifié le sens. Ajoutez une préposition si c'est nécessaire :*

1. Levant les yeux, Lécuyer_____la tête de Dutilleul collée à la cloison (s'/apercevoir).
2. Ayant réussi à se loger dans le mur, il_____avec terreur qu'il n'avançait plus (s'/apercevoir).
3. Les collègues de Dutilleul_____que c'était lui Garou-Garou (se/douter, nég.).
4. Il_____à effrayer son sous-chef (se/plaire).
5. Peter_____que la femme qu'il a vue à la morgue soit bien la sienne (se/douter, nég.).
6. Il_____trouver de la résistance dans le mur (s'/attendre, nég.).
7. Il lui dit d(e)_____sa visite le soir même (s'/attendre).
8. La belle_____ce qu'il puisse arriver jusqu'à elle (s'/attendre, nég.).
9. Elle était mariée à un mari brutal et jaloux qu'elle n'avait aucun scrupule à_____(se/tromper).
10. Peter ne comprend pas comment il a pu_____(se/tromper).
11. Quand ses collègues commentaient les exploits de la veille, il_____et se contentait de sourire avec modestie (se/taire).
12. Seul le peintre Gen Paul avait pénétré sa véritable identité. Dutilleul n'avait pas pu_____la vérité à son ami (se/taire).
13. Si vous n'êtes pas contents, allez donc_____au service des réclamations (se/plaindre).
14. Pauvre Dutilleul, figé dans la muraille ! Il est bien à_____(se/plaindre).
15. Dutilleul_____de violents maux de tête (se/plaindre).

Rencontrer / retrouver

> — Il était amoureux d'une blonde **rencontrée** deux fois rue Lepic.
> — Il allait **retrouver** ses amis dans un café de Montmartre.

rencontrer implique l'idée de hasard
retrouver implique que l'on a décidé d'avance du lieu et/où de l'heure

C. *Traduisez les phrases suivantes :*

1. They decided to meet every evening.
2. One day when he was strolling in the streets of Montmartre, he met his friend Gen Paul.
3. I met my doctor at the bank.
4. I will meet you in front of the station.

5. He went to see a doctor whom he had met the day before at a friend's.
6. For months, we had been meeting every evening in the same café.

Participe présent / adjectif verbal

— Le lendemain matin, **profitant** de la semaine anglaise, il alla trouver un médecin du quartier pour lui exposer son cas.
— Il revenait malgré lui à la manière traditionnelle, avec une obstination qui lui valut l'inimitié **grandissante** du sous-chef.

Le **participe présent** exprime une action en train de s'accomplir. Il se construit comme un verbe (avec attributs, compléments, etc.). Il est **invariable**.

L'**adjectif verbal** exprime un état. Il se construit comme un adjectif et **s'accorde** en genre et en nombre.

D. *Dans les phrases suivantes, dites s'il s'agit d'une forme verbale ou adjective :*
1. Ses activités étaient réglées par des usages ne **s'accommodant** d'aucun excès.
2. Il affecta de le traiter comme un vieil objet **gênant** et un peu malpropre.
3. Depuis vingt ans, Dutilleul commençait ses lettres par le tour **suivant** : « Me reportant à votre honorée du tantième courant... »
4. Le bureau lui devint presque **pesant.**
5. On y accédait par une porte basse et étroite **donnant** sur le couloir **portant** l'inscription : Débarras.
6. Chez lui, en **lisant** dans son journal le récit de quelque **sanglant** fait divers, il se surprenait à rêver que M. Lécuyer était la victime.
7. **Quittant** son siège, il entra dans le mur qui séparait son bureau de celui du sous-chef.
8. Ce qu'**entendant**, le pauvre sous-chef devenait un peu plus pâle.
9. Il sentait en lui un désir **croissant** de s'accomplir et de se surpasser.
10. Il avait accroché au clou une montre en or **appartenant** au directeur de la prison.
11. Ses collègues étaient groupés autour d'un journal **relatant** le dernier cambriolage de Garou-Garou.
12. **Béant** d'admiration, ses collègues regrettèrent amèrement d'avoir méconnu leur **étonnant** camarade.

Dans certain cas, la terminaison distingue l'adjectif verbal du participe présent (ou du gérondif) :

Participe	*Adjectif*
-ant : différ**ant**	**-ent** : différ**ent**
-guant : fati**guant**	**-gant** : fati**gant**
-quant : provo**quant**	**-cant** : provo**cant**

E. *Complétez les phrases suivantes par un participe présent ou un adjectif verbal. Attention à l'orthographe :*
1. Le pauvre sous-chef devenait un peu plus pâle, un peu plus_____(suffoquer).
2. Il avala deux cachets qui lui avaient été prescrits par le docteur l'année _____(précéder).
3. Son explication_____le docteur, celui-ci lui avait prescrit des cachets de poudre de pirette (convaincre).
4. Son explication était tout à fait_____(convaincre).

5. Il courut dans le réduit en_____d'indignation (suffoquer).
6. Il y avait à Montmartre un_____homme nommé Dutilleul (exceller).
7. Il absorba deux cachets_____à 10 grammes de poudre de pirette (équivaloir).
8. S'il se laisse pincer, ce n'est pas qu'il soit_____(négliger).
9. Il se rendait à son bureau à huit heures,_____ses collègues de quelques minutes (précéder).
10. « Vous savez, Garou-Garou, c'est moi », leur dit-il,_____un rire énorme et interminable (provoquer).
11. _____de se servir de sa clef, il passa à travers le mur (négliger).
12. Lécuyer voulait remplacer la formule traditionnelle par une formule_____, d'un tour plus américain (équivaloir).
13. Son attitude_____irrita le directeur de la prison (provoquer).
14. Il se mit à chanter des chansons à boire en fracassant_____vitrines à l'aide d'un hanap en or massif (différer).
15. Les journées lui paraissaient de plus en plus_____(fatiguer).

Seul / seulement / ne... que

> — **Seul**, le peintre Gen Paul avait pénétré sa véritable identité.
> — Qui avait pénétré son identité ? — **Seulement** Gen Paul.

seul modifie un **nom sujet** dans une **phrase complète** (il y a accord).
seulement modifie un **nom sujet** dans une **phrase elliptique**.

Dans les autres cas, la restriction peut s'exprimer par **seulement** ou **ne... que** :

> — Il avait pris **seulement** deux cachets = Il **n'**avait pris **que**…
> — Il pensait **seulement** à voyager = Il **ne** pensait **qu'à**…

mais : — Il aurait voulu **seulement** que ses collègues le croient. (**ne... que** est impossible devant la conjonction **que**)

REMARQUE : **Ne... que** est employé plus fréquemment que **seulement**, sauf bien entendu, en cas d'impossibilité.

F. *Refaites les phrases suivantes en faisant porter la restriction sur le(s) mot(s) en caractères gras :*
1. Cette étrange faculté le contraria **un peu.**
2. **Dutilleul** refusait de changer ses habitudes épistolaires.
3. Qui a pu effectuer un cambriolage aussi audacieux ? **Garou-Garou** !
4. **Ses amis** connaissaient son secret.
5. Il accepta, mais **à condition de ne pas voir les patients.**
7. Il avançait, mais **avec peine.**
8. Il s'aperçut avec terreur qu'il **avançait avec peine.**
9. Il **voulait que ses collègues sachent qui il était.**
10. **Avancez** !

Constructions

Il (elle) est / c'est pour indiquer la profession, la nationalité, etc.

> — **Il** était **employé** de troisième classe au ministère de l'Enregistrement.
> — **C'**était **un employé** compétent, honnête, désintéressé…

Pour indiquer **la profession, l'occupation, la nationalité, la religion, l'opinion politique, la situation de famille**, etc., on emploie les constructions suivantes, selon que le mot indiquant la profession, etc., est employé comme nom ou comme adjectif :

i) **adjectifs : Dutilleul** (ou : **Il**) était ⎰ cambrioleur
parisien
célibataire
collectionneur de timbres
employé au Ministère

(comme il était timide, ponctuel, routinier...)

ii) **noms : Lécuyer** (ou **C'**) est ⎰ **son** sous-chef de bureau
le patron de Dutilleul
un sous-chef de service exigeant

Le mot indiquant la nationalité, etc., est toujours un nom (précédé d'un article quand il est qualifié par un adjectif ou une locution faisant fonction d'adjectif). La deuxième construction est alors la seule possible :

— **Il était** inspecteur des postes.
mais : — **C'était** un **ancien** employé.
ou : — **C'était** un employé **à la retraite**

Avec **bon, mauvais**, on trouve parfois la première construction :

— **C'est** un **bon** professeur.
ou : — **Il est bon** professeur.

Cependant, la construction adjective ne peut pas s'employer dans tous les cas. C'est l'usage seul qui en décide.

> REMARQUE : Dans la construction adjective, le sujet est un **nom** ou le **pronom** correspondant :
> — **Dutilleul** est employé de 3e classe.
> — **Il** est employé de 3e classe.
> Dans la construction nominale, le sujet est un **nom**, ou c'**(e)** (à la 3e personne), lorsque le verbe est **être**. Avec les autres verbes, on emploie un **nom** ou un **pronom personnel** :
> — **Lécuyer** est un patron exigeant.
> — **C'**est un patron exigeant.
> — **Dutilleul** est devenu cambrioleur.
> — **Il** est devenu un célèbre cambrioleur.

A. *Complétez les phrases suivantes s'il y a lieu :*

1. _____était_____ancien employé du Ministère.
2. Son père était_____inspecteur des postes.
3. Jean Loup fit son devoir honorablement. À la fin de la guerre,_____n'était pourtant qu'(e)_____lieutenant.
4. Dutilleul était_____célibataire endurci.
5. Marjorie est morte, Peter est_____veuf, ses enfants n'ont plus de mère.
6. Il décida de devenir_____cambrioleur.

7. Dutilleul n'était pas ambitieux. _____serait resté_____employé de troisième classe toute sa vie, si un événement extraordinaire n'était venu soudain bouleverser son existence.

8. Sans était devenu_____missionnaire chez les Papous, Tipy_____vétérinaire, et Menton_____colonel dans l'armée coloniale.

9. Il rencontra son ami Gen Paul dans la rue de l'Abreuvoir. _____était_____peintre peu connu, qui passait son temps à flâner dans le quartier.

10. Mes frères sont en Afrique. _____sont médecins. En fait,_____sont _____ médecins assez connus au Congo.

Constructions impersonnelles

— Il **lui** aurait été facile **de** s'enfoncer dans un mur.
(**lui** : pronom personnel indirect = **sujet** de l'infinitif)

Cette construction s'emploie avec : il est facile, difficile, possible, impossible, agréable, désagréable, permis, défendu, interdit, et les verbes : il arrive, il faut (sans de)

B. *Traduisez les phrases suivantes en imitant la construction ci-dessus :*
1. It was impossible for him to change his habits.
2. It would have been easy for you to write this letter.
3. Will it be possible for them to come?
4. She was not allowed to go out in the evening.
5. He often stayed awake a full quarter of an hour before falling asleep.

C. *Refaites les phrases suivantes en employant la même construction :*
1. Il ne pouvait pas avancer.
2. Il aurait pu ne pas se laisser arrêter.
3. Il arrive parfois que je souffre de maux de tête.
4. Il faut que vous alliez chez le docteur.
5. Je serai heureux de vous recommander.

La négation double

— Il **n'**y avait **point** de femme un peu rêveuse qui **n'**eût le fervent désir d'appartenir corps et âme au terrible Garou-Garou. = Toutes les femmes... avaient le fervent désir...
— Il **n'**y a **point** de femme... qui **n'**ait... = Toutes les femmes... ont...

Deux négations = une affirmation (suppression du **pas** dans la relative)
Notez aussi le subjonctif après la négation absolue.

D. *Refaites les phrases données en imitant la construction ci-dessus :*
1. Tout le monde a besoin d'avoir un but.
2. Tous les journaux font son éloge.
3. Tous les jours, il se rendait à son bureau à pied.
4. Il a consulté tous les médecins.
5. Dutilleul peut traverser tous les murs.
6. Tous les jours, quelqu'un dégringolait un quelconque escalier de la maison.
7. Tout le monde sait qui est Garou-Garou.
8. Il a cambriolé toutes les banques.

Répétition de la préposition

— Ses heures de loisir, consacrées **à** la lecture du journal et **à** sa collection de timbres…

La préposition est généralement répétée devant chacun des compléments.

E. *Composez des phrases au moyen des éléments donnés :*
   1. jour/sous-chef/faire irruption/réduit/brandir/lettre/et/beugler.
   2. la tête/se mettre/parler/et/rire.
   3. il/prendre l'habitude/manger/potage/fourchette/et/saluer/gardiens/paix.
   4. il/être gâté/sort/et/parents.
   5. Dutilleul/rêvait/partir/Égypte/et/s'enfoncer/cœur/quelque pyramide.

De après un superlatif

— Dutilleul était devenu l'un des hommes *les plus riches* **de** Paris.

F. *Traduisez les phrases suivantes :*
   1. Dutilleul was the most punctual of all the clerks.
   2. He became the most famous burglar in the country.
   3. It was possible for him to penetrate the thickest walls in the world.
   4. He thought she was the most beautiful woman in Paris.
   5. It was the coldest day of the year.

Langue et style

La voix passive

La voix passive inverse les mots et les rôles de la phrase active :

	sujet	*verbe*	*complément*
actif	Une ambulance	emmena	Lécuyer, (objet direct)
passif	Lécuyer	fut emmené	par une ambulance, (agent*)

*Le **complément d'agent** désigne l'être ou la chose qui fait l'action subie par le sujet du verbe passif :

	sujet	*verbe*	*complément*
actif	Pierre	giflé	Lucien.
passif	Lucien	été giflé	par Pierre.
actif	Le peuple	craint	le régent.
passif	Le régent	est craint	de son peuple.

La **voix passive** (**être** + **participe passé**) s'emploie pour mettre l'accent sur l'information communiquée en enlevant de son importance à l'agent. Dans la phrase *La montre* **fut rendue** *à son propriétaire*, l'agent n'a aucune importance, il n'est pas utile de savoir **par** qui la montre a été rendue : l'agent n'est pas mentionné.

Elle peut aussi faciliter la liaison avec un autre phrase. Comparez :

> — Il entra au pas de gymnastique et **fut accueilli** avec ivresse par la belle recluse.
> — Il entra au pas de gymnastique et la belle recluse l'accueillit avec ivresse.

> REMARQUE : Si l'agent est un pronom personnel, on ne le mentionne pas, sauf pour marquer un contraste :
>> — Elle lui fut rendue par **elle**, pas par **lui** !
>> Le participe passé s'accorde avec le sujet :
>>> — **La montre** fut rendue à son propriétaire.

Le **complément d'agent** est introduit par :

de : — s'il s'agit de la **forme adjective**, c'est-à-dire d'un état, résultat d'un procès achevé :
>> — Le vestibule était encombré **de** meubles.

> — si le procès n'est pas perçu comme une action, par exemple avec les verbes exprimant un sentiment, une émotion, une opération de l'esprit :
>> — Il était craint **de** tous ses employés. (sentiment)
>> — Il était accompagné **de** son ami. (pas de participation active)

par : — s'il s'agit d'une véritable **forme passive**, c'est-à-dire lorsque le procès est une **action** subie par le sujet et accomplie par l'agent :
>> — Garou-Garou a été arrêté **par** la police.
>> — Dutilleul a été insulté **par** son sous-chef.

> — si l'agent est accompagné d'un qualificatif ou d'une détermination précise :
>> — Le vestibule était encombré **par** les meubles qu'on venait de livrer.

A. *Soulignez les compléments d'agent, puis mettez les phrases à la forme active :*
1. Peter a été interrogé par la police.
2. Elle a été reconnue par son mari.
3. Les fous ne sont pas compris des gens normaux.
4. Ils ont conclu que le crime avait bien été commis par elle.
5. Le cambriolage avait été effectué par Dutilleul.
6. Il signa avec un fort joli paraphe qui fut reproduit le lendemain par tous les journaux.
7. Dutilleul n'était pas aimé de ses collègues.
8. Sa signature était accompagnée d'un fort joli paraphe.

B. *Complétez les phrases suivantes au moyen de **de** ou **par** :*
1. Il fut très contrarié_____ce qu'il venait d'apprendre.
2. Il absorba un des cachets qui lui avaient été prescrits_____le médecin.
3. Son existence fut bientôt bouleversée_____un événement extraordinaire.
4. Lécuyer était détesté_____ses subordonnés.
5. Il fut emmené_____une ambulance.
6. Sa confidence fut accueillie_____un rire énorme.
7. Quelques jours plus tard, il se faisait pincer_____une ronde de nuit.
8. Son larcin était signé_____un très joli paraphe.
9. La lettre doit être signée_____le directeur de la prison.

10. Ce mot avait été écrit_____Garou-Garou.
11. Les meubles sont couverts_____poussière.
12. La jeune femme était adorée_____son mari.
13. Elle était enfermée à double tour_____un mari brutal et jaloux.
14. M. Mouron fut remplacé_____un certain M. Lécuyer.
15. Les enfants de moins de douze ans doivent être accompagnés_____leurs parents.
16. Son front était couvert_____sueur.
17. Les dossiers sont analysés_____des médecins et des psychologues.
18. Ces plantes n'étaient connues_____personne.
19. C'est_____son père qu'avait été mise au point l'eau d'orvale.
20. Il n'était pas accablé_____travail.
21. En pénétrant dans les locaux de la Santé, il eut l'impression d'être gâté_____le sort.
22. Erika était crainte_____tous à cause de sa méchanceté.
23. Ève a été empoisonnée_____son mari.
24. Dutilleul se sentait pris_____besoin impérieux de passer à travers les murs.
25. Un jour, le sous-chef fit irruption dans le réduit, accompagné_____(le) chef du bureau.

C. *Mettez les phrases suivantes à la* **forme passive.** *Ne mentionnez l'agent que si vous le jugez nécessaire :*

1. Dutilleul possédait le don singulier de passer à travers les murs sans que cela l'**incommode.**
2. La police **arrêta** Garou-Garou rue Caulaincourt, au café du Rêve.
3. On l'**a enfermé** au triple verrou.
4. Des usages bien établis **réglaient** son activité de fonctionnaire.
5. Un certain M. Lécuyer **avait remplacé** M. Mouron, son sous-chef de bureau.
6. Vous **soumettrez** tous les textes à mon approbation.
7. J'**aurais** tout **expliqué** si cela avait été nécessaire.
8. On l'**autorise** officiellement à donner des « consultations psychiques ».
9. Il **avait fixé** le jour et l'heure de sa mort.
10 M. Lécuyer voulait qu'on lui **obéisse** sans discussion.
11. Un rire énorme et interminable **accueillit** la confidence de Dutilleul.
12. Lorsqu'il pénétra dans les locaux de la Santé, il eut l'impression que le sort le **gâtait.**
13. Tous les journaux **relataient** le cambriolage de la Banque de France.
14. Il **a transporté** ses meubles dans son nouvel appartement.
15. **Ayant transporté** ses meubles dans son nouvel appartement, Dutilleul s'y installa sous un faux nom.

ATTENTION : Au contraire de l'usage anglais, **seuls** les verbes transitifs **directs** peuvent se mettre à la forme passive, à l'exception d'**obéir** et **pardonner,** qui, tout en étant transitifs indirects, peuvent se mettre à la forme passive.

D. *Dans les phrases suivantes, distinguez la nature du complément (direct, indirect ou circonstanciel) :*

1. Il proférait **des menaces** obscures.
2. Il **nous** téléphonait tous les jours.
3. Une ambulance l'emmena dans une maison de santé.
4. Il demande un service à **Pierre.**

5. On a fait **plusieurs kilomètres** à pied.
6. On a fait **le travail.**
7. La vendeuse a mesuré **un mètre de tissu.**
8. Marjorie mesure **un mètre soixante-cinq.**
9. On attend **vos amis.**
10. Nous attendrons **dix minutes.**

REMARQUE : La forme passive n'est pas possible avec les verbes transitifs directs qui n'expriment pas **une action :**
    — Il **avait** un petit appartement de célibataire.
    — Cayce **possédait** un don extraordinaire.
    — La Loire **prend** sa source dans le Massif Central.
    — Son fils **a subi** l'ablation d'un œil.

E. *Mettez les phrases suivantes à la forme passive toutes les fois que c'est possible :*
1. Erik m'avait dit qu'elle ne reviendrait pas.
2. Le lendemain, tous les journaux reproduisirent le paraphe.
3. Il sentait en lui un besoin d'expansion.
4. Cette confidence a beaucoup étonné ses collègues.
5. On avait fermé la porte à clef.
6. Erik me permettrait sûrement d'entrer dans la bibliothèque.
7. On vous a demandé de venir.
8. On l'a demandée en mariage plusieurs fois.
9. Mon ami enseigne le soir.
10. Il lui dit qu'il l'aimait respectueusement.

ATTENTION : Ne pas confondre (voir p. 304) :
    — La porte **est fermée** par le vent = **forme passive** ayant un correspondant actif : le vent **ferme** la porte,
et : — La porte **est fermée** = **résultat** d'un procès achevé, correspondant à la séquence **être** + **adjectif**

L'expression du passif

Le français utilise la **forme passive** proprement dite beaucoup moins fréquemment que ne le fait l'anglais. Là où l'anglais emploie la forme passive, le français emploie :

 i) la forme passive
 ii) la forme active (avec **on** sujet)
 iii) la forme pronominale

 i) **La forme passive** met l'accent sur l'information communiquée :
    — Trois jours après, **il fut arrêté** rue Caulaincourt. (agent non mentionné)
    — Il craignait que **sa confidence soit** mal **accueillie** par ses collègues. (agent perd de son importance)

 ii) **La forme active** (sujet **on**) donne une certaine importance à l'agent (qui ne peut être qu'une personne), mais cet agent est « dépersonnalisé », il n'est pas utile de dire **qui** il est :
    — **On m'a dit** qu'il était dans une maison de santé (quelqu'un m'a dit...)
    — **On entendait** des voix qui semblaient furieuses (tous les gens qui étaient présents...)

iii) **La forme pronominale** exprime la possibilité ou l'usage (voir p. 121). Elle s'emploie également pour différencier l'action du résultat :
— Monsieur sait bien que la porte de la bibliothèque ne **se verrouille** pas. (ne peut pas être verrouillée)
— Le blanc ne **se porte** pas cette année. (ce n'est pas la mode)
— Beaucoup d'immeubles **se construisent** aux environs. (action)

F. *Traduisez en choisisssant la forme qui convient le mieux :*
1. He had been given a scholarship, but it was taken away when he failed his exams.
2. In spite of his transformation, he had been recognized. He was annoyed.
3. He was told by his new boss to change his letter-writing style.
4. Most of them are not allowed to marry whom they want.
5. He almost got arrested by the police.
6. The doctor was asked to prescribe medicines.
7. Marjorie was tried and condemned to life imprisonment.
8. A shot was heard, followed by a cry of pain.
9. The Bank of France cannot be easily robbed.
10. This is supposed (said) to be impossible.

Le passif se forme parfois à l'aide d'un **semi-auxiliaire d'aspect** :

i) **se faire** (+ infinitif) ajoute souvent une vague participation active de la part du sujet, qui se fait plus ou moins sentir :
— Il **s'est fait** arrêter (par imprudence, par négligence...)
— Je me **suis fait** voler mon porte-feuille.

ii) **se laisser** (+ infinitif) suppose un certain assentiment ou concession de la part du sujet :
— Il **s'est laissé** arrêter (sans résistance)
— Je **me suis laissé** dire que... (sans vraiment y croire, mais sans protester)

iii) **se voir** (plus rarement **se trouver**) (+ infinitif ou participe passé*) ajoute un élément d'inattendu, de surprise :
— Il **s'est vu** arrêter (il ne s'y attendait pas).
— En sortant du jardin, ils **se sont trouvés** arrêtés par un fossé profond.

*__l'infinitif__ marque l'action en train de s'accomplir, le **participe passé** marque le résultat de l'action.

REVOIR les constructions avec **se croire** et **se sentir** qui se rapprochent du passif (p. 141 et p. 196)

G. *Refaites les phrases suivantes en ajoutant une des nuances ci-dessus :*
1. Il a été tué à la guerre.
2. Si tu continues, on va te mettre à la porte.
3. Il a été puni pour une faute qu'il n'avait pas commise.
4. Le lendemain matin, il sonnait la bonne pour avoir son petit déjeuner et la police le cueillait au lit.
5. Ses collègues se sont moqués de lui quand il leur a dit que c'était lui, Garou-Garou.
6. On m'a dit qu'il pouvait passer à travers les murs.

7. À sa grande surprise, on lui a refusé la pension à laquelle il croyait avoir droit.
8. Sa sœur était très méchante, et on la punissait souvent.
9. On entendait des voix de l'autre côté de la porte.
10. Dutilleul s'était déguisé pour ne pas être reconnu.
11. Devant l'insistance de son ami et de sa fiancée, il sera contraint de donner des consultations.
12. Bientôt, Dutilleul a été relégué par son nouveau sous-chef dans un réduit à demi obscur, attenant à son bureau.

Traduction

I had just found a new job, in a town where I had never been before and where I did not know anybody. I had been given a few addresses to help me find an apartment, and soon after I arrived, I was able to settle in a lovely apartment overlooking a small public garden. But the apartment was so expensive that I had to find someone to share the rent as soon as possible. A man by the name of Dutilleul was recommended to me by my boss.

Dutilleul was 43 years old, he had never married, and for twenty years he had been a clerk in the same office. He looked like a very ordinary sort, rather dull and fixed in his habits. Most of the time, he walked to and from work, and I always knew at what time he would be home.

One evening when I was reading in my room, I looked up and saw Dutilleul standing in front of my desk. I had not heard the key turn in the lock or the door open. I thought I was the victim of a hallucination or a joke, and I asked him how he had come in, since the door had been locked. As he didn't want me to think that he had done it on purpose, he tried to explain himself, but I soon realized that he was as flabbergasted as I was. Not knowing what to do, we decided to go to a neighbourhood doctor and explain what had happened. After having examined him, the doctor prescribed some medicine to be taken twice a year.

The following year, I got married and left town. I never saw Dutilleul again, but when I read in the paper that the mysterious Garou-Garou has again robbed a bank under the police's nose, I wonder if my friend Dutilleul is still taking his medicine.

Composition

La lettre administrative

La lettre officielle, administrative, d'affaires, de demande de renseignements, etc. obéit à des usages précis, tant en ce qui concerne la disposition qu'en ce qui concerne les formules à employer.

Étudiez le modèle et les formules donnés à la page 224.

Rédaction

Composez une lettre sur un des sujets suivants :

1. Vous allez passer l'année scolaire en France, pour suivre des cours à l'Université d'Aix-en-Provence. Vous écrivez à :

    Madame J. Dupuis
    26, avenue Clémenceau
    1300 Aix-en-Provence
    France

    pour lui demander des renseignements sur un appartement qu'elle loue chaque année à des étudiants étrangers. Donnez quelques brefs renseignements sur vous-même et demandez tous les détails utiles.

2. Vous comptez aller passer plusieurs mois en France, et, si possible, y trouver un emploi temporaire. Vous écrivez au Consulat de France le plus proche de votre domicile pour demander un visa. Vous voulez vous renseigner aussi sur les possibilités de travail et sur les formalités à remplir.

3. Vous avez entendu dire par un de vos professeurs que leurs amis, M. et Mme Tremblay, de Montréal, cherchaient un jeune homme ou une jeune fille au pair, pour s'occuper de leurs enfants pendant les vacances. Vous leur écrivez pour vous proposer. Donnez des détails sur l'expérience que vous avez, et demandez tous les renseignements nécessaires.

    Monsieur et Madame Pierre Tremblay
    4512, rue Bourret
    Montréal (Québec)
    H3W 1K8

André Dutilleul   Condoville, le 12 février 1995
14, boulevard Kennedy
C1Z 3B8 Condoville (N.S.)
Canada

À Monsieur le Directeur de l'École d'été du Collège Y

Monsieur le Directeur,

Je suis étudiant de première année à l'Université X, et je compte me spécialiser en français l'année prochaine, car j'espère faire carrière dans l'enseignement. Afin de perfectionner mes connaissances en français parlé et écrit, j'aimerais m'inscrire au programme de six semaines qui est proposé par votre collège.

Je vous serais reconnaissant de bien vouloir me faire parvenir dans les plus brefs délais possibles, tous renseignements nécessaires sur les cours proposés l'été prochain, ainsi que sur les droits d'inscriptions et les frais de logement.

Je vous serais également obligé de m'indiquer les formalités à remplir pour faire une demande de bourse, car, sans cela, ma situation financière ne me permettrait pas de m'inscrire à l'École d'été.

Veuillez trouver ci-joint, le relevé des cours que j'ai suivis cette année, ainsi que les notes que j'ai obtenues.

En vous remerciant d'avance, je vous prie d'agréer, Monsieur le Directeur, l'expression de mes sentiments respectueux.

lieu   jour   mois   année

papier blanc, non rayé

marge de 2 à 3 cm.

nom et adresse du signataire

destinataire (dans lettres administratives ou d'affaires seulement)

en-tête (pas d'abrév.) jamais Cher(e), sauf à un ami, ni de nom de famille

objet de la lettre

un paragraphe par idée principale

formule de politesse reprend toujours l'entête

signature lisible

```
André Dutilleul                                    Condoville, le 12 février 1995
14, Boulevard Kennedy
C17 3B8 Condoville, N.S.
Canada

                                    à Monsieur le Directeur de l'Ecole d'Eté
                                       Du Collège Y


Monsieur le Directeur,

        Je suis étudiant de première année à l'Université X, et je compte me
spécialiser en français l'année prochaine, car j'espère faire carrière dans
l'enseignement. Afin de perfectionner mes connaissances en français parlé
et écrit, j'aimerais m'inscrire au programme de six semaines qui est
proposé par votre Collège.
        Je vous serais reconnaissant de bien vouloir me faire parvenir dans
les plus brefs délais possibles, tous renseignements nécessaires sur les
cours proposés l'été prochain, ainsi que sur les droits d'inscriptions et
les frais de logement.
        Je vous serais également obligé de m'indiquer les formalités à remplir
pour faire une demande de bourse, car, sans cela, ma situation financière
ne me permettrait pas de m'inscrire à l'école d'été.
        Veuillez trouver ci-joint, le relevé des cours que j'ai suivis cette
année, ainsi que les notes que j'ai obtenues.
        En vous remerciant d'avance, je vous prie d'agréer, Monsieur le
Directeur, l'expression de mes sentiments respectueux.

                        André Dutilleul
```

*par ordre croissant de courtoisie

Formules à employer	***1) dans le corps de la lettre**	***pour demander**	Veuillez Je vous prie de Veuillez avoir l'obligeance de Je vous serais obligé de Je vous serais reconnaissant de Je vous prie de bien vouloir Je vous serais reconnaissant de bien vouloir	m'envoyer m'adresser me faire parvenir m'indiquer, etc.
		*pour informer	Je vous informe que Je vous fais savoir que J'ai l'honneur de vous informer que (de vous faire savoir que) J'ai le plaisir de vous informer que (de vous faire savoir que) J'ai le regret de vous informer que (de vous faire savoir que)	
	*2) à la fin de la lettre	Recevez, (Acceptez, Agréez) Veuillez accepter, Veuillez agréer, Je vous prie d'accepter, Je vous prie d'agréer, Je vous prie de bien vouloir accepter, Je vous prie de bien vouloir agréer,	Monsieur, Madame, Monsieur le Directeur, Madame la Présidente, Monsieur le Doyen, etc.	mes salutations distinguées mes sentiments distingués mes sentiments les meilleurs mes salutations les plus distinguées mes sentiments dévoués (respectueux) l'assurance de mes sentiments respectueux (les plus respectueux)

Chapitre 10

Les doigts extravagants°

Andrée Maillet

La Quatorzième Rue est un chemin qui mène à l'East River°.

Un soir, à dix heures, la foule avait un visage de plâtre et des souliers morts. Millième aspect d'une civilisation synthétique.

La rue, aussi sombre qu'un corridor de couvent. Quelques gens allaient vers l'exit°, de l'est à l'ouest ou en sens contraire, à un rendez-vous, à un gîte° ; allaient nulle part.

Le décor, réaliste à l'excès ; littéraire.

À gauche, des couleurs jaunes, rouge brique, brunes, délimitées par des lignes noires qui leur donnaient des formes, des formes de maisons.

Tout cela me semblait assez vague, car je marchais à droite. De mon côté, dans un sous-sol, une boutique de barbier, illuminée, une taverne écœurante et pleine de confusion. Plus loin, des murs de bois placardés°, un enclos que dépassait la tête d'un arbre. Des affiches déchiquetées annonçant un film ancien et célèbre : « *Mädchen in Uniform* ».

Je ne pensais pas. J'absorbais goulûment° toutes les impressions et observations qui s'imposaient à mon esprit vacant.

Au coin de la Première Avenue, un individu s'arrêta. Il alluma une cigarette comme si elle lui avait été indispensable pour traverser l'avenue. Moi, je la franchis sans halte et je vis que derrière l'homme à la cibiche° s'avançait un drôle de type° dont je pus voir la figure grâce au néon d'une vitrine de chaussures.

Il marchait rapidement et tenait un paletot°. Son bras gauche levé en équerre° devant lui se terminait par un gant de boxe.

Quand nous fûmes parallèles, il s'arrêta, voyant que je le regardais non sans quelque étonnement. Ses yeux gros roulaient dans sa face. Il me lança le manteau qu'il tenait et s'enfuit en silence, le poing ganté toujours brandi en l'air et le regard hagard.

Que faire d'un paletot d'homme ?

« S'il me paraît assez propre, me dis-je, je l'enverrai à l'U.N.R.A.° ».

Au loin, les réverbères brillaient et bordaient la rivière. Bientôt mon fardeau° me pesa. J'eus un instant la tentation de l'abandonner sur un des bancs qui longeaient la berge.

Je ne sais ce qui me retint d'y obéir. Mon démon, sans doute.

---

extravagant : pris dans son sens étymologique (du latin *extra* = en dehors, et *vagans* = errant)

Où se passe cette histoire ?

exit : sortie (anglicisme) 5
gîte : logement
Quelle impression est créée par cette description des lieux et des gens ?
*Pourquoi n'y a-t-il pas d'accord à **rouge** ? (voir p. 25)* 10

placardé : avec des affiches 15

goulûment : avidement

20

cibiche : cigarette (argot)
un drôle de type : un individu bizarre
paletot : manteau
en équerre : en angle 25
droit

30

U.N.R.A. : United Nations Relief Agency

fardeau : chose que l'on porte et qui est lourde 35

Des cargos sans beauté tiraient sur leurs amarres ou traçaient des circonférences autour de leurs ancres.

Des gamins exécrables se poursuivaient. La racaille° n'est nulle part aussi déplaisante qu'à New York.

racaille : partie la plus basse de la société

Que ferais-je bien de ce paletot ? Ah ! Oui. Le donner à 5 l'U.N.R.A. Ou l'expédier moi-même à quelque ami, en France. Non. Trop compliqué. Pas encore permis d'envoyer des vêtements.

Des îlots°, dans la nuit, arrivaient des cris, des lumières bleues, vertes. Ajoutons la lune au décor, et sur le parapet° une fille 10 assise jambes pendantes, et près d'elle un garçon, pas beau, pas laid, ordinaire.

îlot : petite île
parapet : petit mur qui empêche de tomber

Un ouvrier passa. Il n'avait pas non plus le genre que j'aime. Il portait une boîte en fer et un grand bout de tuyau.

Malgré les taches d'huile et les déchets° qui flottaient sur 15 l'eau, l'air sentait bon, peut-être à cause de la brise marine.

déchets : restes d'aliments, etc., que l'on a jetés

Marine est une hypothèse. Je supposais que le vent venait de l'océan. L'illusion, si cela en était une, était assez forte pour que je puisse goûter le sel en passant ma langue sur mes lèvres.

Je parcourus deux *blocs* ou trois et puis, enfin lasse, je repris 20 la route de mon logis.

Tout à coup, des suppositions effarantes me vinrent à l'esprit.

Un homme donnait un manteau, comme ça, en pleine rue°, à moi, une étrangère, et sans ajouter au geste une seule parole. Pourquoi ? 25

en pleine rue : au milieu de la rue

Le vêtement était-il *chaud*, comme on dit aux États-Unis, quand on désigne un objet volé ?

Recelait-il° en ses poches une arme à feu, un trésor ou un crotale° ? Appartenait-il à un bandit qu'un adversaire venait d'abattre, prenant bien soin de détruire ou d'enlever tout ce 30 qui pouvait identifier la victime ?

receler : contenir, cacher
crotale : serpent à sonnette

Mon donateur de fortune° avait des gants de boxe. Deux gants de boxe ou un seul ? Je ne me souvenais que d'un seul ; celui qu'il brandissait avec une sorte d'exaspération. Sans doute était-il un boxeur. Il avait assommé, peut-être tué l'autre pugiliste 35 et fuyait la justice. Peut-être. Alors, embarrassé de ce lourd paletot (le paletot de qui ?), il l'avait jeté à la première personne venue°.

fortune : hasard

le premier... venu : n'importe quel...

Explication non plausible. Étais-je le premier passant venu ? Non. Plusieurs autres avant moi avaient dû croiser cet homme 40 au poing de cuir, et de plus, j'étais une passante. Il avait donné le manteau d'homme à une jeune femme. Pourquoi ?

J'arrivai à mon domicile, à bout de conjectures.

Le foyer d'étudiants qui m'abritait, moi et mes rêves et mes efforts d'artiste, offrait une apparence fort convenable. On y 45 accédait de la Douzième Rue, par sept marches de pierre.

blattes : autre nom du
cancrelat

les combles : le grenier

Que veut dire **paliers
incertains** ?

ne pas ménager... :
utiliser beaucoup

boyaux : entrailles
*Quelle métaphore voyez vous
ici ?*
cauchemar : mauvais
rêve, angoissant

polo : vêtement de sport
poil de chameau : genre
de tissu
en biais : coupé en
travers

phalange : articulation
des doigts

**être en mal de quelque
chose :** souffrir de son
manque

À l'intérieur, lamentable, la pension entretenait outre des étudiants aussi pauvres que moi, des blattes°, des rats, et parfois des Polonais.

Ma chambre, sous les combles°, au cinquième étage, me semblait belle quand j'y arrivais le soir par les longs escaliers aux paliers incertains°, après mes cours, après un long voyage à travers les longues rues.

Ce soir-là dont je parle, j'entrai dans ma chambre avec le manteau d'homme. D'un coup de poing, j'ouvris la fenêtre.

Je dois dire que je cultivais avec soin tout ce que ma nature m'inspirait de réflexes virils, voulant par là équilibrer la féminité excessive de mon extérieur. Mon idéalité de l'époque était qu'un être parfait doit être moitié homme, moitié femme. Je ne ménageais° pas non plus les jurons.

J'ouvris donc cette fenêtre d'un coup de poing, et les côtés s'écartèrent l'un de l'autre vers l'extérieur, c'est-à-dire qu'il fallait que je les tire à moi pour les remettre ensemble. Les Américains donnent à ce genre d'ouverture le nom de fenêtre française.

Et puis, je tombai sur mon lit. Soupirs. Détente. Calme. Les impressions du jour affluèrent.

Le paletot, mal placé sur le dos de la chaise, glissa. Un peu de la lumière de la rue se répandait dans ma chambre, assez pour que je puisse distinguer les objets, pas assez pour leur faire subir un examen.

J'allumai donc la monstrueuse applique qui balançait au-dessus de mon nez, sa chaîne allongée d'une ficelle. Aussitôt les cancrelats (chez-nous on dit les coquerelles) qui jouaient dans ma cuvette disparurent le long des boyaux° de fonte. Je me levai. Le sommier chanta. Il berçait chaque nuit mes cauchemars°.

J'examinai le manteau.

C'était un polo° en poil de chameau° ocre clair. Encore très propre, il avait une large ceinture et deux poches en biais°. Je glissai ma main dans l'une des poches pour savoir ce qu'elle contenait. J'en sortis quelque chose dont le premier contact m'émut jusqu'au cœur.

Ce que ma main avait retiré de la poche, elle le jeta sur la table et mes yeux virent l'horrible chose.

Mes yeux virent les cinq doigts d'une main gauche d'homme, coupés au-dessus des phalanges° et reliés entre eux par un lacet.

J'eus deux réflexes auxquels j'obéis sans hésitation. D'abord, je vomis dans le lavabo, et puis je pris l'extrémité du lacet et je lançai l'horreur par la fenêtre.

Un grelottement me secoua. Je ne refoulai pas les hoquets. Durant les dix minutes suivantes, je crus mourir. Je n'avais heureusement pas dîné ; mon estomac se calma rapidement après quelques convulsions douloureuses.

Décidément, ce soir, je n'irai pas au petit bar où se réunissaient mes camarades du Greenwich Village : quelques peintres en mal°

de talent, une actrice déchue°, des poétesses pleines d'espoir.
Les plus veinards° offraient aux rapins° de ma sorte, un sandwich
rassis°, un café au cognac.

Cette boîte pseudo-française, située dans une cave, s'appelait
« Le Plat du Chat », et les habitués n'étaient guère mieux pourvus, 5
mieux léchés° que des chats de gouttière.

Je dégrafais ma blouse avec des gestes lents, lorsque me
tournant vers la fenêtre, j'aperçus les ongles de ces affreux doigts
qui avaient grimpé tout le mur de la maison jusqu'à ma croisée°.

Horreur ! Horreur ! 10

Je pris mon soulier, à coups de talon je leur fis lâcher prise.
Ils retombèrent et je fermai vivement la fenêtre.

Étais-je en pleine hallucination ?

Saisissant le paletot, je sortis de ma chambre et descendis chez
la concierge. 15

—J'ai trouvé ce vêtement sur un banc près de l'East River,
lui dis-je. Donnez-le à votre mari. Il ne m'est d'aucun service.

—C'est un très beau polo, répondit-elle, et vous auriez pu
le vendre. Je diminuerai votre note.

Je remontai chez moi. Peut-être maintenant aurai-je la paix. 20

Je ne comprenais rien à ce qui arrivait. Et vous, l'eussiez-
vous compris ?

Dès que je fus dans ma chambre, mon cœur remonta dans
ma gorge. Les doigts, les maudits doigts tambourinaient sur la
vitre comme pour se faire ouvrir. 25

Je poussai les battants.

—Entrez ! criai-je. Entrez ! Finissons-en !

Les doigts descendirent sur le parquet. Ils martelèrent très
fort le parquet, s'avançant d'une bonne vitesse, d'une allure
assurée vers la table. Ils se cramponnèrent° fortement au pied 30
de la table de bois. Ils montèrent en glissant le long du pied
de la table.

Quel abominable esprit les guidait !

Ils s'affaissèrent° sur la table. Sidérée°, debout au pied du
lit, je les regardais agir, sans argument, sans aucune curiosité, 35
sans me donner la peine de chercher une raison à cette horreur
que je voyais. Sans argument devant ma folie, si toutefois ce
que je voyais était l'image de ma folie. Sans raisonnement pour
calmer mon horreur.

Or, les doigts, s'étant reposés, bousculèrent le carton à dessin, 40
le réceptable à fusain°, tirèrent de dessous un cahier, des feuilles
blanches.

Ils se crispèrent autour de ma plume et ils écrivirent. Un
invisible métacarpe° extrêmement alerte les faisait se mouvoir
d'un côté à l'autre de la page. 45

L'angoisse grandissait en mon âme. L'air se densifiait. Les
bruits s'intensifiaient°. À peine pouvais-je respirer.

D'où j'étais, je voyais très bien ce qu'ils écrivaient.

« Nous fûmes les habiles instruments d'un homme gaucher que son ennemi mutila. L'homme mourut ce soir. Il n'est plus que par nous et nous ne subsisterons que par toi. »

Une buée épaisse et noire obscurcit mon regard un instant. Tandis que les doigts coupés écrivaient, je remis mon gilet, mon béret. Je dévalai l'escalier.

Je courus dans la rue. Je courus. Je courus. Je compris que la peur, que l'horreur s'étaient pour toujours implantées dans ma vie. En courant je me dis : « La Quatorzième Rue... est un chemin qui mène à l'East River... où il n'y a pas d'effroi... »

Le parapet n'était pas très élevé. Je l'enjambai°. Une force inattendue me retint en arrière. Le vent marin balaya sur ma face le rictus° qu'y avait mis l'angoisse. Je m'assis sur un banc tandis que s'en allaient du fond de mon cœur, les dernières révoltes. N'y resta qu'une pesante résignation.

Les doigts qui m'avaient retenue du suicide gisaient° à mes pieds. Je ne me demandai point comment ils m'avaient suivie.

Je les pris et les mis dans mon béret que je tins dans ma main tout le long du retour.

Chez moi, je secouai mon couvre-chef au-dessus de la table. Les doigts s'écrasèrent avec un ploc !

— Exprimez-vous, dis-je à cette chose.

Ils se nouèrent derechef° autour du stylo et moulèrent° ces mots :

« Nous ferons ta fortune. »

— Moyennant° quoi ?

« Garde-nous. Sans âme nous nous désagrégerons°. Prête-nous la tienne. Les êtres sont immortels dans la mesure du souvenir ou de l'amour qu'on leur conserve. Être conscient d'une présence, c'est déjà l'aimer. Nous ne demandons rien d'autre que l'appui de ta pensée. Prête-nous ta vie, nous ferons ta fortune. »

Quel pacte satanique me présentaient-ils là ? Et pourtant j'acquiesçai. Je le signai en quelque sorte, d'un mot.

— Restez. Et j'ajoutai, voulant me garder une porte de sortie : « Vous êtes exécrables. Je ne vous tolérerai jamais qu'avec répugnance. »

Les doigts s'agitèrent avec impatience et puis se mirent à l'œuvre.

Je ne vous dirai pas que cette nuit-là je dormis.

Dans l'obscurité de ma cambuse°, j'entendais gratter, gratter sur le papier, la plume guidée sans relâche° par les doigts.

Le lendemain, j'empruntai une machine à écrire et les doigts recopièrent le texte. Le jour suivant, manuscrit sous le bras, les doigts dans la poche de mon gilet, je les sentais contre moi, j'entrai à Random House° où le président m'accueillit.

---

enjamber : franchir en passant la jambe par-dessus

rictus : grimace qui donne l'impression d'un rire forcé

gisaient : du verbe **gésir**, être étendu

derechef : encore une fois

mouler : écrire avec beaucoup de netteté

moyennant : en échange

se désagréger : se décomposer

cambuse : chambre (argot)

sans relâche : sans arrêt

Random House : célèbre maison d'édition américaine

Il jeta à peine les yeux sur le tas de feuilles que je posai devant lui, et m'offrit un contrat magnifique que j'acceptai ainsi qu'une avance de dix mille dollars sur mes royautés° à venir.

Il m'imposa un agent visqueux qui me trouva, sur le parc, un appartement meublé, agrémenté d'un jardin suspendu.

Un grand magasin renouvela ma garde-robe. Un coiffeur de renom modifia ma tête. Plusieurs photographes la fixèrent, et j'eus la surprise de la voir dans tous les journaux et revues d'Amérique, reproduite maintes° fois avec maints commentaires toujours flatteurs.

Cet agent nommé Steiner me promena dans tous les restaurants et théâtres de la ville et ne parlait de moi qu'avec la plus grande vénération. À mon nom vint s'ajouter l'épithète de génie.

Moi, je savais quel était mon génie : cinq morbides objets qu'un lacet de bottine retenait ensemble.

Quand les doigts écrivirent mon second chef-d'œuvre, j'étais plus connue qu'Einstein, plus célèbre qu'une étoile de cinéma.

Parfois, si° j'étais seule, je tâchais de retrouver ma figure véritable. Je dessinais. Mes croquis, pour malhabiles qu'ils° fussent, étaient miens, venaient de moi.

Bientôt, on me coupa cette porte d'évasion.

Steiner m'ayant surprise en train de dessiner les gratte-ciel°, saisit un paquet d'esquisses et s'en servit pour fin de publicité.

On se les arracha et l'on parla beaucoup d'eux comme étant « le passe-temps favori d'une femme géniale ».

Je conçois que les hommes sont pis° que les cancrelats. Ils infestent mon existence, et le paradis faux que m'ont donné les doigts vivants de cet homme mort est plus effroyable que l'enfer.

Ils vivent par moi, ces doigts extravagants, je ne suis plus qu'un être sans vie propre.

La nuit, ils fabriquent des romans, des articles, des élégies. Comme je ne dors plus, je les entends écrire.

Au petit jour, ils se laissent choir° sur le tapis et viennent dans ma chambre. Ils s'agrippent à la courtine° du lit. Et puis, je les sens près de mon cou, glacés, immobiles.

Lorsque je n'en puis plus d'horreur, je me lève. Je fais jouer des disques. Je m'enivre souvent quoique je hais l'alcool.

Je ne jetterai pas les doigts par la fenêtre. Ils reviendraient°. Je ne leur dis rien. Un jour, peut-être, je les brûlerai. Je les détruirai avec des acides.

Je perçois que bientôt il me sera impossible de subir° leur présence. Or, ils m'aiment et devinent sans doute ma plus secrète pensée.

N'ont-ils pas, ce matin, encerclé ma gorge avec plus de vigueur° ?

royauté : droit sur la vente, droit d'auteur (anglicisme)

maints : un grand nombre de (litt.)

Quel est le sens de si ?
pour... que : bien que...

gratte ciel : bâtiment à très grand nombre d'étages *Remarquez qu'il n'y a pas la marque du pluriel. Pourquoi ?*

pis : plus mauvais (litt.)

choir : tomber (litt.)
Trouvez plus haut un adjectif de la même famille.
courtine : rideau

quoique je hais : la langue parlée familière emploi parfois l'indicatif après quoique
Que signifient ces deux propositions juxtaposées ? Exprimez la même chose d'une autre façon.
subir : endurer, supporter

Qu'exprime cette question ?

Étude et exploitation du texte

1. Quelle remarque pouvez-vous faire sur le style des premiers paragraphes ?
2. À quelle époque se passe cette histoire ? À quel indice le voyez-vous ?
3. Quelle est l'atmosphère générale dépeinte par l'auteur, dans la ville, dans la pension, dans la chambre ? Relevez les détails et les mots qui contribuent à créer cette impression.
4. Voyez-vous une correspondance entre l'atmosphère des lieux, et l'état d'âme de la narratrice ?
5. Que pouvez-vous dire de sa personnalité ?
6. Comment comprenez-vous la tentative de suicide de la narratrice ?
7. Pourquoi se résigne-t-elle à la présence des doigts ? Quelle va être leur influence sur sa destinée et sur sa personnalité ?
8. Expliquez les sentiments de la narratrice à la fin du récit.
9. Quels sont les rapports qui existent entre la narratrice et les doigts ? Ces rapports pourraient-ils être différents ?
10. D'après vous, quel va être le dénouement final ?
11. Si vous aviez la possibilité de devenir célèbre dans un domaine quelconque, que choisiriez-vous (littérature, peinture, musique, politique, etc.) ? Expliquez pourquoi.
12. On trouve dans ce texte différents niveaux de langage : argot aussi bien que style littéraire recherché. Donnez des exemples de ces divers niveaux.

Vocabulaire

A. *Remplacez les mots en caractères gras par un synonyme :*
1. Un **individu** s'arrêta au coin de la Première Rue.
2. … un enclos que dépassait la **tête** d'un arbre.
3. Je **franchis** l'avenue sans **halte**.
4. J'étais **lasse**. J'eus un instant **la tentation** de m'asseoir sur un banc.
5. Je pourrais peut-être l'**expédier** à un ami.
6. Le propriétaire du manteau avait-il été **abattu** par un adversaire ?
7. Aussitôt les cancrelats disparurent le long des **boyaux** de fonte.
8. Je remis mon gilet, mon béret, et je **dévalai** l'escalier.
9. Un **grelottement** me secoua… Je crus mourir.
10. Je **perçois** que bientôt il me sera impossible de **subir** leur présence.
11. Chez moi, je secouai mon **couvre-chef** au-dessus de la table.
12. J'eus la surprise de voir ma tête reproduite **maintes** fois.

B. *Refaites les phrases suivantes en remplaçant **il y avait** par un verbe plus expressif. Faites les changements nécessaires :*
1. Je me demandais ce qu'**il y avait** dans la poche.
2. J'eus la surprise de voir qu'**il y avait** ma tête dans tous les journaux.
3. Derrière l'homme à la cigarette, **il y avait** un drôle de type.
4. Au loin, **il y avait** des réverbères le long de la rivière.
5. Sur le parapet, **il y avait** une fille, les jambes pendantes.
6. Pour arriver à la porte d'entrée **il y avait** sept marches de pierre.
7. À mes pieds, **il y avait** les doigts qui m'avaient retenue du suicide.

8. Au troisième étage, **il y avait** un excellent homme nommé Dutilleul.

9. Je compris qu'**il y avait** quelque chose de bizarre.

10. Sur l'eau noire, **il y avait** des déchets et des taches d'huile.

11. Sur le lit, **il y avait** une femme, le visage crispé.

12. **Il y avait** une vieille dame devant un énorme registre sur lequel **il y avait** un chat noir.

C. *Complétez au moyen d'une préposition s'il y a lieu :*

1. J'entrai_____ma chambre et m'approchai_____la table.

2. Je regardai_____ce que j'avais sorti_____la poche, et frissonnai_____horreur.

3. Je ne comprenais rien_____ce qui arrivait.

4. Les doigts s'agitèrent_____impatience, puis se mirent_____écrire.

5. Il répondit_____téléphone qu'il n'avait pas vu sa sœur.

6. Je décidai_____donner le paletot_____ma concierge.

7. Quand je suis arrivé_____mon ami, il n'y avait personne. N'avait-il pas reçu ma lettre ? Je ne savais que penser_____son absence.

8. _____droite, un homme était arrêté_____coin de la rue,_____un réverbère.

9. Je faillis_____obéir_____la tentation d'abandonner le manteau.

10. Je cherche une maison_____louer. Savez-vous s'il y en a une_____votre rue ?

11. Je me demandais ce que j'allais bien pouvoir faire_____ce paletot.

12. J'obéis sans hésitation_____mes réflexes.

13. Il téléphone_____tous ses amis.

14. Je signais le pacte_____un mot.

15. Je ne me souvenais qu'(e)_____un seul.

Mots anglais employés en français — équivalents

Comme **sandwich**, un certain nombre de mots anglais ont été adoptés en français. Dans certains cas, le franco-canadien préfère employer un équivalent français.

D. *Les noms qui suivent sont employés au Canada de préférence à quels mots anglais employés couramment en France ? (liste donnée)*

la fin de semaine	le ballon volant
le ballon panier	un petit jardin public
la gomme à mâcher	un annonceur
un conteneur	une rôtie
un arrêt	un oléoduc
un traversier	un goûter

basketball, chewing gum, container, ferry, lunch, pipeline, speaker, square, stop, toast, volleyball, weekend.

Les Indéfinis

— Les gens allaient à un rendez-vous, à un gîte ; allaient **nulle part**.
nulle part = aucun endroit

Le négatif **nulle part**, pour un lieu, correspond à **personne** pour les personnes, à **rien** pour les choses, et à **jamais** pour le temps.

Le tableau suivant indique les correspondances de sens entre les lieux, les personnes, les choses et le temps.

PERSONNES	CHOSES	LIEUX	TEMPS
tout le monde	tout	partout	toujours
quelqu'un	quelque chose	quelque part	quelquefois ou parfois
quelqu'un d'autre	autre chose ou quelque chose d'autre	autre part ou ailleurs	une autre fois
n'importe qui	n'importe quoi	n'importe où	n'importe quand
n'importe qui d'autre	n'importe quoi d'autre	n'importe où ailleurs	(à) n'importe quel autre (moment) jour
personne	rien	nulle part	jamais
personne d'autre	rien d'autre	nulle part ailleurs	

E. *Complétez les phrases suivantes selon le sens donné :*

1. Ce café a l'air minable,_____. (*let us go somewhere else*)
2. Il me semble que je connais cette histoire._____ (*I have read it somewhere*)
3. Il alla au restaurant voisin de la prison_____. (*to eat something*)
4. La racaille n'est_____aussi déplaisante qu'à New York. (*nowhere*)
5. Je n'aime pas le cognac._____. (*You have nothing else ?*)
6. Il déposait un billet sur le rebord de la fenêtre et_____. (*she would play anything he wanted*)
7. Paris est une belle ville._____. (*anybody will tell you so*)
8. Si les sandwichs sont rassis,_____. (*give me something else, anything else*)
9. _____, je serais allée rejoindre mes camarades. (*Any other day*)
10. _____, demandez_____. (*Another time/ something else*)
11. Pourquoi moi ? Il aurait pu_____. (*given it to anybody*)
12. New York a beau être sale, je ne pourrais vivre_____. (*nowhere else*)
13. Pourquoi l'homme n'a-t-il pas jeté le manteau_____ ? (*to someone else*)
14. _____, je suis toujours chez moi. (*Come any time*)
15. _____aurait abandonné le paletot sur un banc. (*Anybody else*)

F. *Répondez aux questions suivantes en employant un des indéfinis ci-dessus :*
1. Quand voulez-vous partir ?
2. Où êtes-vous allé hier soir ?
3. À qui voulez-vous parler ?
4. Connaissez-vous quelqu'un ici ?
5. Qui vous a dit de faire cela ?
6. Que voulez-vous manger ?
7. Où voulez-vous aller ?

Les niveaux de langue

Le vocabulaire et la syntaxe permettent de formuler la pensée à différents niveaux. On peut s'exprimer d'une façon élégante, recherchée, technique, commune, vulgaire, etc.

G. *Classez les mots suivants en trois colonnes, selon qu'ils appartiennent à :*
a) la langue écrite* (recherchée, élégante)
b) la langue parlée* (courante, ordinaire)
c) la langue populaire (vulgaire et argot)

1. fatigué, las
2. avoir de la veine, avoir de la chance, avoir du pot
3. ma cambuse, ma chambre
4. maintes fois, souvent
5. choir, tomber, dégringoler
6. un gars, un type, un homme
7. butter, abattre, tuer, descendre
8. se bagarrer, se battre
9. le corps, la dépouille mortelle
10. s'en faire, s'inquiéter

*par *langue écrite* et *langue parlée*, on désigne un niveau de langue, et non la langue que l'on écrit ou que l'on parle exclusivement.

Distinctions

Les paronymes

Les **paronymes** (de deux mots grecs signifiant **à côté** et **nom**), sont des mots très proches par la forme et la sonorité, dont la confusion constitue une faute de langue appelée **barbarisme**.

A. *Complétez les phrases suivantes par un des paronymes donnés, après en avoir vérifié le sens :*
Conjecture ou **conjoncture** ?
1. À bout de_____, je renonçai à chercher une explication.
2. Elle s'est perdue en_____sur l'identité de cet individu.
3. Dans la_____actuelle, il serait impossible d'agir autrement.

Allusion ou **illusion** ?
1. Le vent venait-il de l'océan ? Ce n'était sans doute qu'une_____
2. Je ne vous comprends pas. À quoi faites-vous_____ ?

Plausible ou **possible** ?
1. Cette explication ne me semblait guère_____.
2. Il se sentait invulnérable. Tout lui semblait_____.

3. Devant une manifestation extraordinaire, on cherche toujours une cause
_____.

Emprunter ou **prêter** ?
1. Demain, j(e)_____une machine à écrire pour taper le texte.
2, Pourrais-tu me rendre la machine à écrire que je t'ai_____ ?

Accident ou **incident** ?
1. Pourquoi l'homme lui avait-il jeté le paletot ? L'_____lui parut bizarre.
2. Il est resté infirme, des suites d'un_____.

Aspiration ou **inspiration** ?
1. Cette étrange faculté ne correspondait à aucune des_____de Dutilleul.
2. N'ayant aucune idée, il chercha son_____dans la lecture des faits divers.

Doté ou **doué** ?
1. Dès la première année, Ramanujan se révéla extraordinairement_____.
2. Cayce demeurera toujours un enfant de paysans,_____d'un vague certificat d'études.
3. Il avait été_____par la nature d'un physique ingrat.

Fonder ou **fondre** ?
1. Le pauvre sous-chef se mit à_____à vue d'œil.
2. Sur quoi_____-tu ton opinion ?
3. La ville de Québec a été_____par Samuel de Champlain.

Amener ou **emmener** ?
1. Le lendemain, une ambulance vint le prendre à son domicile pour l'_____dans une maison de santé.
2. Quand Dutilleul arrivera,_____-le moi. J'ai à lui parler.
3. Je voudrais partir,_____-moi !

Consumer ou **consommer** :
1. Une flamme qu'il ne pouvait cacher_____l'imprudent garçon.
2. Les nouvelles voitures_____de moins en moins d'essence.

Confiance ou **confidence** ?
1. Mis en_____par l'amitié de ses collègues, Dutilleul se mit à leur faire des_____.
2. « J'ai_____en toi, écrivait Eric, et je sais que tu ne tricheras pas. »

Mythique ou **mystique** ?
1. Tous les exercices des_____tendent à atteindre un état idéal de super-conscience.
2. Certaines personnes connaissent des moments d'illumination, d'extase _____dont ils ont du mal à rendre compte.
3. Comment peut-on expliquer le rêve_____du « trésor caché » ?

Parce que / car

— La plus grande partie de nos pouvoirs demeure en friche **parce que** nous ne savons pas l'utiliser.
— Tout cela me semblait assez vague, **car** je marchais à droite.

Parce que présente une **cause**. Il introduit une **proposition subordonnée**, donc établit un rapport de dépendance très étroit entre les deux idées, d'effet direct de l'une sur l'autre.

Car ne présente que la **raison**, ou l'**explication** de l'énoncé précédent, avec une nuance de cause. Il introduit une **proposition coordonnée**, donc le rapport entre les deux idées est moins marqué.

ATTENTION : a) **car** ne se place jamais en tête de phrase
b) **car** fait partie de la langue écrite

B. *Complétez les phrases suivantes en employant* **car** *ou* **parce que** :

1. Marjorie a été condamnée_____elle a été reconnue coupable.
2. Son désespoir est sincère, mais très puéril_____elle n'est encore qu'une enfant gâtée.
3. La vieille dame porte des lunettes_____elle est myope.
4. Les parents de la fillette achètent une biographie de Gandhi_____ils veulent en avoir le cœur net.
5. Erika détestait son frère_____il lui ressemblait trop.
6. Tout le monde l'aimait_____c'était le plus agréable des malades.
7. Ce sont surtout les jeunes femmes qui sont en retard,_____les vieilles dames ont des habitudes de ponctualité depuis longtemps enracinées.
8. Dutilleul resta figé dans le mur_____il s'était trompé de cachets.
9. S'il m'avait jeté le paletot c'était peut-être_____il voulait s'en débarrasser.
10. Sans toi nous nous désagrégerons_____les êtres sont immortels dans la mesure du souvenir qu'on leur conserve.

C. *Refaites les phrases suivantes en employant* **car** *ou* **parce que**. *Distinguez bien s'il s'agit d'une cause effective ou d'une explication :*

1. Comme je ne dors plus, je les entends écrire.
2. J'ai peur, donc je ne dors plus.
3. Je cultivais les réflexes virils, voulant équilibrer la féminité excessive de mon extérieur.
4. Je n'avais heureusement pas dîné ; mon estomac se calma rapidement.
5. Je compte me spécialiser en français ; en effet, j'espère faire carrière dans l'enseignement.
6. Le parapet n'étant pas très élevé, je l'enjambai sans peine.
7. L'air sentait bon ; il venait sans doute de la mer.
8. Les Américains donnent à ces ouvertures le nom de fenêtres françaises. Elles ressemblent en effet aux fenêtres que l'on trouve en France.
9. Le paletot, mal placé sur le dos de la chaise, glissa.
10. Si les scientifiques ne parlent jamais de « réincarnation », c'est qu'ils sont extrêmement prudents.
11. J'avais froid, je me mis à frissonner.
12. Il faut nous coucher de bonne heure, nous partons tôt demain.

La possession : *mien, à moi / le mien, etc.*

— Mes croquis, pour malhabiles qu'ils fussent, étaient **miens**, venaient de moi.
— Ce manteau n'était peut-être pas **à lui**. À qui pouvait-il bien **appartenir** ?
— Ce n'est pas **le mien**.

Possession
$\begin{cases} \textbf{appartenir à} \\ \textbf{être à} \\ \textbf{être} + \text{pronom possessif sans article (mien, tien, sien,} \\ \quad\quad \text{nôtre, vôtre, leur) en position d'attribut (plus rare)} \end{cases}$

Identification : **possessif** avec l'article (pronom)

D. *Traduisez les phrases suivantes :*
1. Whose coat is this? I don't know, it isn't mine.
2. My room is small, but it is mine, and I feel at home in it.
3. Her book was a masterpiece, but his had no success at all.
4. Are these your friends or theirs?
5. This house is not mine. It belongs to the concierge.

Constructions

Emploi pléonastique du pronom personnel

— **Moi, je** la franchis sans halte…
— On ne **me** dit rien, **à moi.**

L'emploi pléonastique du pronom (**moi, je** ou **me… à moi**) sert à insister sur le sujet (**je**) ou l'objet (**me**).

A. *Insistez sur le mot indiqué par l'emploi du pronom approprié :*
1. **Ils** étaient aussi pauvres que moi.
2. **Je** savais quel était mon génie.
3. **Tu** sais bien que je ne dors plus.
4. Vous ne **la** connaissez pas ?
5. Ne **lui** parle plus.
6. Je ne **te** dis rien !
7. **Nous** ne demandons rien d'autre que l'appui de ta pensée.

Le comparatif

— La racaille n'est nulle part **aussi** déplaisante **qu'**à New York.
— Quand les doigts écrivirent mon second chef-d'œuvre, j'étais **plus** connue **qu'**Einstein, **plus** célèbre **qu'**une étoile de cinéma.
— Ils écrivent **autant que** moi.
— N'ont-ils pas, ce matin, encerclé ma gorge avec **plus de** vigueur ?

comparatif	*d'infériorité*	*d'égalité*	*de supériorité*
adjectifs adverbes	moins… que	aussi… que	plus… que
noms	moins de… que	autant de… que	plus de… que
verbes	moins que	autant que	plus que

B. *À l'aide des phrases ci-dessous, composez des phrases comparatives, en faisant porter la comparaison sur le mot indiqué (variez les degrés de comparaison) :*

1. Le foyer abritait des étudiants **pauvres**/moi.
2. La pension entretenait des **rats**/étudiants.
3. Ma chambre me paraissait **belle**/palais.
4. La rue était **sombre**/corridor de couvent.
5. Je voyais flotter sur l'eau des **taches d'huile**/déchets.
6. Mon second chef-d'œuvre eut **du succès**/premier.
7. Elle **s'enivre**/avant.
8. Ce paradis faux est **effroyable**/enfer.

Non plus

— Un ouvrier passa. Il n'avait pas **non plus** le genre que j'aime.
— Ils n'iront pas au petit bar... Moi **non plus**.

Non plus remplace **aussi** dans une phrase négative.

REMARQUE : dans une phrase comparative, la négation se construit normalement :
— Ils étaient **aussi** pauvres **que** moi.
— Ils **n'**étaient **pas** aussi pauvres **que** moi.

C. *Mettez les phrases suivantes au négatif :*

1. Le garçon était ordinaire. La fille aussi.
2. Les doigts dorment, moi aussi.
3. Je les jetterai aussi par la fenêtre.
4. Le paradis faux que m'ont donné les doigts est aussi effroyable que l'enfer.
5. Il me sera aussi possible de subir leur présence.
6. Ses collègues aussi se doutaient que c'était lui Garou-Garou.

Assez, trop pour + **infinitif ou subjonctif**

— Un peu de la lumière de la rue se répandit dans ma chambre, **assez pour que je puisse** distinguer les objets, pas **assez pour** leur **faire** subir un examen.

Avec **assez** et **trop**, la conséquence est introduite par :

i) **pour que** + **subjonctif** si le verbe a une sujet propre

ii) **pour** + **infinitif** si le verbe n'a pas de sujet propre (si le sujet est le même, s'il est indéfini, ou s'il est évident)

REMARQUE : sens réel de la conséquentielle introduite par **pour** :

J'étais trop fatiguée { **pour pouvoir dormir** = négatif (je ne dormis pas)
{ **pour ne pas dormir** = affirmatif (je dormis)

D. *Refaites les phrases suivantes en employant l'infinitif ou que + le subjonctif selon le cas :*

1. Le parapet était trop élevé, je ne pus pas l'enjamber.
2. Le paletot était assez propre, je le donnai à la concierge.
3. Parfois, l'un d'eux était assez veinard et offrait aux autres un sandwich ou un café.

4. J'étais assez riche, je pouvais louer un appartement sur le parc.
5. Garou-Garou était trop habile, la police ne pouvait pas s'emparer de lui.
6. Il était trop habile, il ne se laissait pas prendre.
7. L'illusion était assez forte, je pouvais goûter le sel en me passant la langue sur les lèvres.
8. Il faisait trop froid, on ne pouvait pas sortir.

Jusqu'à + **nom**, *jusqu'à ce que* + **verbe**

— J'en sortis quelque chose dont le contact m'émut **jusqu'**au cœur.
— Ne bougez pas **jusqu'à ce que** je vous le dise.

jusqu'à (préposition) introduit un **nom** complément d'un verbe
jusqu'à ce que (conjonction) introduit une **subordonnée** au subjonctif

E. *Écrivez deux phrases avec* **jusqu'à**, *et deux phrases avec* **jusqu'à ce que** *en vous servant du vocabulaire du texte.*

Caractérisation et détermination

— La rue, aussi sombre qu'un corridor **de couvent**…
— Puis, enfin lasse, je repris le chemin **de mon logis**.

i) Dans le premier exemple, **de couvent** joue le rôle d'un adjectif et sert à **caractériser** le nom **corridor** (Comment était ce corridor ? Comme celui d'un couvent). Pour caractériser le corridor, on pourrait avoir par exemple :

un corridor $\left\{\begin{array}{l}\text{long et étroit} \\ \text{aux murs tachés de moisi} \\ \text{menant aux chambres} \\ \text{éclairé par une ampoule} \\ \text{de couvent}\end{array}\right.$

ii) Dans le deuxième exemple, **de mon logis** sert à **déterminer** le nom **chemin**, à l'identifier (Quel chemin ? Celui de mon logis)

caractérisation : **de** + nom sans article
détermination : **de** + nom précédé de l'article (ou d'un adjectif possessif ou démonstratif)

F. *Dans les phrases suivantes dites s'il s'agit de caractérisation ou de détermination :*
1. À gauche, des couleurs, délimitées par des lignes noires qui leur donnaient des formes, des formes **de maisons**.
2. Je supposais que c'était le vent **de la mer**.
3. Mon donateur de fortune avait des gants **de boxe**.
4. Le foyer **d'étudiants** qui m'abritait, moi et mes rêves et mes efforts **d'artiste**…
5. Plus loin, des murs **de bois**, placardés. Un enclos que dépassait la tête **d'un arbre**.
6. Je rentrais, le soir, fatiguée après un long voyage dans les rues **de la ville**.
7. Les cancrelats disparurent le long des boyaux **de fonte**.
8. Les habitués n'étaient guère mieux pourvus que des chats **de gouttière**.

G. *Au moyen des éléments donnés, composez une phrase qui exprime la caractérisation ou la détermination :*

1. nous/se réunir/souvent/chambre/étudiant (détermination)
2. nous/se réunir/souvent/chambre/étudiant (caractérisation)
3. je/s'apercevoir/être/manteau/enfant (caractérisation)
4. manteau/enfant/glisser/chaise (détermination)
5. elle/avoir/longs doigts/artiste (caractérisation)
6. je/aller/tous/restaurants/théâtres/ville (détermination)
7. doigts/s'agripper/courtine/lit (détermination)
8. je/devenir/plus célèbre que/étoile/cinéma (caractérisation)

Langue et style

Le système temporel du subjonctif

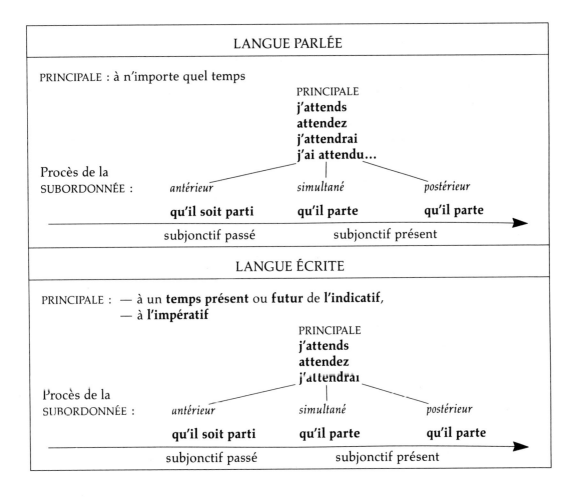

LANGUE LITTÉRAIRE

PRINCIPALE : — au **conditionnel présent** ou **passé**,
         — à un **temps passé** de l'**indicatif**

PRINCIPALE
j'attendrais
j'attendais

Procès de la
SUBORDONNÉE :   *antérieur*   *simultané*   *postérieur*

    qu'il fût parti   **qu'il partît**   **qu'il partît**

    subj. plus-que-parfait   subjonctif imparfait ➤

*Pour l'**imparfait** et le **plus-que-parfait** du subjonctif, voir ch. XII

A. *Mettez les verbes donnés au subjonctif (langue courante) :*

1. L'illusion était assez forte pour que je_____(pouvoir) goûter le sel en passant ma langue sur mes lèvres.
2. Il aurait fallu que vous_____(tirer) les volets vers vous.
3. Je regrette que l'homme me_____(jeter) le manteau.
4. Ils resteront jusqu'à ce que je les_____(détruire).
5. Je douterai toujours qu'elle_____(écrire) elle-même le roman qui l'a rendue célèbre.
6. Je préférerais qu'ils ne_____(faire) pas tant de bruit.
7. On s'arracha mes croquis, bien que tout le monde_____(savoir) qu'ils étaient malhabiles.
8. Le sous-chef vit d'un mauvais œil que Dutilleul_____(ne pas vouloir) changer ses habitudes épistolaires.
9. Il est dommage que tu_____(ne pas venir) nous rejoindre au petit bar, hier.
10. Dis-lui qu'il_____(aller) porter le paletot chez le concierge.

B. *Terminez les phrases suivantes par une proposition au subjonctif, en exprimant a) la simultanéité ou la postériorité, b) l'antériorité :*

1. Je doute que
   a)
   b)

2. Croyez-vous vraiment que
   a)
   b)

3. Je ne comprends pas que
   a)
   b)

4. Il a été indigné que
   a)
   b)

5. Je trouve curieux que
   a)
   b)

6. Pour me mettre au travail, j'attendrai que
   a)
   b)

La concession

On appelle **concession** un rapport d'**opposition** entre deux faits dont l'un devrait normalement entraîner l'autre mais ne l'entraîne pas :

— **J'avais beau marcher des heures**, je ne voyais pas un petit rayon de soleil et
de lumière.
(Si on marche des heures, on pourrait normalement s'attendre à arriver au bout
de la forêt et à voir la lumière, mais cela n'arrive pas.) La concession porte sur
la première idée tout entière.
— Mes croquis, **pour malhabiles qu'ils fussent**, étaient miens, venaient de moi.
(En général on n'est pas fier de revendiquer comme venant de soi, une œuvre
médiocre.) La concession porte sur l'adjectif **malhabiles**.

Étudiez les exemples suivants :

— **Malgré** leur maladresse, ces croquis sont miens...
— **Bien que** mes croquis **soient** malhabiles, ils sont miens... (ou : quoique)
— Mes croquis **ont beau être** malhabiles, ils sont miens...
— Mes croquis sont malhabiles, **mais** ils sont miens... (ou : cependant, pourtant,
néanmoins)
— **Pour** malhabiles **qu'ils soient**, ces croquis sont miens... (ou : **si... que***, **quel-
que... que, tout... que** suivis du **subjonctif****)

***Si**... **que** ajoute une nuance de degré :
— **Si** fatiguée **que** je sois, je ne peux pas me détendre. (Bien que je sois **très** fatiguée)
**Si le sujet est un nom, on fait l'inversion :
— Pour malhabiles que **soient ces croquis**...
— Si pauvres que **soient mes amis**...

REMARQUE : Dans la langue courante, le subjonctif imparfait (littéraire) est remplacé
par le subjonctif présent.

C. *Refaites les phrases suivantes en employant la tournure indiquée :*

1. L'intérieur était lamentable, cependant la pension avait l'air convenable.
   si... que :
   bien que :

2. Malgré ma curiosité, je ne voulais pas désobéir à Erik.
   quoique :
   avoir beau :

3. J'étais fatiguée, mais je ne pouvais pas dormir.
   si... que
   malgré :

4. Ma chambre est pauvre, mais elle me semble belle.
   tout(e)... que :
   avoir beau :

5. C'est à moi qu'il avait jeté le paletot, bien que je ne sois pas le premier passant.
   pourtant :
   quoique :

Accompli / non accompli (sens particuliers)

— Je vis que derrière lui s'avançait un drôle de type dont je **pus** voir la figure grâce au néon d'une vitrine de chaussures.

La différence d'aspect entre l'**imparfait** et le **passé simple** (ou **composé**) entraîne dans le cas de certains verbes, une différence de sens, qui se rend en anglais par une différence de vocabulaire :

— Je **pouvais** voir sa figure : *I could see his face.* (fait possible, pas forcément accompli)
— Je **pus** voir sa figure : *I was able to see his face.* (fait accompli)
— Je **voulais** devenir célèbre : *I wanted to become famous.* (simple désir, pas d'action)
— Je **voulus** me suicider : *I attempted to commit suicide.* (désir traduit par une action)

D. *Traduisez les phrases suivantes en anglais, en faisant bien ressortir la différence entre a) et b) :*

1. a) Dutilleul ne **pouvait** pas s'accoutumer à ces façons épistolaires.
   b) Délivré de la tyrannie de Lécuyer, il **put** revenir à ses chères formules.

2. a) Je **voulais** me débarrasser d'eux, mais comment ?
   b) Je **voulus** me débarrasser d'eux en les jetant par la fenêtre ; ils revinrent.

3. a) Je **devais** retrouver mes camarades dans un petit bar.
   b) Le ministre de l'Intérieur **dut** démissionner.

4. a) Personne ne **savait** quel était mon génie.
   b) Quand il **sut** que je dessinais, il se servit de mes esquisses pour fin de publicité.

La proposition infinitive

La proposition infinitive est une proposition subordonnée dont le verbe est à l'**infinitif** et a un sujet propre :

— Ils entendent **quelqu'un frapper à la porte**.

Quelqu'un est à la fois complément d'objet direct de **ils entendent**, et sujet de **frapper**.

REMARQUE : a) Lorsque le sujet de l'infinitif est un nom, on fait l'inversion si l'infinitif n'a pas de complément :
   — Ils entendent **frapper quelqu'un**.
   mais : — Ils entendent **quelqu'un frapper à la porte**.

b) On n'emploie pas la proposition infinitive mais une subordonnée au **subjonctif** :
   après les verbes qui expriment **le désir, la volonté, le goût, la préférence** :
   — Elle aimerait **que les doigts disparaissent**.

après les verbes impersonnels :
> — Il est heureux **qu'elle ne se soit pas suicidée**.

après **il est facile, difficile, possible, impossible,** on peut avoir les deux constructions avec un sens différent :
> — Il est possible **qu'elle écrive un roman.** (elle écrira peut-être un roman)
>
> — Il **lui** est possible **d'écrire un roman.** (elle peut écrire un roman, elle en est capable)

E.   *Distinguez les propositions infinitives des simples infinitifs compléments et soulignez le sujet des propositions infinitives :*

1. Sidérée, je les regardais agir.
2. Dans l'obscurité, j'entendais gratter, gratter sur le papier, la plume guidée sans relâche par les doigts.
3. Comme je ne dors plus, je les entends écrire.
4. Tous les jours, il écoutait la jeune fille jouer du piano.
5. Les conspirateurs entendent monter les miliciens.
6. Personne ne peut comprendre son angoisse.
7. Il lui sera difficile de tolérer leur présence.
8. Je vis un homme marcher rapidement, le poing levé.

F.   *Complétez les phrases par une proposition infinitive :*

1. Je regarde
2. Nous faisons
3. Sur l'eau, je voyais
4. J'aime entendre
5. On ne doit pas laisser

G.   *Traduisez les phrases suivantes :*

1. I saw him throw the coat and run away.
2. He wanted me to find a furnished apartment.
3. She did not like them to touch her neck.
4. It would have been difficult for her to refuse such an offer.
5. The president asked me to sign the contract.
6. I told them to go away, never to come back.
7. Soon, it will be impossible for me to suffer their presence.
8. In the darkness, I could hear the pen scratch on the paper.
9. Do you want me to tell you a story?
10. She may throw the fingers out of the window.

Le pluriel des noms composés

Les noms composés peuvent être :

i)   écrits en un seul mot. Ils suivent les règles habituelles : des portefeuilles

ii) écrits en plusieurs mots liés ou non par un trait d'union, ou par une préposition (à ou de). Le pluriel se forme selon a) la nature des composants, et b) la relation qui existe entre eux.

a) Seuls les **noms** et les **adjectifs** peuvent prendre la marque du pluriel. Les verbes, adverbes, pronoms, prépositions, etc. restent invariables :
> — des belle**s**-sœur**s** (un adjectif, un nom)
> — des sourd**s**-muet**s** (deux adjectifs)
> — des passe-partout (un verbe, un adverbe)

b) Les noms et les adjectifs sont au **singulier** ou au **pluriel** selon le sens :
> — des gratte-ciel (il n'y a qu'un ciel)
> — un certificat d'études (il sanctionne les études)

H. *Donnez le pluriel des noms suivants :*

homme d'affaires	pomme de terre	pot à lait
passe-temps	garde-robe	jeune fille
abat-jour	sous-chef	avant-coureur
arme à feu	coffre-fort	maison de santé
couvre-chef	après-midi	clair de lune
chef-d'œuvre	foyer d'accueil	billet de banque
coup d'œil	rez-de-chaussée	rendez-vous
lampe à huile	face-à-main	réveille-matin

Traduction

I live in one room, on the top floor of a student rooming-house. There are cockroaches in the sink, the bed sags, there is only one light bulb dangling from a wire, the wall paper is spotted with mildew... but, dingy though this room may be, it is mine, and it looks comfortable to me, at least comfortable enough for me to feel at home in it. When I come home in the evening, tired from walking in the streets, I open the window with a punch, and I relax, lying on my bed. Sometimes I go to meet my friends at a small French café.

That evening, a few minutes after I had come home, I heard someone knock. It was the concierge with the monthly bill, or one of my Greenwich Village buddies coming to borrow money from me, I thought. I had no money to lend, no money either to pay the rent. If I opened the door, I would have to find excuses, give explanations, and I didn't have any. So I waited for the visitors to go away, as I wanted them to believe that I was out.

It was very hot in the attic. I must have fallen asleep. When I woke up, it was dark, but I could still hear someone knocking on the door, or perhaps it was on the window. I tried to get up, but I could not. I couldn't make out what was happening to me. Would you have understood?

Composition

La description des lieux

Si on relève les éléments descriptifs du texte, on trouve :

la rue : sombre (comme un corridor de couvent)
une boutique de barbier (éclairée)

une taverne (écœurante et pleine de confusion)
des murs de bois (placardés)
des affiches (déchiquetées)

la rivière :
des cargos (sans beauté, qui tirent sur leurs amarres)
des taches d'huile et des déchets (qui flottent sur l'eau)
l'air (qui sent bon)
un garçon et une fille (ordinaires)

le foyer d'étudiants : lamentable
des blattes, des rats…

ma chambre : sous les combles
applique (monstrueuse), ficelle au bout de la chaîne
lavabo, boyaux de fonte, cancrelats
sommier (qui grince)

Quelle est l'impression générale ? Comment cette impression est-elle créée ?

Rédaction

Décrivez à votre tour une ville, une maison ou une pièce de votre choix, en vous efforçant de créer une certaine impression :

Avant de rédiger :
— faites une liste des éléments choisis
— caractérisez-les par des adjectifs, des verbes, des comparaisons, etc.

Chapitre 11

La femme au collier de velours

Gaston Leroux

vendetta : vengeance (mot italien)
capitaine au long cours : capitaine d'un navire marchand qui fait de longs parcours
maquis : végétation particulière aux régions méditerranéennes où il est facile de se cacher

une autre tournée apéritive : un autre apéritif pour tout le monde
soucoupe : petite assiette qui se place sous une tasse ou une verre ; le nombre de soucoupes sur la table permet au garçon de calculer l'addition
retentissant : dont on parle beaucoup

Qu'est-ce que cela vous dit sur l'ancienneté de la ville ?

torpilleur : bateau de guerre porteur d'explosifs pour couler les bateaux ennemis
escadre : groupe important de navires (ou d'avions) de guerre
rade : grand bassin naturel où les navires peuvent s'abriter

« Vous dites que toutes les histoires de vendettas° corses se ressemblent ! fit l'ex-capitaine au long cours° Gobert au vieux commandant Michel, eh bien ! j'en connais une, moi, qui laisse loin derrière elle tous les pauvres petits drames du *maquis*° et qui m'a fait frissonner jusqu'aux moelles, je vous le jure !

— Oui, oui, répliqua le commandant, sceptique comme il convient à un homme qui prétend connaître les plus belles aventures du monde et qui ne croit guère à celles des autres… Oui… oui… encore quelques coups de fusil… Mais racontez toujours, nous n'avons rien de mieux à faire que de vous entendre…

Et il commanda une nouvelle tournée apéritive° pour les camarades qui venaient là, tous les soirs, bavarder, autour des soucoupes° du *Café de la Marine*, à Toulon.

— D'abord, commença Gobert, il ne s'agit point de coups de fusil… et ma vengeance corse, à moi, ne ressemble certainement à rien de ce que vous avez entendu jusqu'ici, à moins cependant que vous ne vous soyez arrêté, comme moi, il y a une trentaine d'années, à Bonifacio, auquel cas vous avez pu la connaître, car l'histoire, qui fut retentissante°, en courait la ville.

Mais pas un de ceux qui étaient là, autour des soucoupes, n'avait fait la rare escale de Bonifacio.

— Cela ne m'étonne pas, exprima Gobert, on n'a guère l'occasion de visiter cette petite cité, l'une des plus pittoresques de la Corse. Et cependant, tout le monde l'a vue de loin, en passant sur la route d'Orient ! Tout le monde a salué son antique citadelle, ses vieilles murailles jaunies, ses tours crénelées° accrochées au rocher comme un nid d'aigles…

— L'histoire ! … L'histoire ! … clamèrent les autres, impatients… Pas de littérature ! …

— Eh bien, voilà ! … À cette époque, j'étais lieutenant de vaisseau et commandais un torpilleur° qui fut désigné pour faire partie de l'escadre° qui accompagnait le ministre de la Marine dans un voyage d'études en Corse. Il s'agissait alors de créer dans l'île des postes de défense mobile, et même mieux que cela. Vous savez qu'il a été question, à un moment, de transformer la rade° de Porto-Vecchio, aussi vaste que celle de Brest, en un véritable port de guerre. Le ministre visita d'abord Calvi, Bastia, et nous revînmes l'attendre à Ajaccio, cependant qu'il traversait toute l'île en chemin de fer, par Vizzavona où il s'arrêta pour déjeuner et où il fut reçu en grande pompe par une délégation des bandits, sortis le matin même du maquis pour venir lui présenter leurs hommages°.

« Le fameux Bella Coscia commandait lui-même les feux de salve et fut félicité par le ministre qui admira sa belle prestance°, son beau fusil, dont la crosse sculptée portait autant de crans° qu'il avait fait de victimes, et son beau couteau dont Edmond About° lui avait fait cadeau, *en lui recommandant de ne point le laisser dans la plaie* !

— Oui, oui ! Toutes les blagues°, interrompit le commandant Michel, bourru°... Toutes les blagues !

— Comme vous le dites si bien, mon cher commandant... Toutes les blagues... Mais, attendez ! Nous arrivons aux choses sérieuses. Nous partîmes d'Ajaccio et arrivâmes vers le soir à Bonifacio. Et, pendant que les gros navires continuaient leur chemin jusqu'à Porto-Vecchio, moi, je fus de ceux qui accompagnèrent le ministre à terre. Il y avait naturellement fête, dîner de gala et, le soir, réception dans les salles de la mairie.

« Bonifacio, situé en face de la menaçante Magdelana, demandait un poste de défense mobile. Pour l'obtenir, la ville fit mille grâces, sortit ses plus magnifiques atours°, ses plus belles fleurs, ses plus belles femmes, et vous savez si les femmes corses sont jolies ! Au dîner, nous en vîmes quelques-unes qui étaient d'une beauté vraiment remarquable. Comme j'en félicitais mon voisin de table, un brave homme charmant et terriblement frisé, gros garçon débonnaire que chacun appelait Pietro-Santo et qui était alors secrétaire de mairie, il me dit : « *Attendez la femme au collier de velours !* »

— Elle est encore plus belle que celle-ci ? demandai-je en souriant.

— Oui, répondit-il, sans sourire... Encore plus belle... mais ce n'est pas le même genre... »

« En l'attendant, nous nous mîmes à causer des mœurs du pays. L'esprit encore hanté de toutes les histoires de brigands que mes camarades, qui avaient accompagné le ministre à Vizzavona, m'avaient racontées et de cette réception d'opéra-comique à laquelle avait présidé Bella-Coscia, l'homme aux belles cuisses, je trouvai plaisant et même poli de mettre en doute le caractère dangereux de ces brigandages, à une époque où la Corse nous apparaissait au moins aussi civilisée que bien des départements° touchant de plus près à la métropole.

« La *vendetta*, me dit-il, continue à être aussi en honneur chez nous que le duel chez vous. Et quand on s'est vengé, on devient brigand. Qu'est-ce que vous voulez qu'on fasse ? ... Certes,

5 *Qu'est-ce qui montre qu'il ne s'agit pas de **bandits** au sens ordinaire ?*
hommage : témoignage de respect
prestance : physique imposant
10 **cran** : entaille, marque faite au couteau
E. About : écrivain français de la fin du XIXe siècle
blague : plaisanterie
bourru : peu aimable

atours : vêtements et parures

département : division administrative de la France (au nombre de 95)

continua-t-il, il faut le déplorer. Moi, je suis le plus débonnaire des hommes, j'ai été élevé au fond d'une boutique d'antiquaire et, je vous le dis comme je le pense, je regrette de voir certains de mes compatriotes encore si sauvages, dès que l'honneur de leur maison°, comme ils disent, est en jeu° !

maison : famille
être en jeu : être engagé

— Vraiment, vous m'étonnez, fis-je en lui montrant toutes les bonnes figures réjouies du banquet. »

« Il hocha la tête :

« Ne vous y fiez pas ; le rire chez eux se change vite en un rictus diabolique. Regardez-moi ces yeux de jais, brillants d'une franche allégresse… Demain, ils refléteront la haine et toutes les passions de la *vendetta*, et ces mains fines, délicates, qui affectent de se serrer en une étreinte d'ardente amitié, ne cessent de jouer, croyez-moi, avec une arme cachée !

— Je croyais qu'on ne retrouvait plus ces mœurs qu'au fond des lointaines campagnes !

— Monsieur, je vais vous dire, le premier mari de *la femme au collier de velours*, était maire de Bonifacio ! »

« J'allais demander une explication devenue nécessaire, quand on frappa sur les verres pour réclamer le silence. C'étaient les discours qui commençaient. On passa ensuite dans le salon de réception. Et c'est là que je vis *la femme au collier de velours*.

« Pietro-Santo, qui ne m'avait point quitté, n'eut point besoin de me l'indiquer. Je la devinai tout de suite, d'abord à son étrange beauté funèbre, ensuite à son collier qui découpait une large marge noire au bas de son col nu, mince et haut. Ce collier était placé très bas, à la naissance des épaules, et le cou n'en paraissait que plus haut, ne remuant pas, portant la tête avec une rigidité et un orgueil inflexibles, une admirable tête d'une régularité de lignes helléniques°, mais si pâle, si pâle, qu'on eût pu la croire vidée de tout son sang et de toute sa vie, si deux yeux de feu n'eussent brillé dans cette face de marbre, d'un éclat insoutenable.

hellénique : de la Grèce
ancienne

« Tous baissaient les paupières et penchaient la tête sur son passage, la saluant avec une sorte d'effroi et de recul instinctif qu'il m'était facile de saisir, ce qui déjà m'intriguait au plus haut point. Son beau corps était moulé dans un fourreau° de velours noir et elle s'avançait, glissait au milieu de tous, avec sa tête si pâle et si tragiquement surélevée, au-dessus des épaules nues par le ruban de velours qu'on eût dit le fantôme orgueilleux d'une reine défunte et martyre. Quand elle fut passée, je communiquai mon impression mortuaire à mon cicerone° qui me répondit :

fourreau : robe très
étroite

cicerone : guide

« Rien d'étonnant à cela, *elle a été guillotinée !*

— Vous dites ? … »

« Mais il ne put me répéter, sur le champ°, son impossible phrase. *La femme au collier de velours*, après avoir salué le ministre, revenait

sur le champ :
immédiatement

de notre côté et tendait la main à mon ami, le secrétaire de mairie :

« " Bonsoir, et bonne fête, *Zi° Pietro-Santo* ! " lui fit-elle du haut de sa tête, *qui ne remuait pas.*

« L'autre s'inclina en balbutiant, et elle passa. Tous la suivaient des yeux et un grand silence s'était fait. Je m'aperçus alors qu'elle était accompagnée d'un beau garçon d'une trentaine d'années, bien taillé, bien découplé°, et remarquable par ce profil de médaille antique commun à presque tous les Corses et qui leur donne si souvent un air de famille avec le grand empereur°.

« À ce moment, le couple disparut, tandis qu'autour de moi, j'entendais des « Jésus-Maria ! » et qu'un vieux de la montagne récitait tout haut un *ave°.*

« Ils ne restent pas longtemps, expliqua Pietro-Santo, parce qu'ils ne sont pas bien° avec le maire actuel, Ascoli. Oui, la belle Angeluccia, que vous venez de voir, aurait bien voulu que son second mari, le seigneur Guiseppe Girgenti, s'installât à la mairie, comme le premier. Elle a toujours été fière et ambitieuse. Mais leur liste a été battue aux dernières élections, et je crois bien qu'elle le sera toujours, ajouta-t-il, *à cause de cette histoire de guillotine !»*

« Je sursautai et pris mon homme par le bras :

« Ah ! vous voudriez bien savoir... Tenez, voilà déjà le maire qui raconte l'histoire au ministre... Mais il ne la sait pas aussi bien que moi... Moi, voyez-vous, mon capitaine, *j'étais de la maison...* et j'ai tout vu ! *Jusqu'au fond du panier !* ...

—Pietro-Santo, aimez-vous les bons cigares ? Des cigares comme vous n'en avez jamais fumé ? »

« Pietro-Santo aimait les bons cigares... Je l'emmenai à mon bord, car je ne voulais point, vous pensez bien, quitter Bonifacio sans savoir exactement ce que c'était que cette histoire incompréhensible de guillotine.

« Ainsi, fis-je en riant, pour amorcer° la conversation, dès que nous fûmes installés dans mon carré°... Ainsi, cette femme *a été guillotinée ?*

—Ah ! monsieur, vous avez tort de rire, répliqua-t-il le plus sérieusement du monde : elle a été guillotinée, comme je vous le dis, et cela devant la plupart des gens que vous avez vus ce soir, se signant° et récitant des *ave* aussitôt qu'elle fut passée ! ... »

« Et comme j'ouvrais des yeux énormes, Pietro-Santo m'expliqua simplement : — C'est pour cacher la cicatrice qu'elle porte toujours son collier de velours ! »

—M. Pietro-Santo, vous vous moquez de moi ! Je demanderai à la belle Angeluccia de retirer son collier sous mes yeux, car je serais curieux de voir cette cicatrice-là... »

Zi : (sicilien pour *zio*, oncle) marque de politesse (la Corse a longtemps été italienne)

bien taillé, bien découplé : vigoureux et bien proportionné
De quel empereur s'agit-il ?

ave : *ave Maria*, premiers mots latins du « Je vous salue Marie »
être bien avec quelqu'un : être en bons termes, amis

amorcer : commencer, faire partir
carré : pièce d'un navire servant de salon ou de salle à manger aux officiers

se signer : faire le signe de la croix

« Le secrétaire de la mairie secoua la tête : — Elle ne l'ôtera point, monsieur, *car tout le monde sait ici que si elle l'ôtait, sa tête tomberait !* »

« Et le bon Pietro se signa, à son tour, avec son cigare.

« Je le regardais, sous la lueur de ma lampe. Il avait, avec ses cheveux bouclés, une bonne figure bouffie° d'ange effaré d'avoir aperçu le diable. Il poussa un soupir en disant : « Cet Antonio Macci, le premier mari d'Angeluccia, était cependant le meilleur des hommes ! Qui est-ce qui aurait jamais cru cela de lui ? Je l'aimais, monsieur, car il avait été bon pour moi. J'avais été élevé dans sa boutique. Antonio était antiquaire, célèbre dans toute la Corse, et bien connu des touristes auxquels il a vendu autant de souvenirs de Napoléon et de la famille impériale qu'il en pouvait fabriquer. On en était réduit là, monsieur, parce que la rage des amateurs ne saurait se contenter de souvenirs authentiques et Antonio avait fait une jolie fortune en ne mécontentant personne, ne s'en tenant° point du reste aux Bonaparte, et il ne manquait jamais l'occasion d'enrichir ses collections d'un tas de bibelots° de l'époque révolutionnaire qu'il revendait toujours un bon prix aux Anglais et aux Américains, lesquels ne descendaient jamais dans l'île sans lui faire une petite visite. De temps en temps, nous faisions ensemble un court voyage sur le continent pour renouveler nos collections. C'est ainsi que je l'accompagnai la dernière fois qu'il s'en fut à Toulon, après qu'il eut lu dans un journal de l'île que l'on allait y procéder à une vente des plus intéressantes et qui ne manquerait point de faire quelque réclame° aux acheteurs.

« C'est ce jour-là, monsieur, que nous acquîmes un relief de la Bastille pour 425 francs, le lit du général Moreau pour 215 francs, une bague à chaton-cercueil° où restaient enfermés les cheveux de Louis XVI pour 1 200 francs, enfin, la fameuse guillotine qui, paraît-il, avait servi à Sanson°, sur une enchère° de 921 francs, exactement ! C'était donné ! Aussi nous revînmes fort joyeux à la maison.

« Sur le quai, nous trouvâmes Angeluccia et son cousin Giuseppe, qui nous attendaient, en même temps que le premier adjoint° et une délégation du conseil municipal, car, comme je vous l'ai dit, Antonio, dont le commerce était prospère, et qui était considéré comme l'homme le plus raisonnable de la ville, avait été nommé maire. Il avait alors une quarantaine d'années, vingt ans de plus que sa femme qui en a trente aujourd'hui. Cette différence d'âge n'empêchait point Angeluccia d'aimer bien son mari ; mais Giuseppe, qui avait vingt ans, comme Angeluccia, adorait sa cousine. Chacun avait pu s'en apercevoir rien qu'à la façon dont le malheureux garçon la regardait. Quoi qu'il en fût°, je dois dire que je n'avais jamais surpris, pour ma part°, dans la conduite de l'un et de l'autre, de quoi donner ombrage° au mari. Angeluccia agissait, en tout du reste, avec trop de

---

bouffi : gonflé

s'en tenir à : se limiter à

bibelot : petit objet d'ornement

réclame : publicité

bague à chaton-cercueil : bague dont la tête peut s'ouvrir et forme boîte
Sanson : bourreau de l'époque révolution-naire, exécuteur de Louis XVI
enchère : offre supérieure à la précédente dans une vente publique
adjoint : conseiller municipal, aide du maire

quoi qu'il en fût : de toute façon
pour ma part : en ce qui me concerne
donner ombrage : blesser, rendre jaloux

droiture et d'honnêteté pour que le pauvre Giuseppe, à mon
avis, eût quelque chance de lui faire oublier ses devoirs. Et je
ne pensais point qu'il eût l'audace de tenter jamais une pareille
aventure. Il aimait Angeluccia, voilà tout. Et mon maître le savait
aussi bien que nous tous. Sûr de sa femme, il en riait quelquefois   5
avec elle. Charitablement, Angeluccia le priait d'épargner le
pauvre cousin et de ne point trop se gausser° de lui, car jamais   **se gausser (de) :** se
Antonio ne retrouverait un pareil ouvrier pour imiter et refaire   moquer
au besoin « l'Empire et le Louis XVI ». Giuseppe, en effet, était
un véritable artiste. De plus, il connaissait tous les secrets   10
industriels de son maître et savait « naturaliser° » les petits   **naturaliser :** embaumer,
oiseaux. Antonio ne pouvait se passer de Giuseppe. Et c'était   en donnant l'apparence
là la raison, certainement, pour laquelle il montrait tant de   de la nature
complaisance envers un ouvrier qui avait des yeux aussi éloquents
quand ils regardaient sa femme.   15
« Giuseppe était toujours un peu mélancolique à cause de son
amour. Angeluccia, elle, n'avait point encore cette beauté funèbre
que vous lui avez vue. Elle souriait volontiers et accueillait
toujours gaîment son époux, comme une brave° petite femme   **brave :** bon(ne)
qui n'a rien à se reprocher.   20
« On fêta joyeusement notre retour.
« Angeluccia avait préparé un excellent dîner auquel furent
invités l'adjoint et quelques amis. Tout le monde demandait des
nouvelles de la guillotine, car le bruit s'était répandu des
sensationnelles acquisitions d'Antonio et chacun voulait les voir.   25
« Est-ce qu'elle " marche " encore ? demandait l'un.
  —Si tu veux l'essayer . . ., répondait en riant le maître de
la maison. »
« Antonio, auprès de qui je me trouvais à ce moment, laissa
tomber par mégarde° sa serviette. Il se baissa rapidement pour   30   **par mégarde :** sans le
la ramasser, mais j'avais déjà prévenu son mouvement et ma   faire exprès
tête fut en même temps que la sienne sous la table et ma main
sur le linge. Je me levai en lui rendant cette serviette et, sous
un prétexte quelconque, je sortis. Je ne voulais pas avoir de
témoins de mon émoi°, car je suffoquais.   35   **émoi :** trouble, émotion
« Dans le magasin, je me laissai tomber sur une chaise et je
réfléchis que, de la façon dont je m'étais précipité sous la table
et dont ma tête se trouvait placée, il avait été impossible à Antonio
d'apercevoir ce que j'avais vu, de mes yeux, hélas, vu°. Du reste,   *Quel est l'effet de cette*
le calme avec lequel il s'était redressé et avait reçu de mes mains   40   *répétition ?*
la serviette et la tranquillité avec laquelle il avait continué de
s'intéresser à la conversation, devaient me rassurer. Je rentrai
dans la salle à manger où le repas se terminait le plus gaîment
du monde. L'adjoint, qui est le maire d'aujourd'hui, insistait pour
qu'on montât tout de suite la guillotine. Antonio, lui, répondit   45
que ce serait pour une autre fois, quand elle serait réparée,
arrangée comme il convenait, « car je connais mes Américains,

frémir : trembler, sous l'effet d'une émotion
faire mille amitiés : donner des marques d'affection

5

vermoulu : mangé par les vers
retaper : réparer tant bien que mal

la Pentecôte : fête religieuse qui commémore la descente du Saint-Esprit sur les apôtres (7e dimanche après Pâques)

bouquet : couronnement de la fête
être friand de quelque chose : aimer

en être : en faire partie

faire : jouer le rôle de

conclut-il, *ils ne me l'achèteront que si elle fonctionne bien !* » On se sépara et, tout le reste de la journée, je ne pus regarder sans frémir° Angeluccia qui embrassait gentiment son mari et lui faisait mille amitiés°. Je ne pouvais imaginer que tant de dissimulation fût possible chez une jeune personne d'aspect aussi candide.

« *Sous la table, au dîner, j'avais vu le petit pied d'Angeluccia, étroitement, amoureusement serré entre les deux pieds de Giuseppe.* Le mouvement même qu'elle avait fait pour le retirer m'avait dénoncé le crime.

« Au magasin, la vie reprit son cours normal. Quelques clients étrangers s'étaient présentés pour la fameuse guillotine, mais le maître avait répondu qu'elle n'était point prête et qu'il ne la vendrait que lorsqu'elle serait présentable, c'est-à-dire lorsqu'elle aurait subi les réparations nécessaires. De fait, on y travaillait en secret dans les sous-sols. Nous l'avions montée et démontée plusieurs fois. Toute vermoulue° et disloquée, nous essayions de la « retaper° », de lui retrouver son parfait équilibre et le jeu glissant du couteau. Cette besogne qui me répugnait semblait plaire au contraire à Antonio. Comme nous approchions de la fête d'Angeluccia, qui se confond avec celle de la Pentecôte°, date où il est d'usage, chez nous, que le maire offre quelques réjouissances à ses administrés, mon maître nous prévint qu'il avait résolu de donner une fête costumée du temps de la Révolution, ce qui lui permettrait de montrer au dessert sa fameuse guillotine que personne n'avait encore vue : ce serait le bouquet° !

« À Bonifacio, on est très friand° de ce genre de divertissements, reconstitutions historiques et autres « cavalcades ». Angeluccia sauta au cou de son mari et ce fut la première qui demanda à être habillée en Marie-Antoinette.

« Et à la fin de la fête, on te guillotinera ! ajouta Antonio en éclatant de rire.

—Pourquoi pas ? reprit Angeluccia, ce sera très amusant ! »

« Quand on sut quel genre de fête le maire allait donner, tout le monde voulut en être°. On ne fit que s'y préparer pendant les quinze jours qui nous séparaient de la Pentecôte. Le magasin ne désemplissait pas. On venait demander des conseils, consulter des estampes. Antonio devait représenter Fouquier-Tinville, le terrible accusateur public. Giuseppe devait faire° Sanson, le bourreau, et moi, je serais modestement un aide du bourreau.

« Le grand jour arriva. Dès le matin, nous avions vidé le magasin de tous les objets qui l'encombraient et monté la guillotine que nous fîmes fonctionner à plusieurs reprises avec le couteau de carton et de papier d'argent que Giuseppe avait fait fabriquer pour que, d'après le désir d'Angeluccia, *nous puissions jouer la comédie jusqu'au bout.*

« Toute l'après-midi, on dansa. Le soir, il y eut bal dans la salle de la mairie.

« On buvait à la santé de M. le Maire et l'on trinquait° à celle de sa gentille épouse, la reine Angeluccia, qui présidait à la fête dans les atours de Marie-Antoinette au temps de la captivité de la Conciergerie°. Cette toilette simple et modeste, telle qu'en pouvait montrer une pauvre femme destinée à un aussi poignant malheur, lui seyait° plus qu'on ne saurait le dire, et je n'oublierai jamais, quant à moi, la grâce altière° avec laquelle son beau col tout nu et tout blanc sortait de son fichu croisé si joliment sur sa poitrine. Giuseppe la dévorait des yeux° et, en surprenant la flamme trop visible qui consumait l'imprudent garçon, je ne pouvais m'empêcher de regarder du côté d'Antonio, lequel manifestait une gaîté extraordinaire.

« C'est lui qui, à la fin du repas, donna le signal de l'effroyable comédie : dans un discours fort bien tourné, ma foi, il prévint que quelques-uns de ses amis et lui-même avaient préparé une petite surprise qui allait consister à faire revivre une des heures les plus tragiques de la Révolution et que, puisque la ville de Bonifacio avait le bonheur exceptionnel de posséder une guillotine, on allait s'en servir pour guillotiner Marie-Antoinette !

« À ces mots, les bravos et les rires éclatèrent et l'on fit une ovation à la belle Angeluccia qui s'était levée et qui déclarait qu'elle saurait mourir courageusement comme c'était son devoir de reine de France.

« Il y eut alors des roulements de tambour et le chant de la Carmagnole° éclata dans la rue. On se précipita aux fenêtres. Il y avait là une mauvaise° charrette tirée par une pauvre haridelle° et entourée de gendarmes, de pourvoyeurs de guillotine, coiffés du bonnet phrygien°, et d'horribles tricoteuses° qui dansaient et criaient en réclamant l'Autrichienne ! On se serait cru en 93 !

« Chacun s'était prêté à ce jeu sans y voir malice. Il n'y eut que lorsque Angeluccia fut montée sur la charrette, les mains liées derrière le dos et que le singulier cortège se fut mis en marche au son sourd des tambours dont Antonio avait réglé le rythme funèbre, que plus d'un fut pris d'un frisson et comprit qu'une telle mascarade pouvait bien toucher au sacrilège.

« C'était fort impressionnant. La nuit était venue. La lueur dansante des flambeaux donnait déjà à Angeluccia une sorte de beauté d'outre-tombe. Sans compter° qu'elle se tenait droite, le front altier, comme bravant la populace et dans cette attitude de marbre qu'a consacrée le crayon de David°.

« On arriva à la maison d'Antonio. Là, ce fut une bousculade où les rires reprirent de plus belle. Antonio était déjà dans le magasin, donnant la dernière main° aux préparatifs et plaçant

---

trinquer : boire avec quelqu'un après avoir choqué les verres

la Conciergerie : prison de Paris où fut détenue la famille royale
seyait : verbe **seoir**, aller bien, convenir
altier : qui a la hauteur, l'orgueil de la noblesse
dévorer des yeux : regarder avec avidité ce qu'on désire ardemment

la Carmagnole : chant populaire de la Révolution
mauvaise : lamentable, en mauvais état
haridelle : cheval maigre et de pauvre apparence
bonnet phrygien : coiffure que portaient les révolutionnaires
tricoteuses : femmes qui, pendant la Révolution, assistaient aux exécutions en tricotant (allusion aux exécutions massives de 1793)

sans compter que : de plus
David : peintre de la Révolution et de l'Empire

donner la dernière main : régler les derniers détails

aussi bien qu'il le pouvait une assemblée de choix qu'il avait introduite par la porte de derrière. On était fort entassé là-dedans et très excité à voir de près la fameuse guillotine. Mon maître réclama énergiquement le silence, et il commença à faire un cours très sérieux sur les vertus de son instrument. Il énuméra tous les nobles cous qui, affirmait-il, avaient été glissés dans cette lunette° et il exhiba le vrai couteau tel qu'il l'avait acheté.

« Si vous voyez là-haut un couteau en carton, ajouta-t-il, c'est que j'ai voulu vous montrer, grâce à ce stratagème, comment fonctionnait ma guillotine. »

« Alors, il se tourna du côté de Giuseppe et il dit : — Es-tu prêt, Sanson ? »

« Sanson répondit qu'il était prêt. Alors, l'autre commanda : « Amène l'Autrichienne ! »

« Giuseppe et moi couchâmes aussitôt Marie-Antoinette-Angeluccia sur la bascule et ce fut Antonio lui-même qui rabattit la partie supérieure de la lunette.

« À ce moment, tous les rires s'étaient tus et il y eut, dans toute l'assemblée comme une espèce de gêne. Tout cela avait beau être de la comédie, la vue de ce joli corps étendu sur la planche fatale évoquait devant les esprits les plus grossiers d'autres corps qui s'étaient véritablement couchés là pour mourir. Il ne fallut rien moins pour ramener momentanément la gaîté que la vision assez curieuse de la figure amusée d'Angeluccia qui regardait si drôlement tout son monde d'invités pendant que son mari donnait la dernière explication sur le déclic, sur le panier qui recevait le corps et sur celui qui recevait la tête.

« Or, tout à coup, comme nous regardions Angeluccia, nous vîmes sa physionomie changer brusquement et exprimer une terreur indicible. Ses yeux s'étaient effroyablement agrandis et sa bouche s'entr'ouvrit comme pour laisser échapper un son qui ne voulait pas sortir.

« Giuseppe, qui était derrière la guillotine, ne voyait rien de cela, mais moi, qui étais sur le côté, je fus frappé comme tous ceux qui m'entouraient de cette horrible métamorphose. Nous avions vraiment là la vision d'une tête qui, réellement, *savait* qu'elle allait être décollée°. Les rires s'étaient tus devant nous et certains même des invités s'étaient reculés comme sous le coup d'un effroyable… effroi°. Quant à moi, je m'étais encore approché, car je venais de m'apercevoir que les yeux épouvantés d'Angeluccia fixaient quelque chose au fond du panier qui devait recevoir la tête. Et je regardai dans ce panier dont Antonio avait, en dernier lieu, relevé le couvercle, et voici ce que je lus, moi aussi comme lisaient les yeux d'Angeluccia. Voici ce que je lus sur une petite pancarte attachée au fond du panier :

« Prie la Vierge Marie, Angeluccia, épouse d'Antonio, maîtresse de Giuseppe, car tu vas mourir ! »

lunette : ouverture ronde

décollée : coupée (pour la tête). Plus loin : **décoller quelqu'un** : lui couper la tête
Cette répétition est-elle une maladresse de style ?

« Je poussai une exclamation sourde et me retournai comme un fou pour arrêter la main de Giuseppe qui, sur un signe d'Antonio, appuyait sur le déclic. Hélas ! J'arrivai trop tard ! Le couteau tombait° et ce fut terrible ! ... La malheureuse jeta un cri effrayant et *arrêté* net qui retentit toujours à mes oreilles... Et, tout de suite, son sang jaillit sur l'assistance qui en fut couverte et qui s'enfuit, éperdue, avec de délirantes clameurs. Je m'évanouis. »

Quel est l'effet de cet imparfait ?

« Ici, le bon Pietro-Santo se tut et il était devenu si pâle à l'évocation de cette scène macabre que je crus qu'il allait encore se trouver mal. Je lui rendis quelques forces avec un bon verre de vieille *grappa*° dont on m'avait fait cadeau au Mourillon.

grappa : (italien) alcool obtenu en distillant ce qui reste dans le pressoir quand on a fait le vin (appelé **marc** en français)

« Tout de même, lui dis-je, Angeluccia n'était pas morte, puisque je l'ai revue vivante. »

« Il poussa un soupir et hocha la tête :

« Êtes-vous bien sûr qu'elle est encore vivante, cette femme-là ? dit-il. Il n'y a pas de gens d'ici qui, en la voyant passer, la tête si droite et qui ne remue jamais, pensent que cette tête ne tient sur les épaules que par quelque miracle de l'au-delà, d'où la légende du *collier de velours*. C'est qu'elle a l'air vraiment d'un fantôme... Quand elle me serre la main, je sens sa peau glacée et je frissonne. C'est enfantin, je le sais bien, au fond, mais tout a été si singulier dans cette affaire qu'il faut excuser les contes fantastiques de nos gens de la montagne. La vérité, évidemment, est qu'Antonio avait mal calculé son affaire, que sa vieille machine ne fonctionnait pas bien, que le couteau était dérangé, que le cou de cette pauvre Angeluccia était trop engagé dans la lunette, de telle sorte qu'elle a été frappée maladroitement à la naissance des épaules. Ce n'est point la première fois qu'un accident de ce genre se produit et l'on rapporte que pour certains condamnés, il a fallu s'y reprendre° à cinq fois. Giuseppe a raconté que la blessure était assez large, il n'y a que lui qui l'ait vue avec le médecin qu'il avait fait chercher. Tout le monde s'était sauvé et Antonio avait disparu. Vous comprenez que cette circonstance n'a point été étrangère à la formation de la légende. Tous ceux qui avaient assisté à l'affaire s'étaient répandus dans la ville en racontant qu'Angeluccia avait été guillotinée et *qu'ils avaient vu tomber sa tête dans le panier.* Alors, quand, quelques semaines après, on a vu réapparaître Angeluccia avec sa tête immobile sur les épaules et reliée au corps par le ruban de velours qui était destiné à cacher la cicatrice, les imaginations n'ont plus connu de frein. Et, moi même, je vous avouerai qu'il y a des moments où, quand je regarde Angeluccia et son cou qui vous hypnotise, *je ne voudrais pas dénouer le ruban de velours !*

s'y reprendre : recommencer

— Et qu'est devenu Antonio dans tout cela ?

— Il est mort, monsieur... Ou, du moins, on le dit... Enfin, son acte de décès° a été dressé, puisque Giuseppe et Angeluccia

acte de décès : écrit officiel qui constate la mort de quelqu'un

se sont mariés. On a trouvé près des grottes, son corps à moitié mangé par les poissons et les oiseaux de mer et tout défiguré. Cependant, il n'y avait pas de doute à cause des habits et des papiers trouvés sur lui… Il a dû s'enfuir, persuadé qu'Angeluccia avait succombé et il se sera jeté° du haut du rocher. Ah ! Il avait bien ruminé° sa vengeance et l'avait préparée comme on fait toujours ici, en sournois. Tout de même, je suis encore étonné de la façon dont il avait su « dissimuler » depuis le jour où il avait vu, comme moi, le pied d'Angeluccia entre ceux de Giuseppe, sous la table. Il avait, de son côté, fabriqué un couperet et une masse qui, extérieurement, ressemblaient à ceux de Giuseppe, mais qui cachaient sous le carton et le papier d'argent, l'arme du crime… Si vous voulez voir l'instrument, il est encore à Ajaccio, entre les mains d'un vieux magistrat qui se l'est approprié, après que la justice eut informé°. »

— Votre histoire, concéda le commandant Michel au capitaine Gobert, votre histoire est, en effet, assez épouvantable !

— Elle n'est point finie, commandant ! expliqua Gobert en réclamant encore le silence pour quelques instants. Laissez-moi terminer, et vous verrez *qu'elle l'est tout à fait* ! Je n'en connus la fin que plus tard, à un second voyage que je fis à Bonifacio et c'est encore le bon Pietro-Santo qui me la rapporta. Mais jugez tout d'abord de mon prodigieux ébahissement° quand, lui ayant demandé des nouvelles de la *femme au collier de velours*, il me dit le plus sérieusement et le plus sinistrement du monde : « Monsieur, c'est la légende qui avait raison. *Angeluccia est morte le jour où on a touché à son collier !* »

— Comment cela ? m'écriai-je. Et qui donc lui a détaché son collier ?

— *Moi, monsieur ! Et sa tête est tombée !* »

« Comme je continuais de regarder Pietro-Santo en me demandant avec inquiétude s'il n'était pas devenu fou, il m'expliqua que, pour beaucoup, la mort d'Antonio était restée douteuse et qu'en particulier le maire qui nous avait reçus lors du passage du ministre, un certain Ascoli, savait pertinemment° à quoi s'en tenir°, persuadé qu'il avait rencontré, un jour de chasse dans la montagne, Antonio presque nu et vivant comme une bête sauvage. Il avait essayé de lui parler, mais l'autre s'était enfui.

« Or il arriva qu'aux élections municipales Giuseppe, qui s'était à nouveau présenté contre Ascoli, passa, cette fois, avec sa liste. Pendant toute la période électorale, Ascoli avait prétendu que Giuseppe Gergenti était indigne d'occuper un siège à la mairie, s'étant fait le complice d'une femme bigame. Et il affirmait qu'Antonio vivait encore. Après qu'il eut été battu, la rage de l'ancien maire ne connut plus de bornes. Il résolut d'aller chercher lui-même Antonio dans la montagne. Il lui fallut plusieurs mois pour le joindre, mais il parvint à ses fins°. Antonio qui, depuis dix ans, n'avait adressé la parole à personne, apprit que sa femme

Quel est ce futur ?   5
ruminer : préparer longuement

informer : faire une   15
enquête (terme de droit)

ébahissement : étonnement extrême

pertinemment :   35
parfaitement
à quoi s'en tenir : quelle est la réalité

parvenir à ses fins : arriver à ce que l'on veut

n'était pas morte, comme il le pensait, et qu'elle vivait heureuse au bras de Giuseppe, dans cette mairie dont il avait été lui-même le maître, au temps où il se croyait aimé d'Angeluccia.

« Ce qui se passa alors, me dit d'une voix sourde Pietro-Santo en se signant, dépasse toute imagination et ferait reculer d'horreur les démons de l'enfer ! Jésus-Maria ! Je vivrais mille ans… Mais, tenez, monsieur, la vérité tient en peu de mots !…

« C'était un soir comme celui-ci, doux et lumineux, je revenais, comme maintenant, de conduire des amis aux grottes et j'étais assis au gouvernail° de la petite barque qui nous ramenait au port quand, en passant au pied du rocher, j'entendis une mélopée° dont le son nous fait toujours tressaillir, une psalmodie° que nous appelons *ballatare* et qui est bien connue chez ceux d'entre nous dont les familles ont à se venger de quelque affront mortel. Je levai la tête. Un homme était debout, là-haut, sur la falaise qui lui faisait une sorte de piédestal. Quoiqu'il fût habillé de haillons°, il portait fièrement son fusil sur l'épaule et il chantait. Soudain, les derniers rayons du soleil couchant l'éclairèrent en plein. Je poussai un cri : « Antonio ! … ».

« C'était lui ! C'était lui ! Ah ! J'étais sûr que c'était lui ! Sa fatale chanson, son air exalté, tout me prouvait qu'il n'était point revenu dans nos parages°, après avoir fait le mort° pendant plus de dix ans, sans nourrir un abominable dessein° !

« Heureusement qu'avec ma petite barque, je pouvais être arrivé chez Giuseppe et Angeluccia avant qu'il n'eût eu le temps de tourner le port. Je me jetai sur les rames et bientôt je débarquai. La première personne que je rencontrai fut justement Giuseppe qui revenait de la mairie et rentrait chez lui. Je remerciai le ciel d'arriver encore à temps et je criai à cet homme de se hâter, qu'un malheur irréparable le menaçait, que je venais de voir Antonio, Antonio lui-même, vivant… et se dirigeant vers la ville !

« Pendant qu'il m'interrogeait et que je lui répondais, nous courions et nous arrivâmes ainsi, haletants, à la maison où Giuseppe avait laissé Angeluccia.

» Angeluccia ! … Angeluccia ! … criâmes-nous… Mais personne ne nous répondait.

—Pourvu°, mon Dieu, qu'elle ne soit pas sortie à la promenade ! pleurait le malheureux Giuseppe.

« Nous gravîmes, toujours appelant, le premier étage. Il entra dans une pièce et moi dans l'autre.

« C'était dans la pièce où j'avais pénétré que se trouvait Angeluccia.

« Elle était assise au coin de la fenêtre, dans un grand fauteuil Voltaire° sur le dossier duquel reposait sa tête. Elle paraissait dormir. Comme elle était toujours extrêmement pâle, la pâleur, surprenante pour tout autre, de son beau visage, ne me frappa point.

—Viens, elle est par ici, criai-je à Giuseppe.

---

gouvernail : pièce d'un bateau qui sert à le diriger
mélopée : air lent et triste
psalmodie : air monotone (comme un psaume)

haillons : vêtements vieux et déchirés

parages : alentours, voisinage
faire le mort : laisser croire qu'on est mort
dessein : projet, intention

Que marque cette exclamation ?

fauteuil Voltaire : fauteuil à siège bas et à dossier haut

pénombre : demi-jour

« Quant à moi, j'avais continué d'avancer dans la pénombre°, stupéfait qu'Angeluccia ne se réveillât pas, ne nous répondît pas, je la touchai... *je touchai son collier de velours qui se dénoua et sa tête me roula dans la main !*

5 « Je m'enfuis, les cheveux dressés, mais je tombai presque aussitôt dans une horrible flaque de sang que les ombres de la nuit commençante m'avaient empêché de voir en entrant. Je me relevai en hurlant, je repris ma course insensée et l'on dut s'emparer de moi avec des précautions comme d'une bête enragée.

10 « On put croire, pendant quelques jours, que je devenais fou. Enfin, heureusement, je me calmai, et si bien qu'aujourd'hui, c'est moi qui suis maire de Bonifacio, monsieur ! Comme vous le devinez, quand j'avais aperçu Antonio, celui-ci n'allait point à sa vengeance : *il en revenait !* On reconstitua tout le drame.

15 Entré dans la maison alors qu'Angeluccia se trouvait seule, il l'avait d'abord tuée d'un coup de poignard au cœur et puis, l'esprit hanté par tout ce que lui avait raconté Ascoli, il avait achevé ce qu'il avait si maladroitement commencé dix ans plus tôt, à la fête de la Pentecôte. Plus sûr de son bon couteau corse que

20 de l'instrument pseudo-historique qui l'avait trahi, il avait décollé tout à fait la malheureuse avec son large poignard, puis il n'avait pas reculé devant l'atrocité de *replacer la tête sur les épaules et de cacher la section du cou sous le collier de velours !*

« Maintenant, termina l'excellent Pietro-Santo, si vous voulez

25 avoir des nouvelles de Giuseppe, il faudrait aller en demander aux échos du *maquis*. Deux jours après, le second mari d'Angeluccia prenait le chemin de la montagne, à la recherche du premier. Il avait le fusil sur l'épaule et portait à sa ceinture un sac dans lequel il avait glissé la tête d'Angeluccia qu'il avait lui-

30 même embaumée. On n'a jamais plus revu ni Giuseppe, ni Antonio, ni Ascoli, mais ils ont bien dû se joindre comme il convenait et se massacrer dans quelque coin. Car, monsieur, c'est la seule façon dont la *vendetta* s'éteint dans notre pays, quand tout le monde est mort. »

Étude et exploitation du texte

1. L'histoire n'est pas racontée directement par le témoin. Distinguez les différentes étapes par lesquelles le récit est relayé.
2. Expliquez le déroulement temporel de l'histoire.
3. Que savez-vous de la Corse ? Quels renseignements trouvez-vous dans le texte sur sa géographie, ses paysages, ses personnages célèbres ?
4. En vous basant sur le texte, dites quels sont les traits caractéristiques de ses habitants.
5. Le mot **bandit** vient de l'italien *banditto*, qui veut dire **banni, hors-la-loi**. Est-ce le sens qu'on lui donne habituellement ? Quel sens a-t-il ici ?
6. D'où vient le mot **vendetta**, que signifie-t-il ? Qu'entend-on par ce mot en Corse ?

7. Expliquez comment, au cours de la fête costumée, les spectateurs passent de la gaîté à la gêne et à l'émotion.
8. Qu'est-ce qui rend la vengeance d'Antonio si effroyable ?
9. Que savez-vous de la Révolution française ?
10. Analysez l'art de conter de l'auteur. Comment éveille-t-il et retient-il l'attention du lecteur, comment fait-il rebondir l'action pour arriver au coup de théâtre final ?

Vocabulaire

A. *Complétez les expressions suivantes au moyen d'un des verbes donnés :*

adresser
demander
dévorer
faire
se mettre

nourrir
pousser
présenter
réclamer
rendre

_____conseil
_____ses hommages
_____hommage
_____un soupir
_____des yeux
_____en marche
_____un cours

_____le silence
_____des nouvelles
_____aux élections
_____de mauvais desseins
_____un cri
_____la parole
_____une exclamation

B. *Complétez les phrases suivantes au moyen d'une des expressions données :*

avoir beau
faire fortune
au plus haut point
être question
n'avoir rien à se reprocher
avoir un air de famille

ne plus connaître de bornes
présenter ses hommages
en grande pompe
à la recherche
être friand de
se trouver mal

1. Le ministre s'arrêta à Vizzavona où il fut reçu_____par une délégation de bandits venus lui_____.
2. Le soir,_____d'organiser une fête costumée.
3. Cette histoire m'intéressait_____.
4. Beaucoup de Corses_____avec Napoléon.
5. Il_____en vendant aux touristes de faux souvenirs de la famille impériale.
6. Elle avait un air innocent, comme si elle_____.
7. En Corse, on_____bals et de fêtes.
8. Tout cela_____être de la comédie, je me sentis si ému que je faillis_____.
9. Lorsqu'il apprit la trahison de sa femme, sa rage_____.
10. Giuseppe partit_____d'Antonio.
11. Ces deux frères ne se ressemblent pas, mais ils_____.
12. La petite fille est malade. Le saisissement l'a fait_____.

Les verbes déclaratifs

> — « Ainsi, **fis-je** en riant, pour amorcer la conversation… »
> — « Si tu veux l'essayer… », **répondait** en riant le maître de la maison.

Les verbes déclaratifs s'emploient dans les propositions incises, avec le sens de **dire**.

C. *Choisissez dans la liste donnée le verbe déclaratif qui convient le mieux (employez le passé simple) :*

ajouter	demander	pleurer
balbutier	dire	répéter
clamer	expliquer	répliquer
crier	faire	répondre
déclarer	interrompre	s'écrier

1. Est-ce qu'elle marche encore ? _____quelqu'un.
2. L'histoire ! L'histoire ! _____les autres.
3. Elle est encore plus belle que celle-ci ? _____-je.
   — Oui,_____mon voisin, mais ce n'est pas le même genre.
4. Ils ne restent pas longtemps,_____Pietro-Santo, parce qu'ils ne sont pas bien avec le maire actuel.
5. Angeluccia ! Angeluccia ! _____-je. Mais personne ne répondit.
6. Allons, allons, vous ne me ferez pas croire que cette femme a été guillotinée,_____-je en riant.
   — Ah ! monsieur, vous avez tort de rire,_____-t-il.
7. Bonifacio est situé en face de la menaçante…
   — Pas de littérature,_____le commandant.
8. Mon Dieu ! Mon Dieu ! _____Giuseppe, il l'a tuée.
9. Bonsoir, Zi Pietro-Santo,_____Angeluccia d'une voix à peine audible.
10. Qu'est-ce c'est ? Qu'est-ce que c'est ? _____-il à plusieurs reprises.
11. Comment cela est-ce possible ? _____-je.
12. Je m'habillerai en Marie-Antoinette,_____Angeluccia.
    — Oui, et à la fin, on te guillotinera,_____Antonio.

Les suffixes d'action

> — J'allais demander qu'on m'**explique**. J'allais demander une **explication**.
> — La clochette **tinte**. La clochette s'agite avec un **tintement** aigrelet.
> — Angeluccia **a trahi** son mari. Celui-ci ne lui pardonnera pas sa **trahison**.

Les suffixes **-tion, -ment, -ison** (ainsi que **-age, -ance, -ence, -sion**) marquent l'**action** :

> — l'explic**ation**, c'est l'action d'**expliquer**
> — le tint**ement**, c'est l'action de **tinter**
> — la trah**ison**, c'est l'action de **trahir**

D. *Refaites les phrases suivantes en remplaçant les mots en caractères gras par le nom correspondant :*

Ex. : Lucien **a trahi** les conspirateurs ; ils sont au courant.

Les conspirateurs sont au courant de la **trahison** de Lucien.

1. Je m'**exclamai** sourdement et me retournai comme un fou.
2. Aussitôt, des cris **explosent**.

3. Elle n'est pas morte parce que la guillotine **fonctionnait** mal.
4. Pierre **est stupéfait**. Le chat en profite pour lui grimper sur les épaules.
5. Il **a agi** d'une façon impardonnable.
6. On ne peut pas **comparer**.
7. Quand Angeluccia **passait**, tout le monde baissait la tête.
8. Antonio **s'est vengé** d'une façon atroce.
9. C'étaient les discours qui **commençaient**.
10. L'autre s'inclina en **balbutiant**.
11. Il était évident qu'il **était mécontent**.
12. Je ne pouvais imaginer qu'il fût possible de tant **dissimuler**.
13. Pierre roule en **se dirigeant** vers l'usine.
14. Nous **avions acquis** des choses sensationnelles.

E. Outre les suffixes indiqués ci-dessus, l'action s'exprime par diverses formes : l'**achat** c'est l'action d'**acheter**, l'**arrêt** c'est l'action d'**arrêter**, etc.

Définissez les mots suivants de la même façon :

conseil	course
frayeur	jeu
surprise	vie
éclairage	marche
vente	vue
haine	départ
fuite	attente
mise	plainte
retour	regret
soupir	lecture

L'étymologie latine

F. *Expliquez les mots suivants, en vous basant sur le sens du mot latin donné :*

loqui (parler) :
    éloquent
    loquace
    locuteur
    locution
    interlocuteur

dicere (dire) :
    indicible
    diseuse de bonne aventure
    médire
    contredire
    diction

movere (mouvoir) :
    ému
    mobile
    immobile
    meuble
    mobiliser

Distinctions

Les préfixes

Les **préfixes** modifient le sens des mots :

> — Il se baissa rapidement, mais j'avais déjà **pré**venu son mouvement. (**pré-** = avant)
> — Antonio lui répondit que ce serait pour une autre fois, quand elle serait réparée, arrangée comme il **con**venait. (**con-** = avec)

A. *Complétez si nécessaire au moyen d'un des préfixes donnés :*

con-	pré-	sur-
dé-	re-	trans-

1. Mon maître nous_____vint qu'il avait résolu de donner une fête costumée.
2. — Oui, oui, répliqua le commandant, sceptique comme il_____vient à un homme qui prétend connaître les plus belles aventures du monde.
3. Dans un discours fort bien tourné, il_____vint que quelques-uns de ses amis avaient préparé une petite surprise.
4. Il a été question, à un moment, de_____former la rade de Porto-Vecchio en un véritable port de guerre.
5. On décida de se_____former à l'histoire et de guillotiner Marie-Antoinette.
6. Il avait les mains noueuses, toutes_____formées par les rhumatismes.
7. _____veillez à ce que la guillotine soit réparée pour la fête.
8. Depuis ce jour-là, Antonio_____veilla sa femme sans qu'elle s'en aperçût.
9. En_____prenant la flamme qui consumait l'imprudent garçon, je ne pouvais m'empêcher de regarder du côté d'Antonio.
10. Pour certains condamnés, il a fallu s'y_____prendre à cinq fois.

Ne... guère / à peine

> — On **n'a guère** l'occasion de visiter cette petite cité.
> — J'ai **à peine** eu le temps de finir.
> — Il y avait **à peine** de quoi boire.

ne... guère = pas beaucoup, pas très, pas souvent
à peine = tout juste, presque pas

> REMARQUE : **à peine** en début de phrase entraîne l'inversion du sujet :
> > — **À peine avait-elle** mis la tête dans l'ouverture que son visage exprima une terreur indicible.

B. *Complétez les phrases suivantes avec **ne... guère** ou **à peine** :*

1. On_____avait_____envie de rire, je vous assure !
2. Je_____me doutais_____de ce qui allait suivre.
3. Il_____avait_____fini de réparer la guillotine qu'il invita tous ses amis pour la leur faire voir.
4. Vous partez déjà ? Mais vous_____venez_____d'arriver !
5. C'était une grande maison, mais il_____y avait_____de(s) meubles.
6. Dépêche-toi, je_____ai_____le temps d'attendre.
7. Nous_____avons eu_____le temps de finir la réparation.
8. _____arrivé, il songe déjà partir.

À ce moment / en ce moment

— Que faites-vous **en ce moment** ?

— **À ce moment**, tous les rires s'étaient tus…

en ce moment = maintenant, au moment présent
à ce moment (-là) = alors, à un moment précis du passé ou du futur.

ATTENTION : s'il s'agit d'une période et non d'un moment précis, on dira : **à cette époque**

C. *Complétez les phrases suivantes :*

1. _____, le couple disparut.
2. — Oui, dit le commandant. La *vendetta* est toujours en honneur_____.
3. _____, nous vîmes sa physionomie changer brusquement et exprimer une terreur indicible.
4. _____, Antonio était maire d'Ajaccio.
5. _____, il n'y a guère de touristes en Corse.

Les homophones

Les homophones sont des mots qui se prononcent de la même façon, mais dont l'orthographe (et le sens) diffèrent.

D. *Complétez les phrases suivantes au moyen d'un des mots donnés, et cherchez le sens des autres mots :*

1. Sans doute nourrissait-il un abominable_____. (dessein, dessin)
2. Dans un discours fort bien tourné, ma_____, il prévint qu'il avait préparé une surprise. (foi, foie, fois)
3. Les doigts s'étant reposés, bousculèrent le carton à_____, tirèrent de dessous des feuilles blanches… (dessein, dessin)
4. Le jeu de_____se jouait avec un_____qu'on se renvoyait de part et d'autre d'un filet. (paume, pomme) (bal, balle)
5. Je n'oublierai jamais la_____avec laquelle ses épaules un peu _____sortaient de son fichu croisé sur sa poitrine. (grâce, grasse)
6. Il énuméra tous les nobles_____qui étaient tombés sous le_____de la guillotine. (cou, coup)
7. Êtes-vous bien_____qu'elle est encore vivante ? (sur, sûr)
8. Sur la manche, il y avait des_____de sang. (tache, tâche)

Parce que / à cause de

— Giuseppe était malheureux **parce qu'**il aimait sa cousine.

— Giuseppe était malheureux **à cause de** son amour.

parce que + **proposition**
à cause de + **nom**

E. *Refaites les phrases suivantes en employant à cause de :*

1. Elle était malheureuse qu'il ne soit pas maire parce qu'elle était ambitieuse.
2. Tout le monde l'aimait parce qu'il était bon.
3. Leur liste a été battue ; c'est cette histoire de guillotine !
4. S'ils ont peur, c'est parce qu'ils croient à la légende.
5. Elle porte un ruban autour du cou parce qu'elle a une cicatrice.

Parce que / puisque

— Ils ne restent pas longtemps **parce qu'**ils ne sont pas bien avec le maire actuel.

— Tout de même, lui dis-je, Angeluccia n'était pas morte, **puisque** je l'ai revue vivante.

parce que   exprime la cause

puisque { présente la cause comme étant logique et incontestable

introduit une justification

REMARQUE : **Puisque** peut se placer en tête de phrase.

Parce que ne le peut pas :

— **Puisqu'**ils sont fâchés, on ne les a pas invités.

— On ne les a pas invités, **puisqu'**ils sont fâchés !

— On ne les a pas invités **parce qu'**ils sont fâchés.

F.   *Reliez les phrases données en employant* **parce que** *ou* **puisque** :

1. Elle ne peut pas être vivante ; on l'a guillotinée.
2. Elle ne peut pas ôter le ruban ; sa tête tomberait.
3. C'est vrai ; nous l'avons tous vu.
4. Giuseppe était toujours un peu mélancolique ; il aimait sa cousine.
5. Nous avons la chance de posséder une guillotine ; nous allons l'essayer.
6. Je sais bien qu'elle est morte le jour où on a touché à son collier ; c'est moi qui le lui ai détaché.
8. Je n'avais pas vu la flaque de sang ; il faisait trop sombre.
9. Elle veut cacher la cicatrice ; elle porte toujours son collier de velours.
10. Le ministre de la Marine faisait un voyage d'études en Corse ; il était question de créer dans l'île des postes de défense mobile.

N'importe quel / quelconque

N'importe quel, adjectif, (**n'importe lequel**, pronom) indique que la détermination est indifférente au locuteur. Il se place avant le nom :

— Venez **n'importe quel** jour. (le choix, la détermination du jour n'a pas d'importance)

— **N'importe quelle** autre femme aurait eu plus d'honnêteté. (toutes les femmes, sans discrimination)

Quelconque* marque l'indétermination absolue :

— Je sortis sous un prétexte **quelconque**. (indéterminé)

*par extension de sens, **quelconque** est aussi qualificatif, et indique la médiocrité :

— C'est une histoire très **quelconque**. (banale, sans valeur)

G.   *Complétez les phrases suivantes en apposant* **n'importe quel (quels, quelle, quelles)** *ou* **quelconque** *au nom donné entre parenthèses :*

1. Peter épluche les affaires de sa femme dans l'espoir d'y trouver_____. (indice)
2. _____aurait eu des soupçons. (mari)
3. Il y avait, ce soir-là,_____à la mairie. (réception)
4. Il s'était réfugié dans_____, où il vivait comme une bête sauvage. (grotte)
5. Je croyais la Corse aussi civilisée que_____de la métropole. (département)

6. J'habitais_____qui entretenait outre des étudiants, des blattes et des rats. (pension)
7. Pourquoi moi ? Il aurait pu jeter le manteau à_____. (passant)
8. Il était capable de naturaliser_____. (oiseaux)

Raconter / dire

— **Racontez** toujours, nous n'avons rien de mieux à faire.
— Il est mort, monsieur... Ou, du moins, on le **dit**.

raconter : une histoire, une aventure, un voyage... (faire le récit)
dire : quelque chose (l'exprimer)

— Je vais vous **dire** ce qui s'est passé. (brièvement, pour vous informer)
— Je vais vous **raconter** ce qui s'est passé. (vous en faire le récit détaillé)

H. *Traduisez les phrases suivantes :*
1. The mayor is telling the story to the minister.
2. She told them that she was married.
3. He told them, with very convincing details, how and by whom he had been killed, and showed them the exact spot.
4. Tell me what you think of this story.

Constructions

En avec les expressions quantitatives

— Vous dites que toutes les histoires de *vendettas* corses se ressemblent ! ... J'**en** connais **une**, moi,...

L'emploi du pronom **en** est obligatoire avec une expression quantitative (**un, deux, beaucoup, quelques-uns, plusieurs**, etc.) lorsque le nom n'est pas exprimé.

ATTENTION à la différence entre :
— J'**en** connais **une**, et
— J'**en** connais (plusieurs, quantité indéterminée)

A. *Répondez aux questions suivantes en variant l'expression quantitative :*
1. Connaissez-vous des histoires corses ?
2. La ville de Bonifacio voulait-elle obtenir un poste de défense mobile ?
3. Combien de maris Angeluccia a-t-elle eus ?
4. Combien d'années y a-t-il qu'Antonio a disparu ?
5. Y avait-il beaucoup d'invités le soir de la fête ?
6. Angeluccia portait-elle toujours un collier de velours ?

Dont, duquel

— Elle était assise dans un grand fauteuil Voltaire **dont** le dossier était très haut. (dont = du fauteuil)
— Elle était assise dans un grand fauteuil Voltaire sur le dossier **duquel** reposait sa tête. (duquel = du fauteuil)

On emploie **duquel, de laquelle**, etc. (**duquel**, etc. ou **de qui** pour des personnes) et non pas **dont** lorsqu'il y a dans la relative, un complément introduit par une préposition (ici : **sur** le dossier).

B. *Refaites les phrases suivantes en reliant les deux propositions par* **dont** *ou* **duquel, de laquelle, etc.** :

1. Je lui demanderai de retirer le collier ; elle cache sa cicatrice sous le velours de ce collier.
2. Vous m'avez parlé de la guillotine ; j'aimerais la voir.
3. Il ne pouvait se passer de Giuseppe ; il connaissait son habileté.
4. Antonio laissa tomber par mégarde sa serviette ; je me trouvais à côté de lui.
5. Je regardai le panier ; une petite pancarte était attachée au fond.
6. À qui appartenait le manteau ? J'avais trouvé les doigts dans sa poche.
7. Ce sont des gens fiers ; on ne plaisante pas sur leur honneur.
8. Je regardai dans le panier ; Antonio en avait relevé le couvercle.
9. Je vis apparaître une très belle femme ; sur son cou se découpait une large marge noire.
10. Il adorait sa jeune femme ; il n'avait aucun doute sur sa fidélité.
11. Je lui offris des cigares ; on m'en avait fait cadeau.
12. Il avait un beau fusil ; la crosse sculptée portait autant de crans qu'il avait fait de victimes.

Le premier, le seul à + infinitif

— Elle fut la première **à demander** à être habillée en Marie-Antoinette (elle fut la première **qui demanda**…).
— Je suis le seul **à l'avoir vu** (il n'y a que moi qui **l'aie vu**).

C. *Refaites les phrases suivantes en imitant la construction ci-dessus :*

1. Angeluccia était la seule qui trouve cela drôle.
2. Je suis le dernier qui l'aie vue vivante.
3. Je crus être le seul qui m'en sois aperçu.
4. Antonio était le seul qui sache que le couteau n'était pas en carton.
5. Elle avait compris la première qu'elle allait mourir.
6. Seul, Giuseppe n'avait rien vu.
7. Nous étions plusieurs qui nous doutions qu'Antonio n'était pas mort.
8. Je partis le dernier.

Si, si... que

Si (comme **tellement**) s'emploie pour marquer l'intensité dans une exclamation :
— Elle est **si** pâle ! (Comme elle est pâle !)

ou si l'intensité présente une nuance de comparaison plus ou moins explicite :
— Je regrette de voir certains de mes compatriotes encore **si** sauvages (autant que ça).

Si... que (**tellement... que**) marque un degré d'intensité qui amène une conséquence (voir p. 189) :
— … une admirable tête d'une régularité de lignes hellénique, mais **si** pâle, **si** pâle **qu'**on eût pu la croire vidée de tout son sang.

D. *Refaites les phrases suivantes en employant **si** ou **si... que** toutes les fois que c'est possible :*

1. Sa tête était très pâle ; on eût dit le fantôme orgueilleux d'une reine défunte et martyre.
2. Ils ne pouvaient pas dormir parce qu'ils étaient très fatigués.
3. Nous nous sommes arrêtés car il était très tard.
4. Les femmes corses sont très belles !
5. Je l'aimais, parce qu'il avait été très bon pour moi.
6. Je n'aurais jamais cru qu'elle pût être dissimulée à ce point.

De (telle) sorte que + indicatif ou subjonctif

— Nous couchâmes Marie-Antoinette-Angeluccia sur la bascule **de sorte que** le couteau de carton **puisse** tomber sur son cou.
— Le cou d'Angeluccia était trop engagé dans la lunette, **de telle sorte qu'**elle **a été frappée** maladroitement à la naissance des épaules.

$$\text{de (telle) sorte que} \quad \begin{array}{l} \text{+ subjonctif} \longrightarrow \textbf{but} \\ \text{+ indicatif} \longrightarrow \textbf{conséquence} \end{array}$$

E. *Mettez les verbes donnés à l'indicatif ou au subjonctif selon le sens :*

1. Je me dis que ma tête était placée de telle sorte qu'il_____impossible à Antonio d'apercevoir ce que j'avais vu. (être)
2. Nous essayons de retaper la guillotine de sorte qu'elle_____être montrée le jour de la fête. (pouvoir)
3. Giuseppe la dévorait des yeux, de telle sorte que tout le monde_____qu'il était amoureux de sa cousine. (savoir)
4. Antonio avait caché un couperet sous le carton de sorte que sa femme_____ véritablement_____. (être guillotiné)
5. Il avait replacé la tête sur les épaules de sorte que le crime ne_____que lorsqu'il serait loin. (être découvert)
6. On ne les a jamais plus revus, de sorte qu'on les_____morts tous les deux. (croire)
7. Il était devenu très pâle, de sorte que je_____qu'il allait se trouver mal. (croire)
8. Je me retournai comme un fou pour arrêter Giuseppe, de sorte qu'il ne_____pas actionner le mécanisme. (faire)
9. Antonio avait placé la pancarte de telle sorte qu'Angeluccia la_____juste avant de mourir. (voir)
10. On le croyait mort, de sorte qu'elle_____Giuseppe. (épouser)

Indicatif ou subjonctif dans l'interrogation et la négation

À la forme **interrogative** ou **négative**, les verbes qui expriment une **opinion** (penser, croire, trouver, etc.) sont suivis :

i) du **subjonctif** (présent ou passé) pour exprimer l'incertitude
ii) de l'**indicatif** (plus rare) pour insister sur la réalité du fait

— Croyez-vous qu'un tel crime **soit** possible ? (élément de doute)
— Croyez-vous qu'il **a eu** raison de se venger ? (doute moins évident)

— Je ne crois pas qu'un tel crime **soit** possible.
— Je ne crois pas qu'il **reviendra**.

REMARQUES : a) Une question négative suggère que l'opinion du locuteur ne comporte pas de doute. On emploie donc plutôt l'**indicatif** :
— Croyez-vous qu'un tel crime **soit** possible ? (moi, j'en doute)
— Ne crois-tu pas qu'un tel crime **est** possible ? (moi, je le crois)

b) Lorsqu'il s'agit d'un procès passé demandant l'imparfait ou le plus-que-parfait (descriptif, duratif, itératif, etc.), on emploie l'**indicatif** :
— Crois-tu qu'il **savait** que sa femme le trompait ?

c) S'il s'agit d'un fait éventuel, hypothétique, on emploie le **conditionnel** :
— Je ne crois pas qu'elle l'**aurait trompé** si elle avait su qu'il la tuerait.

d) Dans la langue parlée ou plus familière, lorsque la question n'est pas formulée à l'aide de l'inversion verbe-sujet, on n'emploie pas le subjonctif :
— Est-ce que vous croyez qu'il **est** déjà arrivé ?
— Vous croyez qu'il **est** déjà arrivé ?

Le doute se traduit également par le subjonctif dans les phrases du type :
— Je cherche un restaurant qui **soit** bon et pas cher. (je ne sais pas s'il en existe un)

alors que dans la phrase :
— Je cherche un restaurant qui **est** bon et pas cher. (l'existence du restaurant n'est pas mise en doute)

F. *Mettez les verbes au temps et au mode voulus :*

1. Crois-tu que nous_____(arriver) à temps pour voir le début du film ?
2. Pensez-vous qu'il_____(falloir) étudier ce chapitre ? Nous n'avons pas encore fini le dernier !
3. Est-ce que tu crois qu'il_____(venir) avant la nuit ?
4. Je ne pensais point qu'il_____(avoir) l'audace de tenter une pareille aventure.
5. Ne trouvez-vous pas que c'_____(être) assez d'horreurs pour aujourd'hui ?
6. Je ne crois pas qu'il lui_____(être) possible de voir la pancarte.
7. Tu ne crois pas qu'ils_____(être) un peu chers ?
8. Y a-t-il des personnages qui_____(faire) allusion, non à une vie antérieure, mais à une période d'« entre deux vies » ?
9. Je préférerais une histoire qui_____(être) moins épouvantable.
10. Je cherche l'antiquaire qui_____(vendre) des bibelots de l'époque révolutionnaire.
11. Il ne trouvait pas que sa femme_____(avoir) l'air bizarre ?
12. Connais-tu quelqu'un qui_____(savoir) naturaliser les oiseaux ?
13. Pensez-vous qu'il_____(s'enfuir) pour échapper à la police ?
14. Je ne savais pas que Giuseppe_____(vouloir) épouser sa cousine.
15. Je ne voulais pas qu'Antonio_____(s'apercevoir) de mon émoi.

Langue et style

La proposition impersonnelle

Dans la proposition impersonnelle, le verbe a pour sujet apparent le pronom neutre **il** (parfois **ce**) et le véritable sujet est rejeté après le verbe :

— **Il** se passe **des choses** dans la bibliothèque. (sujet réel : des choses)
— **Il** est impossible **qu'elle soit morte**. (sujet réel : qu'elle soit morte)

Dans les verbes exprimant un phénomène atmosphérique : **il pleut, il neige, il fait froid**, etc... le pronom **il** ne représente pas de sujet qui fait ou subit l'action exprimée par le verbe.

A. *Dans les phrases suivantes, soulignez les sujets réels :*

Ex. : Il se passe des choses dans la bibliothèque.
1. Il se fit soudain une transformation effroyable sur son visage.
2. Se pouvait-il qu'elle eût été guillotinée ?
3. Il est extraordinaire qu'elle ait disparu sans laisser de traces.
4. Il arrive souvent que les Corses aient un air de famille avec le grand Empereur.
5. Il n'est pas facile de croire ce qu'elle raconte.
6. Vous savez qu'il a été décidé de transformer la rade en un véritable port de guerre.
7. Il me paraissait impossible qu'il en existât de plus belles.
8. Il ne fallut rien moins pour ramener la gaîté que la vision assez curieuse de la figure amusée d'Angeluccia.
9. Or il arriva qu'aux élections municipales, Giuseppe passa avec sa liste.
10. Il ne me manquait rien chez mon ami.
11. Il ne se passait pas de jour qu'il n'allât entendre son récital.
12. Il en manque un.

B. *Refaites les phrases suivantes en employant une construction impersonnelle :*

1. Ce jour-là, un accident incompréhensible s'était produit.
2. Un soir, alors qu'il rentrait chez lui, une aventure extraordinaire lui arriva.
3. Vivre avec ce secret me devenait de plus en plus difficile.
4. Quelques mois s'étaient écoulés depuis cet incident.
5. Les voix me semblaient furieuses.
6. Quelque chose de bizarre s'était passé.
7. Personne n'est venu.
8. Une conjugaison impersonnelle existe.
9. Antonio avait probablement mal calculé son affaire.
10. Un grand silence s'était fait.

ATTENTION aux deux constructions possibles avec les **locutions impersonnelles**
(il est juste, douteux, probable, évident, possible, facile, etc.)

sujet réel $\left\{\begin{array}{l} \text{placé après :} \\ \text{placé avant :} \end{array}\right.$ **Il** est difficile de *plaire à tout le monde.*
Plaire à tout le monde, **c'**est difficile.

C. *Refaites les phrases suivantes en passant d'une construction à l'autre :*
1. Elle n'arrive jamais à l'heure. Ça lui est impossible.
2. Il est triste de rester infirme.
3. Il ne me sera pas possible de passer chez vous.
4. Il faut apposer sa signature au bas de la page. C'est obligatoire.
5. Erika est revenue. C'est probable.
6. Comme il est agréable de flâner dans les rues de Montmartre !

La cause

La cause s'exprime le plus souvent :

i) au moyen d'une **conjonction** (ou locution conjonctive) : comme, parce que, puisque, etc.

ii) au moyen d'un **participe présent** ou **passé**.

> — **Comme** la dame ne répond pas, Ève croit qu'elle ne l'a pas entendue.
> — **Agacé**, Pierre traite le monsieur de vieux jeton.
> — Ève, **se sentant faible**, a voulu s'appuyer à la table.
> — Une erreur **ayant été commise**, ils ont le droit de retourner sur terre.

REMARQUE : La proposition introduite par **comme** se place en début de phrase.

D. *Reprenez les phrases suivantes en exprimant la cause i) au moyen de **comme**, ii) au moyen du **participe présent** ou **passé** (ou d'un **adjectif**), selon le cas :*
1. J'étais de la maison ; j'ai tout vu.
2. Ève bouge la tête ; André remet prestement le flacon dans sa poche.
3. Ils ne restent pas longtemps ; ils ne sont pas bien avec le maire actuel.
4. Ils étaient tous effrayés ; ils baissaient les paupières.
5. Il lui manquait un but, il chercha son inspiration dans la lecture du journal.
6. Le ministre devait traverser toute l'île en chemin de fer ; nous revînmes l'attendre à Ajaccio.
7. Angeluccia était toujours extrêmement pâle ; la pâleur de son beau visage ne me frappa point.
8. Je ne voulais pas avoir de témoins de mon émoi ; je sortis.
9. Il était sûr de sa femme ; il riait de Giuseppe avec elle.
10. La guillotine n'était pas encore présentable ; il ne la vendrait pas.

La conséquence

D'un verbe latin signifiant *suivre, marcher à la suite*, une **conséquence** exprime qu'il s'agit d'un fait dont l'existence est la suite, le résultat naturel et nécessaire d'un autre fait qui en est la cause.

E. *Distinguez dans les phrases suivantes le fait qui constitue la cause et celui qui en est la conséquence :*
1. Elle était tellement pâle qu'on aurait pu la prendre pour un fantôme.
2. Puisqu'elle n'est pas morte, c'est que la guillotine ne fonctionnait pas bien.
3. Elle faisait mille amitiés à son mari ; rien ne laissait soupçonner qu'elle le trompait.
4. Elle avait l'air trop candide pour qu'on puisse la soupçonner de dissimulation.

5. Tout a été si singulier dans cette affaire qu'il faut excuser les contes fantastiques de nos gens de la montagne.

6. Elle ne savait pas nager : elle a coulé presque tout de suite.

F. *Complétez les phrases suivantes en exprimant une conséquence :*

1. C'était tellement épouvantable que

2. Giuseppe était derrière la guillotine :

3. Le dossier était très haut,

4. Ne pouvant se passer de Giuseppe, Antonio

5. Nous avions acquis des objets fort intéressants, donc

Ne explétif

Dans la langue écrite, on trouve souvent un **ne** ayant perdu toute valeur négative, dit **explétif** :

i) dans les subordonnées introduites par **de peur que, à moins que, avant que** :

— Heureusement qu'avec ma petite barque, je pouvais être arrivé chez Giuseppe et Angeluccia **avant qu'**il **n'**eût le temps de tourner le port.

ii) dans les tournures comparatives d'inégalité (avec **meilleur, mieux, moindre, moins, pire, plus, autre, autrement**) :

— La mariée faisait **meilleure** contenance que je **ne** l'aurais espéré.

iii) après les verbes ou expressions de crainte et d'empêchement qui impliquent une idée négative (**craindre, avoir peur, redouter, empêcher, éviter, prendre garde**) :

— On **eut peur** pendant quelque temps qu'il **ne** devînt fou. (on ne voulait pas qu'il devienne fou)

iv) après les verbes ou expressions de doute et de négation employés à la forme négative pour exprimer une idée positive (**douter, nier**) :

— Je **ne doutais pas** qu'elle **ne** soit réparée à temps. (j'étais sûr qu'elle serait réparée à temps)

G. *Refaites les phrases suivantes en employant les mots ou locutions donnés entre parenthèses :*

Ex. : On ne saurait dire à quel point cette toilette simple et modeste lui seyait (plus).
Cette toilette simple et modeste lui seyait plus qu'on ne saurait le dire.

1. On ne s'attendait pas à ce qu'elle fonctionne aussi bien. (mieux)

2. Il ne voulait pas qu'on le reconnût. (craindre)

3. Antonio ne doit pas arriver chez elle. (il faut empêcher que)

4. Dépêchons-nous pour qu'il n'arrive pas avant nous. (de peur que)

5. Je savais qu'elle était la maîtresse de Giuseppe. (douter)

Le mode du verbe après un superlatif, etc.

Dans une subordonnée relative dont l'antécédent est précédé d'un **superlatif** ou de certains termes apparentés au superlatif qui impliquent une idée d'appréciation (**le premier, le dernier, le seul, l'unique**, etc.), on emploie :

le **subjonctif** pour exprimer une opinion subjective ou pour atténuer l'affirmation :

— C'est la plus belle femme que j'**aie** jamais **vue**.

— C'est la seule chose qu'il **puisse** faire.

l'**indicatif** si l'on constate un fait :

— En arrivant à Bonifacio, la première chose que l'on **voit**, c'est l'antique citadelle.

le **conditionnel** si l'on veut exprimer une éventualité :

— Il est le seul qui **pourrait** nous raconter toute l'histoire. (s'il le voulait, si on le lui demandait . . .)

H. *Mettez le verbe donné au temps et au mode voulus :*

1. C'est le dernier film que je_____. (voir)
2. C'est la première chose que je_____quand j'arriverai en Corse. (faire)
3. Angeluccia était une des plus belles femmes que je_____de ma vie. (voir)
4. Antonio avait été nommé maire parce qu'il était considéré comme l'homme le plus raisonnable qui_____. (être)
5. C'est ainsi que je l'accompagnai la dernière fois qu'il_____à Toulon. (aller)
6. La première personne que je_____fut justement Giuseppe qui rentrait chez lui. (rencontrer)

I. *Refaites les phrases suivantes en employant une proposition subordonnée relative :*

Ex. : Je n'avais jamais vu de femme plus pâle.
    C'était la femme la plus pâle que j'aie jamais vue.

1. Lui seul l'a vue avec le médecin qu'il avait fait chercher.
2. Il n'y a pas en Corse de cité plus pittoresque.
3. Je ne connais pas d'histoire plus épouvantable.
4. Je connais la plus belle des deux.
5. Il ne restait qu'un costume, je l'ai pris.
6. J'étais le seul à l'avoir vu, du moins je le croyais.
7. Il n'avait jamais fumé de meilleurs cigares.
8. Elle demanda la première à être habillée en Marie-Antoinette.
9. Cette semaine, il faut étudier le dernier chapitre.
10. Il n'y avait pas de plus belle pièce dans la maison.

Traduction

"You want me to tell you a Corsican story?" said the captain. "Well, I know one, but I must warn you that it is the most horrifying story I have ever heard in my life. It is so frightening that I can hardly keep from shuddering when I remember the details. It was told to me by a master mariner on whose ship I had been invited by a Corsican sailor."

He stopped and looked at us as if he was hoping we would not want to hear the story. But we had nothing better to do, and we were ready to hear any story, terrifying though it might be.

"Well," he said, "since you want me to continue, I shall tell you what happened in Bonifacio, many years ago. But first, you must understand the importance of *vendetta* in Corsica. It is a question of honour. There are families whose members have all been murdered because of this barbaric custom. When a man has avenged the honour of his family, he becomes a brigand. What else can he do?

And yet, the man whose story I am about to tell you was the most peaceful man I have ever known. He was loved by everyone, and so respected that he had been appointed mayor. His wife was beautiful and much younger than he was. She was devoted to him and he adored her. Who would have thought that she would be unfaithful to him and that he would guillotine her?"

Composition

Le résumé

> — le résumé conserve l'essentiel du récit (la suite des actions, des événements). Ce qui n'est pas directement relié à l'action principale n'est pas noté, mais on conserve tout ce qui est nécessaire à l'intelligibilité du récit.
> — réduit à l'indispensable les descriptions et les analyses psychologiques. De brèves notations suffisent à expliquer les actions des personnages.

Rédaction

Résumez l'histoire d'Antonio et d'Angeluccia (300 mots environ). Employez le passé simple.

Après avoir relu le texte, récapitulez les éléments essentiels de l'histoire proprement dite, en réfléchissant aux questions suivantes :

Introduction :
> — De quel genre d'histoire s'agit-il ?
> — Qui sont Antonio et Angeluccia ? Donnez des détails sur eux, leur situation dans la société, etc.
> — Présentez le troisième personnage. Quels sont ses rapports avec les deux héros ? Quelle est la situation au début de l'histoire ?

Étapes du récit :
> — À quelle occasion offre-t-on un dîner à Antonio ? Qu'avait-il rapporté de France ?
> — Que se passe-t-il au cours du dîner ? Que voit Antonio ? Comment se comporte-t-il par la suite ?
> — Qu'organise-t-il pour montrer la guillotine ? Que se passe-t-il pendant la fête ?
> — Qu'arrive-t-il par la suite à Antonio ? Où va-t-il ? Pourquoi ?
> — Que fait Angeluccia ?

Dénouement :
> — Comment l'histoire se termine-t-elle ?

> ATTENTION : Il ne s'agit que de l'histoire proprement dite. Ne mentionnez pas les divers narrateurs.

Chapitre 12

La Vénus d'Ille

Prosper Mérimée

Je descendais le dernier coteau du Canigou°, et, bien que le soleil
fût déjà couché, je distinguais dans la plaine les maisons de la
petite ville d'Ille, vers laquelle je me dirigeais.
« Vous savez, dis-je au Catalan° qui me servait de guide depuis
la veille, vous savez sans doute où demeure M. de Peyrehorade ?
— Si je le sais° ! s'écria-t-il, je connais sa maison comme la
mienne ; et s'il ne faisait pas si noir, je vous la montrerais. C'est
la plus belle d'Ille. Il a de l'argent, oui, M. de Peyrehorade ; et
il marie son fils à plus riche que lui encore.
— Et ce mariage se fera-t-il bientôt ? lui demandai-je.
— Bientôt ! il se peut que déjà les violons soient commandés
pour la noce. Ce soir, peut-être, demain, après-demain, que sais-
je ! C'est à Puygarrig que ça se fera ; car c'est mademoiselle
de Puygarrig que monsieur le fils épouse. Ce sera beau, oui ! »
J'étais recommandé à M. de Peyrehorade par mon ami
M. de P. C'était, m'avait-il dit, un antiquaire fort instruit et d'une
complaisance à toute épreuve. Il se ferait un plaisir de me montrer

toutes les ruines à dix lieues à la ronde°. Or je comptais sur
lui pour visiter les environs d'Ille, que je savais riches en
monuments antiques et du Moyen Âge. Ce mariage, dont on
me parlait alors pour la première fois, dérangeait tous mes plans.
Je vais être un trouble-fête, me dis-je. Mais j'étais attendu ;
annoncé par M. de P., il fallait bien me présenter.

« Gageons°, monsieur, me dit mon guide, comme nous étions
déjà dans la plaine, gageons un cigare que je devine ce que vous
allez faire chez M. de Peyrehorade ?
— Mais, répondis-je en lui tendant un cigare, cela n'est pas
bien difficile à deviner. À l'heure qu'il est, quand on a fait six
lieues dans le Canigou, la grande affaire, c'est de souper.
— Oui, mais demain ? ... Tenez, je parierais que vous venez
à Ille pour voir l'idole ? J'ai deviné cela à vous voir tirer en

portrait° les saints de Serrabona°.
— L'idole ! quelle idole ? » Ce mot avait excité ma curiosité.
« Comment ! on ne vous a pas conté, à Perpignan, comment
M. de Peyrehorade avait trouvé une idole en terre ?
— Vous voulez dire une statue en terre cuite, en argile ?

—Non pas. Oui, bien en cuivre, il y en a de quoi faire des gros sous. Elle vous pèse autant qu'une cloche d'église. C'est bien avant° dans la terre, au pied d'un olivier, que nous l'avons eue.

avant : profond

—Vous étiez donc présent à la découverte ?

—Oui, monsieur. M. de Peyrehorade nous dit, il y a quinze jours, à Jean Coll et à moi, de déraciner un vieil olivier qui était gelé de l'année dernière, car elle a été bien mauvaise, comme vous savez. Voilà donc qu'en travaillant Jean Coll qui y allait de tout cœur, il donne un coup de pioche, et j'entends bimm... comme s'il avait tapé sur une cloche. Qu'est-ce que c'est ? que je dis. Nous piochons toujours, nous piochons, et voilà qu'il paraît une main noire, qui semblait la main d'un mort qui sortait de terre. Moi, la peur me prend. Je m'en vais à monsieur, et je lui dis : — Des morts, notre maître, qui sont sous l'olivier ! Faut appeler le curé. — Quels morts ? qu'il me dit. Il vient, et il n'a pas plus tôt vu la main qu'il s'écrie : — Un antique ! un antique ! — Vous auriez cru qu'il avait trouvé un trésor°. Et le voilà, avec la pioche, avec les mains, qui se démène° et qui faisait quasiment autant d'ouvrage que nous deux.

N'était-ce pas un trésor ? Que montre cette remarque ?
se démener : s'agiter

—Et enfin que trouvâtes-vous ?

—Une grande femme noire plus qu'à moitié nue, révérence parler°, monsieur, toute en cuivre, et M. de Peyrehorade nous a dit que c'était une idole du temps des païens... du temps de Charlemagne, quoi !

révérence parler : sans vouloir [vous] choquer

—Je vois ce que c'est... Quelque bonne Vierge en bronze d'un couvent détruit.

—Une bonne Vierge ! ah bien oui ! ... Je l'aurais bien reconnue, si ç'avait été une bonne Vierge. C'est une idole, vous dis-je ; on le voit bien à son air. Elle vous fixe avec ses grands yeux blancs... On dirait qu'elle vous dévisage. On baisse les yeux, oui, en la regardant.

—Des yeux blancs ? Sans doute ils sont incrustés dans le bronze. Ce sera peut-être quelque statue romaine.

—Romaine ! c'est cela. M. de Peyrehorade dit que c'est une Romaine. Ah ! je vois bien que vous êtes un savant comme lui.

—Est-elle entière, bien conservée ?

—Oh ! monsieur, il ne lui manque rien. C'est encore plus beau et mieux fini que le buste de Louis-Philippe, qui est à la mairie, en plâtre peint. Mais avec tout cela, la figure de cette idole ne me revient pas°. Elle a l'air méchante... et elle l'est aussi.

ne me revient pas : ne m'inspire pas confiance

—Méchante ! Quelle méchanceté vous a-t-elle faite ?

—Pas à moi précisément ; mais vous allez voir. Nous nous étions mis à quatre pour la dresser debout, et M. de Peyrehorade, qui lui aussi tirait à la corde, bien qu'il n'ait guère plus de force qu'un poulet, le digne homme ! Avec bien de la peine nous la

tuileau : morceau de
tuile cassée
caler quelque chose :
glisser quelque chose
dessous pour l'empêcher
de tomber
patatras : onomatopée
exprimant le bruit d'un
corps qui tombe
échalas : piquet de bois
qui sert de support pour
la vigne
pécaïre : le pauvre !
exclamation exprimant
la pitié (employée dans
le Midi de la France)
jeu de paume : ancêtre
du tennis

**faire la partie de
quelqu'un** : jouer avec
lui
deviser : converser

vert : encore vigoureux
dispos : alerte, agile
jovial et goguenard : gai
et un peu moqueur

miliasse : sorte de
gâteau de maïs

difficile : malaisé à
contenter

Terme : divinité romaine
représentant la fixité
(figurée à la limite des
champs)

mettons droite. J'amassais un tuileau° pour la caler°, quand,
patatras° ! la voilà qui tombe à la renverse tout d'une masse.
Je dis : Gare dessous ! Pas assez vite pourtant, car Jean Coll
n'a pas eu le temps de tirer sa jambe…
— Et il a été blessé ?
— Cassée net comme un échalas°, sa pauvre jambe.
Pécaïre° ! quand j'ai vu cela, moi, j'étais furieux. Je voulais
défoncer l'idole à coups de pioche, mais M. de Peyrehorade m'a
retenu. Il a donné de l'argent à Jean Coll, qui tout de même
est encore au lit depuis quinze jours que cela lui est arrivé,
et le médecin dit qu'il ne marchera jamais de cette jambe-là comme
de l'autre. C'est dommage, lui qui était notre meilleur coureur
et, après monsieur le fils, le plus malin joueur de paume°. C'est
que M. Alphonse de Peyrehorade en a été triste, car c'est Coll
qui faisait sa partie°. Voilà qui était beau à voir comme ils se
renvoyaient les balles. Paf ! paf ! Jamais elles ne touchaient terre. »
Devisant° de la sorte, nous entrâmes à Ille, et je me trouvai
bientôt en présence de M. de Peyrehorade. C'était un petit
vieillard vert° encore et dispos°, poudré, le nez rouge, l'air jovial
et goguenard°. Avant d'avoir ouvert la lettre de M. de P., il m'avait
installé devant une table bien servie, et m'avait présenté à sa
femme et à son fils comme un archéologue illustre, qui devait
tirer le Roussillon de l'oubli où le laissait l'indifférence des
savants.

Tout en mangeant de bon appétit, car rien ne dispose mieux
que l'air vif des montagnes, j'examinais mes hôtes. J'ai dit un
mot de M. de Peyrehorade ; je dois ajouter que c'était la vivacité
même. Il parlait, mangeait, se levait, courait à sa bibliothèque,
m'apportait des livres, me montrait des estampes, me versait
à boire ; il n'était jamais deux minutes en repos. Sa femme, un
peu trop grasse, comme la plupart des Catalanes lorsqu'elles
ont passé quarante ans, me parut une provinciale renforcée,
uniquement occupée des soins de son ménage. Bien que le souper
fût suffisant pour six personnes au moins, elle courut à la cuisine,
fit tuer des pigeons, frire des miliasses°, ouvrit je ne sais combien
de pots de confitures. En un instant la table fut encombrée de
plats et de bouteilles, et je serais certainement mort d'indigestion
si j'avais goûté seulement à tout ce qu'on m'offrait. Cependant,
à chaque plat que je refusais, c'étaient de nouvelles excuses.
On craignait que je ne me trouvasse bien mal à Ille. Dans la
province on a si peu de ressources, et les Parisiens sont si
difficiles° !

Au milieu des allées et venues de ses parents, M. Alphonse
de Peyrehorade ne bougeait pas plus qu'un Terme°. C'était un
grand jeune homme de vingt-six ans, d'une physionomie belle
et régulière, mais manquant d'expression. Sa taille et ses formes
athlétiques justifiaient bien la réputation d'infatigable joueur de

paume qu'on lui faisait dans le pays. Il était ce soir-là habillé
avec élégance, exactement d'après la gravure du dernier numéro
du *Journal des modes*. Mais il me semblait gêné dans ses vêtements ;
il était roide° comme un piquet dans son col de velours, et ne
se tournait que tout d'une pièce. Ses mains grosses et hâlées°,
ses ongles courts, contrastaient singulièrement avec son costume.
C'étaient des mains de laboureur° sortant des manches d'un
dandy. D'ailleurs, bien qu'il me considérât de la tête aux pieds
fort curieusement, en ma qualité de Parisien, il ne m'adressa
qu'une seule fois la parole dans toute la soirée, ce fut pour me
demander où j'avais acheté la chaîne de ma montre.

« Ah çà° ! mon cher hôte°, me dit M. de Peyrehorade, le souper
tirant à sa fin°, vous m'appartenez, vous êtes chez moi. Je ne
vous lâche plus, sinon quand vous aurez vu tout ce que nous
avons de curieux dans nos montagnes. Il faut que vous appreniez
à connaître notre Roussillon, et que vous lui rendiez justice.
Vous ne vous doutez pas de tout ce que nous allons vous montrer.
Monuments phéniciens, celtiques, romains, arabes, byzantins,
vous verrez tout, depuis le cèdre jusqu'à l'hysope°. Je vous
mènerai partout et ne vous ferai pas grâce d'une brique.° »

Un accès de toux l'obligea de s'arrêter. J'en profitai pour lui
dire que je serais désolé de le déranger dans une circonstance
aussi intéressante pour sa famille. S'il voulait bien me donner
ses excellents conseils sur les excursions que j'aurais à faire,
je pourrais, sans qu'il prît la peine de m'accompagner...

« Ah ! vous voulez parler du mariage de ce garçon-là, s'écria-
t-il en m'interrompant. Bagatelle° ! ce sera fait après-demain.
Vous ferez la noce° avec nous, en famille, car la future° est
en deuil d'une tante dont elle hérite. Ainsi point de fête, point
de bal... C'est dommage... vous auriez vu danser nos Catalanes... Elles sont jolies, et peut-être l'envie vous aurait-elle pris
d'imiter mon Alphonse. Un mariage, dit-on, en amène d'autres... Samedi, les jeunes gens mariés°, je suis libre, et nous
nous mettons en course. Je vous demande pardon de vous donner
l'ennui d'une noce de province. Pour un Parisien blasé sur les
fêtes... et une noce sans bal encore ! Pourtant, vous verrez une
mariée... une mariée... vous m'en direz des nouvelles°... Mais
vous êtes un homme grave et vous ne regardez plus les femmes.
J'ai mieux que cela à vous montrer. Je vous ferai voir quelque
chose ! ... Je vous réserve une fière° surprise pour demain.

—Mon Dieu ! lui dis-je, il est difficile d'avoir un trésor dans
sa maison sans que le public en soit instruit. Je crois deviner
la surprise que vous me préparez. Mais si c'est de votre statue
qu'il s'agit, la description que mon guide m'en a faite n'a servi
qu'à exciter ma curiosité et à me disposer à l'admiration.

—Ah ! il vous a parlé de l'idole, car c'est ainsi qu'ils appellent
ma belle Vénus Tur... mais je ne veux rien vous dire. Demain,

roide : raide
hâlé : bruni par le soleil

Attention, faux-ami.

Ah çà ! : Eh bien !
(vieilli)
l'hôte : peut être celui
qui reçoit ou celui qui
est reçu
tirer à sa fin : approcher
de la fin

hysope : petit arbrisseau
aromatique des régions
méditérranéennes
**faire grâce à quelqu'un
de quelque chose** : l'en
dispenser

bagatelle : chose sans
importance
noce : mariage et
réjouissances qui
l'accompagnent
future : future femme,
fiancée

*Quel est le sens de cette
proposition participe ?*

**vous m'en direz des
nouvelles** : renforce
l'affirmation. Vous serez
d'accord avec moi
fier : grand, important

au grand jour, vous la verrez, et vous me direz si j'ai raison de la croire un chef-d'œuvre. Parbleu ! vous ne pouviez arriver plus à propos ! Il y a des inscriptions que moi, pauvre ignorant, j'explique à ma manière... mais un savant de Paris ! ... Vous vous moquerez peut-être de mon interprétation... car j'ai fait un mémoire°... moi qui vous parle... vieil antiquaire de province, je me suis lancé... Je veux faire gémir la presse... Si vous vouliez bien me lire et me corriger, je pourrais espérer°... Par exemple, je suis bien curieux de savoir comment vous traduirez cette inscription sur le socle : *CAVE*... Mais je ne veux rien vous demander encore ! À demain, à demain ! Pas un mot sur la Vénus... aujourd'hui !

—Tu as raison, Peyrehorade, dit sa femme, de laisser là ton idole. Tu devrais voir que tu empêches monsieur de manger. Va, monsieur a vu à Paris de bien plus belles statues que la tienne. Aux Tuileries°, il y en a des douzaines, et en bronze aussi.

—Voilà bien l'ignorance, la sainte ignorance de la province ! interrompit M. de Peyrehorade.

Savez-vous que ma femme voulait que je fondisse° ma statue pour en faire une cloche à notre église. C'est qu'elle en eût été la marraine°. Un chef-d'œuvre de Myron°, monsieur !

—Chef-d'œuvre, chef-d'œuvre ! un beau chef-d'œuvre qu'elle a fait ! casser la jambe d'un homme !

—Ma femme, vois-tu ? dit M. de Peyrehorade d'un ton résolu, et tendant vers elle sa jambe droite dans un bas de soie chinée°, si ma Vénus m'avait cassé cette jambe-là, je ne la regretterais pas.

—Bon Dieu ! Peyrehorade, comment peux-tu dire cela ! Heureusement que l'homme va mieux... Et encore je ne peux pas prendre sur moi° de regarder la statue qui fait des malheurs comme celui-là. Pauvre Jean Coll !

Le souper finit. Il y avait une heure que je ne mangeais plus. J'étais fatigué, et je ne pouvais parvenir à cacher les fréquents bâillements qui m'échappaient. Madame de Peyrehorade s'en aperçut la première, et remarqua qu'il était temps d'aller dormir. Alors commencèrent de nouvelles excuses sur le mauvais gîte que j'allais avoir. Je ne serais pas comme à Paris. En province on est si mal ! Il fallait de l'indulgence pour les Roussillonnais. J'avais beau protester qu'après une course dans les montagnes une botte de paille me serait un coucher délicieux, on me priait toujours de pardonner à de pauvres campagnards s'ils ne me traitaient pas aussi bien qu'ils l'eussent désiré. Je montai enfin à la chambre qui m'était destinée, accompagné de M. de Peyrehorade. L'escalier, dont les marches supérieures étaient en bois, aboutissait au milieu d'un corridor, sur lequel donnaient plusieurs chambres.

---

un mémoire : un rapport, un article scientifique
Que montrent ces phrases entrecoupées ?

les Tuileries : ancien palais royal situé à Paris

fondisse : subjonctif imparfait du verbe **fondre**
marraine : la dame qui préside au baptême
Myron : sculpteur grec du Vᵉ siècle

chiné : tissus en fil de différentes couleurs (procédé chinois)

prendre sur soi : se forcer à faire quelque chose.

« À droite, me dit mon hôte, c'est l'appartement que je destine
à la future madame Alphonse. Votre chambre est au bout du
corridor opposé. Vous sentez bien, ajouta-t-il d'un air qu'il
voulait rendre fin°, vous sentez bien qu'il faut isoler de nouveaux
mariés. Vous êtes à un bout de la maison, eux à l'autre. »   5

Nous entrâmes dans une chambre bien meublée, où le premier
objet sur lequel je portai la vue fut un lit long de sept pieds,
large de six, et si haut qu'il fallait un escabeau pour s'y guinder°.
Mon hôte m'ayant indiqué la position de la sonnette, et s'étant
assuré par lui-même que le sucrier était plein, les flacons d'eau   10
de Cologne dûment placés sur la toilette, après m'avoir demandé
plusieurs fois si rien ne me manquait, me souhaita une bonne
nuit et me laissa seul.

Les fenêtres étaient fermées. Avant de me déshabiller, j'en
ouvris une pour respirer l'air frais de la nuit, délicieux après   15
un long souper. En face était le Canigou, d'un aspect admirable
en tout temps, mais qui me parut ce soir-là la plus belle montagne
du monde, éclairé qu'il était° par une lune resplendissante. Je
demeurai quelques minutes à contempler sa silhouette merveilleuse, et j'allais fermer ma fenêtre, lorsque baissant les yeux,   20
j'aperçus la statue sur un piédestal à une vingtaine de toises°
de la maison. Elle était placée à l'angle d'une haie vive qui séparait
un petit jardin d'un vaste carré parfaitement uni, qui, je l'appris
plus tard, était le jeu de paume de la ville. Ce terrain, propriété
de M. de Peyrehorade, avait été cédé par lui à la commune,   25
sur les pressantes sollicitations de son fils.

À la distance où j'étais, il m'était difficile de distinguer l'attitude
de la statue ; je ne pouvais juger que de sa hauteur, qui me
parut de six pieds environ. En ce moment, deux polissons° de
la ville passaient sur le jeu de paume, assez près de la haie,   30
sifflant le joli air du Roussillon : *Montagnes régalades*. Ils s'arrêtèrent
pour regarder la statue ; un d'eux l'apostropha même à haute
voix. Il parlait catalan ; mais j'étais dans le Roussillon depuis
assez longtemps pour pouvoir comprendre à peu près ce qu'il
disait.   35

« Te voilà donc, coquine ! (Le terme catalan était plus éner-
gique.) Te voilà ! disait-il. C'est donc toi qui as cassé la jambe
à Jean Coll ! Si tu étais à moi, je te casserais le cou.

—Bah ! avec quoi ? dit l'autre. Elle est de cuivre, et si dure
qu'Étienne a cassé sa lime dessus, essayant de l'entamer°. C'est   40
du cuivre du temps des païens ; c'est plus dur que je ne sais
quoi.

Si j'avais mon ciseau à froid° (il paraît° que c'était un apprenti
serrurier), je lui ferais bientôt sauter ses grands yeux blancs,
comme je tirerais une amande de sa coquille. Il y a pour plus   45
de cent sous d'argent. »

Ils firent quelques pas en s'éloignant.

à toutes jambes : en courant aussi vite que possible
drôle : mauvais garçon

contrebande : entrée illégale d'un produit (le chocolat payait des droits très élevés ; le meilleur venait d'Espagne)

mourre : ancien jeu dans lequel deux personnes montrent simultanément un nombre de doigts

« Il faut que je souhaite le bonsoir à l'idole, » dit le plus grand des apprentis, s'arrêtant tout à coup.

Il se baissa, et probablement ramassa une pierre. Je le vis déployer le bras, lancer quelque chose, et aussitôt un coup sonore retentit sur le bronze. Au même instant l'apprenti porta la main à sa tête en poussant un cri de douleur.

« Elle me l'a rejetée ! » s'écria-t-il.

Et mes deux polissons prirent la fuite à toutes jambes°. Il était évident que la pierre avait rebondi sur le métal, et avait puni ce drôle° de l'outrage qu'il faisait à la déesse.

Je fermai la fenêtre en riant de bon cœur.

« Encore un Vandale puni par Vénus ! Puissent tous les destructeurs de nos vieux monuments avoir ainsi la tête cassée ! » Sur ce souhait charitable, je m'endormis.

Il était grand jour quand je me réveillai. Auprès de mon lit étaient, d'un côté, M. de Peyrehorade, en robe de chambre ; de l'autre, un domestique envoyé par sa femme, une tasse de chocolat à la main.

« Allons, debout, Parisien ! Voilà bien mes paresseux de la capitale ! disait mon hôte pendant que je m'habillais à la hâte. Il est huit heures, et encore au lit ! Je suis levé, moi, depuis six heures. Voilà trois fois que je monte ; je me suis approché de votre porte sur la pointe du pied : personne, nul signe de vie. Cela vous fera mal de trop dormir à votre âge. Et ma Vénus que vous n'avez pas encore vue ! Allons, prenez-moi vite cette tasse de chocolat de Barcelone... Vraie contrebande°... Du chocolat comme on n'en a pas à Paris. Prenez des forces, car lorsque vous serez devant ma Vénus, on ne pourra plus vous en arracher. »

En cinq minutes je fus prêt, c'est-à-dire à moitié rasé, mal boutonné, et brûlé par le chocolat que j'avalai bouillant. Je descendis dans le jardin, et me trouvai devant une admirable statue.

C'était bien une Vénus, et d'une merveilleuse beauté. Elle avait le haut du corps nu, comme les anciens représentaient d'ordinaire les grandes divinités ; la main droite, levée à la hauteur du sein, était tournée, la paume en dedans, le pouce et les deux premiers doigts étendus, les deux autres légèrement ployés. L'autre main, rapprochée de la hanche, soutenait la draperie qui couvrait la partie inférieure du corps. L'attitude de cette statue rappelait celle du Joueur de mourre° qu'on désigne, je ne sais trop pourquoi, sous le nom de Germanicus. Peut-être avait-on voulu représenter la déesse jouant au jeu de mourre.

Quoi qu'il en soit, il est impossible de voir quelque chose de plus parfait que le corps de cette Vénus ; rien de plus suave, de plus voluptueux que ses contours ; rien de plus élégant et de plus noble que sa draperie. Je m'attendais à quelque ouvrage du Bas-Empire° ; je voyais un chef-d'œuvre du meilleur temps de la statuaire. Ce qui me frappait surtout, c'était l'exquise vérité des formes, en sorte qu'on aurait pu les croire moulées sur nature, si la nature produisait d'aussi parfaits modèles.

La chevelure, relevée sur le front, paraissait avoir été dorée autrefois. La tête, petite comme celle de presque toutes les statues grecques, était légèrement inclinée en avant. Quant à la figure, jamais je ne parviendrai à exprimer son caractère étrange, et dont le type ne se rapprochait de celui d'aucune statue antique dont il me souvienne. Ce n'était point cette beauté calme et sévère des sculpteurs grecs, qui, par système, donnaient à tous les traits une majestueuse immobilité. Ici, au contraire, j'observais avec surprise l'intention marquée de l'artiste de rendre la malice arrivant jusqu'à la méchanceté. Tous les traits étaient contractés légèrement : les yeux un peu obliques, la bouche relevée des coins, les narines quelque peu gonflées. Dédain, ironie, cruauté, se lisaient sur ce visage d'une incroyable beauté cependant. En vérité, plus on regardait cette admirable statue, et plus on éprouvait le sentiment pénible qu'une si merveilleuse beauté pût s'allier à l'absence de toute sensibilité.

« Si le modèle a jamais existé, dis-je à M. de Peyrehorade, et je doute que le ciel ait jamais produit une telle femme, que je plains ses amants ! Elle a dû se complaire à les faire mourir de désespoir. Il y a dans son expression quelque chose de féroce, et pourtant je n'ai jamais vu rien de si beau.

—C'est Vénus tout entière à sa proie attachée° ! » s'écria M. de Peyrehorade, satisfait de mon enthousiasme.

Cette expression d'ironie infernale était augmentée peut-être par le contraste de ses yeux incrustés d'argent et très brillants avec la patine° d'un vert noirâtre que le temps avait donnée à toute la statue. Ces yeux brillants produisaient une certaine illusion qui rappelait la réalité, la vie. Je me souvins de ce que m'avait dit mon guide, qu'elle faisait baisser les yeux à ceux qui la regardaient. Cela était presque vrai, et je ne pus me défendre d'un mouvement de colère contre moi-même en me sentant un peu mal à mon aise devant cette figure de bronze.

« Maintenant que vous avez tout admiré en détail, mon cher collègue en antiquaillerie°, dit mon hôte, ouvrons, s'il vous plaît, une conférence scientifique. Que dites-vous de cette inscription, à laquelle vous n'avez point pris garde encore ? »

Il me montrait le socle° de la statue, et j'y lus ces mots :

CAVE AMANTEM

« Quid dicis, doctissime° ? me demanda-t-il en se frottant les mains. Voyons si nous nous rencontrerons sur le sens de ce cave amantem !

—Mais, répondis-je, il y a deux sens. On peut traduire : « Prends garde à celui qui t'aime, défie-toi des amants. » Mais, dans ce sens, je ne sais si cave amantem serait d'une bonne latinité.

Bas-Empire : période de décadence de l'Empire romain

vers de Racine (*Phèdre*, I, iii, 306)

patine : aspect luisant que donne le temps aux objets

-aille(rie) : suffixe péjoratif *Qu'indique-t-il ici ?*

socle : base sur laquelle repose une statue, une colonne, etc.
Pourquoi se met-il à parler latin ? : (Que dites-vous, homme très savant ?)

En voyant l'expression diabolique de la dame, je croirais plutôt que l'artiste a voulu mettre en garde le spectateur contre cette terrible beauté. Je traduirais donc : « Prends garde à toi si *elle* t'aime. »

—Humph ! dit M. de Peyrehorade, oui, c'est un sens admirable ; mais, ne vous en déplaise, je préfère la première traduction, que je développerai pourtant. Vous connaissez l'amant de Vénus ?

—Il y en a plusieurs.

Vulcain : dieu du feu

—Oui, mais le premier, c'est Vulcain°. N'a-t-on pas voulu dire : « Malgré toute ta beauté, ton air dédaigneux, tu auras un forgeron, un vilain boiteux pour amant ? » Leçon profonde, monsieur, pour les coquettes ! »

Je ne pus m'empêcher de sourire, tant l'explication me parut

tiré par les cheveux : peu logique

tirée par les cheveux°.

« C'est une terrible langue que le latin avec sa concision, observai-je pour éviter de contredire formellement mon antiquaire », et je reculai de quelques pas afin de mieux contempler la statue...

manger comme quatre : beaucoup manger

La cloche du déjeuner interrompit cet entretien classique, et, de même que la veille, je fus obligé de manger comme quatre°. Puis vinrent des fermiers de M. de Peyrehorade ; et pendant qu'il leur donnait audience, son fils me mena voir une calèche qu'il avait achetée à Toulouse pour sa fiancée, et que j'admirai, cela va sans dire. Ensuite j'entrai avec lui dans l'écurie, où il me tint une demi-heure à me vanter ses chevaux, à me faire leur généalogie, à me conter les prix qu'ils avaient gagnés aux courses du département. Enfin il en vint à me parler de sa future, par la transition d'une jument grise qu'il lui destinait.

« Nous la verrons aujourd'hui, dit-il. Je ne sais si vous la trouverez jolie. Vous êtes difficiles, à Paris ; mais tout le monde, ici et à Perpignan, la trouve charmante. Le bon, c'est qu'elle

bien : fortune

est fort riche. Sa tante de Prades lui a laissé son bien°. Oh ! je vais être fort heureux. »

Je fus profondément choqué de voir un jeune homme paraître plus touché de la dot que des beaux yeux de sa future.

se connaître (ou s'y connaître) en quelque chose : être très compétent en cela

« Vous vous connaissez en° bijoux, poursuivit M. Alphonse, comment trouvez-vous ceci ? Voici l'anneau que je lui donnerai demain. »

En parlant ainsi, il tirait de la première phalange de son petit doigt une grosse bague enrichie de diamants, et formée de deux mains entrelacées ; allusion qui me parut infiniment poétique. Le travail en était ancien, mais je jugeai qu'on l'avait retouchée pour enchâsser les diamants. Dans l'intérieur de la bague se lisaient ces mots en lettres gothiques : *Sempr' ab ti,* c'est-à-dire toujours avec toi.

« C'est une jolie bague, lui dis-je ; mais ces diamants ajoutés lui ont fait perdre un peu de son caractère.

—Oh ! elle est bien plus belle comme cela, répondit-il en souriant. Il y a là pour douze cents francs de diamants. C'est ma mère qui me l'a donnée. C'était une bague de famille, très ancienne... du temps de la chevalerie. Elle avait servi à ma grand-mère, qui la tenait de la sienne. Dieu sait quand cela a été fait.

—L'usage à Paris, lui dis-je, est de donner un anneau tout simple, ordinairement composé de deux métaux différents, comme de l'or et du platine. Tenez, cette autre bague, que vous avez à ce doigt, serait fort convenable. Celle-ci, avec ses diamants et ses mains en relief, est si grosse, qu'on ne pourrait mettre un gant par-dessus.

—Oh ! madame Alphonse° s'arrangera comme elle voudra. Je crois qu'elle sera toujours bien contente de l'avoir. Douze cents francs au doigt, c'est agréable. Cette petite bague-là, ajouta-t-il en regardant d'un air de satisfaction l'anneau tout uni qu'il portait à la main, celle-là, c'est une femme à Paris qui me l'a donnée un jour de mardi gras°. Ah ! comme je m'en suis donné° quand j'étais à Paris, il y a deux ans ! C'est là qu'on s'amuse ! ... » Et il soupira de regret.

Nous devions dîner ce jour-là à Puygarrig, chez les parents de la future ; nous montâmes en calèche°, et nous nous rendîmes au château, éloigné d'Ille d'environ une lieue et demie. Je fus présenté et accueilli comme l'ami de la famille. Je ne parlerai pas du dîner ni de la conversation qui s'ensuivit, et à laquelle je pris peu de part. M. Alphonse, placé à côté de sa future, lui disait un mot à l'oreille tous les quarts d'heure. Pour elle, elle ne levait guère les yeux, et, chaque fois que son prétendu° lui parlait, elle rougissait avec modestie, mais lui répondait sans embarras.

Mademoiselle de Puygarrig avait dix-huit ans ; sa taille souple et délicate contrastait avec les formes osseuses de son robuste fiancé. Elle était non seulement belle, mais séduisante. J'admirais le naturel parfait de toutes ses réponses ; et son air de bonté, qui pourtant n'était pas exempt d'une légère teinte de malice, me rappela, malgré moi, la Vénus de mon hôte. Dans cette comparaison que je fis en moi-même, je me demandais si la supériorité de beauté qu'il fallait bien accorder à la statue ne tenait pas, en grande partie, à son expression de tigresse ; car l'énergie, même dans les mauvaises passions, excite toujours en nous un étonnement et une espèce d'admiration involontaire.

« Quel dommage, me dis-je en quittant Puygarrig, qu'une si aimable personne soit riche, et que sa dot la fasse rechercher par un homme indigne d'elle ! »

madame suivi du **prénom** du mari s'emploie parfois pour distinguer les épouses de plusieurs frères ou la belle-fille de la belle-mère
mardi gras : dernier jour du carnaval
s'en donner : s'amuser

calèche : voiture légère à cheval

prétendu : fiancé

esprit fort : personne qui ne se soumet pas aux croyances ni aux superstitions

d'honneur : ou **parole d'honneur**, formule par laquelle on atteste la vérité de ce qu'on dit

En France, seul le mariage civil est légal. Tout le monde se marie donc à la mairie, et, si l'on veut, à l'église également.

songer à : s'occuper de

ciselé : minutieusement travaillé, sculpté

En revenant à Ille, et ne sachant trop que dire à madame de Peyrehorade, à qui je croyais convenable d'adresser quelquefois la parole :

« Vous êtes bien esprits forts° en Roussillon ! m'écriai-je ; comment, madame, vous faites un mariage un vendredi°. À Paris nous aurions plus de superstition ; personne n'oserait prendre femme un tel jour.

— Mon Dieu ! ne m'en parlez pas, me dit-elle, si cela n'avait dépendu que de moi, certes on eût choisi un autre jour. Mais Peyrehorade l'a voulu, et il a fallu lui céder. Cela me fait de la peine pourtant. S'il arrivait quelque malheur ? il faut bien qu'il y ait une raison, car enfin pourquoi tout le monde a-t-il peur du vendredi ?

— Vendredi ! s'écria son mari, c'est le jour de Vénus ! Bon jour pour un mariage ! Vous le voyez, mon cher collègue, je ne pense qu'à ma Vénus. D'honneur° ! c'est à cause d'elle que j'ai choisi le vendredi. Demain, si vous voulez, avant la noce, nous lui ferons un petit sacrifice ; nous sacrifierons deux palombes, et si je savais où trouver de l'encens…

— Fi donc, Peyrehorade ! interrompit sa femme scandalisée au dernier point. Encenser une idole ! Ce serait une abomination ! Que dirait-on de nous dans le pays ? … »

Les arrangements du lendemain furent réglés de la manière suivante. Tout le monde devait être prêt et en toilette à dix heures précises. Le chocolat pris, on se rendrait en voiture à Puygarrig. Le mariage civil devait se faire à la mairie du village, et la cérémonie religieuse dans la chapelle du château°. Viendrait ensuite un déjeuner. Après le déjeuner on passerait le temps comme l'on pourrait jusqu'à sept heures. À sept heures, on retournerait à Ille, chez M. de Peyrehorade, où devaient souper les deux familles réunies. Le reste s'ensuit naturellement. Ne pouvant danser, on avait voulu manger le plus possible.

Dès huit heures j'étais assis devant la Vénus, un crayon à la main, recommençant pour la vingtième fois la tête de la statue, sans pouvoir parvenir à en saisir l'expression. M. de Peyrehorade allait et venait autour de moi, me donnait des conseils, me répétait ses étymologies phéniciennes ; puis disposait des roses du Bengale sur le piédestal de la statue, et d'un ton tragi-comique lui adressait des vœux pour le couple qui allait vivre sous son toit. Vers neuf heures il rentra pour songer à° sa toilette, et en même temps parut M. Alphonse, bien serré dans un habit neuf, en gants blancs, souliers vernis, boutons ciselés°, une rose à la boutonnière.

« Vous ferez le portrait de ma femme ? me dit-il en se penchant sur mon dessin. Elle est jolie aussi. »

En ce moment commençait sur le jeu de paume dont j'ai parlé, une partie qui, sur-le-champ, attira l'attention de M. Alphonse.

Et moi, fatigué, et désespérant de rendre° cette diabolique figure, je quittai bientôt mon dessin pour regarder les joueurs. Il y avait parmi eux quelques muletiers° espagnols arrivés de la veille. C'étaient des Aragonais et des Navarrois°, presque tous d'une adresse merveilleuse. Aussi les Illois, bien qu'encouragés par la présence et les conseils de M. Alphonse, furent-ils assez promptement battus par ces nouveaux champions. Les spectateurs nationaux étaient consternés. M. Alphonse regarda à sa montre. Il n'était que neuf heures et demie. Sa mère n'était pas coiffée. Il n'hésita plus : il ôta son habit, demanda une veste, et défia les Espagnols. Je le regardais faire en souriant, et un peu surpris.

« Il faut soutenir l'honneur du pays », dit-il.

Alors je le trouvai vraiment beau. Il était passionné. Sa toilette, qui l'occupait si fort tout à l'heure, n'était plus rien pour lui. Quelques minutes avant il eût craint de tourner la tête de peur de déranger sa cravate. Maintenant il ne pensait plus à ses cheveux frisés ni à son jabot° si bien plissé. Et sa fiancée ? ... Ma foi, si cela eût été nécessaire, il aurait, je crois, fait ajourner° le mariage. Je le vis chausser à la hâte une paire de sandales, retrousser ses manches, et, d'un air assuré, se mettre à la tête du parti vaincu, comme César ralliant ses soldats à Dyrrachium. Je sautai la haie, et me plaçai commodément à l'ombre d'un micocoulier°, de façon à bien voir les deux camps.

Contre l'attente générale, M. Alphonse manqua la première balle ; il est vrai qu'elle vint rasant la terre et lancée avec une force surprenante par un Aragonais qui paraissait être le chef des Espagnols.

C'était un homme d'une quarantaine d'années, sec et nerveux, haut de six pieds, et sa peau olivâtre avait une teinte presque aussi foncée que le bronze de la Vénus.

M. Alphonse jeta sa raquette à terre avec fureur.

« C'est cette maudite bague, s'écria-t-il, qui me serre le doigt, et me fait manquer une balle sûre ! »

Il ôta, non sans peine, sa bague de diamants : je m'approchais pour la recevoir ; mais il me prévint, courut à la Vénus, lui passa la bague au doigt annulaire°, et reprit son poste à la tête des Illois.

Il était pâle, mais calme et résolu. Dès lors il ne fit plus une seule faute, et les Espagnols furent battus complètement. Ce fut un beau spectacle que l'enthousiasme des spectateurs : les uns poussaient mille cris de joie en jetant leurs bonnets en l'air : d'autres lui serraient les mains, l'appelant l'honneur du pays. S'il eût repoussé une invasion, je doute qu'il eût reçu des félicitations plus vives et plus sincères. Le chagrin des vaincus ajoutait encore à l'éclat de sa victoire.

rendre : traduire, exprimer

muletier : conducteur de mule(t)s
Aragonais et **Navarrois :** des provinces espagnoles d'Aragon et de Navarre

jabot : ornement de dentelle qui remplace la cravate
ajourner : remettre à un autre jour

micocoulier : grand arbre des régions méditerranéennes

annulaire : quatrième doigt de la main (celui où on porte l'anneau)

rendre des points :
accorder des points au
début de la partie à un
adversaire moins fort

basané : bronzé

me lo pagaras : en
catalan : tu me le paieras

brioche : faute, sottise
(fam.)
au moins : ajoute une
nuance de crainte

coquin : drôle, gaillard

modiste : ouvrière qui
fait des chapeaux de
femmes
gage : preuve,
témoignage

« Nous ferons d'autres parties, mon brave, dit-il à l'Aragonais d'un ton de supériorité ; mais je vous rendrai des points.° »

J'aurais désiré que M. Alphonse fût plus modeste, et je fus presque peiné de l'humiliation de son rival.

Le géant espagnol ressentit profondément cette insulte. Je le vis pâlir sous sa peau basanée°. Il regardait d'un air morne sa raquette en serrant les dents ; puis, d'une voix étouffée, il dit tout bas : *Me lo pagaras°.*

La voix de M. de Peyrehorade troubla le triomphe de son fils ; mon hôte, fort étonné de ne point le trouver présidant aux apprêts de la calèche neuve, le fut bien plus encore en le voyant tout en sueur, la raquette à la main. M. Alphonse courut à la maison, se lava la figure et les mains, remit son habit neuf et ses souliers vernis, et cinq minutes après nous étions au grand trot sur la route de Puygarrig. Tous les joueurs de paume de la ville et grand nombre de spectateurs nous suivirent avec des cris de joie. À peine les chevaux vigoureux qui nous traînaient pouvaient-ils maintenir leur avance sur ces intrépides Catalans.

Nous étions à Puygarrig, et le cortège allait se mettre en marche pour la mairie, lorsque M. Alphonse, se frappant le front, me dit tout bas :

« Quelle brioche° ! J'ai oublié la bague ! Elle est au doigt de la Vénus, que le diable puisse emporter ! Ne le dites pas à ma mère au moins°. Peut-être qu'elle ne s'apercevra de rien.

— Vous pourriez envoyer quelqu'un, lui dis-je.

— Bah ! mon domestique est resté à Ille. Ceux-ci, je ne m'y fie guère. Douze cents francs de diamants ! cela pourrait en tenter plus d'un. D'ailleurs que penserait-on ici de ma distraction ? Ils se moqueraient trop de moi. Ils m'appelleraient le mari de la statue… Pourvu qu'on ne me la vole pas ! Heureusement que l'idole fait peur à mes coquins°. Ils n'osent l'approcher à longueur de bras. Bah ! ce n'est rien ; j'ai une autre bague. »

Les deux cérémonies civile et religieuse s'accomplirent avec la pompe convenable ; et mademoiselle de Puygarrig reçut l'anneau d'une modiste° de Paris, sans se douter que son fiancé lui faisait le sacrifice d'un gage amoureux. Puis on se mit à table, où l'on but, mangea, chanta même, le tout fort longuement. Je souffrais pour la mariée de la grosse joie qui éclatait autour d'elle ; pourtant elle faisait meilleure contenance que je ne l'aurais espéré, et son embarras n'était ni de la gaucherie ni de l'affectation.

Peut-être le courage vient-il avec les situations difficiles.

Le déjeuner terminé quand il plut à Dieu, il était quatre heures ; les hommes allèrent se promener dans le parc, qui était magnifique, ou regardèrent danser sur la pelouse du château les paysannes de Puygarrig, parées de leurs habits de fête. De la sorte, nous employâmes quelques heures. Cependant les femmes

étaient fort empressées autour de la mariée, qui leur faisait
admirer sa corbeille°. Puis elle changea de toilette, et je remarquai
qu'elle couvrit ses beaux cheveux d'un bonnet et d'un chapeau
à plumes, car les femmes n'ont rien de plus pressé que de prendre,
aussitôt qu'elles le peuvent, les parures que l'usage leur défend   5
de porter quand elles sont encore demoiselles.

Il était près de huit heures quand on se disposa à partir pour
Ille. Mais d'abord eut lieu une scène pathétique. La tante de
mademoiselle de Puygarrig, qui lui servait de mère, femme très
âgée et fort dévote, ne devait point aller avec nous à la ville.   10
Au départ, elle fit à sa nièce un sermon touchant sur ses devoirs
d'épouse, duquel sermon résulta un torrent de larmes et des
embrassements sans fin. M. de Peyrehorade comparait cette
séparation à l'enlèvement des Sabines°. Nous partîmes pourtant,
et, pendant la route, chacun s'évertua° pour distraire la mariée   15
et la faire rire ; mais ce fut en vain.

À Ille, le souper nous attendait, et quel souper ! Si la grosse
joie du matin m'avait choqué, je le fus bien davantage des
équivoques et des plaisanteries dont le marié et la mariée surtout
furent l'objet. Le marié, qui avait disparu un instant avant de   20
se mettre à table, était pâle et d'un sérieux de glace. Il buvait
à chaque instant du vieux vin de Collioure presque aussi fort
que de l'eau-de-vie. J'étais à côté de lui, et me crus obligé de
l'avertir :

« Prenez garde ! on dit que le vin… »   25

Je ne sais quelle sottise je lui dis pour me mettre à l'unisson
des convives.

Il me poussa le genou, et très bas il me dit :

« Quand on se lèvera de table… , que je puisse° vous dire
deux mots. »   30

Son ton solennel me surprit. Je le regardai plus attentivement,
et je remarquai l'étrange altération de ses traits.

« Vous sentez-vous indisposé ? lui demandai-je.

— Non. »

Et il se remit à boire.   35

Cependant, au milieu des cris et des battements de mains,
un enfant de onze ans, qui s'était glissé sous la table, montrait
aux assistants un joli ruban blanc et rose qu'il venait de détacher
de la cheville de la mariée. On appelle cela sa jarretière°. Elle
fut aussitôt coupée par morceaux et distribuée aux jeunes gens,   40
qui en ornèrent leur boutonnière, suivant un antique usage qui
se conserve encore dans quelques familles patriarcales. Ce fut
pour la mariée une occasion de rougir jusqu'au blanc des
yeux°… Mais son trouble fut au comble lorsque M. de Peyrehorade, ayant réclamé le silence, lui chanta quelques vers   45
catalans, impromptu, disait-il. En voici le sens, si je l'ai bien
compris :

corbeille : ensemble des cadeaux offerts aux nouveaux mariés

enlèvement des Sabines : épisode de l'histoire romaine
s'évertuer : s'efforcer de

le subjonctif s'emploie pour exprimer un impératif aux personnes où celui-ci n'existe pas (1re pers. du sing. 3e pers. du sing. et du pl.)

jarretière : bande élastique qui maintient le bas

rougir jusqu'au blanc des yeux : rougir violemment (fam.)

« Qu'est-ce donc, mes amis ? Le vin que j'ai bu me fait-il voir double ? Il y a deux Vénus ici... »

Le marié tourna brusquement la tête d'un air effaré, qui fit rire tout le monde.

« Oui, poursuivit M. de Peyrehorade, il y a deux Vénus sous mon toit. L'une, je l'ai trouvée dans la terre comme une truffe° ; l'autre descendue des cieux, vient de nous partager sa ceinture. »

Il voulait dire sa jarretière.

« Mon fils, choisis de la Vénus romaine ou de la catalane celle que tu préfères. Le maraud° prend la catalane, et sa part est la meilleure. La romaine est noire, la catalane est blanche. La romaine est froide, la catalane enflamme tout ce qui l'approche. »

Cette chute° excita un tel hourra, des applaudissements si bruyants et des rires si sonores, que je crus que le plafond allait nous tomber sur la tête. Autour de la table il n'y avait que trois visages sérieux, ceux des mariés et le mien. J'avais un grand mal de tête ; et puis, je ne sais pourquoi, un mariage m'attriste toujours°. Celui-là, en outre, me dégoûtait un peu.

Les derniers couplets ayant été chantés par l'adjoint du maire, et ils étaient fort lestes°, je dois le dire, on passa dans le salon pour jouir du départ de la mariée, qui devait être bientôt conduite à sa chambre, car il était près de minuit.

M. Alphonse me tira dans l'embrasure d'une fenêtre, et me dit en détournant les yeux :

« Vous allez vous moquer de moi... Mais je ne sais ce que j'ai... je suis ensorcelé ! le diable m'emporte ! »...

« Vous avez trop bu de vin de Collioure, mon cher monsieur Alphonse, lui dis-je. Je vous avais prévenu.

—Oui, peut-être. Mais c'est quelque chose de bien plus terrible. »

Il avait la voix entrecoupée. Je le crus tout à fait ivre.

« Vous savez bien mon anneau ? poursuivit-il après un silence.

—Eh bien ! on l'a pris ?

—Non.

—En ce cas, vous l'avez ?

—Non... je... je ne puis l'ôter du doigt de cette diable de Vénus.

—Bon ! vous n'avez pas tiré assez fort.

—Si fait°... Mais la Vénus... elle a serré le doigt. »

Il me regardait fixement d'un air hagard, s'appuyant à l'espagnolette° pour ne pas tomber.

« Quel conte ! lui dis-je. Vous avez trop enfoncé l'anneau. Demain vous l'aurez avec des tenailles°. Mais prenez garde de gâter° la statue.

—Non, vous dis-je. Le doigt de la Vénus est retiré, reployé ; elle serre la main, m'entendez-vous ? ... C'est ma femme, appa-

truffe : sorte de champignon très recherché des gourmets, qui se trouve dans la terre (on les fait déterrer par des porcs ou des chiens)
maraud : coquin, drôle

chute : fin

Expliquez cette remarque.

leste : inconvenant, contraire à la pudeur

si fait : mais si !

espagnolette : sorte de levier qui sert à fermer la fenêtre
tenailles : pinces
gâter : abîmer, endommager

remment, puisque je lui ai donné mon anneau... Elle ne veut
plus le rendre. »

J'éprouvai un frisson subit, et j'eus un instant la chair de poule.
Puis, un grand soupir qu'il fit m'envoya une bouffée de vin,
et toute émotion disparut.

Le misérable, pensai-je, est complètement ivre.

« Vous êtes antiquaire, monsieur, ajouta le marié d'un ton
lamentable ; vous connaissez ces statues-là... il y a peut-être
quelque ressort, quelque diablerie, que je ne connais point... Si
vous alliez voir ?

— Volontiers, dis-je. Venez avec moi.

— Non, j'aime mieux que vous y alliez seul. »

Je sortis du salon.

Le temps avait changé pendant le souper, et la pluie commençait à tomber avec force. J'allais demander un parapluie, lorsqu'une réflexion m'arrêta. Je serais un bien grand sot, me dis-
je, d'aller vérifier ce que m'a dit un homme ivre ! Peut-être,
d'ailleurs, a-t-il voulu me faire quelque méchante plaisanterie
pour apprêter à rire° à ces honnêtes provinciaux ; et le moins
qu'il puisse m'en arriver, c'est d'être trempé jusqu'aux os et
d'attraper un bon rhume.

De la porte je jetai un coup d'œil sur la statue ruisselante
d'eau, et je montai dans ma chambre sans rentrer dans le salon.
Je me couchai ; mais le sommeil fut long à venir. Toutes les
scènes de la journée se représentaient à mon esprit. Je pensais
à cette jeune fille si belle et si pure abandonnée à un ivrogne
brutal. Quelle odieuse chose, me disais-je, qu'un mariage de
convenance° ! Un maire revêt une écharpe tricolore, un curé
une étole, et voilà la plus honnête fille du monde livrée au
Minotaure° ! Deux êtres qui ne s'aiment pas, que peuvent-ils
se dire dans un pareil moment, que deux amants achèteraient
au prix de leur existence ? Une femme peut-elle jamais aimer
un homme qu'elle aura vu grossier une fois ? Les premières
impressions ne s'effacent pas, et j'en suis sûr, ce M. Alphonse
méritera bien d'être haï...

Durant mon monologue, que j'abrège beaucoup, j'avais
entendu force° allées et venues dans la maison, les portes s'ouvrir
et se fermer, des voitures partir ; puis il me semblait avoir entendu
sur l'escalier les pas légers de plusieurs femmes se dirigeant
vers l'extrémité du corridor opposé à ma chambre. C'était
probablement le cortège de la mariée qu'on menait au lit. Ensuite
on avait redescendu l'escalier. La porte de madame de Peyrehorade s'était fermée. Que cette pauvre fille, me dis-je, doit
être troublée et mal à l'aise ! Je me tournais dans mon lit de
mauvaise humeur. Un garçon° joue un sot rôle dans une maison
où s'accomplit un mariage.

apprêter à rire : faire
rire

mariage de convenance :
mariage arrangé dans
l'intérêt des familles
Minotaure : monstre
fabuleux de Crète, qui
dévorait de jeunes
enfants sacrifiés

force : un grand nombre
de (litt.)

garçon : homme
célibataire

butor : grossier individu

Le silence régnait depuis quelque temps lorsqu'il fut troublé par des pas lourds qui montaient l'escalier. Les marches de bois craquèrent fortement.

« Quel butor° ! m'écriai-je. Je parie qu'il va tomber dans l'escalier. »

Tout redevint tranquille. Je pris un livre pour changer le cours de mes idées. C'était une statistique du département ornée d'un mémoire de M. de Peyrehorade sur les monuments druidiques° de l'arrondissement° de Prades. Je m'assoupis à la troisième page.

druidique : des druides (prêtres gaulois)
arrondissement : circonscription administrative

Je dormis mal et me réveillai plusieurs fois. Il pouvait être cinq heures du matin, et j'étais éveillé depuis plus de vingt minutes lorsque le coq chanta. Le jour allait se lever. Alors j'entendis distinctement les mêmes pas lourds, le même craquement de l'escalier que j'avais entendus avant de m'endormir. Cela me parut singulier°. J'essayai, en bâillant, de deviner pourquoi M. Alphonse se levait si matin°. Je n'imaginais rien de vraisemblable. J'allais refermer les yeux lorsque mon attention fut de nouveau excitée par des trépignements étranges auxquels se mêlèrent bientôt le tintement des sonnettes et le bruit de portes qui s'ouvraient avec fracas, puis je distinguai des cris confus.

singulier : bizarre
se lever matin : se lever tôt

Mon ivrogne aura mis le feu quelque part ! pensais-je en sautant à bas de mon lit.

Je m'habillai rapidement et j'entrai dans le corridor. De l'extrémité opposée partaient des cris et des lamentations, et une voix déchirante dominait toutes les autres : « Mon fils, mon fils ! » Il était évident qu'un malheur était arrivé à M. Alphonse. Je courus à la chambre nuptiale : elle était pleine de monde. Le premier spectacle qui frappa ma vue fut le jeune homme à demi-vêtu, étendu en travers sur le lit dont le bois était brisé. Il était livide, sans mouvement. Sa mère pleurait et criait à côté de lui. M. de Peyrehorade s'agitait, lui frottait les tempes avec de l'eau de Cologne ou lui mettait des sels sous le nez. Hélas ! depuis longtemps son fils était mort. Sur un canapé, à l'autre bout de la chambre, était la mariée, en proie à d'horribles convulsions. Elle poussait des cris inarticulés, et deux robustes servantes avaient toutes les peines du monde à la contenir.

« Mon Dieu ! m'écriai-je, qu'est-il donc arrivé ? »

Je m'approchai du lit et soulevai le corps du malheureux jeune homme il était déjà raide et froid. Ses dents serrées et sa figure noircie exprimaient les plus affreuses angoisses. Il paraissait assez que sa mort avait été violente et son agonie terrible. Nulle trace de sang cependant sur ses habits. J'écartai sa chemise et vis sur sa poitrine une empreinte° livide qui se prolongeait sur les côtes et le dos. On eût dit qu'il avait été étreint dans un cercle de fer. Mon pied posa sur quelque chose de dur qui se trouvait sur le tapis ; je me baissai et vis la bague de diamants.

empreinte : marque profonde

J'entraînai M. de Peyrehorade et sa femme dans leur chambre ;
puis j'y fis porter la mariée. « Vous avez encore une fille, leur
dis-je, vous lui devez vos soins. » Alors je les laissai seuls.

Il ne me paraissait pas douteux que M. Alphonse n'eût été
victime d'un assassinat dont les auteurs avaient trouvé moyen
de s'introduire la nuit dans la chambre de la mariée. Ces
meurtrissures° à la poitrine, leur direction circulaire m'embar-
rassaient beaucoup pourtant, car un bâton ou une barre de fer
n'aurait pu les produire. Tout d'un coup je me souvins d'avoir
entendu dire qu'à Valence des braves° se servaient de longs sacs
de cuir remplis de sable fin pour assommer les gens dont on
leur avait payé la mort. Aussitôt je me rappelai le muletier
aragonais et sa menace ; toutefois j'osais à peine penser qu'il
eût tiré une si terrible vengeance d'une plaisanterie légère.

J'allais dans la maison, cherchant partout des traces d'effrac-
tion°, et n'en trouvant nulle part. Je descendis dans le jardin
pour voir si les assassins avaient pu s'introduire de ce côté ;
mais je ne trouvai aucun indice certain. La pluie de la veille
avait d'ailleurs tellement détrempé le sol, qu'il n'aurait pu garder
d'empreinte bien nette. J'observai pourtant quelques pas profondément imprimés dans la terre ; il y en avait dans deux
directions contraires, mais sur une même ligne, partant de l'angle
de la haie contiguë° au jeu de paume et aboutissant à la porte
de la maison. Ce pouvaient être les pas de M. Alphonse lorsqu'il
était allé chercher son anneau au doigt de la statue. D'un autre
côté, la haie, en cet endroit, étant moins fourrée° qu'ailleurs,
ce devait être sur ce point que les meurtriers l'auraient franchie.
Passant et repassant devant la statue, je m'arrêtai un instant
pour la considérer. Cette fois, je l'avouerai, je ne pus contempler
sans effroi son expression de méchanceté ironique ; et, la tête
toute pleine des scènes horribles dont je venais d'être le témoin,
il me sembla voir une divinité infernale applaudissant au malheur
qui frappait cette maison.

Je regagnai ma chambre et j'y restai jusqu'à midi. Alors je
sortis et demandai des nouvelles de mes hôtes. Ils étaient un
peu plus calmes. Mademoiselle de Puygarrig, je devrais dire la
veuve de M. Alphonse, avait repris connaissance. Elle avait même
parlé au procureur du roi de Perpignan, alors en tournée à Ille,
et ce magistrat avait reçu sa déposition. Il me demanda la mienne.
Je lui dis ce que je savais, et ne lui cachai pas mes soupçons
contre le muletier aragonais. Il ordonna qu'il fût arrêté sur-
le-champ.

« Avez-vous appris quelque chose de madame Alphonse ? »
demandai-je au procureur du roi, lorsque ma déposition fut écrite
et signée.

meurtrissure : marque laissée sur la peau par quelque chose qui serre ou qui blesse

brave : assassin à gages (anc.)

effraction : action de briser une clôture, une ouverture, pour cambrioler

contigu : qui touche, qui est à côté

fourré : épais

« Cette malheureuse jeune personne est devenue folle, me dit-il en souriant tristement. Folle ! tout à fait folle. Voici ce qu'elle conte :

« Elle était couchée, dit-elle depuis quelques minutes, les rideaux tirés, lorsque la porte de sa chambre s'ouvrit, et quelqu'un entra. Alors madame Alphonse était dans la ruelle° du lit, la figure tournée vers la muraille. Elle ne fit pas un mouvement, persuadée que c'était son mari. Au bout d'un instant, le lit cria comme s'il était chargé d'un poids énorme. Elle eut grand-peur, mais n'osa pas tourner la tête. Cinq minutes, dix minutes peut-être... elle ne peut se rendre compte du temps, se passèrent de la sorte. Puis elle fit un mouvement involontaire, ou bien la personne qui était dans le lit en fit un, et elle sentit le contact de quelque chose de froid comme la glace, ce sont ses expressions. Elle s'enfonça dans la ruelle tremblant de tous ses membres. Peu après, la porte s'ouvrit une seconde fois, et quelqu'un entra, qui dit : Bonsoir, ma petite femme. Bientôt après on tira les rideaux. Elle entendit un cri étouffé. La personne qui était dans le lit, à côté d'elle, se leva sur son séant° et parut étendre les bras en avant. Elle tourna la tête alors... et vit, dit-elle, son mari à genoux auprès du lit, la tête à la hauteur de l'oreiller, entre les bras d'un espèce de géant verdâtre qui l'étreignait avec force. Elle dit, et m'a répété vingt fois, pauvre femme ! ... elle dit qu'elle a reconnu... devinez-vous ? La Vénus de bronze, la statue de M. de Peyrehorade... Depuis qu'elle est dans le pays, tout le monde en rêve. Mais je reprends le récit de la malheureuse folle. À ce spectacle, elle perdit connaissance, et probablement depuis quelques instants elle avait perdu la raison. Elle ne peut en aucune façon dire combien de temps elle demeura évanouie. Revenue à elle, elle revit le fantôme, ou la statue, comme elle dit toujours, immobile, les jambes et le bas du corps dans le lit, le buste et les bras étendus en avant, et entre ses bras son mari, sans mouvement. Un coq chanta. Alors la statue sortit du lit, laissa tomber le cadavre et sortit. Madame Alphonse se pendit à la sonnette°, et vous savez le reste. »

On amena l'Espagnol ; il était calme, et se défendit avec beaucoup de sang-froid° et de présence d'esprit. Du reste, il ne nia pas le propos que j'avais entendu, mais il l'expliquait, prétendant qu'il n'avait voulu dire autre chose, sinon que le lendemain, reposé qu'il serait°, il aurait gagné une partie de paume à son vainqueur. Je me rappelle qu'il ajouta :

« Un Aragonais, lorsqu'il est outragé, n'attend pas au lendemain pour se venger. Si j'avais cru que M. Alphonse eût voulu m'insulter, je lui aurais sur-le-champ donné de mon couteau dans le ventre. »

---

ruelle : partie qui est près du mur

séant : partie du corps sur laquelle on s'assied

se pendre à la sonnette : tirer la sonnette très longtemps

sang-froid : calme

reposé qu'il serait : comme il serait reposé

On compara ses souliers avec les empreintes de pas dans le jardin ; ses souliers étaient beaucoup plus grands.

Enfin l'hôtelier chez qui cet homme était logé assura qu'il avait passé toute la nuit à frotter et à médicamenter un de ses mulets qui était malade.

D'ailleurs cet Aragonais était un homme bien famé°, fort connu dans le pays, où il venait tous les ans pour son commerce. On le relâcha donc en lui faisant des excuses.

J'oubliais la déposition d'un domestique qui le dernier avait vu M. Alphonse vivant. C'était au moment qu'il allait monter chez sa femme, et, appelant cet homme, il lui demanda d'un air d'inquiétude s'il savait où j'étais. Le domestique répondit qu'il ne m'avait point vu. Alors M. Alphonse fit un soupir et resta plus d'une minute sans parler, puis il dit : *Allons ! le diable l'aura emporté aussi !*

Je demandai à cet homme si M. Alphonse avait sa bague de diamants lorsqu'il lui parla. Le domestique hésita pour répondre ; enfin il dit qu'il ne le croyait pas, qu'il n'y avait fait au reste aucune attention. « S'il avait eu cette bague au doigt, ajouta-t-il en se reprenant, je l'aurais sans doute remarquée, car je croyais qu'il l'avait donnée à madame Alphonse. »

En questionnant cet homme je ressentais un peu de la terreur superstitieuse que la déposition de madame Alphonse avait répandue dans toute la maison. Le procureur du roi me regarda en souriant, et je me gardai bien d'insister.

Quelques heures après les funérailles de M. Alphonse, je me disposai à quitter Ille. La voiture de M. de Peyrehorade devait me conduire à Perpignan. Malgré son état de faiblesse, le pauvre vieillard voulut m'accompagner jusqu'à la porte de son jardin. Nous le traversâmes en silence, lui se traînant à peine, appuyé sur mon bras. Au moment de nous séparer, je jetai un dernier regard sur la Vénus. Je prévoyais bien que mon hôte, quoiqu'il ne partageât point les terreurs et les haines qu'elle inspirait à une partie de sa famille, voudrait se défaire d'un objet qui lui rappellerait sans cesse un malheur affreux. Mon intention était de l'engager à la placer dans un musée. J'hésitais pour entrer en matière°, quand M. de Peyrehorade tourna machinalement la tête du côté où il me voyait regarder fixement. Il aperçut la statue et aussitôt fondit en larmes. Je l'embrassai, et, sans oser lui dire un seul mot, je montai dans la voiture.

Depuis mon départ je n'ai point appris que quelque jour° nouveau soit venu éclairer cette mystérieuse catastrophe.

M. de Peyrehorade mourut quelques mois après son fils. Par son testament il m'a légué ses manuscrits, que je publierai peut-être un jour. Je n'y ai point trouvé le mémoire relatif aux inscriptions de la Vénus.

bien famé : de bonne réputation. Ne s'emploie aujourd'hui qu'au négatif (ex : un lieu mal famé)

entrer en matière : introduire le sujet

jour : lumière

> *P. S.* Mon ami M. de P. vient de m'écrire de Perpignan que
> la statue n'existe plus. Après la mort de son mari, le premier
> soin de madame de Peyrehorade fut de la faire fondre en cloche,
> et sous cette nouvelle forme elle sert à l'église d'Ille. Mais, ajoute
> 5   M. de P., il semble qu'un mauvais sort poursuive ceux qui
> possèdent ce bronze. Depuis que cette cloche sonne à Ille, les
> vignes ont gelé deux fois.

Étude et exploitation du texte

1. *La Vénus d'Ille* date de 1837. À quels indices voyez-vous qu'il ne s'agit pas d'un texte contemporain ?
2. Où se trouve le Roussillon ? Que vous apprend le texte sur cette province ?
3. La province a longtemps souffert d'un sentiment d'infériorité vis-à-vis de Paris. Qu'est-ce qui le montre ici ?
4. Trouvez dans le récit de la découverte de la Vénus ce qui caractérise la façon de parler d'un paysan.
5. Qui est Vénus ? Quels sont les attributs que lui prête la mythologie ? Connaissez-vous d'autres divinités mythologiques ? Si Vendredi signifie jour de Vénus (du latin *veneris dies*), que signifient **lundi, mardi, mercredi, jeudi, samedi et dimanche** ?
6. Décrivez la famille de Peyrehorade.
7. Quels sentiments la statue éveille-t-elle chez les divers personnages ?
8. Comment le narrateur juge-t-il Alphonse de Peyrehorade ?
9. Qu'est-ce qu'un mariage de convenance ? Se pratique-t-il encore aujourd'hui sous une forme quelconque ? Que pensez-vous d'un tel mariage ?
10. Mérimée considérait *La Vénus d'Ille* comme son chef d'œuvre, et elle est considérée par de nombreux critiques comme un modèle du genre. À votre avis cette nouvelle réussit-elle à faire peur, et par quels moyens ? Sinon, expliquez pourquoi.

Vocabulaire

A. *Composez de courtes phrases qui feront ressortir le sens des expressions suivantes :*
   … **ne me revient pas.**
   vous m'en direz des nouvelles.
   être tiré par les cheveux.
   s'en donner.
   se lever matin.
   avoir (ou **donner**) **la chair de poule.**

B. *Complétez les phrases suivantes par le verbe qui convient :*
   1. Il ne m'a pas_____la parole de toute la soirée.
   2. Lorsque vous connaîtrez notre région, vous lui_____justice.
   3. Elle ne put contenir son émotion et_____en larmes.
   4. _____connaissance, elle tomba à la renverse, tout d'une masse.
   5. Quand elle_____connaissance, elle vit la statue immobile…

6. Je voulais lui parler de la statue, mais je ne savais pas comment_____en matière.

7. On relâcha l'Espagnol en lui_____des excuses.

8. Il pleuvait, et je n'avais pas envie d(e)_____un rhume.

9. Elle ne put_____sur elle de regarder qui était dans son lit.

10. Ma chambre_____sur un long corridor.

11. Il me montra ma chambre et me_____une bonne nuit.

12. Il me dit qu'il_____un plaisir de me servir de guide.

13. L'Aragonais ne nia pas avoir_____des menaces.

14. L'apprenti serrurier_____quelques pas vers la statue ; soudain, il porta la main à son front en_____un cri de douleur.

15. Je ne voulais pas qu'il_____la peine de m'accompagner.

16. Et comme le souper_____à sa fin, mon hôte m'invita à le suivre dans son cabinet.

17. Au moment où nous allions_____en marche, il s'aperçut qu'il n'avait pas la bague.

18. Le domestique ne savait pas s'il avait la bague. Il n'y avait_____aucune attention.

19. Il me_____l'histoire de la statue.

20. Il_____tous les secrets industriels de son maître et_____naturaliser les oiseaux.

C. *Complétez les phrases suivantes (attention aux faux-amis) :*

1. M. de Peyrehorade m'avait_____(*introduced*) à sa femme et à son fils.

2. Je ne savais comment_____(*introduce the topic*).

3. Je voulais_____(*take advantage*) du beau temps pour faire quelques excursions intéressantes.

4. Je_____(*did not expect to*) voir un tel chef d'œuvre.

5. J'aurais voulu faire demi-tour, mais_____(*I was expected*).

6. Son fils me mena à l'_____(*stables*) pour me montrer ses chevaux dont il était très fier.

7. _____(*what a pity*) qu'elle soit si riche !

8. Il avait peur qu'on_____(*laugh at him*).

9. _____(*suddenly*), je me souvins de cette histoire.

10. L'Aragonais_____(*claimed*) qu'il avait voulu dire autre chose.

11. Vous profiterez de l'_____(*opportunity*) pour voir danser les Catalanes.

12. La chambre n'était pas_____(*luxurious*) mais elle était grande et bien meublée.

D. *Refaites les phrases suivantes en vous servant d'un des mots ou locutions donnés :*

alors	d'ailleurs	de peur de	pour	puis
car	de façon à	peut-être	pourtant	puisque

1. Il était près de minuit ; la mariée allait bientôt être conduite à sa chambre.

2. Il ne tournait pas la tête ; il craignait de déranger sa cravate.

3. Je voulais bien voir les deux camps ; je me plaçai au milieu.

4. Je lui ai donné mon anneau ; elle se croit ma femme.

5. Bien que les empreintes ne soient pas nettes, je distinguai quelques pas profondément enfoncés dans la terre.

6. Je les entraînai dans leur chambre ; j'y fis porter la mariée.
7. Elle entendit un cri ; elle se retourna et vit une espèce de géant.
8. Il m'a légué ses manuscrits ; il est possible que je les publie un jour.
9. Je n'avais guère envie de sortir sous la pluie ; peut-être avait-il voulu me faire quelque méchante plaisanterie.
10. Marie-Antoinette serait guillotinée ; on allait se servir de la guillotine.

Le suffixe -ier (ière)

Un oliv**ier** est un arbre qui produit des olives.
Un serrur**ier** fait, répare, pose des serrures.
Un sucr**ier** est un récipient qui contient du sucre.
Quelqu'un de rancun**ier** est enclin à la rancune.

Qu'indique le suffixe **-ier (ière)** ?

E.   *Groupez les mots donnés en suivant les quatre catégories ci-dessus (**olivier, serrurier, sucrier, rancunier**) :*

amandier	chapelier	grossier	ouvrier
bijoutier	chocolatier	hospitalier	plumier
bonbonnière	cordonnier	hôtelier	policier
cafetier	marronnier	fermier	pommier
cafetière	fichier	micocoulier	soupière
boutonnière	figuier	vaisselier	muletier

Noms à double genre

Certains noms existent au **masculin** et au **féminin** avec un sens différent.

F.   *Mettez l'article ou le possessif qui convient (ajoutez une préposition s'il y a lieu) :*
1. M. de Peyrehorade avait fait_____mémoire qu'il voulait faire corriger par son hôte.
2. À son âge, on commence souvent à perdre_____mémoire.
3. À Paris,_____mode est aux bijoux simples.
4. Dès lors il changea_____mode de vie et passa ses journées à flâner dans les rues de Montmartre.
5. _____rose est une couleur qui ne convient pas quand on est en deuil.
6. M. Alphonse parut, en gants blancs, souliers vernis,_____rose à la boutonnière.
7. Il lui passa la bague au doigt et reprit_____poste à la tête des Illois.
8. On le conduisit_____poste de police.
9. Pouvez-vous m'indiquer où se trouve_____poste ? J'ai une lettre à mettre à la boîte.
10. Moi, je devais figurer_____des aides du bourreau.
11. Il ne voulait pas renvoyer Giuseppe qui lui était d'_____aide précieu_____.
12. _____jeune couple devait vivre sous son toit.
13. Demain, si vous voulez, avant la noce, nous lui sacrifierons_____couple de palombes.

Distinctions

Attendre / s'attendre (à)

> — Je vais être un trouble-fête, me dis-je. Mais on m'**attendait**…
> — Je **m'attendais à** quelque ouvrage du Bas-Empire.

to expect $\begin{cases} \textbf{attendre} \text{ quelqu'un ou quelque chose qui va arriver} \\ \textbf{s'attendre à} \text{ quelque chose que l'on considère comme probable} \end{cases}$

A. *Complétez les phrases suivantes :*

1. J'aurais voulu faire demi-tour, mais_____… (*I was expected*)
2. _____voir une si belle mariée. (*I didn't expect to*)
3. Nous_____avant demain ! (*did not expect you*)
4. Tout le pays_____l'arrivée de la fiancée. (*was expecting*)
5. La statue avait refermé la main. Qui_____une chose pareille ! (*would have expected*)
6. Il était ivre, comme il_____. (*was to be expected*)

Encore un / un autre

> — **Encore un** Vandale puni par Vénus !
> — Bah ! Ce n'est rien ; j'ai **une autre** bague.

encore (un) = (un) de plus
(un) autre = (un) différent

B. *Complétez les phrases suivantes :*

1. Puisque Jean Coll a la jambe cassée, il faudra que M. Alphonse trouve _____joueur pour faire sa partie.
2. Si vous êtes occupé, je viendrai_____fois.
3. Je lui répétai_____fois de ne pas boire tant de vin.
4. Attends_____cinq minutes. Il ne va pas tarder.
5. Si elle n'aime pas cette bague, je lui en donnerai_____.
6. Nous ferons_____partie après la noce.
7. Votre fils est mort, mais vous avez_____fille, vous lui devez vos soins.
8. Ça sera_____Vierge d'un couvent détruit.

Elle a l'air méchant / elle a l'air méchante

> — Elle a l'air **méchant**. = Elle a sur le visage une expression méchante.
> — Elle a l'air **méchante**. = Elle paraît (être) méchante.

Avec **avoir un air**… , l'accord se fait toujours avec **air**.

C. *Faites accorder les adjectifs avec* **le sujet** *ou avec* **air** :

1. Les spectateurs avaient l'air goguenard__.
2. Mlle de Puygarrig avait l'air bien sérieu__ pour son âge.
3. Elle avait un air bon__ mais un peu malicieu__.

4. La tante de la mariée avait l'air très ému___.
5. Qu'avez-vous, Mademoiselle ? Vous avez l'air indisposé___.
6. Tous avaient l'air grave___, sauf M. Alphonse qui était très gai.
7. Ils ont l'air ivre___. Ils auront bu trop de vin de Collioure.
8. Sa femme avait l'air uniquement occupé___ des soins de son ménage.
9. Elle n'avait pas l'air très heureu___ de se marier.
10. Leurs habits à boutons ciselés, leurs gants blancs, leurs souliers vernis, donnaient à ces provinciaux un air parisien___.

(S')introduire / (se) présenter

— Il **introduisit** la clef dans la serrure.
— La statue **s'était introduite** dans la chambre.

— Il m'**avait présenté** à sa femme et à son fils.
— Je **me présente**, Alphonse de Peyrehorade.

to introduce { **introduire** = faire entrer (du latin *ducere* : mener et *intro* : dedans)

{ **présenter** = faire connaître qqn en disant son nom

D. *Complétez les phrases suivantes en employant* **(s')introduire** *ou* **(se) présenter** :

1. Avec quelque difficulté, il réussit à_____dans l'épaisseur du mur.
2. Jean Loup aurait bien voulu être_____à la musicienne.
3. L'assistante de mon confrère l'avait_____comme une étudiante en médecine que lui avait recommandée son ancien patron.
4. Dans une composition, il faut toujours commencer par_____le sujet.
5. Permettez-moi de vous_____ma fiancée, Mlle de Puygarrig.

Formes : pronominale / adjective / passive

une porte **s'ouvre** : forme pronominale ⟶ **action**
une porte **est ouverte** : forme adjective ⟶ **état**
une porte **est ouverte** par quelqu'un : forme passive ⟶ **action subie**

E. *Distinguez la forme du verbe :*

1. Soudain, les lumières s'éteignent.
2. La porte s'ouvre toute seule.
3. La porte est fermée tous les soirs à vingt heures.
4. Quand il est arrivé, la porte était fermée.
5. La fenêtre avait été refermée.
6. Il constate que la porte est fermée de l'intérieur.
7. La lumière est allumée.
8. J'avais entendu les portes s'ouvrir et se fermer.
9. Tous les matins j'étais réveillé par des bruits provenant du salon.

F. *Traduisez :*

1. I woke up too early.
2. I was woken up too early.
3. I was not awake.

4. Why haven't the doors been closed?
5. But they are closed!

Constructions

S'attendre à + **nom, infinitif ou subjonctif**

S'attendre à peut se construire avec :

i) un **nom** : je m'attendais à **la victoire**
ii) un **infinitif** : je m'attendais à **être** le dernier (même sujet)
iii) un **subjonctif**, avec **à ce que** : je m'attendais **à ce qu'il parte** le premier (sujets différents)

A. *Traduisez les phrases suivantes :*

1. They did not expect to find an antique statue.
2. He did not expect the bride to be so beautiful.
3. Did he expect to be invited to the wedding?
4. Mr. Alphonse did not expect the Spaniards to win.
5. They did not expect his visit.

B. *Composez des phrases au moyen des éléments donnés :*

1. Je m'attendais/elle/être heureuse.
2. Je ne m'attendais pas/tel festin.
3. M. de Peyrehorade/s'attendait/on/applaudir ses vers.
4. Je m'attendais/mon hôte/vouloir se défaire/la statue.
5. Je m'attendais/ne pas pouvoir dormir.

En **exprimant un rapport d'appartenance**

— J'étais assis devant la Vénus... recommençant pour la vingtième fois la tête de la statue, sans pouvoir parvenir à **en** saisir l'expression.

En exprime le rapport d'appartenance lorsqu'il s'agit de choses non personnifiées, et qu'on ne peut pas concevoir de possession, pris dans son sens le plus large. On dira par exemple :

— Tout le monde admire Bonifacio, **son** antique citadelle, **ses** vieilles murailles jaunies, **ses** tours crénelées... (parce qu'une ville **possède** des rues, des tours, des murs, etc.)

mais : — C'est une jolie ville ; j'**en** ai pris beaucoup de photos (parce qu'une ville **ne possède pas** de photos).

C. *Refaites les phrases suivantes en remplaçant les mots indiqués par un possessif ou par en :*

1. Il me montra une jolie bague. Le travail **de la bague** était ancien.
2. Mlle de Puygarrig avait dix-huit ans ; la taille **de Mlle de Puygarrig** était souple et délicate.
3. Je ne connus la fin **de l'histoire** que plus tard.
4. On a trouvé près des grottes le corps **d'Antonio** à moitié défiguré.
5. Si c'est de votre statue qu'il s'agit, la description **de la statue** que m'a faite mon guide n'a servi qu'à exciter ma curiosité.
6. L'interprétation **des inscriptions** vous paraîtra sans doute facile.

7. Mais il me semble que le sens **de ce *cave amantem*** est assez clair.
8. Je remarquai l'étrange altération des traits **de monsieur Alphonse**.

Présenter (à)

— Il m'avait présenté **à sa femme et à son fils**.
— Il m'avait présenté **à eux**.

— Il m'avait présenté **sa femme et son fils**.
— Il **me les** avait présentés.

*Avec **deux objets** représentant une ou des personnes :

si l'**objet direct** est :	l'**objet indirect** est :
me, te, se, nous, vous ——➤	à + pronom disjoint
le, la, les ——➤	pronom conjoint

D. *Refaites les phrases suivantes en remplaçant les noms indiqués par des pronoms :*

1. Il m'a présenté à **sa fiancée**.
2. Présente-moi au **directeur** demain matin.
3. Elle nous a confié **sa nièce**.
4. Vous ne nous présentez pas à **vos amis** ?
5. T'a-t-elle présenté **ses amis** ?
6. Elle ne veut pas confier **ses enfants** à **sa mère**.
7. J'étais recommandé à **M. de Peyrehorade** par mon ami M. de P.
8. La jeune fille s'était confiée à **sa tante**.
9. Confiez-moi **votre bague**, je vous la garderai.
10. Présente-nous **ta femme**.

Il se peut que + subjonctif

— **Il se peut que** déjà les violons **soient commandés** pour la noce. = Les violons sont peut-être…

E. *Transformez les phrases suivantes en employant la construction ci-dessus :*

1. J'irai peut-être à Ille voir la fameuse Vénus.
2. Je ferai peut-être son portrait.
3. Il arrivera peut-être quelque malheur.
4. Vous le savez peut-être déjà.
5. L'Aragonais s'est peut-être vengé ainsi.

Plus… (et) plus…

— En vérité, **plus** on regardait cette admirable statue, et **plus** on éprouvait le sentiment pénible qu'une si merveilleuse beauté pût s'allier à l'absence de toute sensibilité.

Plus, moins, mieux, placés symétriquement en tête de deux propositions, expriment une progression croissante ou décroissante dans la comparaison.

ATTENTION : Au contraire de l'anglais, il n'y a pas d'article :
— *The more he drinks, **the louder** he speaks.*
— **Plus** il boit, **plus** il parle fort.

REMARQUES : a) L'emploi de **et** est facultatif. Il ajoute une nuance de finalité.

                b) On fait souvent une inversion dans le second membre de la comparaison, lorsqu'elle porte sur un adjectif ou un adverbe :

                       — **Plus** les plaisanteries étaient lestes, **plus grand était son dégoût.**

F. *Complétez les phrases suivantes selon les indications données (+ signifie proportion croissante ; - signifie proportion décroissante) :*

1. _____ (+) il buvait,_____ (+) ses traits s'altéraient.
2. _____ (-) vous boirez,_____ (+) cela vaudra.
3. _____ (+) elle pleurait, _____ (-) on la comprenait.
4. _____ (+) il insistait, _____ (-) j'avais envie de sortir sous la pluie.
5. _____ (+) les plaisanteries étaient grossières,_____ (+) la mariée rougissait.
6. _____ (+) il fait chaud, et_____ (-) on a faim.
7. _____ (+) on l'encourageait,_____ (+) il courait vite.
8. _____ (+) on l'interrogera,_____ (-) il parlera.

G. *Traduisez les phrases suivantes :*

1. The faster he runs, the louder they shout.
2. The less you study, the less you learn.
3. The more she talks, the less they listen.
4. The faster we drive, the sooner we will arrive.
5. The less one drinks, the better one feels.

Manquer à

    — Il ne **lui manque** rien. Rien ne **lui manque.**
    — La vie de Paris **lui manquait.**

La chose ou la personne absente est le **sujet** du verbe **manquer.**
La chose ou personne qui ressent cette absence est le **complément indirect.**

H. *Traduisez les phrases suivantes en employant* **manquer (à)** *:*

1. I did not have time to visit all the monuments.
2. It was obvious that she was going to miss her niece.
3. He asked me several times if I had everything I needed.
4. I think I am a few francs short.
5. M. Alphonse was not very modest.

Langue et style

L'imparfait et le plus-que-parfait du subjonctif

Dans l'usage moderne, **l'imparfait** et le **plus-que-parfait** du subjonctif ne se rencontrent que rarement, sauf à la troisième personne du singulier. Aux autres personnes, ces temps paraissent désagréables à l'oreille. Dans la langue parlée, on ne les emploie jamais. On les remplace par le **présent** et le **passé** respectivement (voir p. 242)

Comparez :
    — On craignait que je ne me **trouvasse** bien mal à Ille.
    — On craignait que je ne me **trouve** bien mal à Ille.

REMARQUE : À la troisième personne du singulier, la consonance est semblable au passé simple, mais la voyelle finale porte un **accent circonflexe** (et est toujours suivie d'un **t**) :

— Il **eut** un rêve. (passé simple)
— On craignait qu'il n'y **eût** un autre accident. (subjonctif imparfait)
— Il me **considéra** de la tête aux pieds. (passé simple)
— Bien qu'il me **considérât** de la tête aux pieds... (subjonctif imparfait)

A. *Refaites les phrases suivantes en remplaçant les imparfaits et les plus-que-parfaits du subjonctif par le présent ou le passé :*

1. Jean Loup aurait voulu qu'elle lui **jouât** son morceau favori.
2. Bien qu'elles **fussent** riches, elles n'étaient pas heureuses.
3. Elle aurait voulu qu'il **vînt** avec elle.
4. Je regretterais qu'il **eût agi** différemment.
5. Mes croquis, pour malhabiles qu'ils **fussent**, venaient de moi.
6. Leur collègue était le seul qu'ils **reconnussent.**
7. Je me réjouissais que le polisson ne **fût parvenu** à entamer la statue.
8. Savez-vous que ma femme voulait que je **fondisse** ma statue pour en faire une cloche à notre église.
9. Plus on la regardait, plus on s'étonnait qu'une si merveilleuse beauté **pût** s'allier à l'absence de toute sensibilité.
10. Je craignais que la pierre n'**eût endommagé** la statue.

Le conditionnel passé 2e forme

Dans le style littéraire, le subjonctif plus-que-parfait peut remplacer le conditionnel passé. On l'appelle alors **le conditionnel passé 2e forme** :

— On me priait de pardonner à de pauvres campagnards s'ils ne me traitaient pas aussi bien que je l'**eusse désiré.**

que je l'**eusse désiré** = que je l'**aurais désiré**

Dans une phrase avec **si** marquant un irréel du passé, le conditionnel passé 2e forme peut s'employer dans les deux propositions ou dans une seule :

— Si cela **eût été** nécessaire, il **eût fait** ajourner le mariage. = Si cela **avait été** nécessaire, il **aurait fait** ajourner le mariage.
ou : — Si cela **eût été** nécessaire, il **aurait fait** ajourner le mariage.
ou : — Si cela **avait été** nécessaire, il **eût fait** ajourner le mariage.

B. *Refaites les phrases suivantes dans un style plus courant :*

1. Si on n'**eût** pas été en deuil, vous eussiez vu danser nos Catalanes.
2. Ce qui me frappait surtout, c'était l'exquise vérité des formes, en sorte qu'on eût pu les croire moulées sur nature.
3. Si cela n'avait dépendu que de moi, on eût choisi un autre jour !
4. S'il **eût** repoussé une invasion, je doute qu'il eût reçu des félicitations plus vives et plus sincères.
5. On eût dit qu'il avait été étreint dans un cercle de fer.

6. Je ne comprenais rien à ce qui arrivait. Et vous, l'eussiez-vous compris ?
7. ... une admirable tête, si pâle qu'on eût pu la croire vidée de tout son sang et de toute sa vie, si deux yeux de feu n'eussent brillé dans cette face de marbre.
8. Elle s'avançait avec sa tête si pâle et si tragiquement surélevée qu'on eût dit le fantôme orgueilleux d'une reine défunte.

Le futur de probabilité

Le **futur** (surtout le futur du verbe **être**) peut exprimer un **fait présent**, en le présentant comme probable. Si le **fait** est **passé**, on emploie le **futur antérieur** :

— Ce **sera** peut-être quelque statue romaine.
(c'est probablement...)
— Mon ivrogne **aura mis** le feu quelque part.
(a probablement mis...)

C. *Refaites les phrases suivantes en exprimant la probabilité au moyen du* **futur** *ou du* **futur antérieur** :
1. Il s'est sans doute cassé la jambe.
2. C'est probablement quelque apprenti serrurier...
3. Il est probable que le sculpteur a voulu représenter la déesse jouant au jeu de mourre.
4. Bon ! vous n'avez pas dû tirer assez fort.
5. J'entendis des pas. « C'est sans doute le cortège de la mariée que l'on mène à sa chambre », me dis-je.
6. Mon Dieu ! il a dû arriver quelque malheur !
7. Il s'est sans doute jeté du haut du rocher.
8. Vous avez probablement mal vu.

La proposition participe

La proposition participe est une proposition subordonnée formée d'un **participe** présent, passé ou passé composé, et qui a un sujet propre qui ne se rattache grammaticalement à aucun mot de la proposition principale :

— **Le temps aidant**, il a fini par se résigner.
— **Ève morte**, André pourra épouser sa sœur.
— **L'administration ayant fait une erreur**, ils peuvent bénéficier de l'article 140.

D. *Distinguez les propositions participes des participes qui ne sont que des appositions :*
1. Le spectacle étant dur, Peter serre les dents.
2. Ayant signé un papier d'identification, il rentre chez lui.
3. Les fenêtres étant fermées, j'en ouvris une pour respirer.
4. Ève bougeant la tête, André remet prestement le flacon dans sa poche.
5. Sa lecture terminée, la vieille dame relève la tête.
6. Ayant terminé sa lecture, la vieille dame relève la tête.
7. Les enfants partis, Marjorie fait la lessive.
8. À moitié rasé, je descendis dans le jardin.

E. *Remplacez les subordonnées conjonctives entre parenthèses par une proposition participe :*

Ex. : _____ Ève morte _____ , André pourra épouser sa sœur.
(quand Ève sera morte)

1. _____ , je serai libre.
(quand les jeunes gens seront mariés)

2. _____ , on partirait en voiture.
(quand le chocolat serait pris)

3. _____ , il n'avait pu ôter l'anneau.
(comme la statue avait serré le doigt)

4. _____ , l'insurrection réussira.
(si les circonstances sont favorables)

5. _____ , je pris un livre…
(puisque tout était redevenu tranquille)

6. _____ , il demanda une veste.
(parce que son habit le gênait)

7. _____ , je me mis au lit.
(après que mon hôte m'eut laissé seul)

8. _____ , Mme Alphonse se pendit à la sonnette.
(quand la statue fut sortie)

9. _____ , l'incident lui donna à réfléchir.
(comme sa porte d'entrée était fermée de l'intérieur)

10. _____ , on la fera fonctionner.
(quand la guillotine sera réparée)

Valeur du participe dans la proposition participe ou en apposition

Séparés du nom auquel ils se rapportent (proposition participe ou apposition), les **participes** peuvent exprimer :

i) un rapport de **temps** :

— **antériorité** ou **postériorité** (participe passé). Le participe est souvent précédé de **à peine, sitôt, une fois)** :

— Une fois les jeunes gens **mariés**, je suis libre.
— **Ayant absorbé** un premier cachet, il rangea le médicament dans un tiroir et n'y pensa plus.

— **simultanéité** :

— Je le regardai avec inquiétude, **me demandant** s'il n'était pas devenu fou.

Pris dans une acception plus large, le rapport de simultanéité offre des nuances qui éclairent un fait donné, expriment la manière, etc. :

— **Penchée** sur son registre, la vieille dame tourne les pages.

ii) un rapport de **cause** :

— **Se sentant** faible, Ève a voulu s'appuyer à la table.
— **Étant parti** trop tard, il arriva après la cérémonie.
— **Persuadée** que c'était son mari, elle ne fit pas un mouvement.

iii) un rapport de **condition,** de **supposition** :

> — **Arrivé** plus tard, il n'aurait pas été invité à la noce.
> — **Sachant** que ce n'était pas Alphonse, j'aurais donné l'alarme.

iv) un rapport d'**opposition** ou de **concession** (parfois précédé de **bien que, quoique, même**) :

> — Bien que très **fatigué**, je n'arrivai pas à m'endormir.

F. *Indiquez la valeur du participe dans les phrases suivantes :*

1. **Irritée,** la jeune fille secoue la manche d'André. Soudain, elle éclate…
2. **Averti** plus tôt, j'aurais remis ma visite.
3. À peine **tombé,** Pierre se relève.
4. **Annoncé** par M. de P., il fallait bien me présenter.
5. Bien qu'**accablé** de douleur, Peter reprend peu à peu le dessus. Il faut bien !
6. Mon hôte m'**ayant indiqué** la position de la sonnette, me souhaita une bonne nuit et me laissa seul.
7. Puis, **changeant** de ton, elle leur tend la main avec un sourire.
8. **Devisant** de la sorte, nous entrâmes à Ille.
9. Il entre, **refermant** soigneusement la porte.
10. J'allais fermer ma fenêtre, lorsque, **baissant** les yeux, j'aperçus la statue à une vingtaine de toises de la maison.
11. **Sachant** ce qu'il sait maintenant, Pierre aurait remis l'insurrection à plus tard.
12. **Sachant** qu'André a empoisonné sa sœur, Lucette veut l'épouser quand même ?
13. « Il faut que je souhaite le bonsoir à l'idole », dit le plus grand, **s'arrêtant** tout à coup.
14. Le chocolat **pris,** on se rendrait en voiture à Puygarrig.
15. Et moi, **fatigué** et **désespérant** de rendre cette diabolique figure, je quittai bientôt mon dessin pour regarder les joueurs.

G. *Refaites les phrases suivantes en employant un participe en position détachée :*

1. Parce qu'elle est effrayée, Mme Alphonse ne bouge pas.
2. Elle s'enfonça dans la ruelle. Elle tremblait de tous ses membres.
3. Bien qu'elle soit épuisée, Ève se lève.
4. Quand elle fut revenue à elle, elle revit le fantôme.
5. Le lendemain, comme il serait reposé, il aurait gagné la partie.
6. Comme je ne trouvai de trace d'effraction nulle part, je descendis dans le jardin pour voir si les assassins avaient pu s'introduire de ce côté.
7. Après avoir signé le registre, Pierre va sortir par où il est entré.
8. Si elle savait qu'il ne s'intéresse qu'à sa dot, elle ne l'épouserait pas.
9. Elle aime sa sœur ; cependant elle n'a pas confiance en elle.
10. Il appela cet homme et lui demanda s'il savait où j'étais.

Traduction

The Italian legend which gave Mérimée the plot of his short story is found for the first time in 1125, in the writings of the English historian Guillaume de Malmesbury.

"It happened in Rome," he writes, "that a wealthy young man, on his wedding day, after the meal, decided* to play a game of ball with some other young men. As he did not want to damage the wedding ring he had just received from his bride, he took it off, and, before starting to play, he slipped it on the finger of a bronze statue that was nearby.

"Having finished his game, he tried* to take the ring back but he noticed that the finger on which he had put it was bent as far as the palm of the hand so that, in spite of his efforts, he was unable to take it back. He kept quiet about this strange occurence. During the night, after the festivities, he passed by the statue again. The finger was no longer bent, but the ring had disappeared.

"Behaving as if he did not care about this loss, he went to his bedroom and laid down beside the bride but when he tried* to kiss her, something dark and cold crept in between them, and a voice said: 'Sleep** with me, you are my betrothed; I am the Venus on whose finger you placed your ring. I have it and I am keeping it.'"

*employez **vouloir**

employez **coucher

Composition

Revoyez les conseils donnés au chapitre 4, (p. 110).

Rédaction

A. *Écrivez 500 mots environ sur le sujet suivant :*

Les récits fantastiques ont toujours joui d'une grande popularité, dans tous les pays du monde, et continuent aujourd'hui à avoir beaucoup de succès. Dégagez les caractéristiques du récit fantastique et essayez d'expliquer les raisons de sa popularité. Reportez-vous aux conseils donnés au chapitre 4, (p. 110).

Remerciements

L'éditeur remercie également les maisons d'éditions et les auteurs suivants d'avoir autorisé la reproduction des extraits suivants (en ordre de présentation).

Bellemare (Pierre) et Antoine (Jacques) : "La Parenthèse de Marjorie", dans *Histoires Vraies*, (Paris : Éditions *1, 1981) 233–240

Sartre (Jean-Paul) : *Les Jeux Sont Faits*, (Paris : Éditions Nagel, 1947) 7–13, 16–42, 48–49, 94–98, 102–110

Breton (Guy) : "La réincarnation existe-t-elle?", dans L. Pauwels et G. Breton, *Histoires extraordinaires*, (Paris : Albin Michel, 1980) 195–208

Tremblay (Michel) : "Les Escaliers d'Erika", dans *Contes pour buveurs attardés*, (Montréal : Éditions du Jour, 1966) 101–107

Gérin (Pierre) : "La Musicienne", dans *Dans les Antichambres de Hadès*, (Québec : Éditions Garneau, 1970) 91–96
Reproduit avec la permission d'auteur.

Hamelin (Jean) : "Le petit homme", dans *Nouvelles singulières*, (Montréal : Collection l'Arbre, Éditions Hurtubise HMH, 1964) 41–43

Pauwels (Louis) et Bergier (Jacques) : "L'homme, cet infini", *Le matin des magiciens*, (Paris : Gallimard, 1960) 434 (1/2 ligne), 435 (12 lignes), 437 (10 lignes), 440 (12 lignes), 443 (3 lignes), 444–450 © Éditions GALLIMARD

Aymé, (Marcel) : "Le Passe-muraille", dans *Le Passe-muraille*, (Paris : Éditions Gallimard, 1943) 7–22 © Éditions GALLIMARD

Maillet (Andrée) : "Les doigts extravagants", dans *Histoires sans amour*, (Montréal : Éditions Beauchemin, 1963) 7–19

Leroux (Gaston) : "La femme au collier de velours", dans *Histoires épouvantables*, (Paris : Nouvelle Éditions Baudinière, 1977) 103–118

Mérimée (Prosper) : "La Venus d'Ille", dans *Romans et Nouvelles*, (Paris : Éditions Gallimard, 1934) — l'histoire complète, moins une page et demie

Index

Au propriétaire de cet ouvrage:

Nous aimerions connaître votre réaction à l'ouvrage suivant : **L'Autre Rive :
textes et exercices**. Vos commentaires nous sont précieux. Ils nous permettront
d'améliorer l'ouvrage au fur et à mesure de ses rééditions. Ayez l'amabilité
de bien vouloir remplir le questionnaire ci-dessous.

1. Pour quelle raison avez-vous utilisé ce manuel ?

   _____ cours d'université   _____ intérêt personnel
   _____ _ cours de collège   _____ autre raison (précisez)
   _____ cours d'éducation permanente

2. Quel pourcentage du livre avez-vous utilisé ? _____

3. Quelle est, selon vous, la qualité principale de l'ouvrage ?

4. Avez-vous des améliorations à proposer ?

5. Autres commentaires ou suggestions ?

6. Veuillez indiquer votre réaction aux différents extraits présentés par titre et auteur
   et classés par ordre d'apparition.

TITRE	AIMÉ LE PLUS			AIMÉ LE MOINS	PAS LU
Chap. 1: La parenthèse de Marjorie	5	4	3	2	1 ___
Chap. 2: Les jeux sont faits	5	4	3	2	1 ___
Chap. 3: Les jeux sont faits (fin)	5	4	3	2	1 ___
Chap. 4: La réincarnation existe-t-elle ?	5	4	3	2	1 ___
Chap. 5: Les escaliers d'Erika	5	4	3	2	1 ___
Chap. 6: La musicienne	5	4	3	2	1 ___
Chap. 7: Le petit homme	5	4	3	2	1 ___
Chap. 8: L'homme, cet infini	5	4	3	2	1 ___
Chap. 9: Le passe-muraille	5	4	3	2	1 ___
Chap. 10: Les doigts extravagants	5	4	3	2	1 ___
Chap. 11: La femme au collier de velours	5	4	3	2	1 ___
Chap. 12: La Vénus d'Ille	5	4	3	2	1 ___